DR. OETKER · DIE BESTEN LANDFRAUEN REZEPTE VON A–Z

DR. OETKER · DIE BESTEN
LANDFRAUEN REZEPTE
VON A–Z

Abkürzungen

EL	=	Esslöffel
TL	=	Teelöffel
Msp.	=	Messerspitze
Pck.	=	Packung/Päckchen
g	=	Gramm
kg	=	Kilogramm
ml	=	Milliliter
l	=	Liter
evtl.	=	eventuell
geh.	=	gehäuft
gestr.	=	gestrichen
TK	=	Tiefkühlprodukt
°C	=	Grad Celcius
Ø	=	Durchmesser

Kalorien-/Nährwertangaben

E	=	Eiweiß
F	=	Fett
Kh	=	Kohlenhydrate
kcal	=	Kilokalorie
kJ	=	Kilojoule

Hinweise zu den Rezepten

Lesen Sie bitte vor der Zubereitung – besser noch vor dem Einkaufen – das Rezept einmal vollständig durch. Oft werden Arbeitsabläufe oder -zusammenhänge dann klarer. Die Rezepte sind, wenn nicht anders angegeben, für 4 Portionen berechnet.

Zutatenliste

Die Zutaten sind in der Reihenfolge ihrer Bearbeitung aufgeführt.

Arbeitsschritte

Die Arbeitsschritte sind einzeln hervorgehoben, in der Reihenfolge, in der sie von uns ausprobiert wurden.

Backofeneinstellung

Die in den Rezepten angegebenen Backtemperaturen und -zeiten sind Richtwerte, die je nach individueller Hitzeleistung des Backofens über- oder unterschritten werden können.
Bitte beachten Sie deshalb bei der Einstellung des Backofens die Gebrauchsanweisung des Herstellers und machen Sie nach Beendigung der angegebenen Backzeit eine Garprobe.

Zubereitungszeiten

Die Zubereitungszeit beinhaltet nur die Zeit für die eigentliche Zubereitung, die Backzeiten sind gesondert ausgewiesen. Längere Wartezeiten wie z. B. Kühlzeiten sind ebenfalls nicht mit einbezogen.

Vorwort

Da, wo die Zeit langsamer vergeht, wird noch mit Liebe und Zeit gekocht, gebacken und gebraten.
So entstehen die leckersten Rezepte, die wir für Sie zusammengetragen haben.
Mit viel Fantasie und Kreativität entstehen dann neben den traditionellen Rezepten überraschende neue Rezeptideen und raffinierte Eigenkreationen.

Die Rezepte sind einfach und schnell zubereitet, viele Landfrauentipps erleichtern die Zubereitung und machen aus einem Snack eine komplette Hauptmahlzeit. So kommt Abwechslung auf den Tisch.

Dieses umfangreiche Nachschlagewerk enthält die besten Rezepte der Landfrauen, übersichtlich sortiert von A-Z. Alle Rezepte finden Sie am Ende des Buches noch einmal thematisch sortiert.

Anglertopf | Preiswert

Pro Portion:
E: 14 g, F: 31 g, Kh: 37 g, kJ: 2084, kcal: 499

500 g	*Kartoffeln*
400 g	*Möhren*
4 Stangen	*Staudensellerie*
50 g	*Butter*
	Salz
	frisch gemahlener Pfeffer
	gemahlener Kümmel
	Currypulver
500 ml (½ l)	*Fischfond*
500 g	*Fischfilet, z. B. Rotbarsch, Zander, Forelle*
250 g	*Schlagsahne*
1 Bund	*Dill*
4–5 EL	*Weißwein*

Zubereitungszeit: etwa 45 Min.

1. Kartoffeln schälen, abspülen und in Würfel schneiden. Möhren putzen, schälen, waschen und würfeln. Staudensellerie putzen, waschen, die harten Außenfäden abziehen und Staudensellerie in Scheiben schneiden.

2. Butter in einem Topf zerlassen und das vorbereitete Gemüse darin andünsten. Das Gemüse mit Salz, Pfeffer, Kümmel und Curry bestreuen und den Fischfond hinzufügen, alles zum Kochen bringen und etwa 15 Minuten garen lassen.

3. Fischfilet unter fließendem kalten Wasser abspülen, trockentupfen und in Stücke schneiden. Die Fischstücke mit der Sahne zu dem Gemüse geben und alles bei schwacher Hitze 5–7 Minuten garen.

4. Dill abspülen, trockentupfen, klein schneiden und mit dem Weißwein hinzufügen. Den Anglertopf evtl. nochmals mit den Gewürzen abschmecken.

Apfelkuchen mit Mandelguss |
Schnell

Insgesamt:
E: 60 g, F: 150 g, Kh: 380 g, kJ: 13584, kcal: 3244

Für den Belag:
600 g säuerliche Äpfel (vorbereitet gewogen)
2 EL Zitronensaft

Für den Teig:
200 ml Schlagsahne
100 g Zucker
1 Pck. Dr. Oetker Vanillin-Zucker
abgeriebene Schale von
½ Bio-Zitrone (unbehandelt)
3 Eier (Größe M)
200 g Weizenmehl
2 TL Dr. Oetker Backin

Für den Guss:
50 g Butter
50 g Zucker
2 EL Milch
40 g abgezogene, gehobelte Mandeln

Zubereitungszeit: etwa 30 Min.

1. Für den Belag Äpfel schälen, vierteln und entkernen, abwiegen (600 g) und in dünne Spalten schneiden. Die Apfelspalten mit Zitronensaft beträufeln.

2. Für den Teig Sahne mit Zucker, Vanillin-Zucker und Zitronenschale halb steif schlagen. Eier nach und nach unterrühren. Mehl mit Backpulver mischen, sieben, hinzufügen und kurz unterrühren. Den Teig in eine Tarteform (Ø 30–32 cm, Boden gefettet) geben und glatt streichen.

3. Die Apfelspalten dachziegelartig vom Rand beginnend (außen 1 cm frei lassen) auf dem Teig verteilen. Die Form auf dem Rost in den vorgeheizten Backofen schieben und den Kuchen vorbacken.

Ober-/Unterhitze: etwa 200 °C
Heißluft: etwa 180 °C
Backzeit: etwa 15 Minuten.

4. In der Zwischenzeit für den Guss Butter, Zucker und Milch in einen Topf geben, zum Kochen bringen und einmal aufkochen lassen. Mandeln vorsichtig unterrühren.

5. Den Guss nach Beendigung der Vorbackzeit in Klecksen auf die Apfelspalten geben. Die Form wieder auf dem Rost in den vorgeheizten Backofen schieben und den Kuchen bei der oben angegebenen Backofeneinstellung noch weitere 15–20 Minuten backen.

6. Die Form auf einen Kuchenrost stellen und den Kuchen darin erkalten lassen.

Apfeltorte mit Apfelmus | Einfach

Insgesamt:
E: 77 g, F: 335 g, Kh: 503 g, kJ: 23065, kcal: 5511

Für den Rührteig:
250 g weiche Butter oder Margarine
250 g Zucker
1 Pck. Dr. Oetker Vanillin-Zucker
1 Prise Salz
5 Eier (Größe M)
250 g Weizenmehl
2 TL Dr. Oetker Backin

Für die Füllung:
500 g Apfelmus

Zum Verzieren und Bestreuen:
400 g Schlagsahne
2 Pck. Dr. Oetker Sahnesteif
2 EL gemahlene, leicht geröstete Haselnusskerne

Zubereitungszeit: etwa 40 Min., ohne Kühlzeit

1. Für den Teig Butter oder Margarine mit Handrührgerät mit Rührbesen auf höchster Stufe geschmeidig rühren. Nach und nach Zucker, Vanillin-Zucker und Salz unterrühren und so lange rühren, bis eine gebundene Masse entstanden ist. Eier nach und nach unterrühren (jedes Ei etwa ½ Minute).

2. Mehl mit Backpulver mischen, sieben und portionsweise auf mittlerer Stufe unterrühren. Den Teig in 4 Portionen teilen, je eine Portion in eine Springform (Ø 26 cm, Boden gefettet) geben und glatt streichen. Die Form auf dem Rost in den vorgeheizten Backofen schieben.

Ober-/Unterhitze: etwa 180 °C
Heißluft: etwa 160 °C
Backzeit: 15–20 Minuten je Boden.

3. Auf diese Weise 4 Böden backen. Die Böden sofort nach dem Backen vom Springformboden lösen und einzeln auf je einem Kuchenrost erkalten lassen.

4. Für die Füllung 3 Böden mit je ⅓ des Apfelmuses bestreichen. Einen bestrichenen Boden auf eine Tortenplatte legen. Dann die beiden anderen bestrichenen Böden darauf legen. Zuletzt den unbestrichenen Boden darauf legen und leicht andrücken.

5. Sahne mit Sahnesteif steif schlagen und etwas davon in einen Spritzbeutel mit Lochtülle füllen. Tortenrand und -oberfläche mit der übrigen Sahne bestreichen. Die Torte mit der Sahne aus dem Spritzbeutel verzieren und mit Haselnusskernen bestreuen.

Landfrauen-Tipp: Bereiten Sie die Torte möglichst 1 Tag vor dem Verzehr zu, da sie durchgezogen besser schmeckt.

Aprikosen-Curry-Schnitzel | Einfach

Pro Portion:
E: 40 g, F: 27 g, Kh: 31 g, kJ: 2231, kcal: 533

4	*Hähnchenbrustfilets (je etwa 150 g)*
	Salz, Pfeffer
20 g	*Weizenmehl*
2 EL	*Speiseöl*
2 Stangen	*Porree (Lauch)*
	Salzwasser
1 Dose	*Aprikosenhälften (Abtropfgewicht 480 g)*
250 g	*Schlagsahne*
½ Becher (125 g)	*Schmand*
1–2 EL	*Currypulver*
20 g	*Weizenmehl*
100 ml	*Aprikosensaft*
125 ml (⅛ l)	*Gemüsebrühe*

Zubereitungszeit: etwa 25 Min.

1. Hähnchenbrustfilets unter fließendem kalten Wasser abspülen und trockentupfen. Mit Salz und Pfeffer bestreuen und in Mehl wenden.

2. Öl in einer großen Pfanne erhitzen, die Hähnchenbrustfilets von beiden Seiten darin anbraten und in einen flachen Bräter oder eine Auflaufform legen.

3. Porree putzen, die Stangen längs halbieren und Porree waschen, abtropfen lassen und in Streifen schneiden. Salzwasser in einem Topf zum Kochen bringen, Porreestreifen hinzugeben, einmal aufkochen lassen und in einem Sieb abtropfen lassen.

4. Aprikosenhälften in einem Sieb abtropfen lassen, den Saft dabei auffangen und 100 ml davon abmessen. Aprikosenhälften nochmals halbieren und mit den Porreestreifen auf den Hähnchenbrustfilets verteilen.

5. Sahne, Schmand, Curry, Salz und Pfeffer in einem Topf verrühren und aufkochen lassen. Mehl mit Aprikosensaft anrühren und unter Rühren hinzufügen. Brühe hinzugießen und unter Rühren nochmals zum Kochen bringen. Die Hähnchenbrustfilets mit der Sauce übergießen. Den Bräter ohne Deckel oder die Auflaufform auf dem Rost in den vorgeheizten Backofen schieben.

Ober-/Unterhitze: etwa 200 °C
Heißluft: etwa 180 °C
Garzeit: etwa 40 Minuten.

Beilage: Curryreis oder Reis mit Wildreis gemischt oder Rösti.

Landfrauen-Tipp: Nach der Hälfte der Garzeit die Schnitzel mit 100 g geriebenem Käse bestreuen.

Aprikosenkuchen mit 2 Böden I
Für Gäste

Insgesamt:
E: 63 g, F: 259 g, Kh: 681 g, kJ: 22369, kcal: 5338

Zum Vorbereiten für den Belag:
2 Dosen Aprikosenhälften (Abtropfgewicht je 470 g)

Für den Knetteig:
225 g Weizenmehl
60 g Zucker
1 Pck. Dr. Oetker Vanillin-Zucker
150 g weiche Butter oder Margarine

Für den Rührteig:
125 g weiche Butter oder Margarine
125 g Zucker
1 Pck. Dr. Oetker Vanillin-Zucker
3 Eier (Größe M)
75 g Weizenmehl
50 g Speisestärke
1 TL Dr. Oetker Backin

Zum Bestreuen:
50 g Zucker

Zubereitungszeit: etwa 45 Min., ohne Abkühlzeit

1. Zum Vorbereiten Aprikosenhälften in einem Sieb gut abtropfen lassen. Aprikosenhälften vierteln.

2. Für den Knetteig Mehl in eine Rührschüssel sieben restliche Zutaten hinzufügen und mit Handrührgerät mit Knethaken zunächst kurz auf niedrigster, dann auf höchster Stufe gut durcharbeiten.

3. Anschließend auf der leicht bemehlten Arbeitsfläche zu einem glatten Teig verkneten. Sollte er kleben, ihn in Folie gewickelt eine Zeit lang kalt stellen.

4. Den Teig auf einem Backblech (30 x 40 cm, gefettet) ausrollen. Das Backblech in den vorgeheizten Backofen schieben und den Boden vorbacken.

Ober-/Unterhitze: etwa 200 °C
Heißluft: etwa 180 °C
Backzeit: etwa 15 Minuten.

5. Das Backblech auf einen Kuchenrost stellen und den Gebäckboden darauf etwas abkühlen lassen.

6. Für den Rührteig Butter oder Margarine mit Handrührgerät mit Rührbesen auf höchster Stufe geschmeidig rühren. Nach und nach Zucker und Vanillin-Zucker unterrühren und so lange rühren, bis eine gebundene Masse entstanden ist. Eier nach und nach unterrühren (jedes Ei etwa $^1/_2$ Minute).

7. Mehl mit Speisestärke und Backpulver mischen, sieben und in 2 Portionen kurz auf mittlerer Stufe unterrühren. Den Rührteig auf dem vorgebackenen Knetteigboden verteilen. Aprikosenviertel in Reihen dachziegelartig auf den Rührteig legen.

8. Das Backblech wieder in den vorgeheizten Backofen schieben und den Kuchen bei der oben angegebenen Backofeneinstellung in 35–40 Minuten fertig backen.

9. Das Backblech auf einen Kuchenrost stellen, den Kuchen mit Zucker bestreuen und erkalten lassen.

Landfrauen-Tipp: Der Kuchen lässt sich einfrieren.

Aprikosen-Milchreis-Kuchen |

Für Kinder

Insgesamt:
E: 150 g, F: 261 g, Kh: 687 g, kJ: 24139, kcal: 5755

Zum Vorbereiten für den Belag:
2 Dosen Aprikosenhälften (Abtropfgewicht je 480 g)

Für den Knetteig:
300 g Weizenmehl
1 Msp. Dr. Oetker Backin
75 g Zucker
1 Pck. Dr. Oetker Vanillin-Zucker
1 Ei (Größe M)
175 g Butter
2 EL Wasser

Für den Belag:
375 ml (3/8 l) Milch
1 Pck. Süße Mahlzeit Milchreis nach klassischer Art
Saft und abgeriebene Schale von
1 Bio-Zitrone (unbehandelt)
500 g Speisequark (40 %)
4 Eigelb (Größe M)
1 Pck. Saucen-PulverVanille-Geschmack (zum Kochen)
4 Eiweiß (Größe M)

Zum Aprikotieren:
3 EL Aprikosenkonfitüre

Zum Bestäuben:
Puderzucker

Zubereitungszeit: etwa 40 Min., ohne Kühlzeit

1. Zum Vorbereiten Aprikosenhälften in einem Sieb gut abtropfen lassen.

2. Für den Teig Mehl mit Backpulver mischen und in eine Rührschüssel sieben. Zucker, Vanillin-Zucker, Ei, Butter und Wasser hinzufügen und die Zutaten mit Handrührgerät mit Knethaken zunächst kurz auf niedrigster, dann auf höchster Stufe gut durcharbeiten. Anschließend auf der bemehlten Arbeitsfläche zu einem glatten Teig verkneten. Den Teig in Folie gewickelt etwa 30 Minuten kalt stellen.

3. Für den Belag aus Milch und Milchreis nach Packungsanleitung (aber mit der hier angegebenen Milchmenge) einen Milchreis zubereiten und erkalten lassen.

4. Zitronensaft und -schale, Quark, Eigelb und Saucen-Pulver unter den erkalteten Milchreis rühren. Eiweiß steif schlagen und unterheben.

5. Den Teig auf einem Backblech (30 x 40 cm, gefettet) ausrollen und einen Backrahmen darumstellen. Die Quark-Milchreis-Masse auf dem Teig verteilen und die Aprikosenhälften mit der Wölbung nach oben darauf legen. Das Backblech in den vorgeheizten Backofen schieben.

Ober-/Unterhitze: etwa 180 °C
Heißluft: etwa 160 °C
Backzeit: etwa 30 Minuten.

6. Das Backblech auf einen Kuchenrost stellen und den Kuchen erkalten lassen. Backrahmen lösen und entfernen.

7. Zum Aprikotieren Konfitüre in einem kleinen Topf unter Rühren erwärmen. Den Kuchen damit bestreichen, erkalten lassen und mit Puderzucker bestäuben.

Aprikosen-Schmand-Kuchen

Für Gäste

Insgesamt:
E: 125 g, F: 318 g, Kh: 737 g, kJ: 26428, kcal: 6305

Zum Vorbereiten:
1 Dose Aprikosenhälften (Abtropfgewicht 480 g)
100 g Marzipan-Rohmasse

Für den Quark-Öl-Teig:
300 g Weizenmehl
1 Pck. Dr. Oetker Backin
150 g Magerquark
100 ml Milch
100 ml Speiseöl
75 g Zucker
1 Pck. Dr. Oetker Vanillin-Zucker
1 Prise Salz

Für den Belag:
2 Pck. Dr. Oetker Pudding-Pulver Vanille-Geschmack
80 g Zucker
750 ml (3/4 l) Milch
500 g Schmand (Sauerrahm)
75 g abgezogene, gestiftelte Mandeln

Für den Guss:
100 g gesiebter Puderzucker
1 EL Zitronensaft

Zubereitungszeit: etwa 40 Min., ohne Abkühlzeit

1. Zum Vorbereiten Aprikosenhälften in einem Sieb gut abtropfen lassen. Marzipan-Rohmasse auf einer Haushaltsreibe fein raspeln.

2. Für den Teig Mehl mit Backpulver mischen und in eine Rührschüssel sieben. Quark, Milch, Öl, Zucker, Vanillin-Zucker, Salz und Marzipanraspel hinzufügen und die Zutaten mit Handrührgerät mit Knethaken zunächst kurz auf niedrigster, dann auf höchster Stufe in etwa 1 Minute zu einem Teig verarbeiten (nicht zu lange, Teig klebt sonst).

3. Anschließend auf der leicht bemehlten Arbeitsfläche zu einer Rolle formen. Den Teig auf einem Backblech (30 x 40 cm, gefettet) ausrollen und einen Backrahmen darumstellen.

4. Für den Belag aus Pudding-Pulver, Zucker und Milch nach Packungsanleitung – aber mit den hier angegebenen Zutaten – einen Pudding zubereiten, etwas abkühlen lassen und Schmand unterheben. Die Masse auf den Teig geben und glatt streichen.

5. Aprikosenhälften auf der Pudding-Schmand-Masse verteilen und Mandeln darauf streuen. Das Backblech in den vorgeheizten Backofen schieben.

Ober-/Unterhitze: etwa 180 °C
Heißluft: etwa 160 °C
Backzeit: etwa 40 Minuten.

6. Das Backblech auf einen Kuchenrost stellen und den Kuchen erkalten lassen. Den Backrahmen vorsichtig lösen und entfernen.

7. Für den Guss Puderzucker mit Zitronensaft verrühren, so dass eine dickflüssige Masse entsteht. Den Guss mit einem Teelöffel auf den Kuchen sprenkeln, fest werden lassen und den Kuchen in Stücke schneiden.

Auflauf von Wurzelgemüsen

Einfach – für Kinder

Pro Portion:
E: 26 g, F: 54 g, Kh: 17 g, kJ: 2904, kcal: 694

400 g Steckrüben
400 g Knollensellerie
400 g Möhren
Salzwasser
150 g Blauschimmel-Käse, z. B. Gorgonzola oder Roquefort
400 g Schlagsahne
200 ml Milch
6 Eier (Größe M)
½ Pck. TK-Petersilie

Salz
frisch gemahlener Pfeffer
geriebene Muskatnuss

Zubereitungszeit: etwa 40 Min.

1. Steckrüben, Knollensellerie und Möhren putzen, schälen und waschen, abtropfen lassen und in kleine Würfel schneiden.

2. Die Gemüsewürfel in kochendem Salzwasser etwa 5 Minuten blanchieren. Anschließend in ein Sieb geben, mit kaltem Wasser übergießen und gut abtropfen lassen.

3. Käse durch ein Sieb streichen, mit Sahne, Milch, Eiern und Petersilie verrühren und mit Salz, Pfeffer und Muskat würzen.

4. Gemüsewürfel in eine große, flache Auflaufform geben und die Käse-Eier-Sahne darüber gießen. Die Form auf dem Rost in den vorgeheizten Backofen schieben.

Ober-/Unterhitze: etwa 180 °C
Heißluft: etwa 160 °C
Garzeit: etwa 50 Minuten.

Beilage: Gemischter Salat aus Radieschen, Gurken und Tomaten in Essig-Öl-Dressing mit Schnittlauch.

Landfrauen-Tipp: Es können auch folgende Gemüsesorten verwendet werden: Zucchini, Möhren und Kohlrabi, oder Brokkoli, Blumenkohl und Porree, oder 1 kg TK-Gemüse. Das frische Gemüse muss wie angegeben blanchiert werden. Der Käse kann auch durch Gratin-Käse ersetzt werden.

Aufschnitt in Radieschen-Vinaigrette | Gut vorzubereiten

Pro Portion:
E: 36 g, F: 32 g, Kh: 1 g, kJ: 1841, kcal: 439

Für die Vinaigrette:

1 Bund Radieschen (etwa 200 g)
2 Pck. Gartenkresse
1 EL mittelscharfer Senf
3 EL milder Weißweinessig
8 EL Olivenöl
Salz
frisch gemahlener Pfeffer

1 Bund Schnittlauch

250 g Rinderbratenaufschnitt
250 g Schweinebratenaufschnitt

Zubereitungszeit: etwa 30 Min.

1. Für die Vinaigrette von den Radieschen Grün und Wurzelenden, Spitzen und schlechte Stellen abschneiden. Radieschen waschen, abtropfen lassen, fein hacken und in eine Schüssel geben.

2. Kresse abspülen, abschneiden und trockentupfen. Senf mit Weißweinessig und Kresse verrühren, Olivenöl unterschlagen und unter die gehackten Radieschen rühren. Vinaigrette mit Salz und Pfeffer abschmecken.

3. Schnittlauch kalt abspülen, trockentupfen und in kleine Röllchen schneiden.

4. Bratenaufschnitt auf einer großen Platte anrichten und mit der Radieschen-Vinaigrette beträufeln. Schnittlauchröllchen darauf streuen.

Beilage: Vollkornbaguette.

Landfrauen-Tipp: Statt Rinder- und Schweinebratenaufschnitt eignet sich auch Kalb- oder Geflügelfleischaufschnitt.

Austernpilze „Bäuerliche Art" I

Raffiniert – für Gäste

Pro Portion:
E: 25 g, F: 35 g, Kh: 17 g, kJ: 1994, kcal: 476

12 große Austernpilze (etwa 720 g)
400 g fest kochende Kartoffeln, z. B. Hansa, Salzwasser
160 g magerer roher Schinken
1 Bund Frühlingszwiebeln (etwa 250 g)
1 Bund Majoran
8 EL Speiseöl
Salz
frisch gemahlener Pfeffer
120 g geriebener Emmentaler
20 g Butter oder Margarine

Zubereitungszeit: etwa 40 Min.

1. Austernpilze putzen, mit Küchenpapier abreiben und die Stielenden abschneiden.

2. Kartoffeln waschen, schälen, abspülen und in kleine Würfel schneiden. Kartoffeln mit Salzwasser bedeckt zum Kochen bringen und in 10–15 Minuten mit Deckel gar kochen. Die garen Kartoffeln abgießen, mit kaltem Wasser abschrecken und abtropfen lassen.

3. Schinken in kleine Würfel schneiden. Frühlingszwiebeln putzen, waschen, abtropfen lassen und in Ringe schneiden. Majoran abspülen und trockentupfen. Die Blättchen von den Stängeln zupfen und fein hacken.

4. Drei Esslöffel von dem Speiseöl in einer Pfanne erhitzen und Kartoffel- und Schinkenwürfel darin andünsten. Zwiebelringe hinzugeben und einige Minuten mit andünsten. Mit Salz und Pfeffer würzen und Majoran unterrühren.

5. Restliches Speiseöl in einer großen Pfanne erhitzen. Austernpilze darin anbraten und anschließend in eine flache Auflaufform legen. Austernpilze mit der Kartoffel-Schinken-Masse füllen und mit Käse bestreuen. Butter oder Margarine in Flöckchen darauf verteilen. Die Form auf dem Rost in den vorgeheizten Backofen schieben.

Ober-/Unterhitze: etwa 200 °C
Heißluft: etwa 180 °C
Backzeit: 10–15 Minuten.

Landfrauen-Tipp: Statt Austernpilze können auch Köpfe von Steinpilzen oder Maronenröhrlingen verwendet werden. Vor dem Servieren mit einigen Majoranzweigen garnieren. Servieren Sie die Austernpilze als Vorspeise mit einem frischen Salat.

Bäckerbraten | Raffiniert

Pro Portion:
E: 57 g, F: 42 g, Kh: 12 g, kJ: 2943, kcal: 702

1 Stück Schweinefleisch aus der Oberschale, etwa 1,2 kg
Salz
frisch gemahlener Pfeffer
2 EL Speiseöl
1 dicke Zwiebel
2 Möhren
etwa 200 ml Fleischbrühe

Für die Brotkruste:
4 Scheiben Toastbrot
40 g Butter
1 EL gemischte gehackte Kräuter, z. B. Petersilie, Schnittlauch
1 Ei (Größe M)
Worcestersauce
1 EL mittelscharfer Senf

Zubereitungszeit: etwa 45 Min.

1. Schweinefleisch unter fließendem kalten Wasser abspülen, trockentupfen und mit Salz und Pfeffer einreiben. Das Fleisch in einen Bräter legen und mit Öl einstreichen. Den Bräter auf dem Rost in den vorgeheizten Backofen schieben.

Ober-/Unterhitze: etwa 220 °C
Heißluft: etwa 200 °C
Garzeit: etwa 40 Minuten.

2. In der Zwischenzeit Zwiebel abziehen. Möhren putzen, schälen und waschen. Beide Zutaten in Stücke schneiden.

3. Die Backofentemperatur um 20–40 °C (Gas um 1–2 Stufen) reduzieren, Möhren- und Zwiebelstücke um das Fleisch legen, etwas von der Fleischbrühe angießen und das Fleisch noch weitere 60 Minuten garen, dabei verdampfte Flüssigkeit nach und nach durch Fleischbrühe ersetzen.

4. In der Zwischenzeit für die Brotkruste Toastbrot entrinden und in Würfel schneiden. Butter in einer Pfanne zerlassen, die Brotwürfel darin anrösten und etwas abkühlen lassen.

5. Die Brotwürfel dann mit Kräutern und Ei vermischen und mit Salz, Pfeffer, Worcestersauce und Senf würzen.

6. Die Brotmischung auf dem Fleisch verteilen, etwas andrücken und das Fleischstück noch weitere 50 Minuten garen.

7. Das gare Fleisch aus dem Bräter nehmen und zugedeckt warm stellen. Evtl. etwas Wasser zu dem Bratensatz geben, alles mit dem Gemüse in einen Topf geben, pürieren, erhitzen und mit den Gewürzen abschmecken.

8. Das Fleisch in Scheiben schneiden und mit der Sauce servieren.

Beilage: Rotkohl und Kartoffelklöße.

Backleberkäse mit Spätzle |

Preiswert

6 Portionen

Pro Portion:

E: 37 g, F: 58 g, Kh: 9 g, kJ: 3117, kcal: 744

1 Stück Leberkäse (etwa 900 g)
6 mittelgroße Zwiebeln
5 EL Speiseöl
500 g Spätzle (aus dem Kühlregal)
250 g Emmentaler Käse

Zubereitungszeit: etwa 35 Min.

1. Aus dem Leberkäse einen Keil schneiden, so dass ein 2–3 cm großer Rand stehen bleibt. Den herausgeschnittenen Leberkäse in Würfel schneiden.

2. Das Leberkäsestück in eine große, gefettete Auflaufform legen, den Leberkäse an den Seiten in Abständen von 1 1/2 cm einschneiden.

3. Zwiebeln abziehen, halbieren, in Streifen schneiden und in Öl andünsten, mit Spätzle und Leberkäsewürfeln mischen. Mischung in den eingeschnittenen Keil füllen und um den Leberkäse herum verteilen.

4. Gut die Hälfte des Käses reiben und auf der Spätzle-Zwiebel-Masse verteilen. Die Auflaufform auf dem Rost in den vorgeheizten Backofen schieben.

Ober-/Unterhitze: etwa 180 °C
Heißluft: etwa 160 °C
Backzeit: etwa 45 Minuten.

5. Den restlichen Käse in kleine Scheiben schneiden und etwa 10 Minuten vor Ende der Garzeit in die Seiteneinschnitte des Leberkäses stecken und fertig backen.

Beilage: Sauerkraut oder ein gemischter Salat.

Landfrauen-Tipp: Bestreuen Sie den Auflauf vor dem Servieren mit 2 Esslöffeln Schnittlauchröllchen.

Backofengemüse | Vegetarisch

Pro Portion:
E: 8 g, F: 19 g, Kh: 46 g, kJ: 1640, kcal: 391

1 kg fest kochende, mittelgroße Kartoffeln
Salz
frisch gemahlener Pfeffer
7 EL Olivenöl
400 g rote Paprikaschoten
200 g gelbe Paprikaschoten
400 g Zucchini
2 Zweige Rosmarin
4 Knoblauchzehen

Zubereitungszeit: etwa 30 Min.

1. Kartoffeln unter fließendem kalten Wasser sehr gründlich abbürsten,trockentupfen und längs vierteln, in eine Fettfangschale legen, mit Salz und Pfeffer bestreuen und mit 2 Esslöffeln Öl beträufeln. Die Fettfangschale in den vorgeheizten Backofen schieben.

Ober-/Unterhitze: etwa 180 °C
Heißluft: etwa 160 °C
Garzeit: etwa 20 Minuten.

2. In der Zwischenzeit Paprika vierteln, entstielen, entkernen und die weißen Scheidewände entfernen, die Schoten waschen und in kleine Stücke schneiden.

3. Zucchini waschen, abtrocknen, die Enden abschneiden und Zucchini in kleine Stücke schneiden. Das Gemüse salzen, pfeffern und mit dem restlichen Öl vermischen.

4. Rosmarinzweige abspülen und trockentupfen. Knoblauch abziehen und die Zehen mit dem Gemüse und den Rosmarinzweigen zu den vorgegarten Kartoffeln geben. Alle Zutaten miteinander vermischen.

5. Die Fettfangschale wieder in den vorgeheizten Backofen schieben und alles bei der oben angegebenen Backofeneinstellung noch weitere 20–25 Minuten garen.

Beilage: Schnittlauch-Ei-Dip. Dafür 500 g Magerquark mit 1 Becher (150 g) saurer Sahne cremig rühren. 1–2 Bund Schnittlauch kalt abspülen, trockentupfen und in feine Röllchen schneiden. 2–3 hart gekochte Eier pellen und würfeln. Schnittlauch und Eiwürfel unter den Quark rühren und mit Salz, Pfeffer und Worcestersauce abschmecken.

Landfrauen-Tipp: Das Backofengemüse als vegetarisches Hauptgericht pur oder mit Tomatensauce servieren. Als Partygericht z. B. zu Braten reichen.

Backofensuppe | Raffiniert

6 Portionen

Pro Portion:
E: 34 g, F: 37 g, Kh: 28 g, kJ: 2553, kcal: 610

500 g Putenbrust
3 EL Sojasauce
1 EL Currypulver
Salz
frisch gemahlener Pfeffer
1 Dose Pfirsichhälften (Abtropfgewicht 250 g)
1 Glas Champignonscheiben (Abtropfgewicht 315 g)
150 g TK-Erbsen
500 g Schlagsahne
1 Pck. Currysauce mit Paprikastücken (für 250 ml Wasser)
100 ml Curry-Ketchup
250 ml (1/4 l) Gemüsebrühe

Zubereitungszeit: etwa 30 Min.

1. Putenbrust unter fließendem kalten Wasser abspülen, trockentupfen und zuerst in Scheiben, dann in Streifen schneiden. Die Fleischstreifen mit Sojasauce und Currypulver mischen, in einen großen Bräter geben und mit wenig Salz und Pfeffer bestreuen.

2. Pfirsichhälften in einem Sieb abtropfen lassen, in Spalten schneiden und hinzufügen. Champignonscheiben in einem Sieb abtropfen lassen und mit den Erbsen ebenfalls hinzufügen.

3. Sahne mit Currysaucenpulver verrühren und mit Ketchup und Gemüsebrühe mischen, ebenfalls in den Bräter geben und alles umrühren. Den Bräter auf dem Rost in den vorgeheizten Backofen schieben.

Ober-/Unterhitze: etwa 200 °C
Heißluft: etwa 180 °C
Garzeit: etwa 60 Minuten.

Beilage: Kleine Partybrötchen.

Landfrauen-Tipp: Anstatt Pfirsichhälften können Sie auch Aprikosenhälften verwenden.

Bandnudeln in Rahmsauce mit Geflügelleber | Schnell

Pro Portion:
E: 34 g, F: 25 g, Kh: 78 g, kJ: 2819, kcal: 672

1 kleines
Bund frischer Salbei
3 EL Speiseöl

Für die Sauce:
2 Zwiebeln
150 ml Milch
200 ml Gemüsebrühe
100 ml Schlagsahne
Salz
frisch gemahlener Pfeffer
1 TL Tomatenmark

4 l Wasser
4 TL Salz
400 g Bandnudeln

400 g Geflügelleber
(z. B. Hähnchen oder Pute)
2 Tomaten

Zubereitungszeit: etwa 25 Min.

1. Salbei abspülen, trockentupfen und die Salbeiblättchen von den Stielen zupfen. 2 Esslöffel von dem Öl in einer Pfanne erhitzen und Salbeiblättchen darin knusprig braten, herausnehmen und auf Küchenpapier abtropfen lassen.

2. Für die Sauce Zwiebeln abziehen, fein würfeln und im Bratfett glasig dünsten. Milch, Brühe und Sahne dazugießen, aufkochen lassen und mit Salz, Pfeffer und Tomatenmark abschmecken. Sauce bei schwacher Hitze etwa 2 Minuten köcheln lassen.

3. Wasser in einem großen, geschlossenen Topf zum Kochen bringen. Salz und Nudeln zugeben und die Nudeln nach Packungsanleitung im geöffneten Topf bei mittlerer Hitze bissfest kochen, dabei gelegentlich umrühren. Anschließend die Nudeln in ein Sieb geben, mit heißem Wasser abspülen und abtropfen lassen.

4. Leber unter fließendem kalten Wasser abspülen, trockentupfen, evtl. putzen und klein schneiden. Restliches Öl in einer beschichteten Pfanne erhitzen, Leber darin rundherum braun braten und mit Salz und Pfeffer würzen.

5. Nudeln mit der Sauce mischen, alles nochmals kurz köcheln lassen und mit Leber und Salbeiblättchen auf Tellern anrichten. Tomaten waschen, abtropfen lassen, halbieren und Stängelansätze entfernen. Tomaten fein würfeln und darüber streuen.

Bandnudeln mit Lachs und Tomaten | Raffiniert

Pro Portion:
E: 26 g, F: 42 g, Kh: 72 g, kJ: 3326, kcal: 794

Für die Sauce:

300 g Tomaten
200 g geräucherter Lachs (in Scheiben)
2 Knoblauchzehen
60 g schwarze, entsteinte Oliven
3 EL Olivenöl
2 Becher (je 150 g) Crème fraîche
Salz
frisch gemahlener Pfeffer
½ TL getrockneter, gerebelter Estragon

4 l Wasser
4 TL Salz
400 g dünne, grüne Bandnudeln

Zum Garnieren:

einige Lachsstreifen
schwarze Oliven

Zubereitungszeit: etwa 25 Min.

1. Für die Sauce Tomaten waschen, abtropfen lassen, kreuzweise einschneiden und einige Sekunden in kochendes Wasser legen. Tomaten kurz in kaltes Wasser legen, enthäuten, halbieren und entkernen, Stängelansätze herausschneiden und Fruchtfleisch in Spalten schneiden.

2. Lachsscheiben in 1½ cm dicke Streifen schneiden. Knoblauch abziehen und fein würfeln. Oliven nach Belieben halbieren oder in kleine Stücke schneiden.

3. Olivenöl in einer großen Pfanne erhitzen und Knoblauchwürfel darin hellgelb dünsten lassen. Lachsstreifen und Olivenstückchen hinzufügen und vorsichtig unterrühren.

4. Crème fraîche unterrühren. Tomatenspalten hinzufügen und die Zutaten vorsichtig bei geringer Wärme erhitzen. Mit Salz, Pfeffer und Estragon würzen. Die Sauce warm stellen.

5. Inzwischen Wasser in einem großen Topf mit geschlossenem Deckel zum Kochen bringen. Salz und Nudeln zugeben und die Nudeln nach Packungsanleitung im geöffneten Topf bei mittlerer Hitze kochen lassen, dabei zwischendurch 4–5-mal umrühren. Anschließend die Nudeln in ein Sieb geben, mit heißem Wasser abspülen und abtropfen lassen.

6. Die Bandnudeln in eine Schüssel geben. Die Sauce darauf verteilen und mit Lachsstreifen und Oliven garnieren. Sofort servieren.

Landfrauen-Tipp: Für Bandnudeln mit frischem Lachs und Dill-Hollandaise 500 g Lachsfilet in einem Sud aus je 125 ml (1/8 l) Gemüsebrühe und Weißwein, gewürzt mit Salz und weißen Pfefferkörnern in 8–10 Minuten gar ziehen lassen. 400 g grüne Bandnudeln nach Packungsanleitung garen. Den Fisch aus dem Sud nehmen, zerpflücken, mit den abgetropften Nudeln vermengen und warm stellen. Fischsud durchsieben, auf 250 ml (1/4 l) auffüllen und mit 1 Beutel Basissauce Hollandaise und Butter nach Packungsanleitung zubereiten, 1–2 Esslöffel gehackten Dill unterheben. Die Sauce mit den Lachsnudeln vermengen und sofort servieren. Sie können die Nudeln zusätzlich mit frischen Estragonzweigen garnieren.

Bandnudel-Zucchini-Gratin I

Vegetarisch

Pro Portion:
E: 29 g, F: 59 g, Kh: 48 g, kJ: 3668, kcal: 876

2 ½ l Wasser
2 ½ TL Salz
250 g schmale Bandnudeln
1 EL Speiseöl

2 mittelgroße Zucchini
250 g braune Champignons
6 EL Olivenöl
1 Knoblauchzehe
Salz
frisch gemahlener Pfeffer
4 Eier (Größe M)
250 g Schlagsahne
100–150 g geraspelter Emmentaler
1 EL Schnittlauchröllchen

Zubereitungszeit: etwa 30 Min.

1. Wasser in einem großen Topf mit geschlossenem Deckel zum Kochen bringen. Salz, Nudeln und Öl hinzufügen und die Nudeln nach Packungsanleitung im geöffneten Topf bei mittlerer Hitze bissfest kochen. Zwischendurch 4–5-mal umrühren. Die garen Nudeln auf ein Sieb geben, mit kaltem Wasser übergießen und gut abtropfen lassen.

2. Inzwischen Zucchini waschen, die Enden abschneiden und Zucchini längs in dünne Scheiben schneiden (am besten mit einem Sparschäler). Champignons putzen, evtl. kalt abspülen, abtropfen lassen und in Scheiben schneiden.

3. Öl portionsweise in einer Pfanne erhitzen und Zucchini- und Champignonscheiben portionsweise darin anbraten. Knoblauch abziehen, durch die Presse in die Pfanne drücken und alles mit Salz und Pfeffer würzen.

4. Nudeln, Zucchini und Champignons mischen und in eine gefettete, ofenfeste Pfanne oder in eine gefettete, flache Auflaufform geben.

5. Eier mit Sahne verschlagen, mit Salz und Pfeffer würzen und über den Gratin geben. Emmentaler darüber streuen. Die Pfanne oder Form auf dem Rost in den vorgeheizten Backofen schieben und backen, bis die Eiersahne gestockt ist.

Ober-/Unterhitze: etwa 180 °C
Heißluft: etwa 160 °C
Backzeit: etwa 30 Minuten.

6. Den Gratin mit Schnittlauchröllchen bestreuen und sofort servieren.

Barbaratorte | Gut vorzubereiten

Insgesamt:
E: 60 g, F: 202 g, Kh: 592 g, kJ: 19084, kcal: 4558

Für den Rührteig:
150 g weiche Butter oder Margarine
150 g Zucker
1 Pck. Dr. Oetker Vanillin-Zucker
2 Eigelb (Größe M)
100 g Schmand
300 g Weizenmehl
½ Pck. Dr. Oetker Backin

Für den Belag:
2 Äpfel
2 Eiweiß (Größe M)
150 g Zucker
1 EL Weizengrieß
50 g gemahlene Walnusskerne

1–2 EL Weizenmehl

Zum Verzieren:
etwas dunkle Kuchenglasur

Zubereitungszeit: etwa 50 Min., ohne Kühlzeit

1. Für den Teig Butter oder Margarine mit Handrührgerät mit Rührbesen auf höchster Stufe geschmeidig rühren. Nach und nach Zucker und Vanillin-Zucker unterrühren und so lange rühren, bis eine gebundene Masse entstanden ist.

2. Eigelb nach und nach unterrühren (jedes Eigelb knapp ½ Minute). Schmand unterrühren. Mehl mit Backpulver mischen, sieben und portionsweise auf mittlerer Stufe unterrühren.

3. Zwei Drittel des Teiges in eine Springform (Ø 26 cm, Boden gefettet) geben und glatt streichen. Die Form auf dem Rost in den vorgeheizten Backofen schieben und den Boden vorbacken.

Ober-/Unterhitze: etwa 180 °C
Heißluft: etwa 160 °C
Backzeit: etwa 20 Minuten.

4. In der Zwischenzeit für den Belag Äpfel schälen, vierteln, entkernen und grob raspeln. Eiweiß mit Zucker steif schlagen. Grieß, Apfelraspel und Walnusskerne vorsichtig unterheben und die Masse auf dem vorgebackenen Boden verteilen.

5. Unter den restlichen Teig mit Handrührgerät mit Knethaken Mehl kneten. Aus dem Teig dünne Rollen formen und als Gitter über den Belag legen. Die Form wieder auf dem Rost in den vorgeheizten Backofen schieben und das Gebäck bei der oben angegebenen Backofeneinstellung noch etwa 30 Minuten backen.

6. Die Torte aus der Form lösen und auf einem Kuchenrost erkalten lassen.

7. Kuchenglasur nach Packungsanleitung auflösen, in einen kleinen Gefrierbeutel füllen, eine Ecke abschneiden und die Torte mit der Glasur verzieren. Die Glasur fest werden lassen.

Bayerische Creme, gestürzt |

Klassisch

4–5 Portionen

Pro Portion:
E: 8 g, F: 24 g, Kh: 21 g, kJ: 1383, kcal: 330

1	*Vanilleschote*
250 g	*Milch*
6 Blatt	*weiße Gelatine*
3	*Eigelb (Größe M)*
75 g	*Zucker*
250 g	*gekühlte Schlagsahne*

Zubereitungszeit: etwa 40 Min., ohne Kühlzeit

1. Vanilleschote aufschlitzen, das Mark mit einem Messerrücken herausschaben, mit Milch in einen Topf geben und zum Kochen bringen. Gelatine nach Packungsanleitung in kaltem Wasser einweichen.

2. Eigelb mit Zucker in einer Edelstahlschüssel oder einem Edelstahltopf mit einem Schneebesen verrühren. Die heiße Milch unter Rühren dazugeben und bei mittlerer Hitze im heißen Wasserbad unter ständigem Schlagen erhitzen, bis die Masse leicht dicklich und weiß wird (Wasser und Masse dürfen aber nicht kochen, da die Masse sonst gerinnt). Die Masse von der Kochstelle nehmen.

3. Gelatine gut ausdrücken und in der noch heißen Masse unter Rühren auflösen. Die Masse anschließend durch ein feines Sieb passieren und abkühlen lassen, dabei gelegentlich durchrühren.

4. Sobald die Masse anfängt zu gelieren, Sahne steif schlagen und unterheben. Die Creme in 4–5 mit kaltem Wasser ausgespülte Portionsförmchen oder Tassen (150–200 ml Inhalt) füllen und im Kühlschrank etwa 3 Stunden fest werden lassen.

5. Die Creme jeweils vorsichtig mit einem spitzen Messer vom Rand lösen. Die Förmchen kurz in heißes Wasser stellen und die Creme auf Dessertteller stürzen. Nach Belieben garnieren.

Abwandlung: Für eine Bayerische Cappuccinocreme zusätzlich 5 Teelöffel Instant-Espressopulver zusammen mit der Gelatine in der Eigelb-Milch-Masse auflösen und wie oben angegeben fertig stellen. Die Creme in Cappuccinotassen füllen und kalt stellen. Vor dem Servieren 125 g Schlagsahne halb steif oder steif schlagen, als Haube auf die Creme geben und mit Kakaopulver bestäuben.

Landfrauen-Tipp: Die Bayerische Creme mit geschlagener Schlagsahne und Früchten, Fruchtpüree oder Schokoladensauce anrichten.

Beeren-Butterkuchen | Fruchtig

Insgesamt:
E: 98 g, F: 194 g, Kh: 718 g, kJ: 21127, kcal: 5038

Für den Hefeteig:
250 ml (¼ l) Milch
75 g Butter oder Margarine
500 g Weizenmehl
1 Pck. Dr. Oetker Trockenbackhefe
75 g Zucker
1 Prise Salz
1 Ei (Größe M)

Für die Füllung:
75 g Zucker
1 Pck. Backfeste Puddingcreme
750 g gemischte TK-Beerenfrüchte

Für den Belag:
75 g Butter
1 Pck. Backfeste Puddingcreme
250 ml (¼ l) Milch
50 g Zucker
50 g abgezogene, gehobelte Mandeln

Zubereitungszeit: etwa 45 Min., ohne Teiggehzeiten

1. Für den Teig Milch in einem Topf erwärmen und Butter oder Margarine darin zerlassen. Mehl in eine Rührschüssel sieben und mit der Hefe sorgfältig vermischen. Zucker, Salz, Ei und die Milch-Fett-Mischung hinzufügen und die Zutaten mit Handrührgerät mit Knethaken zunächst auf niedrigster, dann auf höchster Stufe in etwa 5 Minuten zu einem glatten Teig verarbeiten.

2. Den Teig zugedeckt so lange an einem warmen Ort gehen lassen, bis er sich sichtbar vergrößert hat, anschließend halbieren und eine Hälfte auf einem Backblech (30 x 40 cm, gefettet) ausrollen. Einen Backrahmen um den Teig stellen.

3. Für die Füllung Zucker mit Puddingcremepulver mischen und mit den gefrorenen Beeren vermengen. Die Masse etwas antauen lassen, dann auf den Boden geben.

4. Den restlichen Teig in Größe des Backblechs ausrollen, als Decke auf die Früchte legen und zugedeckt an einem warmen Ort gehen lassen, bis er sich sichtbar vergrößert hat.

5. Für den Belag in die Teigoberfläche gleichmäßig mit einem Löffelstiel kleine Mulden drücken und die Butter als Flocken in die Vertiefungen geben. Puddingcreme mit Milch nach Packungsanleitung zubereiten, in einen Spritzbeutel mit kleiner Lochtülle füllen und die Creme auf die Butter in die Mulden spritzen. Die gesamte Teigoberfläche mit Zucker und Mandeln bestreuen und das Backblech in den vorgeheizten Backofen schieben.

Ober-/Unterhitze: etwa 180 °C
Heißluft: etwa 160 °C
Backzeit: etwa 30 Minuten.

Landfrauen-Tipp: Statt TK-Beeren können Sie auch frische Beeren, z. B. Erdbeeren, Johannisbeeren, Himbeeren, Heidelbeeren und Brombeeren verwenden. Statt mit Backblech und Backrahmen kann der Kuchen auch in einer Fettfangschale gebacken werden.

Beerenstarke Grützetorte | Schnell

Insgesamt:
E: 61 g, F: 86 g, Kh: 300 g, kJ: 9685, kcal: 2313

Für den Schüttelteig:
150 g Weizenmehl
3 TL Dr. Oetker Backin
100 g feinster Zucker
1 Pck. Dr. Oetker Vanillin-Zucker
4 Eier (Größe M), 4 EL Speiseöl
2 EL Essig

Für den Belag:
5 Blatt weiße Gelatine
2 Becher (je 500 g) Rote Grütze
1 Becher (250 g) Vanille-Sauce

Zubereitungszeit: etwa 25 Min.

1. Für den Teig Mehl und Backpulver mischen und in einen verschließbaren Schüttelbecher (1,2-Liter-Inhalt) sieben. Zucker, Vanillin-Zucker, Eier, Öl und Essig zugeben und den Becher gut verschließen. Mehrmals kräftig schütteln, so dass alle Zutaten gut vermischt sind (evtl. mit einem Schneebesen durchrühren).

2. Den Teig in eine Obstbodenform (Ø 26 cm, gefettet, bemehlt) geben und auf dem Rost (untere Schiene) in den vorgeheizten Backofen schieben.

Ober-/Unterhitze: etwa 180 °C
Heißluft: etwa 160 °C
Backzeit: 20–25 Minuten.

3. Den Tortenboden sofort nach dem Backen auf einen mit Backpapier belegten Kuchenrost stürzen und erkalten lassen.

4. Für den Belag in der Zwischenzeit die Gelatine nach Packungsanleitung in kaltem Wasser einweichen.

5. Einen Becher Rote Grütze in einem kleinen Topf erwärmen, die eingeweichte, leicht ausgedrückte Gelatine unter Rühren darin auflösen und die Masse unter den zweiten Becher Rote Grütze rühren.

6. Die Rote Grütze gleichmäßig auf den Tortenboden geben und etwa 1 Stunde kalt stellen. Zum Servieren die Vanille-Sauce mit einem Teelöffel darauf verteilen.

Landfrauen-Tipp: Die Torte am Rand mit steif geschlagener Sahne verzieren und die Vanillesauce dazureichen.

Bienenstich | Klassisch

Insgesamt:
E: 120 g, F: 460 g, Kh: 660 g, kJ: 30280, kcal: 7220

Für den Hefeteig:
200 ml Milch
50 g Butter oder Margarine
375 g Weizenmehl
1 Pck. Dr. Oetker Trockenbackhefe
50 g Zucker
1 Pck. Dr. Oetker Vanillin-Zucker
1 Prise Salz
1 Ei (Größe M)

Für den Belag:
200 g Butter
100 g Zucker
1 Pck. Dr. Oetker Vanillin-Zucker
1–2 EL Honig
4 EL Schlagsahne
200 g abgezogene, gehobelte Mandeln

Für die Füllung:
2 Pck. Dr. Oetker Pudding-Pulver Vanille-Geschmack
750 ml (3/4 l) Milch
100 g Zucker
100 g Butter

Zubereitungszeit: etwa 50 Min., ohne Teiggehzeit

1. Für den Teig Milch in einem Topf erwärmen und Butter oder Margarine darin zerlassen. Mehl in eine Rührschüssel sieben und mit der Hefe sorgfältig vermischen. Restliche Zutaten für den Teig und die warme Milch-Fett-Mischung hinzufügen und die Zutaten mit Handrührgerät mit Knethaken kurz auf niedrigster, dann auf höchster Stufe in etwa 5 Minuten zu einem glatten Teig verarbeiten. Den Teig zugedeckt an einem warmen Ort so lange gehen lassen, bis er sich sichtbar vergrößert hat.

2. Für den Belag Butter mit Zucker, Vanillin-Zucker, Honig und Sahne unter Rühren langsam erhitzen, kurz aufkochen lassen und die Mandeln unterrühren. Masse abkühlen lassen, dabei ab und zu umrühren.

3. Den Teig leicht mit Mehl bestäuben, aus der Schüssel nehmen, auf der leicht bemehlten Arbeitsfläche nochmals kurz durchkneten und in der Fettfangschale oder auf dem Backblech (30 x 40 cm, gefettet) ausrollen. Den Belag gleichmäßig auf dem Teig verstreichen und den Teig nochmals so lange gehen lassen, bis er sich sichtbar vergrößert hat. Die Fettfangschale oder das Backblech in den vorgeheizten Backofen schieben.

Ober-/Unterhitze: etwa 200 °C
Heißluft: etwa 180 °C
Backzeit: etwa 15 Minuten.

4. Das Gebäck in der Fettfangschale oder auf dem Backblech auf einem Kuchenrost erkalten lassen. Dann senkrecht halbieren und jede Hälfte einmal waagerecht durchschneiden.

5. Für die Füllung aus Pudding-Pulver, Milch und Zucker nach Packungsanleitung, aber mit nur 750 ml (3/4 l) Milch einen Pudding zubereiten und die Butter im heißen Pudding verrühren. Die Creme erkalten lassen, dabei gelegentlich durchrühren. Die Gebäckhälften mit der erkalteten Creme füllen.

Abwandlung: Ersetzen Sie die Mandeln für den Belag durch 200 g Kokosraspel.

Birnen-Brombeer-Tarte | Fettarm

Insgesamt:
E: 38 g, F: 9 g, Kh: 320 g, kJ: 6459, kcal: 1543

Für den Hefeteig:
150 ml fettarme Milch (1,5 % Fett)
250 g Weizenmehl
1 Pck. Dr. Oetker Trockenbackhefe
50 g Zucker
1 Prise Salz

Für den Belag:
700 g Birnen
Saft von
½ Zitrone
125 g Brombeeren

Für die Form:
etwas Halbfettbutter (30 % Fett)

Zum Bestreuen:
2 TL brauner Rohrzucker

Zubereitungszeit: 50 Minuten, ohne Teiggehzeit

1. Für den Teig Milch erwärmen. Mehl in eine Rührschüssel sieben und mit Trockenbackhefe sorgfältig vermischen. Zucker, Salz und die warme Milch hinzufügen.

2. Die Zutaten mit Handrührgerät mit Knethaken zunächst auf niedrigster, dann auf höchster Stufe in etwa 5 Minuten zu einem glatten Teig verarbeiten. Den Teig zugedeckt so lange an einem warmen Ort gehen lassen, bis er sich sichtbar vergrößert hat.

3. Für den Belag Birnen schälen, vierteln und entkernen. Birnenviertel in dicke Spalten schneiden und mit Zitronensaft beträufeln. Brombeeren verlesen, evtl. kurz abspülen und trockentupfen.

4. Den Teig mit etwas Mehl bestäuben, aus der Schüssel nehmen und auf der leicht bemehlten Arbeitsfläche nochmals gut durchkneten. Den Teig zu einer runden Platte (Ø etwa 30 cm) ausrollen, diese in eine Tarteform (Ø 28 cm, gefettet) legen und dabei den Rand hochdrücken.

5. Birnenspalten dachziegelartig dicht auf den Teigboden legen. Den Rand mit Brombeeren belegen. Restliche Brombeeren auf den Birnenspalten verteilen. Den Teig nochmals so lange an einem warmen Ort gehen lassen, bis er sich sichtbar vergrößert hat. Die Form auf dem Rost in den vorgeheizten Backofen schieben.

Ober-/Unterhitze: etwa 180 °C
Heißluft: etwa 160 °C
Backzeit: 25–30 Minuten.

6. Die Form auf einen Kuchenrost stellen. Tarte mit Zucker bestreuen, etwas abkühlen lassen. Warm oder kalt servieren.

Landfrauen-Tipp: Reichen Sie Schokoladensauce dazu.

Birnenkuchen, gestürzt | Raffiniert

Insgesamt:
E: 57 g, F: 139 g, Kh: 511 g, kJ: 15236, kcal: 3643

Zum Vorbereiten:
5 kleine Birnen (700 g)
1 EL Zitronensaft
50 g Butter
150 g Zucker
2 EL Zitronensaft

100 g Walnusskerne

Für den Teig:
250 g Weizenmehl (Type 550)
2 TL Dr. Oetker Backin
100 g Zucker
1 Prise Salz
3 Eier (Größe M)
6 EL Milch
4 EL Nussöl
3 EL neutrales Speiseöl, z. B. Rapsöl

Zubereitungszeit: etwa 55 Min.

1. Zum Vorbereiten Birnen schälen, halbieren, vierteln und entkernen. Birnenviertel mit 1 Esslöffel Zitronensaft beträufeln.

2. Butter, Zucker und Zitronensaft in einem kleinen Topf ohne Deckel 1 Minute kochen lassen. Die Zuckermasse sofort in eine Springform (Ø 26 cm, Boden mit Backpapier belegt) gießen. Birnenviertel und Walnusskerne kreisförmig darauf legen.

3. Für den Teig Mehl mit Backpulver mischen, in eine verschließbare Schüssel (3-Liter-Inhalt) sieben und mit Zucker und Salz vermengen. Eier, Milch, Nuss- und Speiseöl hinzufügen. Schüssel mit dem Deckel fest verschließen.

4. Mehrmals (insgesamt 15–30 Sekunden) kräftig schütteln, so dass alle Zutaten gut vermischt sind. Alles mit einem Schneebesen oder Rührlöffel nochmals sorgfältig durchrühren, damit vor allem trockene Zutaten vom Rand mit untergerührt werden.

5. Den Teig auf die Birnenstücke geben und glatt streichen. Die Form auf dem Rost in den vorgeheizten Backofen schieben.

Ober-/Unterhitze: etwa 180 °C
Heißluft: etwa 160 °C
Backzeit: 30–35 Minuten.

6. Die Form auf einen Kuchenrost stellen. Den Kuchen in der Form etwas abkühlen lassen. Dann aus der Form lösen und auf einen Kuchenrost stürzen. Mitgebackenes Backpapier abziehen und den Kuchen erkalten lassen.

Blitzgulasch | Für Gäste

Pro Portion:
E: 30 g, F: 26 g, Kh: 4 g, kJ: 1638, kcal: 391

500 g Roastbeef
4 EL Speiseöl
Salz, Pfeffer
Paprikapulver edelsüß
1 kleines
Glas Perlzwiebeln
(Abtropfgewicht 185 g)
150 g kleine Champignons
40 g Butter
100 ml Rotwein
200 ml Rinderfond oder Fleischbrühe
1 TL Speisestärke
etwas Rotwein

Zubereitungszeit: etwa 30 Min.

1. Roastbeef unter fließendem kalten Wasser abspülen, trockentupfen und in Würfel schneiden.

2. Öl in einer Pfanne erhitzen und die Fleischwürfel darin rundherum anbraten und herausnehmen. Fleischwürfel salzen, pfeffern, mit Paprika bestreuen und warm stellen.

3. Perlzwiebeln auf einem Sieb gut abtropfen lassen. Champignons putzen, evtl. abspülen und trockentupfen. Butter in der Pfanne zerlassen und Champignons und Perlzwiebeln darin anbraten. Mit Rotwein und Fond oder Brühe ablöschen und die Flüssigkeit etwa um ein Drittel einkochen lassen.

4. Speisestärke mit etwas Rotwein anrühren und die Bratflüssigkeit damit binden. Die Sauce evtl. mit den Gewürzen abschmecken, die Fleischwürfel in der Sauce erhitzen und etwa 5 Minuten ziehen lassen.

Beilage: Spätzle, breite Bandnudeln, frische Salate.

Landfrauen-Tipp: Für ein scharfes Gulasch 1 kleine Chilischote halbieren, entstielen, entkernen, waschen und sehr fein würfeln, mit den Champignons und Perlzwiebeln anbraten.

Blubber-Kuchen | Für Kinder

Insgesamt:
E: 122 g, F: 372 g, Kh: 674 g, kJ: 28310, kcal: 6770

Für den Teig:
4 Eier (Größe M)
200 g Zucker
1 Pck. Dr. Oetker Vanillin-Zucker
1 Pck. Dr. Oetker Finesse Geriebene Zitronenschale
150 ml Speiseöl
150 ml Mineralwasser
300 g Weizenmehl
3 TL Dr. Oetker Backin

Für den Belag:
300 g Himbeeren
8 Blatt weiße Gelatine
1 kg Dickmilch
Saft von 1 Zitrone
75 g Zucker
1 Pck. Dr. Oetker Vanillin-Zucker
500 g Schlagsahne

Für den Guss:
2 Pck. Tortenguss, rot
500 ml (½ l) Flüssigkeit, z. B. Himbeersaft, Apfelsaft oder Wasser
30 g Zucker

Zubereitungszeit: etwa 40 Min., ohne Kühlzeit

1. Für den Teig Eier mit Handrührgerät mit Rührbesen auf höchster Stufe in 1 Minute schaumig rühren. Zucker, Vanillin-Zucker und Zitronenschale mischen und in 1Minute einstreuen, dann noch 2 Minuten weiterrühren. Öl und Wasser unterrühren. Mehl mit Backpulver mischen, sieben und portionsweise auf mittlerer Stufe unterrühren.

2. Den Teig in eine Fettfangschale (30 x 40 cm, gefettet, bemehlt) geben und glatt streichen. Die Fettfangschale in den vorgeheizten Backofen schieben.

Ober-/Unterhitze: etwa 180 °C
Heißluft: etwa 160 °C
Backzeit: etwa 20 Minuten.

3. Das Gebäck in der Fettfangschale auf einem Kuchenrost erkalten lassen.

4. Für den Belag Himbeeren verlesen und auf dem Gebäck verteilen. Gelatine nach Packungsanleitung einweichen. Dickmilch, Zitronensaft, Zucker und Vanillin-Zucker in einer Schüssel verrühren. Gelatine ausdrücken, auflösen und zunächst mit etwas Dickmilchmasse verrühren, dann unter die restliche Dickmilchmasse rühren. Sobald die Masse beginnt zu gelieren, Sahne steif schlagen und unterheben. Die Creme auf den Himbeeren verstreichen und 30 Minuten kalt stellen.

5. Für den Guss Tortenguss, Flüssigkeit und Zucker nach Packungsanleitung zubereiten und heiß auf der Dickmilchcreme verteilen, so dass die Creme etwas angelöst wird, dabei evtl. den Guss mit einem Löffel leicht eindrücken. Den Kuchen noch etwa 1 Stunde kalt stellen.

Bohnensuppe mit Tomaten I

Dauert länger

Pro Portion:
E: 34 g, F: 42 g, Kh: 13 g, kJ: 2535, kcal: 606

250 g	*weiße Bohnen*
1 ½ l	*Wasser*
1 Stange	*Porree (Lauch)*
8	*mittelgroße Tomaten*
3 EL	*Olivenöl*
2 EL	*Tomatenmark, Salz*
	gerebelter Thymian
	gekörnte Brühe
etwa 5 Tropfen	*Tabascosauce*
4	*Wiener Würstchen*

Zubereitungszeit: etwa 30 Min., ohne Einweichzeit

1. Bohnen in Wasser etwa 12 Stunden einweichen, dann in einem Sieb abtropfen lassen. Bohnen mit 1 l Wasser zum Kochen bringen und etwa 40 Minuten kochen lassen. Porree putzen, waschen und in Scheiben schneiden, mit in die Suppe geben und noch 15 Minuten garen lassen.

2. Einen Teil der garen Bohnen zerstampfen. Tomaten waschen, kurze Zeit in kochendes Wasser legen (nicht kochen lassen), mit kaltem Wasser abschrecken und enthäuten, Stängelansätze herausschneiden und Tomaten klein schneiden.

3. Öl erhitzen. Tomatenstücke und -mark hinzugeben und darin andünsten. Die Bohnen mit der Flüssigkeit und restlichem Wasser hinzufügen, zum Kochen bringen und etwa 10 Minuten kochen lassen.

4. Die Suppe mit Salz, Thymian, gekörnter Brühe und Tabascosauce abschmecken. Würstchen in Scheiben schneiden, hinzufügen und erhitzen.

Landfrauen-Tipp: Es können auch Bohnen aus der Dose verwendet werden. Diese müssen nicht mehr eingeweicht werden, sondern nur mit dem Porree 15 Minuten köcheln. Statt Wiener Würstchen können auch kleine, gut gewürzte Mettbällchen 10 Minuten mit erhitzt werden.

Bohnensuppe, bunte | Gut vorzubereiten

Pro Portion:
E: 26 g, F: 18 g, Kh: 52 g, kJ: 2071, kcal: 495

1	*gelbe Paprikaschote (etwa 200 g)*
2	*Knoblauchzehen*
3 EL	*Speiseöl*
400 ml	*Gemüsebrühe*
1 kleine Dose	*Kidneybohnen (Abtropfgewicht 250 g)*
1 Pck.	*TK-Kräuter der Provence*
	Salz, Pfeffer
200 g	*Schlagsahne*
1 Dose	*weiße Bohnen (Abtropfgewicht 250 g)*
1 Dose	*grüne Bohnenkerne (Flageolets, Abtropfgewicht 250 g)*

Zubereitungszeit: etwa 25 Min.

1. Paprikaschote halbieren, entstielen, entkernen und die weißen Scheidewände entfernen, Schote waschen und in kleine Würfel schneiden. Knoblauch abziehen und fein würfeln.

2. Öl in einem Topf erhitzen, Knoblauch- und Paprikawürfel darin andünsten und Gemüsebrühe dazugießen.

3. Kidneybohnen abgießen und zu den Paprikawürfeln geben. Kräuter hinzufügen, die Suppe mit Salz und Pfeffer würzen und etwa 5 Minuten unter gelegentlichem Rühren kochen lassen.

4. Sahne, weiße Bohnen und grüne Bohnenkerne (jeweils mit Flüssigkeit) dazugeben und weitere 10 Minuten leicht kochen lassen, evtl. noch etwas abschmecken.

Abwandlung: Für eine scharfe Tomaten-Bohnensuppe 2 Zwiebeln würfeln und mit den Knoblauch- und Paprikawürfeln andünsten. Anstelle von Sahne 250 g passierte Tomaten hinzufügen und die Suppe kräftig mit Cayennepfeffer abschmecken.

Beilage: Roggenbrötchen oder Bauernbrot und für Nichtvegetarier ein Würstchen (Brüh-, Krakauer- oder Mettwürstchen).

Landfrauen-Tipp: Die Suppe in doppelter Menge zubereiten und die Hälfte einfrieren.

Bologneser Reistopf | Preiswert

Pro Portion:
E: 39 g, F: 33 g, Kh: 52 g, kJ: 2789, kcal: 666

2 EL Speiseöl
600 g Gehacktes (halb Rind-, halb Schweinefleisch)
2 mittelgroße Zwiebeln
Salz
frisch gemahlener Pfeffer
Paprikapulver edelsüß
gerebelter Oregano
250 g Langkornreis
35 g Tomatenmark
750 ml (3/4 l) Fleischbrühe
je 1 kleine rote und gelbe Paprikaschote
300 g TK-Erbsen
Majoranblättchen

Zubereitungszeit: etwa 30 Min.

1. Öl in einem Topf erhitzen. Gehacktes hinzufügen und unter ständigem Rühren darin anbraten, dabei die Fleischklümpchen mit einer Gabel zerdrücken.

2. Zwiebeln abziehen, in kleine Würfel schneiden, zu dem Gehackten geben und mit andünsten. Mit Salz, Pfeffer, Paprika und Oregano würzen.

3. Reis hinzufügen und kurz mit andünsten. Tomatenmark unterrühren und Brühe hinzugießen. Die Zutaten zum Kochen bringen und zugedeckt bei schwacher Hitze etwa 15 Minuten kochen lassen.

4. Paprika halbieren, entstielen, entkernen, die weißen Scheidewände entfernen. Die Schoten waschen, abtropfen lassen und in kleine Würfel schneiden.

5. Paprikawürfel und Erbsen in den Reistopf geben, zum Kochen bringen und etwa 10 Minuten mitgaren lassen. Mit Salz, Pfeffer und Paprika abschmecken und evtl. noch etwas Wasser hinzufügen. Mit Majoranblättchen garniert servieren.

Landfrauen-Tipp: Wer es scharf liebt, kann eine Chilischote halbieren, entkernen, abspülen, fein würfeln und mitgaren.

Brokkoli-Blumenkohl-Auflauf |

Preiswert

4–6 Portionen

Pro Portion:
E: 44 g, F: 33 g, Kh: 7 g, kJ: 2255, kcal: 539

½ Kopf Blumenkohl (350 g)
350 g Brokkoli
2 Zwiebeln
1 großer, säuerlicher Apfel
3–4 Bratwürste Thüringer Art
1 Bund Majoran
4 EL Speiseöl, Salz
frisch gemahlener, weißer Pfeffer
3 Eier (Größe M)
125 ml (⅛ l) Milch
geriebene Muskatnuss
100 g geraspelter, mittelalter Gouda

Zubereitungszeit: etwa 35 Min.

1. Von Blumenkohl und Brokkoli die Blätter und schlechten Stellen entfernen und die Strünke abschneiden, Blumenkohl und Brokkoli in Röschen teilen und waschen. Die Röschen in kochendem Salzwasser etwa 8 Minuten garen, in ein Sieb geben und abtropfen lassen.

2. In der Zwischenzeit Zwiebeln abziehen und würfeln. Apfel schälen, vierteln, entkernen und quer in Scheiben schneiden. Bratwürste ebenfalls in dickere Scheiben schneiden. Majoran kalt abspülen, trockentupfen und die Blättchen von den Stängeln zupfen.

3. Zwei Esslöffel Öl in einer großen Pfanne erhitzen. Die Wurstscheiben darin unter Wenden braun braten, herausnehmen und beiseite stellen.

4. Das restliche Öl zu dem Bratfett in die Pfanne geben und erhitzen. Zwiebelwürfel darin andünsten, Apfelscheiben hinzufügen und kurz mitdünsten.

5. Etwas Wasser hinzufügen und die Flüssigkeit ein wenig einkochen lassen. Mit Salz und Pfeffer würzen und die Hälfte der Majoranblättchen unterheben. Wurstscheiben zugeben.

6. Eier und Milch verquirlen und mit Salz, Pfeffer, Muskatnuss kräftig würzen.

7. Blumenkohl und Brokkoli in eine große, flache Auflaufform geben. Die Wurst-Apfel-Mischung dazwischen verteilen und die Eiermilch gleichmäßig darüber gießen. Mit Käse bestreuen. Die Form auf dem Rost in den vorgeheizten Backofen schieben.

Ober-/Unterhitze: etwa 200 °C
Heißluft: etwa 180 °C
Garzeit: 30–35 Minuten.

Abwandlung: Für einen vegetarischen Brokkoli-Blumenkohl-Auflauf den Auflauf wie oben beschrieben, aber ohne Bratwürste, zubereiten. 4–6 hart gekochte Eier pellen und achteln. Ein Bund Frühlingszwiebeln putzen, waschen und in feine Ringe schneiden. Die Frühlingszwiebelringe anstatt der Zwiebeln in Öl andünsten, dann den vorbereiteten Apfel zugeben und wie oben garen. Die Eiachtel unterheben und wie oben beschrieben weiter zubereiten.

Landfrauen-Tipp: Dazu schmeckt Kartoffelpüree mit Petersilie. Anstelle von Brokkoli können Sie auch Romanesco verwenden.

Brokkolicremesuppe, leichte I

Kalorienarm

Pro Portion:
E: 14 g, F: 9 g, Kh: 18 g, kJ: 866, kcal: 205

1 kg	*Brokkoli*
300 ml	*Wasser*
1 EL	*Gemüsebrühe (Instant)*
500 ml (½ l)	*Milch*
4 EL	*Haferkleie-Flocken (Reformhaus oder Naturkostladen)*
	Salz
	frisch gemahlener weißer Pfeffer
	geriebene Muskatnuss

Zubereitungszeit: etwa 30 Min.

1. Vom Brokkoli die Blätter entfernen und die Strünke abschneiden, den Brokkoli in Röschen teilen. Die Strünke schälen und klein schneiden. Die Röschen waschen und abtropfen lassen.

2. Wasser in einem Topf zum Kochen bringen, Gemüsebrühe und Brokkoli zugeben und zugedeckt etwa 15 Minuten garen lassen. Anschließend mit dem Pürierstab oder Mixer fein pürieren.

3. Milch erhitzen. Nach und nach die Milch zum Brokkolipüree gießen, mit dem Pürierstab oder Schneebesen untermixen und so lange weiter mixen, bis eine glatte Cremesuppe entstanden ist. Die Suppe nochmals kurz aufkochen und Haferkleie-Flocken einrühren. Die Suppe mit Salz, Pfeffer und Muskat abschmecken.

Landfrauen-Tipp: Die Suppe mit Streifen von Räucherlachs, Krabben, fein gewürfelten Tomatenstückchen oder Knoblauch-Croûtons servieren.

Brombeertarte | Schnell

Insgesamt:
E: 76 g, F: 200 g, Kh: 463 g, kJ: 17370, kcal: 4149

Für den Knetteig:
250 g Weizenmehl
2 TL Dr. Oetker Backin
75 g Zucker
1 Pck. Dr. Oetker Vanillin-Zucker
1 Ei (Größe M)
125 g weiche Butter oder Margarine

Für den Belag:
50 g Löffelbiskuits
500 g Brombeeren

Für den Guss:
100 g Schmand
3 EL Orangensaft
100 g Zucker
1 Pck. Dr. Oetker Vanillin-Zucker
1 Ei (Größe M)
100 g abgezogene, gemahlene Mandeln

Zubereitungszeit: etwa 30 Min.

1. Für den Teig Mehl mit Backpulver mischen und in eine Rührschüssel sieben. Zucker, Vanillin-Zucker, Ei und Butter oder Margarine hinzufügen. Die Zutaten mit Handrührgerät mit Knethaken zunächst kurz auf niedrigster, dann auf höchster Stufe gut durcharbeiten.

2. Auf der leicht bemehlten Arbeitsfläche zu einem glatten Teig verkneten. Sollte er kleben, ihn in Folie gewickelt eine Zeit lang kalt stellen.

3. Den Teig auf der leicht bemehlten Arbeitsfläche dünn ausrollen, in eine Tarteform (Ø 30 cm, gefettet) oder eine Springform (Ø 28 cm, Boden gefettet, mit Backpapier belegt) legen und am Rand etwas hochdrücken.

4. Für den Belag Löffelbiskuits in einen Gefrierbeutel geben, den Beutel verschließen und Löffelbiskuits mit einer Teigrolle fein zerdrücken. Die Brösel auf dem Teig verteilen.

5. Brombeeren putzen, vorsichtig waschen, gut abtropfen lassen und 400 g auf die Löffelbiskuitbrösel legen.

6. Für den Guss Schmand mit Orangensaft, Zucker, Vanillin-Zucker, Ei und Mandeln mit einem Schneebesen verrühren und über die Brombeeren geben. Die restlichen Brombeeren darauf verteilen. Die Form auf dem Rost in den vorgeheizten Backofen schieben.

Ober-/Unterhitze: etwa 180 °C
Heißluft: etwa 160 °C
Backzeit: etwa 40 Minuten.

7. Die Tarte auf einem Kuchenrost erkalten lassen. Dann die in der Springform gebackene Tarte vorsichtig aus der Form lösen und das mitgebackene Backpapier abziehen.

Burgunder Rodon

Klassisch – mit Alkohol

Insgesamt:
E: 64 g, F: 262 g, Kh: 598 g, kJ: 21233, kcal: 5073

Für den Rührteig:
250 g weiche Butter oder Margarine
250 g Zucker
5 Tropfen Zitronen-Aroma
1 Msp. gemahlener Zimt
1 Pck. Dr. Oetker Bourbon-Vanille-Zucker
1 Prise Salz
4 Eier (Größe M)
250 g Weizenmehl
3 TL Dr. Oetker Backin
20 g Kakaopulver
125 ml (1/8 l) Rotwein
50 g aufgelöste Halbbitter-Kuvertüre

Zum Aprikotieren:
30 g Zucker
knapp 2 EL Wasser
50 g Aprikosenkonfitüre

Zum Glasieren:
65 g gesiebter Puderzucker
1 EL Rotwein

Zubereitungszeit: etwa 30 Min., ohne Abkühlzeit

1. Für den Teig Butter oder Margarine mit Handrührgerät mit Rührbesen auf höchster Stufe geschmeidig rühren. Nach und nach Zucker, Aroma, Zimt, Vanille-Zucker und Salz unterrühren und so lange rühren, bis eine gebundene Masse entstanden ist.

2. Eier nach und nach unterrühren (jedes Ei etwa 1/2 Minute). Mehl mit Backpulver und Kakao mischen, sieben und abwechselnd mit dem Rotwein in 2 Portionen kurz auf mittlerer Stufe unterrühren. Kuvertüre unterheben.

3. Den Teig in eine Rohrbodenform (Ø 24 cm, gefettet) geben und glatt streichen. Die Form auf dem Rost in den vorgeheizten Backofen schieben.

Ober-/Unterhitze: etwa 180 °C
Heißluft: etwa 160 °C
Backzeit: 50–60 Minuten.

4. Die Form auf einen Kuchenrost stellen und den Kuchen etwa 10 Minuten in der Form stehen lassen. Dann auf einen mit Backpapier belegten Kuchenrost stürzen und den Kuchen erkalten lassen.

5. Zum Aprikotieren Zucker und Wasser in einem kleinen Topf unter Rühren erhitzen, bis der Zucker gelöst ist. Die Konfitüre durch ein Sieb streichen und unterrühren. So lange unter Rühren kochen lassen, bis die Masse anfängt dicklich zu werden. Den Kuchen damit bestreichen.

6. Zum Glasieren Puderzucker mit Rotwein zu einer dünnflüssigen Masse verrühren. Den Kuchen damit besprenkeln und Glasur trocknen lassen.

Landfrauen-Tipp: Statt in einer Rohrbodenform kann der Kuchen auch in einer Gugelhupfform (Ø 24 cm) gebacken werden.

Butterkuchen | Klassisch

Insgesamt:
E: 78 g, F: 204 g, Kh: 430 g, kJ: 16136, kcal: 3852

Für den Hefeteig:

375 g Weizenmehl
1 Pck. Dr. Oetker Trockenbackhefe
50 g Zucker
1 Pck. Dr. Oetker Vanillin-Zucker
1 Prise Salz
1 Ei (Größe M)
50 g zerlassene abgekühlte Butter
200 ml lauwarme Milch

Für den Belag:

100 g kalte Butter
75 g Zucker
1 Pck. Dr. Oetker Vanillin-Zucker
100 g abgezogene, gehobelte Mandeln

Zubereitungszeit: etwa 20 Min., ohne Teiggehzeit

1. Für den Teig Mehl in eine Rührschüssel sieben und mit der Hefe sorgfältig vermischen. Zucker, Vanillin-Zucker, Salz, Ei, Butter und Milch hinzufügen und die Zutaten mit Handrührgerät mit Knethaken zunächst kurz auf niedrigster, dann auf höchster Stufe in etwa 5 Minuten zu einem Teig verarbeiten. Den Teig zugedeckt so lange an einem warmen Ort gehen lassen, bis er sich sichtbar vergrößert hat.

2. Den Teig leicht mit Mehl bestäuben, aus der Schüssel nehmen, auf der bemehlten Arbeitsfläche nochmals kurz durchkneten und auf einem Backblech (30 x 40 cm, gefettet) ausrollen.

3. Für den Belag mit einem Kochlöffelstiel leichte Vertiefungen in den Teig drücken. Butter in Flöckchen gleichmäßig auf den Teig setzen. Zucker mit Vanillin-Zucker mischen und darauf streuen, Mandeln auf dem Teig verteilen. Den Teig nochmals so lange an einem warmen Ort gehen lassen, bis er sich sichtbar vergrößert hat. Das Backblech in den vorgeheizten Backofen schieben.

Ober-/Unterhitze: etwa 200 °C
Heißluft: etwa 180 °C
Backzeit: etwa 15 Minuten.

4. Das Backblech auf einen Kuchenrost stellen und den Kuchen erkalten lassen.

Landfrauen-Tipp: 200 g Schlagsahne leicht steif schlagen und sofort nach dem Backen gleichmäßig auf den heißen Butterkuchen streichen.

Abwandlung: Butterkuchen mit Nusskruste: Dafür 100 g Haselnuss- oder Walnusskerne grob hacken und auf dem Hefeteig verteilen. Dann Butterflöckchen und Zucker darauf geben. Zuletzt 8 Esslöffel Schlagsahne auf den Teig träufeln. Den Teig nochmals so lange an einem warmen Ort gehen lassen, bis er sich sichtbar vergrößert hat. Den Kuchen wie im Rezept angegeben backen.

Cannelloni in pikanter Tomatensauce | Für Gäste

Pro Portion:
E: 36 g, F: 34 g, Kh: 43 g, kJ: 2609, kcal: 622

Für die Tomatensauce:

1 kg Tomaten
1 Zwiebel
1 Knoblauchzehe
2 EL Olivenöl
1 schwach geh. EL Tomatenmark
Salz, Pfeffer
1 TL getrockneter, gerebelter Oregano
1 EL gehackte Petersilie

Für die Cannelloni:

1 Brötchen (Semmel) vom Vortag
2 Zwiebeln
500 g Gehacktes (halb Rind-, halb Schweinefleisch)
1 EL gehackte Petersilie
Salz
frisch gemahlener Pfeffer
16 Cannelloni, ohne Vorgaren
20 g Butter
50 g geriebener Käse, z. B. mittelalter Gouda

Zubereitungszeit: etwa 35 Min.

1. Für die Tomatensauce Tomaten waschen, abtropfen lassen und kreuzweise einschneiden, kurz in kochendes Wasser legen und in kaltem Wasser abschrecken. Tomaten enthäuten, die Stängelansätze herausschneiden und Tomaten in Würfel schneiden. Zwiebel und Knoblauch abziehen und fein würfeln.

2. Öl erhitzen und Zwiebel- und Knoblauchwürfel darin unter Rühren andünsten. Tomatenwürfel und Tomatenmark hinzufügen, zum Kochen bringen und bei schwacher Hitze etwa 5 Minuten ohne Deckel köcheln. Mit Salz, Pfeffer und Oregano würzen. Petersilie unterrühren.

3. Für die Cannelloni Brötchen in kaltem Wasser einweichen. Zwiebeln abziehen und fein würfeln. Gehacktes mit dem gut ausgedrückten Brötchen, Zwiebelwürfeln und Petersilie vermengen und mit Salz und Pfeffer würzen. Die Fleischmasse in einen Spritzbeutel ohne Tülle füllen und in die Cannelloni spritzen, oder die Fleischmasse mit einem Teelöffel von beiden Seiten in die Cannelloni füllen.

4. Etwas von der Tomatensauce in eine flache Auflaufform geben, die gefüllten Cannelloni nebeneinander hineinlegen und die restliche Tomatensauce darüber verteilen. Butter in Flöckchen darauf setzen und Käse darüber streuen. Die Form ohne Deckel auf dem Rost in den vorgeheizten Backofen schieben.

Ober-/Unterhitze: etwa 180 °C
Heißluft: etwa 160 °C
Garzeit: etwa 35 Minuten.

Beilage: Gemischter Blattsalat oder Tomatensalat.

Landfrauen-Tipp: Anstelle der frischen Tomaten können Sie auch 1 große Dose (800 g) geschälte Tomaten für die Sauce verwenden. Dann zusätzlich 100 ml Gemüsebrühe hinzufügen. Nach Belieben 1 Lorbeerblatt mitkochen. Wenn Sie keinen Spritzbeutel haben, können Sie die Fleischmasse in einen Gefrierbeutel geben, eine Ecke abschneiden und die Füllung in die Cannelloni spritzen.

Champignons mit Rucola | Römertopf

Pro Portion:
E: 9 g, F: 26 g, Kh: 9 g, kJ: 1338, kcal: 319

4 Zwiebeln
1–2 Knoblauchzehen
500 g rosa Champignons
300 g weiße Champignons
1 TL Weizenmehl
50 g abgezogene, gemahlene Mandeln
Salz, Pfeffer
1 EL Olivenöl
200 g Schlagsahne
1 kleines
Bund Rucola (Rauke, 40 g)

Zubereitungszeit: etwa 30 Min.

1. Zwiebeln und Knoblauch abziehen. Zwiebeln in Spalten und Knoblauch in dünne Scheiben schneiden. Beide Champignonsorten putzen, mit Küchenpapier abreiben, evtl. abspülen und je nach Größe halbieren oder vierteln.

2. Die vorbereiteten Zutaten mit Mehl, Mandeln, Salz und Pfeffer im gewässerten Römertopf mischen und Öl und Sahne unterheben. Den Römertopf mit dem Deckel verschließen und auf dem Rost in den kalten Backofen schieben.

Ober-/Unterhitze: etwa 200 °C
Heißluft: etwa 180 °C
Garzeit: etwa 60 Minuten.

3. Nach etwa 40 Minuten Garzeit das Gemüse umrühren und im geschlossenen Topf fertig garen.

4. In der Zwischenzeit Rucola putzen, waschen, trockenschleudern und klein schneiden. Das Champignongemüse mit Salz und Pfeffer abschmecken, Rucola unterheben und sofort servieren.

Landfrauen-Tipp: Das Champignongemüse als Vorspeise auf Toast oder als Beilage zu kurz gebratenem Fleisch servieren. Für einen fleischlosen Snack Kartoffelpuffer dazureichen.

Champignons mit Schinken |

Für Gäste

Pro Portion:
E: 18 g, F: 35 g, Kh: 10 g, kJ: 1746, kcal: 417

12 große weiße Champignons (etwa 800 g)

Für die Füllung:

1 Schalotte
120 g Parmaschinken
1 Bund glatte Petersilie
3 Scheiben Toastbrot
60 g Butter
4 EL Olivenöl
Salz
frisch gemahlener Pfeffer

20 g Butter
1 Ei (Größe M)

Zum Garnieren:

3 Tomaten

Zubereitungszeit: etwa 45 Min.

1. Champignons putzen, mit Küchenpapier abreiben, evtl. abspülen und trockentupfen. Stiele herausdrehen und die Köpfe etwas aushöhlen. Stiele und ausgehöhltes Champignonfleisch in kleine Würfel schneiden.

2. Für die Füllung Schalotte abziehen und in kleine Würfel schneiden. Schinken in 2–3 cm lange, feine Streifen schneiden. Petersilie abspülen und trockentupfen, die Blättchen von den Stängeln zupfen und fein hacken. Toastbrot entrinden und in kleine Würfel schneiden. Butter in einer Pfanne zerlassen und Toastwürfel unter Rühren darin goldgelb dünsten, beiseite stellen.

3. Olivenöl in einer Pfanne erhitzen, Champignonköpfe hinzugeben und leicht anbraten. Mit Salz und Pfeffer würzen. Anschließend in eine flache Auflaufform legen.

4. Butter in einem Topf zerlassen und Champignon-, Schalottenwürfel und Schinkenstreifen darin andünsten. Petersilie, Toastbrotwürfel und Ei unterrühren, mit Salz und Pfeffer würzen.

5. Die Masse in den ausgehöhlten Champignons verteilen. Die Form auf dem Rost in den vorgeheizten Backofen schieben.

Ober-/Unterhitze: etwa 180 °C
Heißluft: etwa 160 °C
Backzeit: 15–20 Minuten.

6. Zum Garnieren Tomaten waschen, abtrocknen und die Stängelansätze herausschneiden. Tomaten halbieren, entkernen und in kleine Würfel schneiden. Die gefüllten Champignons mit Tomatenwürfeln garniert servieren.

Landfrauen-Tipp: Die gefüllten Champignons als vegetarisches Hauptgericht mit Baguette oder Ciabatta (italienisches Weißbrot) servieren. Als Vorspeise mit Tomatenscheiben oder etwas Blattsalat auf Tellern angerichtet reichen die gefüllten Champignons für 8–10 Portionen.

Chicorée im Schinkenmantel |

Raffiniert

Pro Portion:
E: 25 g, F: 47 g, Kh: 7 g, kJ: 2286, kcal: 547

4	*große Chicorée (je etwa 250 g)*
50 g	*Butter*
1 EL	*Speiseöl, z. B. Sonnenblumenöl*
4 Scheiben	*gekochter Schinken*
1 Becher (150 g)	*Crème fraîche*
150 g	*Naturjoghurt*
200 g	*Schmelzkäse*
	Salz
	frisch gemahlener Pfeffer
50 g	*geraspelter Gratin- oder Gouda-Käse*

Zubereitungszeit: etwa 30 Min.

1. Vom Chicorée die äußeren welken Blätter entfernen, Chicorée längs halbieren, waschen, abtropfen lassen und die bitteren Strünke keilförmig so herausschneiden, dass die Blätter möglichst noch zusammenhalten.

2. Butter und Öl in einer Pfanne erhitzen und die Chicoréehälften darin mit der Schnittseite nach unten bei schwacher Hitze etwa 10 Minuten dünsten.

3. Schinkenscheiben halbieren, je 1 Hälfte um eine Chicoréehälfte legen und in eine flache Auflaufform geben.

4. Crème fraîche und Joghurt in der Pfanne erhitzen, zum Kochen bringen und Schmelzkäse unter Rühren darin auflösen.

5. Die Sauce mit Salz und Pfeffer würzen und über die Chicoréehälften geben. Den geraspelten Käse darüber streuen. Die Form ohne Deckel auf dem Rost in den vorgeheizten Backofen schieben.

Ober-/Unterhitze: etwa 180 °C
Heißluft: etwa 160 °C
Garzeit: etwa 20 Minuten.

Beilage: Kleine Kartoffeln oder Reis.

Chicoréesalat mit blauen Trauben |

Kalorienarm

Pro Portion:
E: 7 g, F: 7 g, Kh: 30 g, kJ: 926, kcal: 221

Für die Salatsauce:

1 Becher (150 g) Naturjoghurt
1 EL gehackte Zitronenmelisse
2 EL Zitronensaft
Salz
1 Prise Zucker

Für den Salat:

4 mittelgroße Chicorée (je etwa 200 g)
2 Äpfel
2 Orangen
40 g Sonnenblumenkerne
200 g blaue kernlose Weintrauben

Zubereitungszeit: etwa 25 Min.

1. Für die Salatsauce Joghurt in eine Schüssel geben. Zitronenmelisse, Zitronensaft, Salz und Zucker mit dem Joghurt verrühren.

2. Für den Salat Chicorée von den schlechten Blättern befreien, halbieren und die bitteren Strünke keilförmig herausschneiden. Chicorée waschen, abtropfen lassen und die Blätter abzupfen.

3. Äpfel waschen, vierteln, entkernen und in dünne Scheiben schneiden. Orangen so dick mit einem Messer schälen, dass auch die weiße Haut ganz entfernt wird. Orangen halbieren und ebenfalls in Scheiben schneiden.

4. Chicoréeblätter, Apfel- und Orangenscheiben auf 4 Teller verteilen. Salatsauce darüber gießen und mit Sonnenblumenkernen bestreuen.

5. Weintrauben waschen, trockentupfen, entstielen, auf dem Salat verteilen.

Landfrauen-Tipp: Der Salat passt besonders gut zu gebratenem Geflügel. Der Salat wird zu einem leichten, sommerlichen Hauptgericht, wenn Sie ihn mit 200–250 g geräucherter, in Scheiben oder Streifen geschnittener Putenbrust anrichten und Brötchen oder Baguette dazureichen.

Chinakohleintopf | Raffiniert

Pro Portion:
E 29 g, F: 39 g, Kh: 19 g, kJ: 2425, kcal: 579

750 g Chinakohl
2–3 Zwiebeln
250 g Tomaten
375 g Kartoffeln
40 g Butter oder Margarine
500 g Gehacktes (halb Rind-, halb Schweinefleisch)
Salz
frisch gemahlener Pfeffer
500 ml (½ l) Gemüsebrühe
2 EL Tomatenmark
2 EL Schnittlauchröllchen

Zubereitungszeit: etwa 45 Min.

1. Chinakohl putzen, den Kopf halbieren und den Strunk herausschneiden. Den Kohl vierteln, in schmale Streifen schneiden, waschen und abtropfen lassen. Zwiebeln abziehen und fein würfeln.

2. Tomaten waschen, abtropfen lassen und kreuzweise einschneiden, kurz in kochendes Wasser legen und in kaltem Wasser abschrecken. Tomaten enthäuten, die Stängelansätze entfernen, Tomaten vierteln, entkernen und in Stücke schneiden. Kartoffeln waschen, schälen, abspülen und in Würfel schneiden.

3. Butter oder Margarine in einem Topf zerlassen und die Zwiebelwürfel darin goldgelb dünsten. Gehacktes hinzufügen und anbraten, dabei die Fleischklümpchen mit einer Gabel etwas zerdrücken. Mit Salz und Pfeffer würzen.

4. Kartoffelwürfel und Gemüsebrühe dazugeben und alles etwa 10 Minuten schmoren lassen. Dann die Chinakohlstreifen hinzufügen und alles weitere 15–20 Minuten garen.

5. Tomatenstücke und -mark unterrühren, den Eintopf nochmals erhitzen und mit den Gewürzen abschmecken. Den Eintopf vor dem Servieren mit Schnittlauchröllchen bestreuen.

Landfrauen-Tipp: Anstelle von gemischtem Hackfleisch können Sie auch Thüringer Mett (gewürztes Schweinegehacktes) verwenden. Dann etwas weniger salzen und pfeffern.

Curry-Schichtbraten | Raffiniert

Pro Portion:
E: 31 g, F: 36 g, Kh: 6 g, kJ: 2090, kcal: 499

60 g	*Kürbiskerne*
200 g	*grobes Bratwurstbrät*
2	*Eier (Größe M)*
1 ½–2 TL	*Currypulver*
	Salz
	frisch gemahlener, weißer Pfeffer
600 g	*Putenschnitzel*
25 g	*Butter*
250 g	*Schmand oder Crème fraîche*

Zubereitungszeit: etwa 25 Min.

1. 40 g Kürbiskerne hacken und mit Bratwurstbrät, Eiern und Curry mischen. Die Masse evtl. mit Salz und Pfeffer würzen.

2. Putenschnitzel unter fließendem kalten Wasser abspülen und trockentupfen. Die Hälfte der Schnitzel in eine gefettete, flache Auflaufform legen (die Putenschnitzel sollten den Boden der Form gerade bedecken) und salzen und pfeffern. Darauf die Hälfte der Brätmasse verteilen, mit den restlichen Schnitzeln belegen und mit der restlichen Brätmasse bedecken.

3. Butter in Flöckchen und die restlichen Kürbiskerne darauf verteilen. Die Form auf dem Rost in den vorgeheizten Backofen schieben.

Ober-/Unterhitze: etwa 200 °C
Heißluft: etwa 180 °C
Garzeit: etwa 35 Minuten.

4. Schmand oder Crème fraîche mit Salz und Pfeffer würzen und den garen Braten damit servieren.

Abwandlung: Anstelle von Putenschnitzel können Sie auch dieselbe Menge Schweineschnitzel verwenden. Dann erhöht sich die Garzeit um 5–10 Minuten.

Beilage: Gebratener Kartoffelsalat. Dafür 750 g fest kochende Kartoffeln schälen, waschen und in 1 cm große Würfel schneiden. 6 Esslöffel Speiseöl erhitzen, die Kartoffelwürfel darin unter häufigem Wenden leicht braun braten, salzen und pfeffern und zugedeckt etwa 10 Minuten bei mittlerer Hitze garen. 3 Esslöffel Weißweinessig über den Kartoffeln verteilen. ½ Salatgurke waschen, in 1 cm große Würfel schneiden und mit 1 Esslöffel fein geschnittenem Dill unter die Kartoffeln mengen, nochmals abschmecken und zu dem Braten servieren.

Landfrauen-Tipp: Der Braten schmeckt auch kalt sehr gut, er kann also bereits einige Stunden vor dem Verzehr zubereitet werden.

Curry-Suppentopf | Raffiniert

Pro Portion:
E: 19 g, F: 16 g, Kh: 8 g, kJ: 1090, kcal: 260

250 g	*Putenbrust*
1	*kleine Zwiebel*
1 Stange	*Porree (Lauch, etwa 150 g)*
50 g	*Butter*
1 EL	*Currypulver*
1 ½ EL	*Weizenmehl*
1 l	*Hühnerbrühe*
½ Becher (75 g)	*Crème fraîche*
	Salz
	frisch gemahlener Pfeffer
1–2 TL	*Honig*
1	*Apfel*
	Saft von
½	*Zitrone*

Zubereitungszeit: etwa 50 Min.

1. Putenbrust unter fließendem kalten Wasser abspülen, trockentupfen und in kleine Würfel schneiden. Zwiebel abziehen und würfeln. Porree putzen, gründlich waschen und in Ringe schneiden.

2. Butter in einem Topf erhitzen. Die Fleischwürfel darin leicht anbraten und herausnehmen. Zwiebelwürfel und Porreeringe in dem verbliebenen Bratfett andünsten.

3. Die Fleischwürfel wieder in den Topf geben. Mit Currypulver und Mehl bestäuben, verrühren und mit Hühnerbrühe auffüllen. Unter gelegentlichem Umrühren zugedeckt bei schwacher Hitze etwa 15 Minuten köcheln lassen.

4. Crème fraîche unterrühren und die Suppe salzen und pfeffern, mit Honig abschmecken.

5. Apfel waschen, abtrocknen, vierteln und entkernen, in kleine Spalten schneiden und mit Zitronensaft beträufeln. Die Apfelspalten kurz vor dem Servieren in die Suppe geben und darin erhitzen.

Deftiger Kohltopf | Einfach

Pro Portion:
E: 16 g, F: 24 g, Kh: 14 g, kJ: 1398, kcal: 334

1 Pck.	*TK-Rosenkohl (450 g)*
1	*Spitzkohl (etwa 500 g) oder*
½ Kopf	*Wirsing (etwa 500 g)*
600 g	*fest kochende Kartoffeln, z. B. Hansa*
300 g	*Cabanossi oder geräucherte Mettwürstchen*
3 EL	*Speiseöl*
1 l	*Gemüsebrühe*
	Salz
	frisch gemahlener Pfeffer
	Kümmelsamen
1 Bund	*glatte Petersilie*

Zubereitungszeit: etwa 35 Min., ohne Antauzeit

1. Rosenkohl antauen lassen. Von Spitzkohl oder Wirsing die groben äußeren Blätter entfernen und jeweils den Strunk herausschneiden. Spitzkohl oder Wirsing waschen, abtropfen lassen und in Stücke schneiden.

2. Kartoffeln waschen, schälen, abspülen und in Würfel schneiden. Cabanossi oder Mettwürstchen in dünne Scheiben schneiden.

3. Speiseöl in einem Bräter erhitzen und Kartoffelwürfel, Spitzkohl- oder Wirsingstücke, Rosenkohl und Wurstscheiben portionsweise darin andünsten. Brühe hinzugießen und mit Salz, Pfeffer und Kümmel würzen. Die Zutaten zum Kochen bringen und zugedeckt bei schwacher Hitze etwa 35 Minuten garen.

4. Petersilie abspülen und trockentupfen. Die Blättchen von den Stängeln zupfen, fein hacken und unter den Kohltopf rühren. Mit Salz und Pfeffer abschmecken.

Beilage: Kleine Roggenbrötchen oder ein rustikales Bauernbrot.

Dickmilch-Himbeer-Speise I

Gut vorzubereiten

4–6 Portionen

Pro Portion:

E: 6 g, F: 4 g, Kh: 29 g, kJ: 741, kcal: 178

450 g TK-Himbeeren
6 Blatt weiße Gelatine
500 g Dickmilch
75 g gesiebter Puderzucker
2 EL Zitronensaft

Zubereitungszeit: etwa 25 Min., ohne Kühlzeit

1. Himbeeren etwas antauen lassen. Gelatine nach Packungsanleitung in kaltem Wasser einweichen. Dickmilch mit 50 g Puderzucker und Zitronensaft verrühren.

2. Gelatine leicht ausdrücken und in einem kleinen Topf unter Rühren erwärmen (nicht kochen lassen), bis sie völlig gelöst ist. Gelatine mit 2 Esslöffeln von der Dickmilchmischung verrühren, dann unter die restliche Dickmilchmischung rühren und kalt stellen.

3. Die Hälfte der Himbeeren mit dem restlichen Puderzucker pürieren, nach Belieben durch ein Sieb streichen und als Sauce beiseite stellen.

4. Sobald die Dickmilchmasse anfängt zu gelieren, die restlichen Himbeeren unterrühren und die Masse in 4–6 kalt ausgespülte Förmchen oder Tassen geben. Die Förmchen oder Tassen etwa 2 Stunden kalt stellen, bis die Masse fest geworden ist.

5. Die Förmchen kurz in heißes Wasser tauchen, den Rand evtl. mit einem schmalen Messer vorsichtig lösen und die Speise auf Dessertteller stürzen. Mit den pürierten Himbeeren als Sauce servieren.

Abwandlung: Für ein Joghurtgelee 6 Blatt weiße Gelatine nach Packungsanleitung einweichen. 500 g Naturjoghurt mit 75 g Zucker, 1 Päckchen Vanillin-Zucker und abgeriebener Schale und Saft von $^1/_2$ Bio-Zitrone (unbehandelt) verrühren. Die Gelatine leicht ausdrücken und in einem kleinen Topf unter Rühren erwärmen (nicht kochen), bis sie völlig gelöst ist. Die Gelatine mit 2 Esslöffeln von der Joghurtmasse verrühren, dann unter die restliche Joghurtmasse rühren. Die Masse in 4 kalt ausgespülte Tassen oder Förmchen geben, wie oben fest werden lassen und stürzen. 100–125 g Schlagsahne mit 1 Teelöffel Zucker steif schlagen, das Gelee damit verzieren und mit Schokoraspeln bestreuen.

Landfrauen-Tipp: Anstelle von Himbeeren können Sie die Speise auch mit Erdbeeren oder Heidelbeeren zubereiten.

Dinkel-Bier-Brot | Gefriergeeignet

Insgesamt:
E: 85 g, F: 50 g, Kh: 401 g, kJ: 10431, kcal: 2481

Für den Hefeteig:

150 g Dinkelmehl (Type 1050)
½ Pck.
(21 g) frische Hefe
300–350 ml Weizenbier
350 g Vollkorn-Dinkelmehl
70 g Vollkorn-Dinkelflocken
2 TL Salz
1 TL gemahlener Kümmel
½ TL gemahlener Koriander
3 EL Speiseöl

Zum Bestreichen und Bestreuen:

1 EL Milch
2 EL Vollkorn-Dinkelflocken

Zubereitungszeit: etwa 20 Min., ohne Teiggehzeit

1. Für den Teig Mehl in eine Rührschüssel geben. In die Mitte eine Vertiefung drücken, Hefe hineinbröckeln und Bier hinzufügen. Alles mit einer Gabel vorsichtig verrühren und etwa 15 Minuten stehen lassen, bis sich dicke Blasen bilden.

2. Vollkorn-Dinkelmehl, Vollkornflocken, Salz, Kümmel, Koriander und Speiseöl hinzugeben. Die Zutaten mit Handrührgerät mit Knethaken zunächst kurz auf niedrigster, dann auf höchster Stufe in etwa 5 Minuten zu einem Teig verarbeiten. Den Teig zugedeckt so lange an einem warmen Ort gehen lassen, bis er sich sichtbar vergrößert hat (etwa 40 Minuten).

3. Den Teig leicht mit Mehl bestäuben, aus der Schüssel nehmen, auf der leicht bemehlten Arbeitsfläche nochmals gut durchkneten und zu einer Rolle formen (etwa 28 cm Länge). Teigrolle in eine Kastenform (30 x 11 cm, gefettet) legen und zugedeckt nochmals so lange an einem warmen Ort gehen lassen, bis sie sich sichtbar vergrößert hat.

4. Die Teigoberfläche mit Milch bestreichen und mit den Dinkelflocken bestreuen. Die Form auf dem Rost in den vorgeheizten Backofen schieben.

Ober-/Unterhitze: etwa 200 °C
Heißluft: etwa 180 °C
Backzeit: etwa 50 Minuten.

5. Das Brot etwa 5 Minuten in der Form stehen lassen, dann aus der Form lösen, auf einen Kuchenrost stürzen, wieder umdrehen und erkalten lassen.

Landfrauen-Tipp: Anstelle von Dinkelmehl können Sie auch Weizenmehl und kernige Haferflocken verwenden (Mehltypen beachten).

Eierfrikassee | Mit Alkohol

Pro Portion:
E: 16 g, F: 15 g, Kh: 7 g, kJ: 972, kcal: 232

300 g	*Champignons*
1 Glas	*Spargelstücke (Abtropfgewicht 175 g)*
etwa 250 ml (¼ l)	*Gemüsebrühe*
6	*hart gekochte Eier (Größe M)*
20 g	*Butter oder Margarine*
	Salz
	frisch gemahlener Pfeffer
25 g	*Weizenmehl*
1	*Eigelb (Größe M)*
3 EL	*Weißwein*
1	*Prise Zucker*
etwa 2 TL	*Zitronensaft*
1 EL	*gehackte Petersilie*

Zubereitungszeit: etwa 45 Min.

1. Von den Champignons Stielenden und schlechte Stellen abschneiden, Champignons mit Küchenpapier abreiben, evtl. abspülen, trockentupfen und in Scheiben schneiden.

2. Spargelstücke in einem Sieb abtropfen lassen, dabei das Spargelwasser auffangen und mit der Gemüsebrühe auf 375 ml (⅜ l) auffüllen. Eier pellen und in Sechstel teilen.

3. Butter oder Margarine in einem Topf zerlassen und die Champignonscheiben darin unter Rühren kurz andünsten. Mit Salz und Pfeffer würzen, mit Mehl bestäuben und unter Rühren so lange erhitzen, bis das Mehl hellgelb ist. Die abgemessene Flüssigkeit hinzugießen und mit einem Schneebesen durchschlagen, dabei darauf achten, dass keine Klümpchen entstehen. Die Sauce zum Kochen bringen und bei schwacher Hitze etwa 5 Minuten ohne Deckel kochen lassen, dabei gelegentlich umrühren.

4. Eiersechstel und Spargel in die Sauce geben und bei schwacher Hitze etwa 5 Minuten darin erhitzen, dabei gelegentlich vorsichtig umrühren. Eigelb mit Weißwein verschlagen, mit 3 Esslöffeln der Sauce verrühren und dann in die Sauce rühren (nicht mehr kochen lassen). Das Frikassee mit Salz, Pfeffer, Zucker und Zitronensaft würzen und mit Petersilie bestreut servieren.

Abwandlung: Zum Schluss zusätzlich 2 Teelöffel abgetropfte Kapern in das Frikassee geben. Zusätzlich 100 g Erbsen (TK oder aus der Dose) mit dem Spargel und den Eiern in das Frikassee geben und darin erhitzen. Sie können anstelle der frischen Champignons auch 200 g abgetropfte Champignons aus der Dose verwenden. Dann die Champignonscheiben nicht vorher andünsten, sondern zusammen mit Spargel und Eiern in der Sauce erhitzen.

Landfrauen-Tipp: Ein Eierfrikassee ist eine gute Möglichkeit, übrig gebliebene hart gekochte Eier zu verwerten.

Eierkuchenauflauf | Vegetarisch

Pro Portion:
E: 17 g, F: 37 g, Kh: 39 g, kJ: 2426, kcal: 579

Für den Teig:
200 g Weizenmehl
3 Eier (Größe M)
½ TL Salz
250 ml (¼ l) Milch
150 ml Mineralwasser
⅓ Bund Frühlingszwiebeln

6 EL Speiseöl

Für die Füllung:
400 g gemischte Pilze, z. B. Champignons, Pfifferlinge, Austernpilze oder TK-Champignons
⅔ Bund Frühlingszwiebeln
3 EL Speiseöl
Salz
frisch gemahlener Pfeffer
1 geh. TL Weizenmehl
1 Becher (125 g) Crème fraîche Kräuter

75 g geraspelter Gratinkäse

Zubereitungszeit: etwa 40 Min.

1. Für den Teig Mehl in eine Schüssel sieben und in die Mitte eine Vertiefung eindrücken. Eier mit Salz, Milch und Mineralwasser verschlagen, etwas davon in die Vertiefung geben und von der Mitte aus Eierflüssigkeit und Mehl verrühren. Nach und nach die übrige Eierflüssigkeit dazugeben und unterrühren, dabei darauf achten, dass keine Klümpchen entstehen.

2. Frühlingszwiebeln putzen, waschen, in feine Ringe schneiden und unter den Teig rühren.

3. Etwas von dem Öl in einer Pfanne (Ø 24 cm) erhitzen und eine dünne Teiglage hineingeben. Bevor der Eierkuchen gewendet wird, etwas Öl in die Pfanne geben. Den Eierkuchen von beiden Seiten goldgelb backen. Auf diese Weise etwa 6 Eierpfannkuchen backen und übereinander auf einen flachen Teller legen.

4. Inzwischen für die Füllung Pilze mit Küchenpapier abreiben, evtl. abspülen und in Stücke schneiden. Frühlingszwiebeln putzen, waschen und in feine Ringe schneiden.

5. Öl in der Pfanne erhitzen, die Pilze darin anbraten und mit Salz und Pfeffer würzen. Mehl darüber stäuben und Crème fraîche unterrühren. Die Frühlingszwiebelringe zu den Pilzen geben und alles einmal aufkochen lassen.

6. Jeweils etwas von der Füllung auf jeden Eierkuchen geben, die Eierkuchen aufrollen, nebeneinander in eine gefettete, flache Auflaufform legen und mit dem Käse bestreuen. Die Form auf dem Rost in den vorgeheizten Backofen schieben.

Ober-/Unterhitze: etwa 180 °C
Heißluft: etwa 160 °C
Backzeit: etwa 20 Minuten.

Eierlikörkuchen | Gut vorzubereiten

Insgesamt:
E: 31 g, F: 289 g, Kh: 619 g, kJ: 23930, kcal: 5725

Für den All-in-Teig:
125 g Weizenmehl
125 g Speisestärke
4 TL Dr. Oetker Backin
250 g Puderzucker
2 Pck. Dr. Oetker Vanillin-Zucker
250 ml (1/4 l) Speiseöl
250 ml (1/4 l) Eierlikör
5 Eier (Größe M)

Zum Bestäuben:
etwas Puderzucker

Zubereitungszeit: etwa 20 Min.

1. Für den Teig Mehl mit Speisestärke und Backpulver mischen und in eine Rührschüssel sieben. Puderzucker, Vanillin-Zucker, Öl, Eierlikör und Eier hinzufügen und alles mit Handrührgerät mit Rührbesen auf höchster Stufe mindestens 1 Minute schaumig schlagen. Zwischendurch die Teigmasse vom Schüsselrand lösen.

2. Den Teig in eine Napfkuchenform (Ø 22 cm, gefettet, bemehlt) füllen und die Form auf dem Rost in den vorgeheizten Backofen schieben.

Ober-/Unterhitze: etwa 180 °C
Heißluft: etwa 160 °C
Backzeit: etwa 60 Minuten.

3. Den Kuchen etwa 10 Minuten in der Form stehen lassen, dann auf einen Kuchenrost stürzen und erkalten lassen. Den Kuchen anschließend mit Puderzucker bestäuben.

Abwandlung: Für Eierlikörwaffeln aus 100 g Puderzucker, 2 Eiern (Größe M), 1 Päckchen Vanillin-Zucker, 100 ml Speiseöl, 100 ml Eierlikör, 50 g Weizenmehl, 1 1/2 Teelöffeln Backpulver und 50 g Speisestärke wie im Rezept angegeben einen Teig zubereiten. Jeweils 2–3 Esslöffel Teig in ein gefettetes und gut erhitztes Waffeleisen geben. Die Waffeln goldgelb backen, einzeln auf einem Kuchenrost erkalten lassen und mit etwas Puderzucker bestäuben.

Eiersalat | Preiswert

Pro Portion:
E: 19 g, F: 23 g, Kh: 10 g, kJ: 1421, kcal: 340

8 Eier (Größe M)
3 Fleischtomaten
30 g Kapern
4 Frühlingszwiebeln

Für die Sauce:
2 TL Dijon-Senf
2 TL Zitronensaft
100 g Schlagsahne
1 EL Salatmayonnaise
Salz
1 Prise Zucker
frisch gemahlener Pfeffer
Basilikumblättchen

Zubereitungszeit: etwa 30 Min.

1. Eier in etwa 8 Minuten hart kochen, pellen, achteln und etwas abkühlen lassen. Tomaten waschen, abtrocknen, die Stängelansätze herausschneiden und die Tomaten in Würfel schneiden. Kapern abtropfen lassen.

2. Frühlingszwiebeln putzen, waschen und in feine Ringe schneiden. Eier, Tomatenwürfel, Kapern und Frühlingszwiebelringe auf einer Platte anrichten.

3. Für die Sauce Senf, Zitronensaft und Sahne gut verschlagen. Mayonnaise unterrühren. Mit Salz, Zucker und Pfeffer würzen und über die Salatzutaten geben. Den Salat mit Basilikumblättchen bestreut servieren.

Landfrauen-Tipp: Dazu passt kräftiges Bauernbrot und Bier.

Eier-Spinat-Ragout | Für Kinder

Pro Portion:
E: 28 g, F: 47 g, Kh: 10 g, kJ: 2529, kcal: 604

4–6 Eier (Größe M)
1 Zwiebel
1 Knoblauchzehe
3 EL Olivenöl
600 g TK-Blattspinat
Salz
frisch gemahlener Pfeffer
geriebene Muskatnuss
40 g Butter
30 g Weizenmehl
200 g Schlagsahne
125 ml (1/8 l) Gemüsebrühe
150 g gekochter Schinken

Zubereitungszeit: etwa 35 Min.

1. Eier in etwa 8 Minuten hart kochen, abschrecken, pellen und der Länge nach vierteln. Zwiebel und Knoblauch abziehen und würfeln.

2. Öl in einem großen Topf erhitzen und Zwiebel- und Knoblauchwürfel darin andünsten. Unaufgetauten Spinat hinzufügen und nach Packungsanleitung garen.

3. Die Spinatmischung mit Salz, Pfeffer und Muskat würzen, in ein Sieb geben und etwas abtropfen lassen.

4. Butter in einem Topf zerlassen, Mehl hinzufügen und unter Rühren so lange darin erhitzen, bis es hellgelb ist.

5. Sahne und Gemüsebrühe hinzugießen, mit einem Schneebesen durchschlagen, dabei darauf achten, dass keine Klümpchen entstehen und zum Kochen bringen. Mit Salz, Pfeffer und Muskat würzen.

6. Schinken in Würfel schneiden, mit den Eiervierteln in die Sauce geben, alles mit dem Spinat mischen, erwärmen.

Landfrauen-Tipp: Sie können das Ragout auch mit Käse überbacken. Dazu den etwas abgetropften Spinat in eine gefettete Auflaufform geben. Schinkenwürfel und Eierviertel in die Sauce geben und auf dem Spinat verteilen. 100 g geraspelten Gouda darüber streuen. Die Form auf dem Rost in den vorgeheizten Backofen schieben und bei etwa 200 °C (Ober-/Unterhitze), etwa 180 °C (Heißluft) etwa 20 Minuten überbacken.

Beilage: Salzkartoffeln.

Eintopf von Kraut und Rüben |

Preiswert

6 Portionen

Pro Portion:
E: 6 g, F: 15 g, Kh: 18 g, kJ: 983, kcal: 234

je ½ kleiner
Kopf Weißkohl und Wirsing
300 g Steckrüben
300 g Kartoffeln
1 Gemüsezwiebel
1 kleine
Stange Porree (Lauch)
1 Bund glatte Petersilie
6 EL Speiseöl, Salz
frisch gemahlener Pfeffer
geriebene Muskatnuss
1 ½ l Gemüsebrühe

Zubereitungszeit: etwa 60 Min.

1. Weißkohl und Wirsing putzen und die Strünke herausschneiden, den Kohl abspülen, abtropfen lassen und ohne Blattrippen in feine Streifen schneiden.

2. Steckrüben schälen, waschen, abtropfen lassen und in Würfel schneiden. Kartoffeln waschen, schälen, abspülen, abtropfen lassen und würfeln. Zwiebel abziehen und würfeln.

3. Porree putzen, waschen und in feine Streifen schneiden. Petersilie abspülen und grob hacken.

4. Öl in einem großen Topf erhitzen und die vorbereiteten Zutaten darin andünsten, mit Salz, Pfeffer und Muskat würzen, mit der Brühe auffüllen und etwa 35 Minuten kochen lassen.

5. Den Eintopf evtl. nochmals mit Salz, Pfeffer und Muskat abschmecken.

Eischwertorte mit bunten Zuckerstreuseln | Für Kinder

Insgesamt:
E: 57 g, F: 215 g, Kh: 449 g, kJ: 17059, kcal: 4076

Für den Rührteig:
225 g weiche Butter oder Margarine
225 g Zucker
4 Eier (Größe M)
225 g Weizenmehl
1 TL Dr. Oetker Backin

Zum Bestreuen:
bunte Zuckerstreusel

Für die Füllung:
1 Glas Aprikosen-Apfel-Mus (Einwaage 500 g)

Zubereitungszeit: etwa 35 Min., ohne Durchziehzeit

1. Für den Teig Butter oder Margarine mit Handrührgerät mit Rührbesen auf höchster Stufe geschmeidig rühren. Nach und nach Zucker unterrühren und so lange rühren, bis eine gebundene Masse entstanden ist.

2. Eier nach und nach unterrühren (jedes Ei etwa ½ Minute). Mehl mit Backpulver mischen, sieben und portionsweise auf mittlerer Stufe unterrühren.

3. Je ⅓ des Teiges in je eine Springform (Ø 26 cm, Boden gefettet, mit Backpapier belegt) füllen und glatt streichen. Einen der Böden dick mit Zuckerstreuseln bestreuen. Die Formen nacheinander (bei Heißluft zusammen) auf dem Rost in den vorgeheizten Backofen schieben.

Ober-/Unterhitze: etwa 180 °C
Heißluft: etwa 160 °C
Backzeit: etwa 15 Minuten je Boden.

4. Die Böden sofort nach dem Backen aus den Formen lösen, auf mit Backpapier belegte Kuchenroste setzen und erkalten lassen.

5. Einen Boden (ohne Zuckerstreusel) auf eine Tortenplatte legen und mit der Hälfte von dem Aprikosen-Apfel-Mus gleichmäßig bestreichen. Den zweiten Boden (ohne Zuckerstreusel) darauf legen und mit dem restlichen Mus bestreichen. Den Boden mit Zuckerstreuseln darauf legen und etwas andrücken.

6. Die Torte bis zum Verzehr mindestens 1 Stunde durchziehen lassen.

Engadiner Nusstorte I

Klassisch – gefriergeeignet

Insgesamt:
E: 77 g, F: 386 g, Kh: 569 g, kJ: 25261, kcal: 6032

Für den Knetteig:
275 g Weizenmehl
1 TL Dr. Oetker Backin
100 g Zucker
1 Pck. Dr. Oetker Vanillin-Zucker
1 Prise Salz
1 Ei (Größe M)
150 g weiche Butter oder Margarine

Für die Füllung:
250 g Pekannusskerne
225 g Zucker
200 g Schlagsahne
1–2 EL flüssiger Honig
1 Eiweiß (Größe M)

Zum Bestreichen:
1 Eigelb (Größe M)
1 EL Wasser

Zubereitungszeit: etwa 50 Min., ohne Kühl- und Durchziehzeit

1. Für den Teig Mehl mit Backpulver mischen und in eine Rührschüssel sieben. Zucker, Vanillin-Zucker, Salz, Ei und Butter oder Margarine hinzufügen und die Zutaten mit Handrührgerät mit Knethaken zuerst kurz auf niedrigster, dann auf höchster Stufe gut durcharbeiten. Anschließend auf der leicht bemehlten Arbeitsfläche kurz zu einem Teig verkneten und in Frischhaltefolie gewickelt kalt stellen.

2. Für die Füllung Pekannusskerne grob hacken. Zucker in eine Pfanne geben und bei mittlerer Hitze erhitzen (nicht umrühren, da sich sonst Klümpchen bilden). Wenn sich der Zucker gelöst hat (bevor der Zucker braun wird, den letzten Rest verrühren), die Pfanne von der Kochstelle nehmen und nach und nach Pekannusskerne unterrühren. Sahne hinzufügen und die Masse unter Rühren etwas einkochen lassen. Honig unterrühren und die Masse etwas abkühlen lassen. Dann das Eiweiß unterrühren.

3. Die Hälfte des Teiges auf dem Boden einer Springform (Ø 26 cm, gefettet) ausrollen und den Springformrand darumstellen. Zwei Drittel des übrigen Teiges zwischen Frischhaltefolie zu einer runden Platte in Größe der Springform ausrollen. Den restlichen Teig zu einer Rolle formen, als Rand auf den Boden legen und so an die Form drücken, dass ein etwa 2 cm hoher Rand entsteht.

4. Die Füllung gleichmäßig auf den Teigboden streichen. Die Teigplatte darauf legen, am Rand festdrücken und die Oberfläche mehrmals mit einer Gabel einstechen. Eigelb mit Wasser verquirlen und die Teigplatte damit bestreichen. Die Form auf dem Rost in den vorgeheizten Backofen schieben.

Ober-/Unterhitze: etwa 180 °C
Heißluft: etwa 160 °C
Backzeit: etwa 45 Minuten.

5. Die Torte aus der Form lösen, auf einem Kuchenrost erkalten und in Alufolie verpackt mindestens 1 Tag durchziehen lassen.

Landfrauen-Tipp: Die Engadiner Nusstorte wird im Original mit Walnusskernen gemacht, die aber schnell bitter schmecken. Sie können die Pekannusskerne auch gegen die gleiche Menge Walnusskerne austauschen. Nach Belieben aus Teigresten vom Ausrollen Ornamente ausstechen, diese auf die obere Teigplatte legen und mit verquirltem Eigelb bestreichen (Foto).

Entenbrust mit Bohnengemüse |

Für Gäste

Pro Portion:
E: 35 g, F: 30 g, Kh: 20 g, kJ: 2210, kcal: 527

2	*Entenbrustfilets (je 350 g)*
	Salz
	frisch gemahlener Pfeffer
2	*Zwiebeln*
20 g	*getrocknete Tomaten in Öl (aus dem Glas)*
50 g	*Korinthen*
1 Pck. (300 g)	*TK-Brechbohnen*
200 ml	*Gemüsebrühe*
½ Topf	*Basilikum*
1 Dose	*Wachsbohnen (Abtropfgewicht 455 g)*
	Cayennepfeffer

Zubereitungszeit: etwa 35 Min.

1. Entenbrustfilets unter fließendem kalten Wasser abspülen, trockentupfen und die Haut der Länge nach in schmalen Abständen einritzen.

2. Eine Pfanne erhitzen. Entenbrustfilets mit der Hautseite nach unten hineinlegen und anbraten. Die Hitze reduzieren, die Entenbrüste wenden und noch 12–15 Minuten weiterbraten, dabei noch zweimal wenden. Nach dem Anbraten mit Salz und Pfeffer würzen.

3. In der Zwischenzeit Zwiebeln abziehen, halbieren und in Streifen schneiden. Tomaten abtropfen lassen und würfeln. Korinthen warm abspülen und abtropfen lassen.

4. Die Entenbrustfilets im Backofen (bei etwa 100 °C) warm halten. Das Bratfett bis auf etwa 2 Esslöffel aus der Pfanne entfernen. Zwiebeln, Tomaten, Korinthen und unaufgetaute Brechbohnen in dem heißen Entenfett andünsten. Gemüsebrühe hinzufügen, den Deckel auflegen und das Bohnengemüse etwa 8 Minuten bei mittlerer Hitze garen.

5. In der Zwischenzeit Basilikum kalt abspülen, trockentupfen und die Blättchen von den Stängeln zupfen. Wachsbohnen in einem Sieb abspülen, abtropfen lassen, zum Bohnengemüse geben und erhitzen.

6. Das Bohnengemüse mit Salz, Pfeffer und Cayennepfeffer abschmecken. Einen Teil der Basilikumblättchen unterheben. Entenbrust in Streifen schneiden und auf dem Gemüse anrichten. Mit den restlichen Basilikumblättchen bestreuen.

Landfrauen-Tipp: Für Hähnchenbrust auf Bohnengemüse 4 Hähnchenbrustfilets mit Haut, ohne Knochen, kalt abspülen und trockentupfen. Die Haut etwas lösen und die Hälfte der Basilikumblättchen unter die Haut stecken. Das Fleisch mit Salz, Pfeffer und Paprika edelsüß würzen und von beiden Seiten in 30 g Butterschmalz insgesamt etwa 12 Minuten braten.

Ente, gebraten | Raffiniert

(2–3 Portionen)

Pro Portion:
E: 57 g, F: 49 g, Kh: 4 g, kJ: 3140, kcal: 750

1	*küchenfertig vorbereitete Wildente (etwa 1 kg)*
	Salz
	frisch gemahlener Pfeffer
150 ml	*heiße Gemüsebrühe oder Entenfond*
50 ml	*Wasser*
½ TL	*Salz*

Für die Sauce:

250 ml (¼ l)	*trockener Weißwein*
100 ml	*Gemüsebrühe oder Entenfond*
1 geh. EL	*Weizenmehl*
50 ml	*kaltes Wasser*

Zubereitungszeit: etwa 35 Min.

1. Wildente innen und außen unter fließendem kalten Wasser abspülen, trockentupfen und innen und außen mit Salz und Pfeffer einreiben.

2. Etwa 50 ml Wasser in einen großen Bräter oder eine Fettfangschale gießen. Die Ente mit der Brust nach unten hineinlegen. Den Bräter auf dem Rost oder die Fettfangschale in den vorgeheizten Backofen schieben.

Ober-/Unterhitze: etwa 200 °C
Heißluft: etwa 180 °C
Garzeit: 90–120 Minuten.

3. Sobald der Bratensatz bräunt, etwas von der heißen Brühe oder dem Fond zugießen. Verdampfte Flüssigkeit nach und nach durch die Brühe oder den Fond ersetzen. Die Wildente vorsichtig ab und zu mit dem Bratensatz begießen. Nach etwa 60 Minuten Garzeit die Wildente umdrehen.

4. Etwa 10 Minuten vor dem Ende der Garzeit Ente wieder umdrehen, Wasser mit Salz verrühren und die Ente damit bestreichen. Die Ente im Bräter oder der Fettfangschale wieder in den vorgeheizten Backofen schieben, aber die Temperatur um 20 °C erhöhen, damit die Haut schön kross wird.

5. Die gare Wildente aus dem Bräter oder der Fettfangschale nehmen und zugedeckt warm stellen. Weißwein und Gemüsebrühe oder Entenfond in den Bräter oder die Fettfangschale gießen und den Bratensatz loskochen, evtl. in einen Topf umfüllen.

6. Mehl mit Wasser verrühren, mit einem Schneebesen in die kochende Flüssigkeit einrühren, dabei darauf achten, dass keine Klümpchen entstehen. Sauce zum Kochen bringen und mit Salz und Pfeffer abschmecken. Wildente tranchieren und mit der Sauce servieren.

Beilage: Knödel und Rotkohl.

Erdäpfelgulasch (Kartoffelgulasch) | Preiswert

Pro Portion:
E: 33 g, F: 33 g, Kh: 37 g, kJ: 2523, kcal: 603

800 g kleine Kartoffeln
150 g Zwiebeln
1 Knoblauchzehe
2 EL Olivenöl
1 EL Paprikapulver edelsüß
1 ½ TL Paprika rosenscharf
½ EL Weißweinessig
200 ml Rindfleischbrühe
200 g Möhrenwürfel
200 g Selleriewürfel
Salz
frisch gemahlener Pfeffer
200 g frische Bratwurst (etwa 2 Stück)
200 g kleine gepfefferte Salami
½ Bund Majoran
100 g Schlagsahne

Zubereitungszeit: etwa 45 Min.

1. Kartoffeln waschen, schälen, abspülen und vierteln (neue Kartoffeln nach Belieben nur gründlich waschen oder bürsten). Zwiebeln abziehen und in kleine Würfel schneiden. Knoblauch abziehen und durch eine Knoblauchpresse drücken. Olivenöl in einem Topf erhitzen und Zwiebelwürfel darin andünsten. Mit Paprika edelsüß und rosenscharf bestäuben und unterrühren. Essig und Brühe hinzugießen und zum Kochen bringen.

2. Kartoffelviertel, Möhren-, Selleriewürfel und Knoblauch hinzugeben und mit Salz und Pfeffer würzen. Die Zutaten zum Kochen bringen und etwa 20 Minuten zugedeckt garen, dabei ab und zu umrühren, evtl. etwas Wasser hinzufügen.

3. Bratwurst jeweils aus dem Darm drücken und zu kleinen Bällchen formen. Salami in Würfel oder Scheiben schneiden, beides zum Gulasch geben und etwa 10 Minuten gar ziehen lassen.

4. Majoran abspülen und trockentupfen. Die Blättchen von den Stängeln zupfen. Majoranblätter und Sahne zum Gulasch geben, unterrühren und evtl. nochmals kurz erhitzen.

Beilage: Kümmelbrötchen.

Erdbeeren mit Apfel-Zabaione |

Für Gäste

6 Portionen

Pro Portion:
E: 9 g, F: 11 g, Kh: 58 g, kJ: 1579, kcal: 378

1,25 kg Erdbeeren
2–3 EL Hagelzucker
50 g abgezogene, gehobelte Mandeln
1 heller Biskuitboden (200 g)
3 EL Apfelsaft

2 Eier (Größe M)
2 Eigelb (Größe M)
100 g Zucker
200 ml naturtrüber Apfelsaft
3 EL Zitronensaft

Zum Garnieren:
Minze
Puderzucker

Zubereitungszeit: etwa 40 Min.

1. Erdbeeren putzen, waschen, abtropfen lassen, entstielen und evtl. halbieren (einige Erdbeeren mit Grün beiseite legen). Erdbeeren mit Hagelzucker und Mandeln mischen.

2. Den Biskuitboden in eine große Gratinform legen und mit etwas Apfelsaft beträufeln. Erdbeeren darauf verteilen.

3. Eier, Eigelb, Zucker, Apfel- und Zitronensaft in einem Topf im Wasserbad bei schwacher Hitze schaumig schlagen, bis die Masse dicklich wird (etwa 6 Minuten).

4. Die Sauce über die Erdbeeren gießen. Die Form in den vorgeheizten Backofen schieben und das Gratin überbacken.

Ober-/Unterhitze: etwa 200 °C
Heißluft: etwa 180 °C
Backzeit: etwa 10 Minuten.

5. Minze abspülen und trockentupfen. Das Gratin mit Puderzucker bestäuben und mit den beiseite gelegten Erdbeeren und Minze garnieren.

Landfrauen-Tipp: Anstelle des Biskuitbodens können Sie auch die gleiche Menge Löffelbiskuits in die Form legen. Statt der Erdbeeren können auch Himbeeren und Kiwi oder gemischte Zitrusfrüchte, wie Grapefruit, Orangen oder Mandarinen, verwendet werden. Die Früchte dann vor dem Übergießen mit etwas Puderzucker nach Geschmack bestäuben.

Erdbeer-Joghurt-Rolle | Fruchtig

Insgesamt:
E: 69 g, F: 205 g, Kh: 505 g, kJ: 17874, kcal: 4270

Für den Biskuitteig:
2 Eier (Größe M)
1 Eigelb (Größe M)
150 g Zucker
1 Pck. Dr. Oetker Vanillin-Zucker
150 g Weizenmehl
1 TL Dr. Oetker Backin
50 ml warme Milch
50 g zerlassene, abgekühlte Butter

Für die Füllung:
500 g Erdbeeren
6 Erdbeer-Joghurt-Riegel
8 Blatt weiße Gelatine
400 g Schlagsahne
30 g Zucker
300 g Erdbeerjoghurt

Zum Garnieren:
2 Erdbeer-Joghurt-Riegel

Zubereitungszeit: etwa 35 Min.

1. Für den Teig Eier und Eigelb in eine Rührschüssel geben und mit Handrührgerät mit Rührbesen auf höchster Stufe in 1 Minute schaumig schlagen. Zucker und Vanillin-Zucker in 1 Minute einstreuen und noch etwa 2 Minuten schlagen. Mehl mit Backpulver mischen, portionsweise auf die Eiercreme sieben und auf niedrigster Stufe mit der Milch kurz unterrühren. Zuletzt die Butter kurz unterrühren. Teig auf ein Backblech (30 x 40 cm, gefettet, mit Backpapier belegt) streichen. Das Papier an der offenen Seite des Backblechs unmittelbar vor dem Teig zur Falte knicken, so dass ein Rand entsteht. Das Backblech in den vorgeheizten Backofen schieben.

Ober-/Unterhitze: etwa 220 °C
Heißluft: etwa 200 °C
Backzeit: 8–10 Minuten (nur hell backen).

2. Die Biskuitplatte sofort auf ein Geschirrtuch oder Backpapier stürzen und das mitgebackene Papier schnell, aber vorsichtig abziehen. Die Platte von der längeren Seite aufrollen und erkalten lassen.

3. Für die Füllung Erdbeeren waschen, abtropfen lassen und entstielen. 200 g davon pürieren, einige Früchte zum Garnieren beiseite legen, restliche Erdbeeren würfeln. Die Erdbeer-Joghurt-Riegel in Scheiben schneiden (am besten vorher kurz in das Gefrierfach legen).

4. Gelatine nach Packungsanleitung in kaltem Wasser einweichen, leicht ausdrücken und in einem kleinen Topf unter Rühren erwärmen (nicht kochen lassen), bis die Gelatine vollständig gelöst ist. Sahne mit Zucker steif schlagen und Gelatine unterrühren. Erdbeerpüree und Joghurt unterheben. Gut ein Drittel der Creme abnehmen. Unter die restliche Erdbeercreme die Erdbeerwürfel und Riegelscheiben heben.

5. Biskuitrolle abrollen, die Erdbeercreme darauf streichen und wieder aufrollen. Die Rolle rundherum mit der zurückgelassenen Erdbeercreme bestreichen. Die Oberfläche mit einem Tortengarnierkamm oder einer Gabel verzieren und die Rolle etwa 2 Stunden kalt stellen.

6. Zum Garnieren die Rolle vor dem Servieren mit den restlichen Erdbeeren und mit in Stücke oder Scheiben geschnittenen Erdbeer-Joghurt-Riegeln garnieren.

Erdbeer-Vanille-Torte | Für Kinder

Insgesamt:
E: 54 g, F: 196 g, Kh: 310 g, kJ: 13958, kcal: 3337

Für den All-in-Teig:
125 g Weizenmehl
2 TL Dr. Oetker Backin
125 g Zucker
1 Pck. Dr. Oetker Vanillin-Zucker
3 Eier (Größe M)
125 g weiche Butter oder Margarine

Für die Füllung:
1 Pck. Saucenpulver Vanille-Geschmack, ohne Kochen
125 ml (1/8 l) Milch
500 g Erdbeeren

Für den Belag:
200 g Schlagsahne
2 EL Milchgetränkepulver Erdbeer-Geschmack

Zum Garnieren:
einige Erdbeeren mit Grün

Zubereitungszeit: etwa 35 Min.

1. Für den Teig Mehl mit Backpulver mischen und in eine Rührschüssel sieben. Restliche Zutaten hinzufügen und alles mit Handrührgerät mit Rührbesen auf höchster Stufe in etwa 2 Minuten zu einem Teig verarbeiten.

2. Den Teig in eine Obstbodenform (Ø 26 cm, gefettet, bemehlt) füllen und glatt streichen. Die Form auf dem Rost in den vorgeheizten Backofen schieben.

Ober-/Unterhitze: etwa 180 °C
Heißluft: etwa 160 °C
Backzeit: etwa 25 Minuten.

3. Den Boden aus der Form lösen, auf einen mit Backpapier belegten Kuchenrost stürzen und erkalten lassen. Anschließend den Boden auf eine Tortenplatte legen.

4. Für die Füllung Saucenpulver nach Packungsanleitung, aber nur mit 125 ml (1/8 l) Milch zubereiten und die Creme auf den Boden streichen. Erdbeeren waschen, putzen, in kleine Stücke schneiden und auf der Vanillecreme verteilen.

5. Für den Belag Sahne steif schlagen, Milchgetränkepulver unterrühren und die Sahnemasse auf die Erdbeeren streichen. Nach Belieben mit einem Tortengarnierkamm ein Muster in die Sahne ziehen und die Torte anschließend kalt stellen.

6. Zum Garnieren die Erdbeeren waschen, trockentupfen und die Torte mit ganzen oder halbierten Erdbeeren garnieren.

Erna-Sack-Torte | Mit Alkohol

Insgesamt:
E: 32 g, F: 110 g, Kh: 317 g, kJ: 10187, kcal: 2430

Für die Baisermasse:
3 Eiweiß (Größe M)
150 g Zucker
1 TL Zitronensaft
1 EL Zucker

Für die Füllung:
3 Eigelb (Größe M)
75 g Zucker
abgeriebene Schale von
½ Bio-Zitrone (unbehandelt)
50 ml Zitronensaft
25 g Speisestärke
100 ml Weißwein

Für den Belag:
250 g Schlagsahne
1 Pck. Dr. Oetker Sahnesteif
1 Pck. Dr. Oetker Vanillin-Zucker
etwa 20 g abgezogene, gehobelte Mandeln
etwas Kirschgrütze aus dem Kühlregal

Zubereitungszeit: etwa 35 Min., ohne Kühlzeit

1. Für die Baisermasse Eiweiß steif schlagen. Zucker nach und nach unterschlagen, Zitronensaft unterrühren. Baisermasse in eine Springform (Ø 26 cm, Boden gefettet, mit Backpapier belegt, Rand gefettet, bemehlt) geben, glatt streichen und mit Zucker bestreuen. Die Form auf dem Rost in den vorgeheizten Backofen schieben.

Ober-/Unterhitze: etwa 100 °C
Heißluft: etwa 80 °C
Trockenzeit: etwa 2 Stunden.

2. Den Boden aus der Form lösen und auf einem Kuchenrost erkalten lassen. Backpapier entfernen.

3. Für die Füllung Eigelb mit Zucker, Zitronenschale, -saft und Speisestärke in einem Topf verrühren. Wein hinzufügen und die Masse unter Rühren zum Kochen bringen. Topf von der Kochstelle nehmen und die Creme erkalten lassen, dabei gelegentlich umrühren. Die Creme auf den Boden geben und glatt streichen.

4. Für den Belag Sahne mit Sahnesteif und Vanillin-Zucker steif schlagen, in einen Spritzbeutel mit Sterntülle füllen und dicht aneinander Kreise auf die Oberfläche spritzen. Kirschgrütze in die Kreise füllen, die Torte mit Mandeln bestreuen und etwa 30 Minuten kalt stellen. Die Torte bald verzehren.

Falscher Hase | Klassisch

Pro Portion:
E: 51 g, F: 40 g, Kh: 22 g, kJ: 2731, kcal: 652

2 Brötchen (Semmel) vom Vortag
2 mittelgroße Zwiebeln
4 längliche Möhren
750 g Gehacktes (halb Rind-, halb Schweinefleisch)
2 Eier (Größe M)
1 EL mittelscharfer Senf
1 EL gehackte Petersilie
Salz
frisch gemahlener Pfeffer
3–4 weich gekochte, gepellte Eier (Größe M)
40 g dünne Scheiben durchwachsener Speck
heißes Wasser
1 mittelgroße Zwiebel
1 mittelgroße Tomate
20 g Weizenmehl
3 EL kaltes Wasser

Zubereitungszeit: etwa 30 Min.

1. Brötchen in kaltem Wasser einweichen und gut ausdrücken. Zwiebeln abziehen und würfeln. Möhren putzen, schälen, waschen und in kochendem Salzwasser 5 Minuten blanchieren, mit kaltem Wasser übergießen und abtropfen lassen.

2. Gehacktes, eingeweichte Brötchen, Zwiebelwürfel, Eier, Senf und Petersilie gut vermengen und mit Salz und Pfeffer würzen. Aus der Masse einen länglichen Laib formen, etwas flach drücken und in die Mitte die Eier in eine Reihe legen, Möhren daneben legen. Die Gehacktesmasse von beiden Seiten darüber schlagen, wieder zu einem Laib formen und in eine Fettfangschale legen. Den Fleischlaib mit Speckscheiben belegen und etwas eindrücken. Die Fettfangschale in den vorgeheizten Backofen schieben.

Ober-/Unterhitze: etwa 200 °C
Heißluft: etwa 180 °C
Garzeit: etwa 60 Minuten.

3. Sobald der Bratensatz anfängt zu bräunen, etwas heißes Wasser hinzugießen. Den Hackbraten ab und zu mit dem Bratensatz begießen. Verdampfte Flüssigkeit nach und nach durch heißes Wasser ersetzen.

4. Zwiebel abziehen. Tomate waschen, abtrocknen und den Stängelansatz herausschneiden. Zwiebel und Tomate vierteln. Etwa 30 Minuten vor Ende der Garzeit zum Hackbraten geben und mitgaren lassen. Den garen Hackbraten in Scheiben schneiden, auf einer vorgewärmten Platte anrichten und warm stellen. Den Bratensatz mit etwas Wasser loskochen, durch ein Sieb gießen und mit Wasser auf 500 ml (1/2 l) auffüllen, in einem Topf zum Kochen bringen. Mehl mit Wasser anrühren und in die Bratenflüssigkeit rühren, unter Rühren etwa 5 Minuten kochen lassen und mit Salz und Pfeffer abschmecken.

Beilage: Buttergemüse, z. B. Brokkoli und Möhren mit Kerbel garniert.

Feldsalat mit Käse und Speck
Für Gäste

Pro Portion:
E: 13 g, F: 42 g, Kh: 6 g, kJ: 2052, kcal: 490

150 g Feldsalat
100 g eingelegte Perlzwiebeln
10 Cocktailtomaten
200 g Gouda
125 g Frühstücksspeck (in dünnen Scheiben)

Für die Sauce:
5 EL Weißweinessig
1 TL süßer Senf
1 TL Zucker
Salz
frisch gemahlener Pfeffer
1 kleine Zwiebel
2 EL Distelöl

Zubereitungszeit: etwa 35 Min.

1. Vom Feldsalat die Wurzelenden abschneiden, den Salat verlesen, waschen und gut abtropfen lassen oder trockenschleudern. Perlzwiebeln auf ein Sieb geben und abtropfen lassen. Cocktailtomaten waschen und je nach Größe evtl. halbieren oder vierteln.

2. Käse erst in dünne Scheiben, dann in kleine Würfel schneiden. Frühstücksspeck in Streifen schneiden und in einer Pfanne ohne Fettzugabe kross ausbraten. Die Salatzutaten auf vier Tellern anrichten.

3. Für die Salatsauce Essig mit Senf und Zucker verrühren und mit Salz und Pfeffer würzen. Zwiebel abziehen, fein würfeln und unterrühren. Zuletzt Öl unterrühren und die Salatsauce über die Salatportionen verteilen.

Abwandlung: Für einen knackigen Feldsalat bereiten Sie den Feldsalat statt mit Käse und Perlzwiebeln mit Nusskernen Ihrer Wahl und Croûtons sowie mit Apfelessig und Nussöl zu.

Landfrauen-Tipp: Den Feldsalat als Vorspeise oder als Beilage zu Blech- und frischen Pellkartoffeln servieren. Sie können den Feldsalat auch durch 400–500 g (je nach Sorte) jungen Spinat ersetzen (waschen Sie den Spinat gründlich, denn Freilandspinat ist oft sandig).

Filetsteaks mit Kräuterfüllung I

Für Gäste

Pro Portion:
E: 35g, F: 20 g, Kh: 1 g, kJ: 1367, kcal: 325

4	*Rinderfiletsteaks (je etwa 125 g)*
½	*Zwiebel (etwa 25 g)*
2 TL	*Pflanzenöl*
3 EL	*fein gehackte Kräuter, z. B. Basilikum oder Petersilie*
1 TL	*mittelscharfer Senf*
1 TL	*geriebener Meerrettich (aus dem Glas)*
1 EL	*Frischkäse mit Joghurt*
200 g	*Champignons*
1 TL	*Butter*
	Salz
	frisch gemahlener Pfeffer
3–4 EL	*Wasser oder Sherry medium*

Zubereitungszeit: etwa 35 Min.

1. Filetsteaks abspülen und trockentupfen. In jedes Steak von der Seite her mit einem scharfen Messer eine Tasche schneiden.

2. Zwiebelhälfte abziehen und in feine Würfel schneiden. 1 Teelöffel von dem Pflanzenöl in einer beschichteten Pfanne erhitzen und Zwiebelwürfel darin andünsten.

3. Basilikum oder Petersilie abspülen und trockentupfen. Die Blättchen von den Stängeln zupfen und fein hacken. Senf, Meerrettich, Frischkäse und Kräuter mit den Zwiebelwürfeln mischen. Die Masse in die Fleischeinschnitte (Taschen) geben und verstreichen.

4. Champignons putzen, mit Küchenpapier abreiben, evtl. abspülen, trockentupfen und in Scheiben schneiden. Butter in einem Topf zerlassen und Champignonscheiben unter mehrmaligem Wenden darin andünsten. Mit Salz und Pfeffer würzen. Champignonscheiben herausnehmen und warm stellen.

5. Restliches Pflanzenöl in der gesäuberten Pfanne erhitzen. Die Steaks von jeder Seite etwa 3 Minuten darin braten, aus der Pfanne nehmen und zugedeckt etwa 5 Minuten ruhen lassen, den Bratensatz mit Wasser oder Sherry loskochen und die Pilzscheiben zugeben. Steaks und Champignons auf Tellern anrichten und sofort servieren.

Beilage: Kartoffel-Kroketten aus dem Backofen.

Fischfilet, überbackenes | Raffiniert

Pro Portion:
E: 28 g, F: 37 g, Kh: 45 g, kJ: 2775, kcal: 662

500 g	*Fischfilet, z. B. Kabeljau- oder Rotbarschfilet*
	evtl. Saft von 1 Zitrone
	Salz
2	*Zwiebeln*
1 Glas	*Champignonscheiben (Abtropfgewicht 280 g)*
1 Bund	*Petersilie*
2 EL	*Speiseöl*
1 Dose	*geschälte Tomaten (400 g)*
2 EL	*Tomatenmark*
	frisch gemahlener Pfeffer
200 g	*Schmand*
80 g	*Semmelbrösel*
40 g	*Butter*

Zubereitungszeit: etwa 30 Min.

1. Fischfilet unter fließendem kalten Wasser abspülen, trockentupfen und nach Belieben mit Zitronensaft beträufeln, trockentupfen und mit Salz bestreuen.

2. Zwiebeln abziehen und in Würfel schneiden. Champignonscheiben auf einem Sieb abtropfen lassen. Petersilie abspülen, trockentupfen, die Blättchen von den Stängeln zupfen und fein hacken.

3. Öl in einer Pfanne erhitzen und die Zwiebelwürfel darin andünsten. Tomaten mit der Flüssigkeit hinzugeben und die Tomaten etwas zerdrücken. Champignons, Petersilie und Tomatenmark unterrühren und kurz mit erhitzen. Mit Salz und Pfeffer würzen.

4. Die Tomaten-Champignon-Masse in eine flache, gefettete Auflaufform geben und das Fischfilet darauf legen. Schmand darauf verteilen, mit Semmelbröseln bestreuen und Butter in Flöckchen darauf setzen. Die Form auf dem Rost in den vorgeheizten Backofen schieben.

Ober-/Unterhitze: etwa 200 °C
Heißluft: etwa 180 °C
Backzeit: etwa 25 Minuten.

Beilage: Dazu schmeckt Curryreis, den Sie ganz einfach mit im Backofen zubereiten können. Dazu 2 Tassen (etwa 300 g) Langkornreis mit 4 Tassen (etwa 600 ml) Salzwasser und 20 g Butter in eine Auflaufform geben, mit 1 Esslöffel Currypulver bestreuen, einen Deckel auflegen und die Form etwa 20 Minuten vor dem Fischfilet in den Backofen schieben (Garzeit etwa 45 Minuten).

Fischrouladen in Senf-Sahne-Sauce | Für Gäste – schnell

Pro Portion:
E: 39 g, F: 41 g, Kh: 7 g, kJ: 2421, kcal: 578

700 g	*Fischfilet, z. B. Rotbarsch, Kabeljau*
	Zitronensaft
	Salz
etwa 1 EL	*Dijon-Senf*

Für die Senf-Sahne-Sauce:

1 Becher (125 g)	*Crème Double*
15 g	*Weizenmehl*
2 EL	*Dijon-Senf*
200 g	*Schlagsahne*
	Zitronensaft
60 g	*geriebener Käse, z. B. Gouda*
einige	*Dillzweige*

Außerdem:
evtl. Holzstäbchen

Zubereitungszeit: etwa 25 Min.

1. Fischfilets unter fließendem kalten Wasser abspülen und trockentupfen. Filets mit Zitronensaft beträufeln, mit Salz bestreuen und in 4–6 große flache Streifen schneiden, so dass sie gut zu Rouladen gerollt werden können.

2. Die Fischstreifen mit Senf bestreichen und von der schmalen Seite her aufrollen, evtl. mit einem Holzstäbchen zusammenstecken. Rouladen mit der Nahtseite nach unten in eine flache Auflaufform legen.

3. Für die Sauce Crème Double, Mehl und Senf gut verrühren. Sahne unterrühren. Die Sauce mit Salz und Zitronensaft abschmecken und über die Fischrouladen gießen. Rouladen mit Käse bestreuen. Die Form auf dem Rost in den vorgeheizten Backofen schieben.

Ober-/Unterhitze: etwa 200 °C
Heißluft: etwa 180 °C
Garzeit: etwa 25 Minuten.

4. Dill abspülen und trockentupfen. Die Rouladen (Holzstäbchen entfernen) mit Dill garniert servieren.

Beilage: Reis, Salatplatte.

Fisch-Shrimps-Auflauf | Raffiniert

4–6 Portionen

Pro Portion:
E: 43 g, F: 36 g, Kh: 5 g, kJ: 2214, kcal: 529

6 TK-Schollenfilets (je 80 g)
3 Scheiben TK-Lachsfilet (etwa 400 g)
200 g TK-Grönland-Shrimps
100 ml Weißwein
etwa 2 EL Zitronensaft
1 Glas Champignons (Abtropfgewicht 295 g)

Für die Dillsauce:
75 g weiche Butter
10 g Weizenmehl
250 g Schlagsahne
1 TL mittelscharfer Senf
1–2 TL Zitronensaft
Salz
frisch gemahlener Pfeffer
1 Prise Zucker
1–2 Bund Dill

Außerdem:
Fett für die Form

Zubereitungszeit: etwa 25 Min., ohne Auftauzeit

1. Schollenfilets, Lachsfiletscheiben und Shrimps nach Packungsanleitung auftauen lassen.

2. Fisch unter fließendem kalten Wasser abspülen und trockentupfen. Schollenfilets längs halbieren und so aufrollen, dass die Hautseite innen liegt. Die Fischröllchen in eine gefettete Auflaufform setzen. Weißwein hinzufügen.

3. Lachsfiletscheiben im Stück in die Auflaufform geben oder in etwa 3 cm große Würfel schneiden und mit den Shrimps zwischen den Schollenfiletröllchen verteilen. Alles mit Zitronensaft beträufeln. Champignons in einem Sieb abtropfen lassen, halbieren und mit in die Auflaufform geben.

4. Für die Dillsauce Butter mit Handrührgerät mit Rührbesen oder einem Schneebesen geschmeidig rühren. Mehl unterrühren. Sahne, Senf, Zitronensaft, Salz, Pfeffer und Zucker hinzufügen und ebenfalls unterrühren.

5. Dill abspülen, trockentupfen, die Spitzen von den Stängeln zupfen, klein schneiden und unterrühren. Die Dillsauce über den Fisch geben. Die Form ohne Deckel auf dem Rost in den vorgeheizten Backofen schieben.

Ober-/Unterhitze: etwa 200 °C
Heißluft: etwa 180 °C
Garzeit: etwa 25 Minuten.

Beilage: Tomatensalat und Reis aus dem Backofen. Dafür 300 g Basmati- oder Langkornreis in eine Auflaufform geben, mit 1/2 Teelöffel Salz bestreuen und 600 ml kochendes Wasser zugeben. 1 Zwiebel abziehen und in die Mitte der Auflaufform setzen. Die Form mit dem Deckel oder Alufolie verschließen und auf dem Rost in den vorgeheizten Backofen schieben. Den Reis bei der oben angegebenen Backofeneinstellung etwa 30 Minuten garen.

Landfrauen-Tipp: Anstatt Lachsfilet kann auch Schellfisch-, Rotbarsch- oder Viktoriabarschfilet verwendet werden.

Fleischkäse-Gemüse-Auflauf |

Für Kinder

Pro Portion:
E: 29 g, F: 59 g, Kh: 21 g, kJ: 3180, kcal: 760

1 Stange Porree (Lauch)
1 rote Paprikaschote
1 Dose Gemüsemais (Abtropfgewicht 285 g)
3 EL Speiseöl
150 g TK-Erbsen
Salz
frisch gemahlener Pfeffer
Cayennepfeffer
4 Scheiben Fleischkäse (je 100 g)
4 Eier (Größe M)
200 g Schlagsahne
100 g geraspelter Emmentaler Käse

Zubereitungszeit: etwa 25 Min.

1. Porree putzen, längs halbieren, gründlich waschen und in Streifen schneiden. Paprikaschote halbieren, entstielen, entkernen und die weißen Scheidewände entfernen, Schote waschen und in Streifen schneiden. Mais auf einem Sieb abtropfen lassen.

2. Öl in einem Bräter erhitzen und Porree- und Paprikastreifen darin andünsten. Mais und Erbsen hinzufügen und mit andünsten. Mit Salz, Pfeffer und Cayennepfeffer würzen und evtl. etwas Wasser hinzufügen. Fleischkäse in Streifen schneiden und unter die Gemüse-Fleischkäse-Mischung heben.

3. Eier mit Sahne verschlagen, mit den Gewürzen abschmecken und über das Gemüse geben. Mit Emmentaler bestreuen. Den Bräter auf dem Rost in den vorgeheizten Backofen schieben.

Ober-/Unterhitze: etwa 200 °C
Heißluft: etwa 180 °C
Backzeit: etwa 35 Minuten.

Forellencremesuppe | Schnell

Pro Portion:
E: 16 g, F: 46 g, Kh: 10 g, kJ: 2308, kcal: 552

50 g	*Butter*
25 g	*Weizenmehl*
500 ml (1/2 l)	*Hühner- oder Gemüsebrühe*
300 g	*geräucherte Forellenfilets*
200 g	*Schlagsahne*
4 EL	*Weißwein*
1 EL	*Worcestersauce*
	Salz
	frisch gemahlener Pfeffer
	Zitronensaft
etwas	*gehackte Petersilie*

Zubereitungszeit: etwa 15 Min.

1. Butter in einem Topf zerlassen und Mehl unter Rühren so lange darin erhitzen, bis es hellgelb ist. Brühe hinzugießen und mit einem Schneebesen durchschlagen, dabei darauf achten, dass keine Klümpchen entstehen. Zum Kochen bringen und etwa 3 Minuten kochen lassen.

2. Forellenfilets in kleine Stücke schneiden und in die Suppe geben. Sahne, Weißwein und Worcestersauce hinzufügen und die Suppe mit Salz, Pfeffer und Zitronensaft abschmecken.

3. Die Suppe einmal aufkochen lassen und mit Petersilie bestreut servieren.

Frozen Joghurt mit Knusper-Krokant | Gut vorzubereiten

Pro Portion:
E: 6 g, F: 5 g, Kh: 48 g, kJ: 1130, kcal: 269

400 g blaue Weintrauben
500 g Vollmilchjoghurt mit Vanille-Geschmack
2 Eiweiß (Größe M)
3 EL Zucker
2 EL kernige Haferflocken
2 EL gehackte Haselnusskerne

Außerdem:
Alufolie

Zubereitungszeit: etwa 20 Min., ohne Gefrierzeit

1. Weintrauben abspülen, abtropfen lassen, halbieren und entkernen. Weintraubenhälften nebeneinander auf eine Platte legen und im Gefrierschrank anfrieren lassen.

2. Joghurt glatt rühren. Eiweiß mit 1 Teelöffel von dem Zucker steif schlagen und unter den Joghurt heben. Die Joghurtmasse in eine gefriergeeignete Schüssel füllen und zugedeckt im Gefrierschrank anfrieren lassen. Dabei gelegentlich mit einem Schneebesen durchrühren. Sobald der Joghurt zu gefrieren beginnt, die angefrorenen Weintraubenhälften unterheben.

3. Restlichen Zucker in einer beschichteten Pfanne unter Rühren bei mittlerer Hitze karamellisieren lassen. Haferflocken und Haselnusskerne hinzugeben und unterrühren. Die Krokantmasse auf ein mit Speiseöl bestrichenes Stück Alufolie geben, verstreichen und erkalten lassen.

4. Frozen Joghurt in Schälchen verteilen. Knusper-Krokant in Stückchen brechen und darüber streuen. Sofort servieren.

Abwandlung: Für Bananen-Ingwer-Eis 3 Bananen schälen, mit einer Gabel zerdrücken und mit 2 Eigelb, 2 Esslöffeln flüssigem Honig und 5–6 Esslöffeln Zitronensaft schaumig schlagen. 5 eingelegte Ingwerfrüchte in Streifen schneiden und unterrühren. 250 g Schlagsahne steif schlagen und unterheben.
Die Masse in 2 Eisschalen füllen und gefrieren lassen. Das Eis in Würfel schneiden, in Dessertgläser geben und sofort servieren. Dazu eine Schokoladensauce reichen. Dafür 50 g Schlagsahne und 50 ml Milch erhitzen und 100 g in Stücke gebrochene Zartbitter- oder Halbbitterschokolade darin auflösen.

Landfrauen-Tipp: Wer noch einige Kalorien einsparen möchte, verwendet einen fettarmen Joghurt.

Hinweis: Für den Frozen Joghurt nur ganz frische Eier verwenden, die nicht älter als 5 Tage sind (Legedatum beachten!).

Frühlingszwiebelsuppe mit Käseklößchen | Vegetarisch

Pro Portion:
E: 15 g, F: 31 g, Kh: 45 g, kJ: 2166, kcal: 517

Für die Klößchen:
1 Brötchen vom Vortag
100 g geriebener Käse (z. B. Gouda, Emmentaler)
1 Ei (Größe M)
15 g Speisestärke
75 g Semmelbrösel
Salz
frisch gemahlener Pfeffer
geriebene Muskatnuss

Für die Suppe:
3 Bund Frühlingszwiebeln
1 EL Butterschmalz
1 EL Tomatenmark
1 EL Weizenmehl
750 ml ($^{3}/_{4}$ l) Gemüsebrühe
200 g Schlagsahne
2 Tomaten

Zubereitungszeit: etwa 60 Min., ohne Kühlzeit

1. Für die Klößchen Brötchen in kaltem Wasser einweichen. Brötchen gut ausdrücken und mit Käse, Ei, Speisestärke, Semmelbröseln, Salz, Pfeffer und Muskat gut verkneten. Aus der Masse kleine Klößchen formen und diese etwa 2 Stunden kalt stellen.

2. Für die Suppe Frühlingszwiebeln putzen, abspülen, abtropfen lassen und in Ringe schneiden. Butterschmalz in einem Topf erhitzen und Frühlingszwiebeln darin glasig dünsten. Tomatenmark hinzugeben und kurz mit andünsten.

3. Mehl darüber stäuben und unter Rühren so lange erhitzen, bis das Mehl goldgelb ist. Brühe und Sahne mit einem Schneebesen unterrühren. Alles aufkochen lassen und bei schwacher Hitze etwa 15 Minuten köcheln lassen.

4. In der Zwischenzeit reichlich Salzwasser in einem weiten Topf aufkochen lassen, Klößchen darin bei schwacher Hitze etwa 5 Minuten gar ziehen lassen, bis sie an die Oberfläche steigen. Gare Klößchen mit einer Schöpfkelle herausnehmen und abtropfen lassen.

5. Tomaten waschen, abtrocknen, halbieren und Stängelansätze herausschneiden. Tomaten entkernen und fein würfeln. Suppe mit Salz, Pfeffer und Muskat abschmecken. Klößchen dazugeben und kurz erhitzen.

6. Suppe in tiefen Tellern anrichten und Tomatenwürfel darüber streuen.

Gans, gefüllte | Für Gäste

6–8 Portionen

Pro Portion:
E: 45 g, F: 87 g, Kh: 16 g, kJ: 4597, kcal: 1099

1 küchenfertige Gans (etwa 3 kg)
Salz
frisch gemahlener Pfeffer
gerebelter Majoran

Für die Füllung:
4 Zwiebeln
1 EL Butterschmalz oder Margarine
400 g säuerliche Äpfel
100 g Rosinen

100 ml Wasser
1 TL Salz

Für die Sauce:
200 ml Wasser
2 EL Weizenmehl
4 EL kaltes Wasser
1 Prise Zucker
etwas Weißwein

Zubereitungszeit: etwa 30 Min.

1. Gans unter fließendem kalten Wasser abspülen, trockentupfen und innen und außen mit Salz, Pfeffer und Majoran würzen.

2. Für die Füllung Zwiebeln abziehen und achteln. Butterschmalz oder Margarine zerlassen, Zwiebeln bei mittlerer Hitze von allen Seiten darin anbraten. Äpfel schälen, vierteln, entkernen und in Achtel schneiden. Rosinen mit den Zwiebel- und Apfelstücken vermengen. Die Füllung in die Gans geben, Öffnung zunähen oder mit einem Holzstäbchen verschließen, mit der Brust nach oben in eine angefeuchtete Fettfangschale geben und in den vorgeheizten Backofen schieben.

Ober-/Unterhitze: etwa 200 °C
Heißluft: etwa 180 °C
Bratzeit: etwa 3 Stunden.

3. Während des Bratens ab und zu unterhalb der Flügel und Keulen einstechen, damit das Fett ausbraten kann. Das Fett gelegentlich abschöpfen und über die Gans gießen. Sobald der Bratensatz bräunt, etwas Wasser hinzugießen. Die verdampfte Flüssigkeit nach und nach durch Wasser ersetzen. Etwa 20 Minuten vor Ende der Bratzeit die Gans mit Salzwasser bestreichen, damit die Haut kross wird. Fertige Gans in Portionsstücke teilen (tranchieren), mit der Füllung warm stellen.

4. Für die Sauce Bratensatz mit Wasser lösen, durch ein Sieb in einen Topf geben (Fett abschöpfen). Sauce evtl. mit etwas Wasser auffüllen und zum Kochen bringen. Mehl und Wasser anrühren, in der Flüssigkeit zum Kochen bringen, etwa 2 Minuten köcheln lassen. Sauce mit Salz, Gewürzen, Zucker und Wein abschmecken und zum Fleisch reichen.

Gartensalat mit Käsestiften I

Vegetarisch

Pro Portion:
E: 19 g, F: 30 g, Kh: 7 g, kJ: 1695, kcal: 405

150 g Friséesalat
150 g Eichblattsalat
2 Möhren
je 1/2 rote und grüne Paprikaschote
50 g Mungobohnenkeimlinge
250 g mittelalter Gouda

Für die Sauce:
4–5 EL Balsamico-Essig
1 TL milder Senf
2–3 EL Weißwein
etwas Zitronensaft
Salz
frisch gemahlener Pfeffer
etwas Zucker
8 EL Distelöl

Zubereitungszeit: etwa 35 Min., ohne Durchziehzeit

1. Beide Salatsorten putzen, zerpflücken, waschen und gut abtropfen lassen oder trockenschleudern. Möhren putzen, schälen, waschen und in sehr dünne Streifen schneiden.

2. Paprikaschoten entstielen, entkernen und die weißen Scheidewände entfernen, die Schoten waschen und in sehr dünne Streifen schneiden. Mungobohnenkeimlinge verlesen, waschen und abtropfen lassen. Gouda in feine Stifte schneiden.

3. Für die Sauce Essig mit Senf, Weißwein, Zitronensaft, Salz, Pfeffer und Zucker verrühren. Öl unterschlagen.

4. Die Sauce mit Möhrenstreifen, Paprikastreifen, Mungobohnenkeimlingen und Käsestiften in einer Schüssel mischen und gut durchziehen lassen.

5. Erst kurz vor dem Servieren den Frisée- und Eichblattsalat unterheben.

Abwandlung: Anstelle von Frisée- und Eichblattsalat können auch Lollo Rosso und Lollo Bionda verwendet werden.

Landfrauen-Tipp: Schneller geht es, wenn Sie den Käse raspeln oder bereits fertig gestiftelten Käse verwenden.

Gebackener Sommer | Gut vorzubereiten

Pro Portion:
E: 21 g, F: 50 g, Kh: 31 g, kJ: 2875, kcal: 687

150 g Bacon in Scheiben (Frühstücksspeck)
600 g Kartoffeln
500 g Blattspinat
500 g Tomaten
1 kleine Gemüsezwiebel
Salz, Pfeffer
geriebene Muskatnuss
3 Knoblauchzehen
200 g Schafkäse
5 EL Olivenöl

Zubereitungszeit: etwa 30 Min.

1. Baconscheiben halbieren und eine feuerfeste, flache Auflaufform damit auslegen.

2. Kartoffeln waschen, schälen, abspülen, in dünne Scheiben schneiden und auf dem Speck verteilen. Die Form auf dem Rost in den vorgeheizten Backofen schieben.

Ober-/Unterhitze: etwa 200 °C
Heißluft: etwa 180 °C
Garzeit: etwa 20 Minuten.

3. In der Zwischenzeit Spinat verlesen, waschen, abtropfen lassen, in Salzwasser blanchieren und gut abtropfen lassen. Tomaten waschen, abtrocknen, die Stängelansätze herausschneiden und die Tomaten in Scheiben schneiden. Gemüsezwiebel abziehen, halbieren und ebenfalls in feine Scheiben schneiden.

4. Die Form aus dem Backofen nehmen und die Kartoffeln mit Salz und Pfeffer bestreuen, den Spinat darauf verteilen und mit Salz, Pfeffer und Muskatnuss würzen. Knoblauch abziehen, durch die Presse drücken und auf dem Spinat verteilen.

5. Zuerst die Zwiebelscheiben auf den Spinat legen, dann die Tomaten schuppenförmig darauf verteilen. Den Schafkäse zerbröckeln und darüber streuen. Öl darüber träufeln.

6. Die Form wieder auf dem Rost in den vorgeheizten Backofen schieben und bei der oben angegebenen Backofeneinstellung noch weitere 25 Minuten garen.

Gedeckter Apfelkuchen | Beliebt

Insgesamt:
E: 67 g, F: 216 g, Kh: 612 g, kJ: 20390, kcal: 4865

Für die Füllung:
1 ½ kg Äpfel
50 g Zucker
1 Pck. Dr. Oetker Vanillin-Zucker
1 Msp. gemahlener Zimt
30 g Rosinen
50 g Butter
50 g Zucker

Für den Knetteig:
350 g Weizenmehl
4 TL Dr. Oetker Backin
70 g Zucker
1 Pck. Dr. Oetker Vanillin-Zucker
2 Eier (Größe M)
4 EL Milch
150 g weiche Butter oder Margarine

Zum Bestreichen und Bestreuen:
1 Eigelb (Größe M)
1 EL Milch
50 g abgezogene, gehobelte Mandeln

Zubereitungszeit: etwa 50 Min., ohne Kühlzeit

1. Für die Füllung Äpfel schälen, vierteln, entkernen und in Stifte schneiden, mit Zucker, Vanillin-Zucker, Zimt, Rosinen und Butter in einen Topf geben und unter Rühren leicht dünsten. Äpfel abkühlen lassen und mit Zucker abschmecken.

2. Für den Teig Mehl und Backpulver mischen und in eine Rührschüssel sieben. Zucker, Vanillin-Zucker, Ei, Milch und Butter oder Margarine hinzufügen und die Zutaten mit Handrührgerät mit Knethaken zunächst kurz auf niedrigster, dann auf höchster Stufe gut durcharbeiten.

3. Anschließend auf der bemehlten Arbeitsfläche zu einem glatten Teig verkneten. Sollte er kleben, ihn in Folie gewickelt eine Zeit lang kalt stellen.

4. Knapp die Hälfte des Teiges dünn ausrollen, für die Decke eine Teigplatte in Backblechgröße (30 x 40 cm) ausschneiden und auf Papier aufrollen. Den restlichen Teig auf dem Backblech (30 x 40 cm, gefettet) ausrollen.

5. Die Füllung auf dem Teig verteilen und die Teigdecke darauf abrollen.

6. Die Teigdecke mehrmals mit einer Gabel einstechen. Zum Bestreichen Eigelb mit Milch verschlagen, den Teig damit bestreichen und mit Mandeln bestreuen. Das Backblech in den vorgeheizten Backofen schieben.

Ober-/Unterhitze: etwa 200 °C
Heißluft: etwa 180 °C
Backzeit: 20–25 Minuten.

7. Das Backblech auf einen Kuchenrost stellen und den Kuchen erkalten lassen. Den Kuchen in Stücke schneiden und vorsichtig vom Backblech lösen.

Geflügel-Spinat-Suppe | Preiswert

Pro Portion:
E: 50 g, F: 10 g, Kh: 26 g, kJ: 1675, kcal: 401

2	*Zwiebeln*
1–2	*Knoblauchzehen*
750 g	*Putenbrustfilet*
1–2	*Bio-Zitronen (unbehandelt)*
2 EL	*Speiseöl*
	Salz
	frisch gemahlener Pfeffer
1 geh. EL	*Weizenmehl*
1 ¹/₄ l	*Hühnerbrühe*
100 g	*Langkornreis*
150 g	*TK-Blattspinat*
einige	*abgezogene Mandeln*

Zubereitungszeit: etwa 30 Min.

1. Zwiebeln und Knoblauch abziehen und in feine Würfel schneiden. Putenbrustfilet unter fließendem kalten Wasser abspülen, trockentupfen und in Würfel schneiden.

2. Zitronen gründlich heiß waschen und abtrocknen, mit einem Zestenreißer einige Zesten zum Garnieren abschälen. Zitronen mit einem Messer so schälen, dass die weiße Haut mit entfernt wird. Zitronen in dünne Scheiben schneiden.

3. Öl in einer Pfanne erhitzen und die Putenbrustwürfel darin portionsweise rundherum kräftig anbraten, in einen großen Topf geben und mit Salz und Pfeffer würzen. Zwiebeln und Knoblauch in das verbliebene Bratfett geben, kurz anbraten und zu dem Fleisch geben.

4. Mehl darüber stäuben und unterrühren. Brühe unter Rühren dazugießen und aufkochen lassen. Zitronenscheiben, Reis und Spinat unaufgetaut hinzufügen, zum Kochen bringen und etwa 15 Minuten garen, ab und zu umrühren. Suppe mit Salz und Pfeffer abschmecken, mit Mandeln anrichten und mit Zesten garnieren.

Landfrauen-Tipp: Sie können die Suppe bereits am Vortag vorbereiten. Dann den Reis getrennt garen, da er stark nachdickt, und vor dem Servieren in der Suppe erwärmen. Reduzieren Sie die Hühnerbrühemenge dann von $1^1/_4$ l auf 1 Liter.

Geflügel-Wurst-Pfanne | Schnell

Pro Portion:
E: 33 g, F: 27 g, Kh: 22 g, kJ: 1880, kcal: 449

1	*Gemüsezwiebel (300 g)*
1–2	*Knoblauchzehen*
250 g	*Hähnchenbrustfilet*
250 g	*Geflügel-Fleischwurst*
3 EL	*Speiseöl*
	Salz, Pfeffer
2 Pck. (je 300 g)	*TK-Rahm-Königsgemüse*
250 ml (1/4 l)	*Wasser*
1 Bund	*Petersilie*
	Paprikapulver rosenscharf

Zubereitungszeit: etwa 30 Min.

1. Gemüsezwiebel und Knoblauch abziehen. Zwiebel würfeln und Knoblauch durch die Presse drücken. Hähnchenbrustfilet unter fließendem kalten Wasser abspülen, trockentupfen und in Würfel schneiden. Wurst ebenfalls würfeln.

2. Öl in einem Wok erhitzen und Fleisch- und Wurstwürfel unter Rühren darin etwa 5 Minuten braten, mit einer Schaumkelle herausnehmen und mit Salz und Pfeffer würzen.

3. Zwiebeln und Knoblauch in dem Bratfett kurz anbraten. Unaufgetautes Rahm-Königsgemüse mit dem Wasser hinzufügen, zum Kochen bringen und bei schwacher Hitze 5–6 Minuten köcheln lassen. Dabei gelegentlich umrühren.

4. In der Zwischenzeit Petersilie kalt abspülen, trockentupfen und einige Stängel zum Garnieren beiseite legen, die restlichen Blättchen von den Stängeln zupfen und hacken.

5. Fleisch, Wurst und gehackte Petersilie zum Gemüse geben, erhitzen und mit Salz, Pfeffer und Paprikapulver abschmecken. Die Geflügel-Wurst-Pfanne mit Petersilie garniert servieren.

Abwandlung: Sie können nach Belieben auch 600 g anderes TK-Gemüse verwenden. Die Garzeit richtet sich nach der Packungsanleitung. Geben Sie dann zusammen mit dem Wasser 1 Teelöffel Instant Gemüsebrühe, 100 g Schlagsahne oder 100 g Crème fraîche hinzu und würzen Sie das Gemüse mit Salz, Pfeffer und Paprika rosenscharf.

Beilage: Bandnudeln.

Landfrauen-Tipp: TK-Rahm-Königsgemüse besteht aus Brokkoli, Möhren, Blumenkohl und Sahne.

Gemischte gefüllte Gemüse |

Dauert länger

Pro Portion:
E: 49 g, F: 21 g, Kh: 27 g, kJ: 2090, kcal: 498

4 kleine Fleischtomaten
4 kleine grüne oder gelbe Paprikaschoten
2 mittelgroße gelbe oder grüne Zucchini
2 kleine Kohlrabi
1 Bund Petersilie
800 g Geflügelhackfleisch (beim Metzger vorbestellen)
1 Ei (Größe M)
Salz
frisch gemahlener Pfeffer
1 Zwiebel
500 g kleine Kartoffeln
2 EL Speiseöl

etwas Wasser

Zubereitungszeit: etwa 65 Min.

1. Tomaten und Paprika waschen, abtrocknen und je einen Deckel abschneiden. Das Tomatenfleisch mit einem Teelöffel herauslösen, dabei einen Rand stehen lassen und Tomaten-Fruchtfleisch beiseite stellen. Paprikaschoten entkernen und die weißen Scheidewände entfernen.

2. Zucchini waschen, abtrocknen und die Enden abschneiden. Zucchini längs halbieren und vorsichtig aushöhlen, dabei einen etwa 1 cm breiten Rand stehen lassen. Zucchini nochmals quer halbieren. Von den Kohlrabi einen Deckel abschneiden. Kohlrabi schälen, abspülen, trockentupfen und aushöhlen, dabei ebenfalls einen etwa 1 cm breiten Rand stehen lassen. Zucchini- und Kohlrabifruchtfleisch beiseite legen. Petersilie abspülen, trockentupfen, Blättchen von den Stängeln zupfen und fein hacken. Hackfleisch mit Petersilie und Ei verkneten. Mit Salz und Pfeffer würzen und ausgehöhltes Gemüse damit füllen.

3. Das beiseite gelegte Zucchini- und Kohlrabi-Fruchtfleisch in große Würfel schneiden. Zwiebel abziehen und in kleine Würfel schneiden. Kartoffeln waschen, schälen, abspülen und in Würfel schneiden. Speiseöl in einem Bräter erhitzen und Zwiebel-, Kartoffel-, Zucchini- und Kohlrabiwürfel darin andünsten. Das beiseite gelegte Tomaten-Fruchtfleisch unterrühren. Die gefüllten Paprikaschoten, Zucchini und Kohlrabi darauf setzen. Den Bräter auf dem Rost in den vorgeheizten Backofen schieben.

Ober-/Unterhitze: etwa 180 °C
Heißluft: etwa 160 °C
Garzeit: 50–60 Minuten.

4. Nach 25–30 Minuten Garzeit die gefüllten Tomaten hinzugeben. Evtl. etwas Wasser hinzufügen.

Beilage: Reis.

Landfrauen-Tipp: Benutzen Sie zum Aushöhlen der Kohlrabi einen Kugelausstecher oder einen Teelöffel.

Gemüseauflauf, bunter | Vegetarisch

Pro Portion:
E: 20 g, F: 33 g, Kh: 28 g, kJ: 2055, kcal: 491

500 g	*gekochte Pellkartoffeln*
je 1	*rote und grüne Paprikaschote*
1 Dose	*Gemüsemais (Abtropfgewicht 140 g)*
200 g	*Champignons*
1 Stange	*Porree (Lauch)*
	Salz
	frisch gemahlener Pfeffer
250 g	*Schlagsahne*
4	*Eier (Größe M)*
1 EL	*gerebeltes Basilikum*
75 g	*geriebener Gouda*
3 EL	*Schnittlauchröllchen*

Zubereitungszeit: etwa 30 Min.

1. Kartoffeln pellen und in Scheiben schneiden. Paprika halbieren, entstielen, entkernen und die weißen Scheidewände entfernen. Schoten waschen und in Würfel schneiden.

2. Mais in einem Sieb abtropfen lassen. Champignons putzen, mit Küchenpapier abreiben, evtl. abspülen, trockentupfen und in Scheiben schneiden. Porreestange putzen, längs halbieren, waschen und abtropfen lassen. Porree in etwa $^{1}/_{2}$ cm dicke Stücke schneiden.

3. Kartoffel-, Champignonscheiben und Porreestücke mit dem Mais in eine Auflaufform (gefettet) geben, mit Salz und Pfeffer bestreuen.

4. Sahne mit Eiern verschlagen und Basilikum und Käse unterrühren. Den Auflauf mit der Eier-Sahne übergießen. Die Form auf dem Rost in den vorgeheizten Backofen schieben.

Ober-/Unterhitze: etwa 180 °C
Heißluft: etwa 160 °C
Garzeit: etwa 50 Minuten.

5. Den Auflauf vor dem Servieren mit den Schnittlauchröllchen bestreuen.

Landfrauen-Tipp: Wenn der Auflauf zu stark bräunt, ihn nach etwa der Hälfte der Garzeit mit Alufolie zudecken.

Gemüse-Schnitzel-Pfanne I

Für Gäste

Pro Portion:
E: 28 g, F: 27 g, Kh: 34 g, kJ: 2158, kcal: 514

800 g Kartoffeln
5 EL Speiseöl
Salz
frisch gemahlener Pfeffer
Paprikapulver edelsüß
3 Schweineschnitzel (je 150 g)
2 mittelgroße Zwiebeln
je 1 rote und gelbe Paprikaschote
1 mittelgroße Zucchini (etwa 150 g)
4 EL Crème fraîche

Zubereitungszeit: etwa 55 Min.

1. Kartoffeln waschen, schälen, abspülen und in Stifte schneiden. 2 Esslöffel Öl in einer Pfanne erhitzen und die Kartoffelstifte etwa 10 Minuten unter gelegentlichem Wenden darin anbraten, mit Salz, Pfeffer und Paprikapulver würzen. Die Kartoffelstifte aus der Pfanne nehmen und warm stellen.

2. Schnitzel unter fließendem kalten Wasser abspülen, trockentupfen und in Streifen schneiden. Schnitzelstreifen in dem verbliebenen Bratfett kross anbraten. Die Schnitzelstreifen ebenfalls mit den Gewürzen bestreuen, aus der Pfanne nehmen und warm stellen.

3. Zwiebeln abziehen, halbieren und in Scheiben schneiden. Paprikaschoten halbieren, entstielen, entkernen und die weißen Scheidewände entfernen, die Schoten waschen und in Streifen schneiden. Zucchini waschen, abtrocknen, die Enden abschneiden und Zucchini in Scheiben schneiden.

4. Das restliche Öl in der Pfanne erhitzen. Zucchini, Zwiebeln und Paprika hineingeben und unter gelegentlichem Umrühren andünsten.

5. Kartoffelstifte und Schnitzelstreifen wieder in die Pfanne geben, etwas Wasser hinzufügen und etwa 10 Minuten mit Deckel garen.

6. Das Gericht mit den Gewürzen abschmecken und auf Tellern anrichten. Auf jede Portion 1 Esslöffel Crème fraîche geben.

Landfrauen-Tipp: Das Fleisch nach Belieben vorher in Sojasauce etwa 30 Minuten marinieren, es wird dann besonders zart. Statt in Stifte können Sie die Kartoffeln auch auf dem Gemüsehobel in Streifen schneiden.

Gemüsetopf mit Mettbällchen |

Gut vorzubereiten

4–6 Portionen

Pro Portion:
E: 27 g, F: 59 g, Kh: 25 g, kJ: 3161, kcal: 756

1 Kohlrabi
600 g Blumenkohl
600 g Brokkoli
4 Möhren
400 g gekochte Pellkartoffeln
100 g Zuckerschoten oder
200 g Stangenbohnen
500 g Thüringer Mett
(gewürztes Schweinegehacktes)
250 g Schmand
250 g Schlagsahne
Salz
frisch gemahlener Pfeffer
Currypulver

Zubereitungszeit: etwa 35 Min.

1. Kohlrabi schälen, waschen, vierteln und in Scheiben schneiden. Von dem Blumenkohl die Blätter und die schlechten Stellen entfernen, den Strunk abschneiden, den Blumenkohl in Röschen teilen und waschen (ergibt etwa 400 g Röschen). Von dem Brokkoli die Blätter entfernen, Brokkoli waschen und in Röschen teilen (ergibt etwa 400 g Röschen).

2. Möhren putzen, schälen, waschen, der Länge nach vierteln und in etwa 3 cm lange Stücke schneiden. Pellkartoffeln pellen, längs vierteln und in Scheiben schneiden. Zuckerschoten oder Stangenbohnen putzen, waschen und evtl. einmal durchschneiden.

3. Möhren in kochendes Salzwasser geben und etwa 5 Minuten kochen lassen. Blumenkohl, Brokkoli, Kohlrabi und Zuckerschoten oder Bohnen hinzufügen, wieder zum Kochen bringen und noch etwa 5 Minuten kochen lassen.

4. Das vorgegarte Gemüse in einem Sieb abtropfen lassen, mit den Kartoffelscheiben vermengen und in eine Auflaufform geben.

5. Thüringer Mett zu kleinen Klößchen formen und auf dem Gemüse verteilen.

6. Schmand mit Sahne verrühren, mit Salz, Pfeffer und Currypulver kräftig würzen und über die Zutaten in der Auflaufform geben. Die Form auf dem Rost in den vorgeheizten Backofen schieben.

Ober-/Unterhitze: etwa 200 °C
Heißluft: etwa 180 °C
Garzeit: etwa 25 Minuten.

7. Das Gericht während der Garzeit einmal umrühren.

Landfrauen-Tipp: Das Gericht mit Kerbelblättchen bestreuen.

Geschichteter Käsekuchen | Raffiniert

Insgesamt:
E: 116 g, F: 209 g, Kh: 463 g, kJ: 17683, kcal: 4217

Zum Vorbereiten:
1 Dose Birnenhälften (Abtropfgewicht 460 g)
100 g Amarettini (italienisches Mandelgebäck)

Für den All-in-Teig:
150 g Weizenmehl
2 TL Dr. Oetker Backin
125 g Zucker
1 Pck. Dr. Oetker Vanillin-Zucker
1 Prise Salz
4 Eier (Größe M)
150 g weiche Butter oder Margarine

2 Pck. (500 g) Speisequark (20 % Fett i. Tr.)
1 Pck. Dr. Oetker Pudding-Pulver Sahne-Geschmack
3 TL Kakaopulver
30 g weiche Butter

Zubereitungszeit: etwa 50 Min., ohne Abkühlzeit

1. Zum Vorbereiten Birnenhälften in einem Sieb abtropfen lassen. Amarettini in einen Gefrierbeutel füllen, den Beutel verschließen und Amarettini mit einer Teigrolle zerbröseln.

2. Für den Teig Mehl mit Backpulver mischen und in eine Rührschüssel sieben. Zucker, Vanillin-Zucker, Salz, Eier und Butter oder Margarine hinzufügen und die Zutaten mit Handrührgerät mit Rührbesen zunächst kurz auf niedrigster, dann auf höchster Stufe in etwa 2 Minuten zu einem glatten Teig verarbeiten.

3. Den Teig halbieren. Quark und Pudding-Pulver unter eine Teighälfte, Kakao unter die zweite Teighälfte rühren.

4. Den dunklen Teig (Kakaoteig) in eine Springform (Ø 26 cm, Boden gefettet) geben und glatt streichen. Zwei Drittel der Amarettinibrösel darauf streuen. Den hellen Teig (Quarkteig) darauf geben und glatt streichen.

5. Birnenhälften in Spalten schneiden und kreisförmig auf den Quarkteig legen. Mit den restlichen Amarettinibröseln bestreuen und Butter in Flöckchen darauf verteilen. Die Form auf dem Rost in den vorgeheizten Backofen schieben.

Ober-/Unterhitze: etwa 180 °C
Heißluft: etwa 160 °C
Backzeit: 50–60 Minuten.

Geschichteter Pichelsteiner

Dauert länger

4–6 Portionen

Pro Portion:
E: 33 g, F: 40 g, Kh: 29 g, kJ: 2689, kcal: 643

500 g Wirsing
500 g Möhren
500 g Kartoffeln
1 große Stange Porree (Lauch)
1 Gemüsezwiebel
500 g Gulasch (halb Rind-, halb Schweinefleisch)
Salz
frisch gemahlener Pfeffer
gemahlener Kümmel
2 Lorbeerblätter
1 l Fleisch- oder Gemüsebrühe
60 g Butter
200 g Schmand oder Crème fraîche

Zubereitungszeit: etwa 30 Min.

1. Wirsing putzen, vierteln und den Strunk herausschneiden, den Wirsing abspülen, abtropfen lassen und in Streifen schneiden. Möhren putzen, schälen, waschen und in Scheiben schneiden.

2. Kartoffeln waschen, schälen, abspülen, evtl. quer halbieren und in Scheiben schneiden. Porree putzen, längs halbieren, gründlich waschen und in Streifen schneiden. Gemüsezwiebel abziehen, halbieren und in feine Streifen schneiden.

3. Das Gulasch evtl. kalt abspülen, trockentupfen und die Fleischstücke halbieren. Alle vorbereiteten Zutaten nacheinander in einen großen Bräter oder eine feuerfeste Form schichten. Zuerst die Hälfte des Wirsings, dann die Hälfte des restlichen Gemüses einschichten, dann das gesamte Fleisch hinzufügen, zum Schluss das restliche Gemüse einschichten. Die oberste Schicht sollte aus Wirsing bestehen. Dabei die Schichten kräftig mit Salz, Pfeffer und Kümmel bestreuen. Lorbeerblätter mit einschichten.

4. Alles mit Brühe übergießen und die Butter in Flöckchen darauf verteilen. Den Bräter oder die Form mit dem Deckel verschließen und auf dem Rost in den vorgeheizten Backofen schieben.

Ober-/Unterhitze: etwa 180 °C
Heißluft: etwa 160 °C
Garzeit: etwa 1 $^1/_2$ Stunden

5. Den Pichelsteiner auf Tellern anrichten und mit einem Klecks Schmand oder Crème fraîche verzieren.

Landfrauen-Tipp: Der Pichelsteiner lässt sich gut vorbereiten. Reste können ohne Probleme eingefroren werden.

Geschmorte Forellenfilets | Für Kinder

Pro Portion:
E: 28 g, F: 30 g, Kh: 19 g, kJ: 1998, kcal: 477

1 junger Kohlrabi (etwa 200 g)
2 Möhren (etwa 200 g)
4 neue Kartoffeln (etwa 250 g)
1 Bund Frühlingszwiebeln (etwa 250 g)
1 Pck. TK-Kräuter der Provence
200 ml Gemüsebrühe
1 Becher (200 g) Schlagsahne
Salz
frisch gemahlener Pfeffer
4 Forellenfilets (je etwa 120 g, vom Fischhändler schon filetieren lassen)
Weizenmehl
4 EL Speiseöl

Zubereitungszeit: etwa 40 Min.

1. Kohlrabi, Möhren und Kartoffeln schälen, waschen, trockentupfen und in Stifte schneiden. Frühlingszwiebeln putzen, waschen, trockentupfen und in etwa 2 cm große Stücke schneiden.

2. Gemüse und Kräuter in die Gemüsebrühe geben, etwa 10 Minuten garen, mit Sahne auffüllen, salzen und pfeffern und ohne Deckel etwas einkochen lassen.

3. Inzwischen Forellenfilets unter fließendem kalten Wasser abspülen, trockentupfen, mit Salz und Pfeffer würzen und mit Mehl bestäuben. Öl in einer Pfanne erhitzen und Fischfilets kurz darin von beiden Seiten anbraten.

4. Fischfilets auf das Gemüse legen und 5 Minuten bei geschlossenem Deckel schmoren.

Beilage: Baguette oder Reis.

Gesprenkelter Kirschlikuchen |

Fruchtig – für Gäste

Insgesamt:
E: 90 g, F: 163 g, Kh: 733 g, kJ: 20180, kcal: 4815

Zum Vorbereiten:
2 Gläser Sauerkirschen (Abtropfgewicht je 360 g)

Für den All-in-Teig:
300 g Weizenmehl
3 TL Dr. Oetker Backin
15 g Kakaopulver
200 g Zucker
2 Pck. Dr. Oetker Vanillin-Zucker
1 Pck. Dr. Oetker Finesse Amaretto-Bittermandel-Aroma
4 Eier (Größe M)
½ Pck. (125 g) Magerquark
125 g zerlassene, abgekühlte Butter oder Margarine

200 g Kirschkonfitüre

Zum Besprenkeln:
50 g Zartbitterschokolade

Zubereitungszeit: etwa 30 Min., ohne Abkühlzeit

1. Zum Vorbereiten Sauerkirschen in einem Sieb gut abtropfen lassen.

2. Für den Teig Mehl mit Backpulver und Kakao mischen, in eine Rührschüssel sieben und Zucker, Vanillin-Zucker, Aroma, Eier, Quark und Butter oder Margarine hinzufügen. Die Zutaten mit Handrührgerät mit Rührbesen zunächst kurz auf niedrigster, dann auf höchster Stufe in etwa 2 Minuten zu einem glatten Teig verarbeiten.

3. Den Teig auf ein Backblech (30 x 40 cm, gefettet) geben und glatt streichen. Sauerkirschen darauf verteilen. Das Backblech in den vorgeheizten Backofen schieben.

Ober-/Unterhitze: etwa 180 °C
Heißluft: etwa 160 °C
Backzeit: etwa 25 Minuten.

4. Das Backblech auf einen Kuchenrost stellen. Konfitüre gut verrühren und den Kuchen sofort damit bestreichen. Kuchen erkalten lassen.

5. Zum Besprenkeln Schokolade in Stücke brechen und in einem kleinen Topf im Wasserbad unter Rühren schmelzen. Schokolade in ein Pergamentpapiertütchen füllen und eine kleine Ecke abschneiden. Den Kuchen damit besprenkeln und Schokolade fest werden lassen.

Landfrauen-Tipp: Reichen Sie geschlagene Sahne zum Kuchen.

Gewürzschnitten | Schnell

Insgesamt:
E: 73 g, F: 141 g, Kh: 583 g, kJ: 16817, kcal: 4017

Für den Teig:

6 schwach geh. TL	*Instant-Kaffeepulver*
250 ml (1/4 l)	*Wasser*
200 g	*Zucker*
40 g	*Kakaopulver*
175 g	*kleine Rosinen*
125 g	*weiche Butter*
65 g	*gesiebter Puderzucker*
1 Pck.	*Dr. Oetker Vanillin-Zucker*
3	*Eier (Größe M)*
1/2 TL	*Salz*
1 geh. TL	*gemahlener Zimt*
1 TL	*gemahlene Muskatblüte (Macis)*
1/2 TL	*gemahlene Nelken*
1/2 TL	*gemahlener Kardamom*
1/2 Fläschchen	*Rum-Aroma*
250 g	*Weizenmehl*
1 TL	*Dr. Oetker Backin*

Zum Bestäuben:
Puderzucker

Zubereitungszeit: etwa 30 Min., ohne Kühlzeit

1. Für den Teig Instant-Kaffee in einem kleinen Topf mit Wasser verrühren. Zucker, Kakao und Rosinen dazugeben, unter Rühren zum Kochen bringen und 15 Minuten kochen lassen. Anschließend kalt stellen.

2. Butter geschmeidig rühren. Nach und nach Puderzucker, Vanillin-Zucker, Eier, Salz, Zimt, Muskat, Nelken, Kardamom und Rum-Aroma unterrühren.

3. Mehl mit Backpulver mischen, sieben und portionsweise unterrühren. Zum Schluss die erkaltete Rosinenmasse unterrühren.

4. Den Teig auf ein Backblech (etwa 15 x 40 cm, gefettet) streichen. Vor den Teig einen mehrfach geknickten Streifen Alufolie legen. Das Backblech in den vorgeheizten Backofen schieben.

Ober-/Unterhitze: etwa 180 °C
Heißluft: etwa 160 °C
Backzeit: etwa 30 Minuten.

5. Das erkaltete Gebäck in Rauten schneiden und mit Puderzucker bestäuben.

Landfrauen-Tipp: Muskatblüte (Macis) ist der Samenmantel der Muskatnuss, den es im Handel ganz oder gemahlen gibt. Der Geschmack der Muskatblüte ist feiner und aromatischer als der von der Muskatnuss. Den Kuchen einige Tage vor dem Verzehr backen, damit sich die Aromen und Gewürze gut entfalten können.

Grüner Spargel mit Dijon-Senfsauce | Vegetarisch

Pro Portion:
E: 8 g, F: 21 g, Kh: 13 g, kJ: 1148, kcal: 276

1,2 kg grüner Spargel
1 l Wasser
2 TL Salz

Für die Sauce:
2 Schalotten
40 g Butter
2 EL Sesamsamen, ungeschält
2 EL (20 g) Weizenmehl
500 ml (1/2 l) Spargelfond
2 EL Dijon-Senf
1 Becher (150 g) Crème fraîche
Salz
frisch gemahlener Pfeffer
1 gelbe Paprikaschote

Zubereitungszeit: etwa 40 Min.

1. Vom Spargel das untere Drittel schälen und die unteren Enden abschneiden. Spargel abspülen und abtropfen lassen. Anschließend in kochendem Salzwasser zugedeckt 3–5 Minuten kochen lassen. Spargel abgießen, Spargelfond dabei auffangen und 500 ml (1/2 l) davon abmessen. Spargel warm stellen.

2. Für die Sauce Schalotten abziehen und in feine Würfel schneiden. Butter in einem Topf zerlassen und Schalottenwürfel darin glasig dünsten. Sesam hinzugeben und mit andünsten. Mehl hinzufügen und unter Rühren so lange darin erhitzen, bis es hellgelb ist. Spargelfond hinzugießen und mit einem Schneebesen durchschlagen, darauf achten, dass keine Klümpchen entstehen.

3. Die Sauce zum Kochen bringen, Senf unterrühren und die Sauce etwa 5 Minuten leicht kochen lassen. Crème fraîche unterrühren und mit Salz und Pfeffer würzen.

4. Paprika halbieren, entstielen, entkernen und die weißen Scheidewände entfernen. Die Schote waschen, trockentupfen und in kleine Würfel schneiden. Paprikawürfel in der Sauce kurz erhitzen und den Spargel mit der Sauce servieren.

Beilage: Petersilienkartoffeln.

Grüner Spargel mit gebratenem Hähnchen | Für Gäste

Pro Portion:
E: 34 g, F: 22 g, Kh: 8 g, kJ: 1545, kcal: 369

700 g grüner Spargel
400 g Hähnchenbrustfilet
40 g frische Ingwerwurzel
1 Knoblauchzehe
1 TL Speisestärke
1 TL Currypulver
2 EL Sojasauce
6 EL Olivenöl
40 g Pinienkerne
80 g Katenschinkenwürfel
250 g Cocktail- oder Cherry-Tomaten
1 Bund Petersilie

Zubereitungszeit: etwa 30 Min.

1. Vom Spargel das untere Drittel schälen und die unteren Enden abschneiden. Den Spargel in etwa 2 cm große Stücke schneiden. Spargelstücke abspülen und abtropfen lassen.

2. Hähnchenbrustfilet unter fließendem kalten Wasser abspülen und trockentupfen. Hähnchenbrust in etwa 1 cm große Würfel schneiden. Ingwer und Knoblauch schälen und in feine Würfel schneiden.

3. Die Hähnchenbrustwürfel mit Ingwer- und Knoblauchwürfeln, Speisestärke, Curry und Sojasauce mischen.

4. Olivenöl in einer großen Pfanne erhitzen und die Hähnchenbrustwürfel-Mischung von allen Seiten darin anbraten. Spargelstücke hinzugeben und weitere 2 Minuten braten.

5. Pinienkerne und Schinkenwürfel hinzugeben und kurz durchschwenken. Tomaten abspülen, trockentupfen und evtl. Stängelansätze entfernen. Tomaten hinzugeben und mit erhitzen.

6. Petersilie abspülen, trockentupfen, die Blättchen von den Stängeln zupfen und fein hacken. Die Petersilie unter die Hähnchenpfanne heben und sofort servieren.

Beilage: Basmatireis oder Eiernudeln.

Grünkohl mit Kasseler | Klassisch

Pro Portion:
E: 56 g, F: 57 g, Kh: 8 g, kJ: 3426, kcal: 816

1½ kg Grünkohl
2 Zwiebeln
40 g Schweineschmalz
375 ml (⅜ l) Wasser
Salz
frisch gemahlener Pfeffer
500 g Kasseler-Kotelettstück
20 g Haferflocken
2 Rauchenden (Mettwürstchen)

Zubereitungszeit: etwa 60 Min.

1. Von dem Grünkohl die welken und fleckigen Blätter und die Rippen entfernen, den Grünkohl gründlich waschen und in kochendes Salzwasser geben, zum Kochen bringen und 1–2 Minuten kochen lassen. Den Grünkohl in ein Sieb geben, abtropfen und etwas abkühlen lassen. Grünkohl dann grob hacken.

2. Zwiebeln abziehen und in Würfel schneiden. Schmalz in einem Topf zerlassen und Zwiebelwürfel und Grünkohl hinzufügen. Wasser hinzugießen, alles mit Salz und Pfeffer würzen, zum Kochen bringen und etwa 25 Minuten garen lassen.

3. In der Zwischenzeit Kasseler unter fließendem kalten Wasser abspülen und trockentupfen. Das Kasseler auf den Grünkohl legen und etwa 20 Minuten mitgaren.

4. Haferflocken unter den Grünkohl rühren. Rauchenden auf den Grünkohl legen und alles noch weitere 10 Minuten garen.

5. Fleisch und Wurst herausnehmen und in Scheiben schneiden. Den Grünkohl mit Salz und Pfeffer abschmecken und Fleisch und Wurst dazu servieren.

Beilage: Brat- oder Salzkartoffeln.

Gulasch | Klassisch – gefriergeeignet

Pro Portion:
E: 29 g, F: 10 g, Kh: 7 g, kJ: 979, kcal: 234

500 g	*Zwiebeln*
500 g	*schieres Rindfleisch (ohne Knochen, z. B. aus der Unterschale) oder geschnittenes Gulaschfleisch*
30 g	*Margarine oder*
3 EL	*Speiseöl, z. B. Sonnenblumenöl*
	Salz
	frisch gemahlener Pfeffer
	Paprikapulver edelsüß
2 schwach geh. EL	*Tomatenmark*
etwa 250 ml (1/4 l)	*heißes Wasser*
1–2 Spritzer	*Tabascosauce*

Zubereitungszeit: etwa 30 Min.

1. Zwiebeln abziehen, halbieren und in Scheiben schneiden. Rindfleisch unter fließendem kalten Wasser abspülen, trockentupfen und in etwa 3 cm große Würfel schneiden.

2. Die Hälfte Margarine oder Öl in einem Topf erhitzen und die Fleischwürfel von allen Seiten gut darin anbraten. Restliche Margarine oder Öl und die Zwiebelscheiben hinzufügen und mitbräunen.

3. Das Ganze mit Salz, Pfeffer und Paprikapulver würzen und Tomatenmark unterrühren. 250 ml (1/4 l) heißes Wasser hinzugießen und das Fleisch in 1 1/4–1 1/2 Stunden bei mittlerer Hitze mit Deckel gar schmoren. Sollte zuviel Flüssigkeit verdampfen, evtl. noch etwas Wasser zugeben.

4. Das Gulasch mit Salz, Pfeffer, Paprikapulver und Tabasco abschmecken.

Beilage: Nudeln oder Reis und Tomaten-Zwiebel-Salat oder Gurkensalat.

Landfrauen-Tipp: Anstelle von Salz, Pfeffer und Paprikapulver können Sie auch fertiges Gulaschgewürz verwenden. Raffinierter wird das Gulasch, wenn die Hälfte des Wassers durch Rotwein ersetzt wird. Anstelle von Rindfleisch können Sie auch mageres Schweinefleisch (Schmorzeit etwa 45 Minuten) oder halb Rind-, halb Schweinefleisch verwenden.

Gurken-Shrimps-Auflauf I

Für Gäste

Pro Portion:
E: 24 g, F: 31 g, Kh: 32 g, kJ: 2212, kcal: 527

600 g fest kochende Kartoffeln
Salzwasser
2 mittelgroße Salatgurken oder Schmorgurken (etwa 600 g)
1 Gemüsezwiebel (etwa 200 g)
200 g TK-Shrimps
1 kleines Bund Dill
30 g Butter oder Margarine
200 ml Milch
200 g Schlagsahne
4 Eier (Größe M)
Salz
frisch gemahlener Pfeffer
geriebene Muskatnuss

Zubereitungszeit: etwa 50 Min., ohne Auftauzeit

1. Kartoffeln schälen, waschen, abtropfen lassen und in Würfel schneiden. Kartoffelwürfel in kochendem Salzwasser etwa 10 Minuten blanchieren, in ein Sieb geben, mit kaltem Wasser übergießen und abtropfen lassen.

2. Gurken waschen, schälen, längs halbieren, das Kerngehäuse mit einem kleinen Löffel herausschaben. Das Fruchtfleisch in etwa 1 cm große Stücke schneiden.

3. Gemüsezwiebel abziehen und in Würfel schneiden.

4. Shrimps nach Packungsanleitung auftauen lassen, kurz abspülen und trockentupfen. Dill abspülen, trockentupfen und fein hacken.

5. Butter oder Margarine in einer großen, beschichteten Pfanne zerlassen und Gurkenstücke, Kartoffel- und Zwiebelwürfel getrennt portionsweise darin anbraten.

6. Milch, Sahne, Eier und Dill verrühren und mit Salz, Pfeffer und Muskat würzen. Gurkenstücke mit Kartoffel-, Zwiebelwürfeln und Shrimps vermengen. Mit Salz und Pfeffer würzen. Die Masse in eine große, flache Auflaufform geben und mit der Eier-Sahne-Milch übergießen.

7. Die Form auf dem Rost in den vorgeheizten Backofen schieben.

Ober-/Unterhitze: etwa 180 °C
Heißluft: etwa 160 °C
Garzeit: etwa 45 Minuten.

Beilage: Weißbrot, Crème fraîche Kräuter und Salat.

Landfrauen-Tipp: Dieser Auflauf kann zusätzlich mit geriebenem Gouda überbacken werden.

Hackbraten mit Püree und Porreegemüse | Beliebt

Pro Portion:
E: 45 g, F: 35 g, Kh: 42 g, kJ: 2781, kcal: 664

1	*Zwiebel*
500 g	*Gehacktes (halb Rind-, halb Schweinefleisch)*
150 g	*Magerquark*
1	*Ei (Größe M)*
2 EL	*Tomatenmark*
1 TL	*mittelscharfer Senf*
1 TL	*Paprikapulver edelsüß*
	Salz
	frisch gemahlener Pfeffer
2 EL	*Semmelbrösel*
300 ml	*Gemüsebrühe*
3 Stangen	*Porree (Lauch)*
1 EL	*Butter*
100 g	*Schlagsahne*
1 Pck.	*Kartoffelpüree (für 3 Portionen)*
375 ml ($^3/_8$ l)	*Wasser*
125 ml ($^1/_8$ l)	*Milch*

Zubereitungszeit: etwa 75 Min.

1. Zwiebel abziehen und fein würfeln. Gehacktes mit Zwiebelwürfeln, Quark, Ei, 1 Esslöffel von dem Tomatenmark, Senf, Paprikapulver, Salz und Pfeffer verkneten.

2. Semmelbrösel auf die Arbeitsfläche streuen, die Fleischmasse darauf geben, zu einem länglichen Stück formen und in eine gefettete Auflaufform geben. Die Form ohne Deckel auf dem Rost in den vorgeheizten Backofen schieben.

Ober-/Unterhitze: etwa 200 °C
Heißluft: etwa 180 °C
Garzeit: etwa 30 Minuten.

3. Übriges Tomatenmark und Gemüsebrühe mischen, in die Form gießen und den Braten bei der oben angegebenen Backofeneinstellung in etwa 20 Minuten fertig garen.

4. Porree putzen, gründlich abspülen und in Ringe schneiden. Butter in einem Topf erhitzen, Porree darin andünsten und mit Salz und Pfeffer würzen. Sahne dazugießen und alles etwa 5 Minuten garen. Das Püree nach Packungsanleitung mit Wasser und Milch zubereiten.

5. Hackbraten aus der Form nehmen, in Scheiben schneiden und warm stellen. Die Sauce durch ein Sieb passieren, abschmecken und zum Fleisch reichen. Den Hackbraten mit Püree und Porreegemüse anrichten.

Landfrauen-Tipp: Für einen Hackbraten mit Schafkäse die wie in Punkt 1 vorbereitete Fleischmasse zu einem Rechteck auf den Semmelbröseln flachdrücken. 100 g Schafkäse würfeln, längs auf der Mitte verteilen, die Fleischmasse darüber schlagen, zusammendrücken und zu einem länglichen Stück formen. Das Fleischstück mit der Nahtstelle nach unten in die gefettete Form geben und wie im Rezept angegeben weiter zubereiten.

Hackfleischsuppe, süß-saure I

Einfach

Pro Portion:
E: 28 g, F: 39 g, Kh: 37 g, kJ: 2711, kcal: 645

1	*dicke Zwiebel*
2	*Knoblauchzehen*
500 g	*Gehacktes (halb Rind-, halb Schweinefleisch)*
2–3 EL	*Speiseöl*
	Salz
	frisch gemahlener Pfeffer
80 g	*Langkornreis*
1 l	*Gemüsebrühe*
175 g	*Zucchini*
100 g	*Cocktailtomaten*
175 ml	*süß-saure Asia-Sauce*
100 g	*TK-Erbsen*
	Cayennepfeffer

Zubereitungszeit: etwa 35 Min.

1. Zwiebel und Knoblauch abziehen. Zwiebel in grobe Würfel schneiden und Knoblauch fein hacken.

2. Gehacktes in etwa 1 Esslöffel Öl anbraten, dabei die Fleischklümpchen zerdrücken und mit Salz und Pfeffer würzen.

3. Das restliche Öl in einem Topf erhitzen und Zwiebel, Knoblauch und Reis darin andünsten. Brühe dazugeben, alles zum Kochen bringen und den Reis im geschlossenen Topf bei schwacher Hitze etwa 8 Minuten kochen.

4. In der Zwischenzeit Zucchini waschen, abtrocknen und die Enden abschneiden, Zucchini der Länge nach halbieren und in Scheiben schneiden. Cocktailtomaten waschen und halbieren.

5. Angebratenes Gehacktes, Asia-Sauce und Zucchinischeiben zu dem Reis geben, alles wieder zum Kochen bringen und etwa 5 Minuten weitergaren.

6. Cocktailtomaten und unaufgetaute Erbsen in die Suppe geben und alles etwa 5 Minuten köcheln lassen. Die Suppe mit Cayennepfeffer abschmecken.

Landfrauen-Tipp: Für eine scharfe Hacksuppe Zwiebel und Knoblauchzehe wie oben vorbereiten. Je 1 roteund gelbe Paprikaschote halbieren, entstielen, entkernen und die weißen Scheidewände entfernen, Schoten waschen und in kleine Würfel schneiden. 1 Chilischote halbieren, entstielen, entkernen, waschen und in sehr feine Streifen schneiden. 1–2 Esslöffel Speiseöl erhitzen, 500 g Gehacktes darin anbraten, dabei die Fleischklümpchen zerdrücken. Zwiebel, Knoblauch und 80 g Reis zugeben, andünsten und mit Salz und Pfeffer würzen. 1 l Gemüsebrühe zugeben und 10 Minuten kochen lassen. Dann Paprika, Chili, 100 g TK-Erbsen, 175 ml Texikana Salsa und 1 gehäuften Teelöffel Paprika edelsüß zugeben, weitere 8–10 Minuten garen. Mit Salz, Pfeffer und Cayennepfeffer abschmecken.

Beilage: Baguette.

Hackfleisch-Tomaten-Auflauf |

Für Kinder

Pro Portion:
E: 32 g, F: 49 g, Kh: 52 g, kJ: 3281, kcal: 783

1 Zwiebel
1 Knoblauchzehe
4 EL Speiseöl
500 g Rindergehacktes
Salz
frisch gemahlener Pfeffer
1 Bund Oregano oder
2 TL gerebelter Oregano

200 g Langkornreis
1 l Salzwasser
1 Bund Petersilie
1 kg Fleischtomaten

2 Scheiben Toastbrot
Wasser
1 Bund glatte Petersilie
40 g weiche Butter
100 g Schlagsahne
2 EL Olivenöl

Zubereitungszeit: etwa 50 Min.

1. Zwiebel und Knoblauch abziehen und würfeln. Speiseöl in einer Pfanne erhitzen und Zwiebel- und Knoblauchwürfel darin glasig dünsten. Gehacktes hinzugeben und unter Rühren anbraten, dabei die Fleischklümpchen mit einer Gabel zerdrücken. Mit Salz und Pfeffer würzen. Oregano abspülen, trockentupfen und die Blättchen von den Stängeln zupfen, fein hacken und unterrühren.

2. Reis in kochendem Salzwasser nach Packungsanleitung ausquellen lassen, anschließend in einem Sieb abtropfen lassen. Petersilie abspülen, trockentupfen, die Blättchen von den Stängeln zupfen (einige Blättchen beiseite legen) und restliche Blättchen fein hacken. Reis mit gehackter Petersilie vermischen. Tomaten waschen, abtrocknen und Stängelansätze herausschneiden. Tomaten in Scheiben schneiden.

3. Abwechselnd die Gehacktesmasse, Reis und Tomatenscheiben in eine große flache Auflaufform schichten. Tomatenscheiben mit Salz und Pfeffer bestreuen. Die oberste Schicht sollte aus Tomatenscheiben bestehen.

4. Toastbrot entrinden und in kaltem Wasser einweichen. Petersilie abspülen und trockentupfen. Die Blättchen von den Stängeln zupfen. Toastbrot mit Petersilienblättchen, Butter und Sahne pürieren und mit Salz und Pfeffer würzen. Die Masse auf den Tomatenscheiben verteilen. Olivenöl darauf träufeln. Die Form auf dem Rost in den vorgeheizten Backofen schieben.

Ober-/Unterhitze: etwa 180 °C
Heißluft: etwa 160 °C
Backzeit: etwa 35 Minuten.

5. Den Auflauf mit Petersilienblättchen garnieren und sofort servieren.

Hähnchenbrust, süß-scharf | Einfach

Pro Portion:
E: 45 g, F: 15 g, Kh: 26 g, kJ: 1818, kcal: 435

4	*Hähnchenbrustfilets (je 150 g)*
	Salz
	frisch gemahlener Pfeffer
	etwas Currypulver
1 EL	*Weizenmehl*
4 EL	*Speiseöl*
1 Dose	*Ananasringe (Abtropfgewicht 250 g)*
1 Flasche (250 ml)	*Currysauce*
1 Flasche (250 ml)	*Chilisauce*
200 g	*Schlagsahne*
80 g	*geriebener Gouda*

Zubereitungszeit: etwa 20 Min.

1. Hähnchenbrustfilets unter fließendem kalten Wasser abspülen, trockentupfen, mit Salz, Pfeffer und Currypulver bestreuen und mit Mehl bestäuben.

2. Öl in einer Pfanne erhitzen und die Hähnchenbrustfilets darin von beiden Seiten anbraten. Die Filets nebeneinander in eine gefettete, flache Auflaufform legen.

3. Ananasringe in einem Sieb abtropfen lassen, dabei den Saft auffangen. Die Ananasringe in Stücke schneiden und in das Bratfett geben. Den aufgefangenen Ananassaft, Currysauce, Chilisauce und Sahne hinzufügen und unter Rühren zum Kochen bringen. Die Sauce evtl. mit den Gewürzen abschmecken.

4. Die Sauce über die Hähnchenbrustfilets geben und mit Käse bestreuen. Die Form auf dem Rost in den vorgeheizten Backofen schieben.

Ober-/Unterhitze: etwa 200 °C
Heißluft: etwa 180 °C
Garzeit: etwa 30 Minuten.

Hähnchenbrustfilet in Tomatensauce | Für Kinder

Pro Portion:
E: 35 g, F: 22 g, Kh: 8 g, kJ: 1576, kcal: 377

4 Hähnchenbrustfilets (je etwa 140 g)
Salz
frisch gemahlener Pfeffer
2 EL Pflanzenöl

400 g Tomaten
150 g Zwiebeln
½–1 Pck. TK-Kräuter der Provence
125 ml (⅛ l) Gemüsebrühe oder -fond
200 g Schlagsahne
20 g Saucenbinder

Zubereitungszeit: etwa 35 Min.

1. Hähnchenbrustfilets unter fließendem kalten Wasser abspülen, trockentupfen und mit Salz und Pfeffer würzen. Pflanzenöl in einer großen Pfanne erhitzen und die Hähnchenbrustfilets von beiden Seiten darin anbraten.

2. Hähnchenbrustfilets nebeneinander in eine Auflaufform legen.

3. Tomaten waschen, abtropfen lassen, kreuzweise einschneiden und kurz in kochendes Wasser legen, in kaltem Wasser abschrecken und enthäuten, Stängelansätze und Kerne entfernen und Fruchtfleisch in Würfel schneiden. Zwiebeln abziehen und ebenfalls in Würfel schneiden.

4. Zwiebel- und Tomatenwürfel im verbleibenden Bratenfett andünsten, Kräuter und Brühe oder Fond hinzugeben und etwas einkochen lassen. Sahne hinzugießen. Mit Saucenbinder nach Packungsanleitung leicht binden und mit Salz und Pfeffer würzen. Die Sauce unter gelegentlichem Rühren noch etwa 5 Minuten kochen lassen.

5. Die Hähnchenbrustfilets mit der Sauce übergießen. Die Form auf dem Rost in den vorgeheizten Backofen schieben.

Ober-/Unterhitze: etwa 200 °C
Heißluft: etwa 180 °C
Garzeit: etwa 30 Minuten.

Beilage: Nudeln in jeglicher Form und Farbe, Gnocchi in Butter geschwenkt und mit geriebenem Parmesan bestreut. Frische Blattsalate.

Hähnchen-Geschnetzeltes |

Kalorienarm

Pro Portion:
E: 29 g, F: 8 g, Kh: 10 g, kJ: 960, kcal: 229

3 Hähnchenbrustfilets (etwa 400 g)
300 g Champignons
400 g Möhren
1 Stange Porree (Lauch, etwa 300 g)
1 EL Butterschmalz
Salz
frisch gemahlener Pfeffer
Paprikapulver edelsüß
75 ml Gemüsebrühe (Instant)
1 EL Zitronensaft
1–2 EL heller Saucenbinder
150 g saure Sahne (10 % Fett)

1 Bund Kerbel

Zubereitungszeit: etwa 35 Min.

1. Hähnchenbrustfilets unter fließendem kalten Wasser abspülen, trockentupfen und in breite Streifen oder kleine Würfel schneiden. Champignons putzen, mit Küchenpapier abreiben, evtl. abspülen, abtropfen lassen und vierteln. Möhren putzen, schälen, waschen, abtropfen lassen und in kleine Würfel schneiden. Porree putzen, die Stange längs halbieren, gründlich waschen, abtropfen lassen und in Streifen schneiden.

2. Butterschmalz in einem Topf erhitzen und Fleischstücke unter Wenden darin anbraten, mit Salz, Pfeffer und Paprika bestreuen. Das Fleisch herausnehmen und warm stellen.

3. Porree und Champignons in den Topf geben und unter Rühren andünsten, Möhrenwürfel hinzugeben und mit andünsten. Mit Salz, Pfeffer und Paprika würzen. Brühe und Zitronensaft hinzugießen und das Gemüse zugedeckt bei schwacher Hitze etwa 5 Minuten garen.

4. Gemüsefond mit Saucenbinder andicken. Filetwürfel hinzugeben und das Geschnetzelte bei schwacher Hitze nochmals erhitzen. Sahne unterrühren. Nochmals mit Salz, Pfeffer und Paprika abschmecken.

5. Kerbel abspülen, trockentupfen, die Blättchen von den Stängeln zupfen und fein hacken. Das Geschnetzelte mit Kerbel bestreut servieren.

Beilage: Reis oder Bandnudeln.

Heidelbeertarte | Fruchtig – einfach

Insgesamt:
E: 53 g, F: 133 g, Kh: 342 g, kJ: 11647, kcal: 2781

Zum Vorbereiten:
1 Pck.
(300 g) TK-Heidelbeeren oder
2 Gläser Heidelbeeren
(Abtropfgewicht je 125 g)

Für den All-in-Teig:
250 g Weizenmehl
2 TL Dr. Oetker Backin
120 g Kandisfarin (brauner Zucker)
1 Pck. Dr. Oetker Bourbon-Vanille-Zucker
1 Prise Salz
125 g weiche Butter oder Margarine
3 Eier (Größe M)
4 EL Milch

Zum Bestäuben:
Puderzucker

Zubereitungszeit: etwa 25 Min.

1. Zum Vorbereiten Heidelbeeren aus dem Glas in einem Sieb gut abtropfen lassen.

2. Für den Teig Mehl mit Backpulver mischen und in eine Rührschüssel sieben. Zucker, Vanille-Zucker, Salz, Butter oder Margarine, Eier und Milch hinzufügen und die Zutaten mit Handrührgerät mit Rührbesen zunächst kurz auf niedrigster, dann auf höchster Stufe in etwa 1 Minute zu einem glatten Teig verarbeiten.

3. Den Teig in eine Springform (Ø 26 cm, gefettet, bemehlt) geben und glatt streichen. Die gefrorenen Heidelbeeren oder die gut abgetropften Heidelbeeren darauf verteilen. Die Form auf dem Rost in den vorgeheizten Backofen schieben.

Ober-/Unterhitze: etwa 180 °C
Heißluft: etwa 160 °C
Backzeit: etwa 35 Minuten.

4. Die Form auf einen Kuchenrost stellen und die Tarte erkalten lassen.

5. Die erkaltete Tarte aus der Form lösen und auf eine Tortenplatte legen.

Heidesandkuchen | Gut vorzubereiten

Insgesamt:
E: 63 g, F: 273 g, Kh: 540 g, kJ: 20388, kcal: 4867

Zum Vorbereiten:
250 g Butter

250 g Wildpreiselbeeren (aus dem Glas)
2 EL blütenzarte Haferflocken
1 TL Dr. Oetker Finesse Geriebene Zitronenschale

Für den All-in-Teig:
250 g Weizenmehl
50 g Speisestärke
3 TL Dr. Oetker Backin
½ TL gemahlener Zimt
150 g Zucker
1 Pck. Dr. Oetker Vanillin-Zucker
1 Prise Salz
4 Eier (Größe M)

Für den Guss:
75 g helle Kuchenglasur, Zitronen-Geschmack

Zum Bestäuben:
1 TL gemahlener Zimt

Zubereitungszeit: etwa 50 Min., ohne Abkühlzeit

1. Zum Vorbereiten Butter in einem Topf bei mittlerer Hitze zerlassen und hellbraun werden lassen. Die Butter so lange abkühlen lassen, bis eine cremige Konsistenz entstanden ist. Preiselbeeren mit Haferflocken und Zitronenschale verrühren.

2. Für den Teig Mehl mit Speisestärke, Backpulver und Zimt mischen und in eine Rührschüssel sieben. Zucker, Vanillin-Zucker, Salz, Eier und die gebräunte Butter hinzufügen und die Zutaten mit Handrührgerät mit Rührbesen zunächst kurz auf niedrigster, dann auf höchster Stufe in etwa 2 Minuten zu einem glatten Teig verarbeiten.

3. Den Teig dritteln. Ein Drittel des Teiges in eine Gugelhupfform (Ø 22 cm, gefettet) geben und glatt streichen. Die Hälfte der Preiselbeermasse in die Mitte des Teiges geben. Zweites Teigdrittel darauf geben und glatt streichen. Restliche Preiselbeermasse wieder in die Mitte des Teiges geben. Restlichen Teig darauf verteilen. Die Form auf dem Rost in den vorgeheizten Backofen schieben.

Ober-/Unterhitze: etwa 180 °C
(untere Einschubleiste)
Heißluft: etwa 160 °C
Backzeit: 50–60 Minuten.

4. Den Kuchen 10 Minuten in der Form stehen lassen, dann auf einen mit Backpapier belegten Kuchenrost stürzen und erkalten lassen.

5. Für den Guss Kuchenglasur nach Packungsanleitung auflösen und den Kuchen damit beträufeln. Sobald der Guss anfängt trocken zu werden, ihn mit Zimt bestäuben. Guss trocknen lassen.

Herbstkuchen, sehr fein | Für Gäste

Insgesamt:
E: 50 g, F: 148 g, Kh: 400 g, kJ: 13617, kcal: 3253

Für den Rührteig:
125 g weiche Butter oder Margarine
125 g Zucker
1 Pck. Dr. Oetker Vanillin-Zucker
1 Prise Salz
1 Pck. Dr. Oetker Finesse Geriebene Zitronenschale
3 Eier (Größe M)
200 g Weizenmehl
2 TL Dr. Oetker Backin
1–2 EL Milch

Für den Belag:
250 g blaue Pflaumen
2 kleine Äpfel (z. B. Boskop, je etwa 125 g)
2 kleine Birnen (je etwa 125 g)
25 g zerlassene Butter

Zum Bestreichen und Bestreuen:
2 geh. EL Apfelgelee
2 EL Hagelzucker

Zubereitungszeit: etwa 35 Min.

1. Für den Teig Butter oder Margarine mit Handrührgerät mit Rührbesen auf höchster Stufe geschmeidig rühren. Nach und nach Zucker, Vanillin-Zucker, Salz und Zitronenschale unterrühren. So lange rühren, bis eine gebundene Masse entstanden ist. Eier nach und nach unterrühren (jedes Ei etwa 1/2 Minute).

2. Mehl mit Backpulver mischen, sieben und abwechselnd portionsweise mit Milch unterrühren (nur so viel Milch verwenden, dass der Teig schwer reißend von einem Löffel fällt). Den Teig in eine Springform (Ø 26 cm, Boden gefettet) füllen und glatt streichen.

3. Für den Belag Pflaumen gründlich waschen, abtrocknen, halbieren und entsteinen. Äpfel und Birnen schälen, vierteln und entkernen. Die Wölbungen mit einem Messer mehrmals längs einschneiden (nicht durchschneiden).

4. Das Obst kranzförmig auf dem Kuchen verteilen und mit Butter bestreichen. Die Form auf dem Rost in den vorgeheizten Backofen schieben.

Ober-/Unterhitze: etwa 180 °C
Heißluft: etwa 160 °C
Backzeit: etwa 45 Minuten.

5. Den Kuchen aus der Form lösen und auf einen Kuchenrost geben. Apfelgelee in einem kleinen Topf unter Rühren erwärmen und den heißen Kuchen damit bestreichen. Den Kuchen auf dem Kuchenrost erkalten lassen.

6. Den Kuchen vor dem Servieren mit Hagelzucker bestreuen.

Abwandlung: Nach Belieben die Birnen durch Aprikosen ersetzen.

Landfrauen-Tipp: Besonderen Pfiff bekommt der Kuchen, wenn Sie zum Bestreichen Apfelgelee mit Calvados verwenden. Sie können den Kuchen bereits 1 Tag vor dem Verzehr zubereiten.

Herings-Creme-Topf | Klassisch

Pro Portion:
E: 29 g, F: 34 g, Kh: 16 g, kJ: 2044, kcal: 490

6 Matjesfilets
1 Zwiebel
2 Gewürzgurken
2 säuerliche Äpfel
1 Becher (150 g) Crème fraîche
300 g Speisequark
Salz
frisch gemahlener Pfeffer
1 Bund Dill

Zubereitungszeit: etwa 15 Min., ohne Durchziehzeit

1. Matjesfilets evtl. wässern, trockentupfen und in mundgerechte Stücke schneiden.

2. Zwiebel abziehen, in Scheiben schneiden und in Ringe teilen. Gurken abtropfen lassen und in Scheiben schneiden. Äpfel schälen, vierteln, entkernen und in kleine Scheiben schneiden.

3. Crème fraîche mit Quark verrühren und Matjesstücke, Zwiebelringe, Gurken- und Apfelscheiben unterheben.

4. Den Herings-Creme-Topf mit Salz und Pfeffer würzen und etwa 1 Stunde durchziehen lassen. Vor dem Servieren nochmals abschmecken. Dill abspülen, trockentupfen, die Spitzen von den Stängeln zupfen, fein hacken und unterrühren.

Beilage: Pellkartoffeln oder Vollkornbrot und Butter.

Himbeer-Biskuitrolle | Schnell

Insgesamt:
E: 90 g, F: 106 g, Kh: 228 g, kJ: 9492, kcal: 2265

Für den Biskuitteig:
3 Eier (Größe M)
1 Eigelb (Größe M)
60 g Zucker
1 Pck. Dr. Oetker Vanillin-Zucker
60 g Weizenmehl
1 Msp. Dr. Oetker Backin

Für die Füllung:
1 Beutel
aus 1 Pck. Götterspeise Himbeer-Geschmack
80 g Zucker
350 ml Wasser
250 g Magerquark
250 g Schlagsahne
200 g frische oder TK-Himbeeren

Zum Garnieren und Bestäuben:
100 g frische oder TK-Himbeeren
Puderzucker

Zubereitungszeit: etwa 35 Min., ohne Kühlzeit

1. Für den Teig Eier und Eigelb mit Handrührgerät mit Rührbesen auf höchster Stufe in 1 Minute schaumig schlagen. Zucker und Vanillin-Zucker mischen, in 1 Minute einstreuen und noch etwa 2 Minuten schlagen. Mehl mit Backpulver mischen, auf die Eiercreme sieben und kurz auf niedrigster Stufe unterrühren.

2. Den Teig auf ein Backblech (30 x 40 cm, gefettet, mit Backpapier belegt) geben und glatt streichen. Das Backpapier unmittelbar vor dem Teig zur Falte knicken, so dass ein Rand entsteht. Das Backblech in den vorgeheizten Backofen schieben.

Ober-/Unterhitze: etwa 200 °C
Heißluft: etwa 180 °C
Backzeit: etwa 10 Minuten.

3. Die Biskuitplatte sofort auf ein mit Zucker bestreutes Backpapier stürzen und mit dem Backpapier erkalten lassen.

4. Für die Füllung Götterspeise mit Zucker und Wasser nach Packungsanleitung, aber nur mit 350 ml Wasser zubereiten, in eine Rührschüssel geben und etwas abkühlen lassen. Quark mit einem Schneebesen unter die Götterspeise rühren. Masse kalt stellen, ab und zu umrühren. Wenn die Masse anfängt zu gelieren, Sahne steif schlagen und unterheben.

5. Mitgebackenes Backpapier vorsichtig abziehen. Zwei Drittel der Masse auf die Biskuitplatte streichen, Himbeeren verlesen (nicht waschen) und darauf verteilen (dabei etwa 1 cm am Rand frei lassen, gefrorene Himbeeren unaufgetaut verwenden). Creme etwas fester werden lassen und die Biskuitplatte von der langen Seite aus aufrollen. Die Rolle mit der restlichen Creme bestreichen und etwa 2 Stunden kalt stellen.

6. Vor dem Servieren die Rolle nach Belieben mit Himbeeren garnieren und mit Puderzucker bestäuben.

Landfrauen-Tipp: Der Quark in der Füllung kann durch Mascarpone oder Frischkäse ersetzt werden. Die Rolle kann am Vortag zubereitet werden.

Hühnerfrikassee | Gut vorzubereiten

Pro Portion:
E: 31 g, F: 38 g, Kh: 13 g, kJ: 2332, kcal: 557

1 küchenfertige Poularde (etwa 1 kg)
1 ½ l kochendes Salzwasser
1 Bund Suppengrün
1 mittelgroße Zwiebel
1 Lorbeerblatt
1 Gewürznelke

Für die Sauce:
25 g Butter
30 g Weizenmehl
1 Glas Spargelstücke (Abtropfgewicht 175 g)
1 Glas Champignons (Abtropfgewicht 175 g)
4 EL Weißwein
1 EL Zitronensaft
1 TL Zucker
2 Eigelb (Größe M)
4 EL Schlagsahne
Salz
Pfeffer
etwas Worcestersauce
etwas Zitronensaft

Zubereitungszeit: etwa 30 Min.

1. Poularde innen und außen unter fließendem kalten Wasser abspülen, in das Salzwasser geben und wieder zum Kochen bringen.

2. In der Zwischenzeit Suppengrün putzen, waschen und klein schneiden. Zwiebel abziehen, mit Lorbeerblatt und Gewürznelke spicken und die Zutaten zu der Poularde geben.

3. Poularde etwa 1 ½ Stunden zugedeckt köcheln lassen, bis sie gar ist. Poularde aus der Brühe nehmen. Brühe durch ein Sieb gießen, auffangen und 500 ml (½ l) davon abmessen. Fleisch von den Knochen lösen, Haut entfernen und das Fleisch in große Würfel schneiden.

4. Für die Sauce Butter in einem Topf zerlassen und Mehl unter Rühren so lange darin erhitzen, bis es hellgelb ist. Brühe nach und nach hinzugießen und mit einem Schneebesen durchschlagen, dabei darauf achten, dass keine Klümpchen entstehen.

5. Sauce zum Kochen bringen und etwa 5 Minuten kochen lassen. Spargelstücke und Champignons auf einem Sieb abtropfen lassen, mit dem Fleisch in die Sauce geben und kurz aufkochen lassen. Weißwein, Zitronensaft und Zucker hinzufügen.

6. Topf von der Kochstelle nehmen. Eigelb mit Sahne verschlagen, das Frikassee damit abziehen (legieren, Sauce sämig machen), aber nicht mehr kochen lassen. Hühnerfrikassee mit Salz, Pfeffer, Worcestersauce und Zitronensaft abschmecken.

Beilage: Reis und Salat.

Italienische Schnitzel | Schnell

Pro Portion:
E: 39 g, F: 30 g, Kh: 8 g, kJ: 2074, kcal: 494

4 Schweineschnitzel (je 140 g)
Salz
frisch gemahlener Pfeffer
3 EL Olivenöl
1 große Zucchini
2 mittelgroße Zwiebeln
2 Knoblauchzehen
etwa 10 große Oliven ohne Stein
1 Dose geschälte Tomaten (800 g)
2 EL Tomatenmark
1 geh. TL getrockneter Oregano
1 TL getrocknete Rosmarinnadeln
100 g Parmesan
1 Topf Basilikum

Zubereitungszeit: etwa 35 Min.

1. Schnitzel unter fließendem kalten Wasser abspülen, trockentupfen, salzen und pfeffern. Öl in einer Pfanne erhitzen und die Schnitzel von beiden Seiten darin anbraten (nicht durchgaren). Die Schnitzel dann nebeneinander in eine gefettete Auflaufform legen.

2. Zucchini waschen, abtrocknen und die Enden abschneiden, Zucchini längs halbieren und in Scheiben schneiden. Zwiebeln und Knoblauch abziehen und würfeln. Oliven grob zerkleinern.

3. Die Zucchinischeiben in dem verbliebenen Bratfett andünsten (evtl. noch etwas Öl zugeben). Zwiebeln und Knoblauch hinzugeben und mitdünsten. Tomaten mit der Flüssigkeit, Tomatenmark und Olivenstücke hinzufügen, erhitzen und alles mit Salz, Pfeffer, Oregano und Rosmarin würzen. Die Mischung über die Schnitzel geben.

4. Parmesan grob raspeln und darüber streuen. Die Form auf dem Rost in den vorgeheizten Backofen schieben.

Ober-/Unterhitze: etwa 200 °C
Heißluft: etwa 180 °C
Garzeit: etwa 20 Minuten.

5. Basilikum kalt abspülen, trockentupfen und die Blättchen von den Stängeln zupfen, in Streifen schneiden und vor dem Servieren über die Schnitzel streuen.

Beilage: Grüne und weiße Bandnudeln.

Landfrauen-Tipp: Anstelle von Schweineschnitzeln können Sie auch Putenschnitzel verwenden.

Italienischer Spaghettisalat I

Raffiniert

4–6 Portionen

Pro Portion:
E: 27 g, F: 29 g, Kh: 41 g, kJ: 2237, kcal: 534

3 l Wasser
250 g Spaghetti
Salz

250 g Gemüsezwiebeln
200 g Zucchini
200 g Fleischtomaten
200 g Bratenaufschnitt, z. B. Kalbsbraten
3 EL Balsamico-Essig
frisch gemahlener Pfeffer
Zucker
getrockneter, gerebelter Oregano
4 EL Olivenöl
12 schwarze Oliven ohne Stein
2 TL Kapern (aus dem Glas)

Für die Thunfischsauce:
1 Dose Thunfisch in Öl (Abtropfgewicht 185 g)
150 g Naturjoghurt
1 EL Salatmayonnaise
1 Topf oder kleines Bund Basilikum

Zubereitungszeit: etwa 50 Min., ohne Durchziehzeit

1. Wasser in einem großen geschlossenen Topf zum Kochen bringen. Spaghetti zweimal durchbrechen. 3 Teelöffel Salz und Spaghetti in das kochende Wasser geben und die Spaghetti ohne Deckel bei mittlerer Hitze nach Packungsanleitung bissfest kochen, dabei zwischendurch 4–5-mal umrühren. Anschließend Spaghetti in ein Sieb geben, mit kaltem Wasser abspülen und abtropfen lassen.

2. Gemüsezwiebeln abziehen, halbieren und in dünne Scheiben schneiden. Zucchini waschen, abtrocknen, die Enden abschneiden und Zucchini in dünne Scheiben schneiden. Zwiebel- und Zucchinischeiben in wenig kochendes Salzwasser geben und einmal aufkochen lassen, in ein Sieb geben, mit kaltem Wasser übergießen und abtropfen lassen.

3. Tomaten waschen, abtropfen lassen und kreuzweise einschneiden, kurz in kochendes Wasser legen und in kaltem Wasser abschrecken. Tomaten enthäuten, die Stängelansätze herausschneiden, Tomaten vierteln, entkernen und in Spalten schneiden. Bratenaufschnitt in Streifen schneiden.

4. Essig mit Salz, Pfeffer, Zucker und Oregano verrühren. Öl unterschlagen. Die Sauce mit den vorbereiteten Zutaten, abgetropften Oliven und abgetropften Kapern in einer Schüssel vermengen und den Salat etwa 20 Minuten durchziehen lassen.

5. Für die Thunfischsauce Thunfisch mit dem Öl aus der Dose, Joghurt und Mayonnaise pürieren. Die Sauce mit Salz und Pfeffer abschmecken.

6. Basilikum abspülen, trockentupfen, die Blättchen von den Stängeln zupfen und den Salat damit garnieren. Die Thunfischsauce zu dem Salat reichen.

Abwandlung: Anstelle von Bratenaufschnitt können Sie auch 150 g gegrilltes, in Scheiben geschnittenes Hähnchenbrustfilet verwenden.

Landfrauen-Tipp: Den italienischen Spaghettisalat als kaltes Hauptgericht mit Ciabatta (italienisches Weißbrot) oder als Partysalat servieren.

Jägerbällchen | Raffiniert

Pro Portion:
E: 37 g, F: 55 g, Kh: 21 g, kJ: 3266, kcal: 779

Für die Hackfleischbällchen:
2 Scheiben Toastbrot (etwa 40 g)
100 ml Milch
150 g Zwiebeln
5 EL Pflanzenöl
500 g Gehacktes (halb Rind-/halb Schweinefleisch)
1 Ei (Größe M)
Salz
frisch gemahlener Pfeffer
40 g Semmelbrösel

200 g kleine Champignons
200 g Austernpilze
1 Pck. (450 g) Tomatensauce (Fertigprodukt)
Knoblauchpulver
½ Pck. TK-Kräuter der Provence
75 g geriebener Parmesan

Zubereitungszeit: etwa 50 Min.

1. Für die Hackfleischbällchen Toastbrot grob zerkleinern, in eine flache Schale geben, mit Milch übergießen und einweichen lassen.

2. Zwiebeln abziehen und in Würfel schneiden. 1 Esslöffel Öl in einer Pfanne erhitzen und die Zwiebelwürfel darin glasig dünsten, etwas abkühlen lassen.

3. Gehacktes in eine Schüssel geben. Die eingeweichten, ausgedrückten Toastbrotstücke, Ei und Zwiebelwürfel hinzugeben und miteinander vermengen. Mit Salz und Pfeffer würzen.

4. Aus der Hackfleischmasse 8 kleine, flache Bällchen formen und in Semmelbröseln wälzen. 3 Esslöffel Öl in einer großen Pfanne erhitzen und die Hackfleischbällchen portionsweise von allen Seiten darin anbraten.

5. Champignons und Austernpilze putzen, mit Küchenpapier abreiben, evtl. abspülen, abtropfen lassen und grob zerkleinern.

6. Restliches Öl erhitzen und Champignons und Austernpilze darin etwa 10 Minuten andünsten. Tomatensauce hinzugießen und mit Salz, Pfeffer und Knoblauchpulver würzen. Die Pilz-Tomatenmasse in eine Auflaufform geben und Hackfleischbällchen darauf legen. Die Form auf dem Rost in den vorgeheizten Backofen schieben.

Ober-/Unterhitze: etwa 200 °C
Heißluft: etwa 180 °C
Garzeit: etwa 30 Minuten.

7. Kräuter der Provence zu den Pilzen geben und vor dem Servieren mit Parmesan bestreuen.

Beilage: Ofenwarmes Baguette oder Nudeln und grüner Salat.

Joghurt-Aprikosen-Kuchen | Einfach

Insgesamt:
E: 70 g, F: 192 g, Kh: 687 g, kJ: 20578 , kcal: 4914

Für den Schüttelteig:
150 g Naturjoghurt
300 g Weizenmehl
2 TL Dr. Oetker Backin, 300 g Zucker
1 Pck. Dr. Oetker Finesse Geriebene Zitronenschale
3 Eier (Größe M)
150 ml Speiseöl

Für den Belag:
1 Dose Aprikosenhälften (Abtropfgewicht 480 g)

Zum Bestreichen:
100 g Orangenmarmelade oder Aprikosenkonfitüre

Zum Bestreuen:
25 g gehackte Pistazienkerne

Zubereitungszeit: etwa 30 Min.

1. Für den Teig Joghurt in eine verschließbare Schüssel (3-Liter-Inhalt) geben. Mehl mit Backpulver mischen, sieben, mit Zucker und Zitronenschale mischen und in die Schüssel geben. Eier und Öl hinzufügen und die Schüssel mit dem Deckel fest verschließen.

2. Mehrmals (insgesamt 15–30 Sekunden) kräftig schütteln, so dass alle Zutaten gut vermischt sind. Alles mit einem Schneebesen oder Rührlöffel nochmals sorgfältig durchrühren, damit trockene Zutaten vom Rand mit untergerührt werden. Den Teig auf ein Backblech (30 x 40 cm, gefettet) streichen.

3. Für den Belag Aprikosen in einem Sieb gut abtropfen lassen und auf dem Teig verteilen. Das Backblech in den vorgeheizten Backofen schieben.

Ober-/Unterhitze: etwa 200 °C
Heißluft: etwa 180 °C
Backzeit: etwa 30 Minuten.

4. Das Backblech auf einen Kuchenrost stellen.

5. Zum Bestreichen Marmelade oder Konfitüre durch ein Sieb streichen und unter Rühren erwärmen. Den heißen Kuchen damit bestreichen.

6. Die Pistazienkerne auf die Kuchenoberfläche streuen und den Kuchen erkalten lassen.

Beilage: Schlagsahne.

Landfrauen-Tipp: Anstatt Naturjoghurt kann auch saure Sahne oder Crème fraîche verwendet werden.

Johannisbeer-Käsekuchen | Fruchtig

Insgesamt:
E: 178 g, F: 192 g, Kh: 540 g, kJ: 19501, kcal: 4653

Zum Vorbereiten:
etwa 500 g frische Johannisbeeren

Für den Streuselteig:
250 g Weizenmehl
1 TL Dr. Oetker Backin
75 g Zucker
1 Pck. Dr. Oetker Vanillin-Zucker
150 g weiche Butter oder Margarine

Für die Füllung:
4 Eiweiß (Größe M)
4 Eigelb (Größe M)
750 g Magerquark
1 Pck. Dr. Oetker Finesse Geriebene Zitronenschale
150 g Zucker
250 ml (1/4 l) Milch
1 Pck. Käsekuchen-Hilfe

Zum Bestreuen:
50 g abgezogene, gehobelte Mandeln

Zubereitungszeit: etwa 65 Min., ohne Abkühlzeit

1. Zum Vorbereiten Johannisbeeren waschen, abtropfen lassen und entstielen.

2. Für den Teig Mehl mit Backpulver mischen und in eine Rührschüssel sieben. Restliche Zutaten hinzufügen und mit Handrührgerät mit Rührbesen auf höchster Stufe zu feinen Streuseln verarbeiten. Den Teig in einer Fettfangschale (30 x 40 cm, gefettet) verteilen und leicht andrücken. Die Fettfangschale in den vorgeheizten Backofen schieben, den Boden vorbacken.

Ober-/Unterhitze: etwa 180 °C
Heißluft: etwa 160 °C
Backzeit: etwa 15 Minuten.

3. Die Fettfangschale auf einen Kuchenrost stellen und den Boden etwas abkühlen lassen.

4. Für die Füllung Eiweiß sehr steif schlagen. Eigelb mit Quark, Zitronenschale, Zucker und Milch geschmeidig rühren. Käsekuchen-Hilfe unterrühren. Eischnee unterheben.

5. Die Quarkmasse auf den vorgebackenen Boden geben und glatt streichen. Johannisbeeren darauf verteilen und mit Mandeln bestreuen. Die Fettfangschale in den vorgeheizten Backofen schieben und den Kuchen fertig backen.

Ober-/Unterhitze: etwa 160 °C (unteres Drittel)
Heißluft: etwa 140 °C
Backzeit: etwa 45 Minuten.

6. Die Fettfangschale auf einen Kuchenrost stellen und den Kuchen erkalten lassen.

Kabeljau mit Senfsauce | Schnell

Pro Portion:
E: 27 g, F: 7 g, Kh: 2 g, kJ: 840, kcal: 200

20 g	*Butter*
2 EL	*Zwiebelwürfel*
200 ml	*Fischfond oder -brühe*
4	*Kabeljaufilets (je 150 g)*
	Salz
	frisch gemahlener Pfeffer
100 ml	*trockener Weißwein*
1 EL	*körniger Senf*
2 EL	*Crème fraîche*
2 EL	*Schnittlauchröllchen*

Zubereitungszeit: etwa 25 Min.

1. Butter in einer tiefen Pfanne erhitzen. Zwiebelwürfel darin andünsten und mit Fischfond ablöschen.

2. Kabeljaufilets unter fließendem kalten Wasser abspülen, trockentupfen, salzen und pfeffern, in den Fischfond geben und etwa 10 Minuten garen. Die Fischfilets dann herausnehmen und warm stellen.

3. Den Fond mit Wein und Senf etwas einkochen lassen. Mit Salz und Pfeffer würzen und mit Crème fraîche und Schnittlauchröllchen verfeinern.

4. Den Fisch portionsweise anrichten und mit der Sauce übergießen.

Abwandlung: Sie können den Fisch auch in Butter und etwas Öl braten und die Sauce dazureichen. Dann den Fischfond vorher etwas einkochen lassen.

Beilage: Salzkartoffeln und grüner Salat.

Kabeljaufilet in Senf-Zwiebel-Kruste | Raffiniert

Pro Portion:
E: 30 g, F: 22 g, Kh: 24 g, kJ: 1824, kcal: 435

Für das Gemüse:

2	*Möhren (etwa 200 g)*
1 Stck.	*Knollensellerie (etwa 100 g)*
500 g	*fest kochende Kartoffeln*
1 Stange	*Porree (Lauch), nur das Weiße (etwa 100 g)*
30 g	*Butter oder Margarine*
	Salz
	frisch gemahlener Pfeffer
300 ml	*heiße Gemüsebrühe*
1 kleines Bund	*Majoran*

Für den Fisch:

4	*kleine Schalotten oder Zwiebeln (etwa 100 g)*
4	*Kabeljaufilets (je 150 g)*
	Zitronensaft
2 EL	*mittelscharfer Senf*
1 EL	*Weizenmehl*
50 g	*Butter oder Margarine*

Zubereitungszeit: etwa 35 Min.

1. Für das Gemüse Möhren und Sellerie putzen, schälen und waschen. Kartoffeln waschen, schälen und abspülen. Porree putzen, halbieren, waschen und in Streifen schneiden. Restliches Gemüse in nicht zu feine Stifte schneiden.

2. Butter oder Margarine in einer Pfanne erhitzen, Gemüse darin andünsten und mit Salz und Pfeffer würzen, Brühe zugießen und zugedeckt 10 Minuten garen. Das Gemüse in eine feuerfeste Form geben. Majoran abspülen, trockentupfen, Blättchen von den Stängeln zupfen und über das Gemüse streuen.

3. Inzwischen für den Fisch Schalotten oder Zwiebeln abziehen und in Würfel schneiden.

4. Kabeljaufilets unter fließendem kalten Wasser abspülen, trockentupfen und mit Salz, Pfeffer und Zitronensaft würzen. Die Oberseiten mit Senf bestreichen und Schalottenwürfel darauf verteilen, mit Mehl bestäuben und fest andrücken.

5. Butter oder Margarine in einer beschichteten Pfanne erhitzen und die Krustenseite darin anbraten, die Filets vorsichtig herausnehmen und auf das Gemüse legen. Die Form auf dem Rost in den vorgeheizten Backofen schieben.

Ober-/Unterhitze: etwa 200 °C
Heißluft: etwa 180 °C
Garzeit: etwa 25 Minuten.

Abwandlung: Für Kabeljau mit Joghurt-Käse-Haube das Gemüse wie oben beschrieben zubereiten. Kabeljaufilets unter fließendem kalten Wasser abspülen, trockentupfen und mit Salz, Pfeffer und Zitronensaft würzen, auf das Gemüse legen. 4 Tomaten waschen, Stängelansätze herausschneiden und Tomaten in Scheiben schneiden, schuppenförmig auf die Fischfilets legen und mit Pfeffer bestreuen. 300 g Naturjoghurt mit 1 Esslöffel Speisestärke und 2 Esslöffeln geriebenem Parmesan verrühren und mit Salz, Pfeffer und Paprika edelsüß abschmecken, auf den Tomatenscheiben verteilen und das Gericht wie oben angegeben garen.

Beilage: Frische Blattsalate und Baguette.

Landfrauen-Tipp: Die Fischfilets können vor dem Braten auch geteilt werden, dann lassen sie sich besser handhaben.

Kaninchen mit Backobst | Mit Alkohol

Pro Portion:
E: 48 g, F: 26 g, Kh: 12 g, kJ: 2306, kcal: 549

250 g	*gemischtes Backobst*
250 ml (1/4 l)	*Rotwein*
1 kg	*Kaninchenfleisch, z. B. Rücken, Keulen*
	Salz
	frisch gemahlener Pfeffer
1 TL	*gerebelter Thymian*
3	*mittelgroße Zwiebeln*
2 EL	*Butterschmalz*
2	*Lorbeerblätter*
125 ml (1/8 l)	*Wasser*
etwa 125 ml (1/8 l)	*Rotwein*
1 Becher (150 g)	*Crème fraîche*

Zubereitungszeit: etwa 35 Min., ohne Einweichzeit

1. Backobst in Rotwein mindestens 12 Stunden einweichen.

2. Kaninchenfleisch evtl. in Stücke teilen, Fett entfernen, Rücken enthäuten und unter fließendem kalten Wasser abspülen, trockentupfen und mit Salz, Pfeffer und Thymian einreiben. Zwiebeln abziehen und vierteln.

3. Butterschmalz in einem Bräter erhitzen und die Fleischstücke darin portionsweise von allen Seiten gut anbraten. Die Zwiebelviertel zu dem Fleisch geben und kurz mitbraten lassen. Dann Lorbeerblätter und etwas von dem Wasser hinzufügen. Den Bräter ohne Deckel auf dem Rost in den vorgeheizten Backofen schieben.

Ober-/Unterhitze: etwa 180 °C
Heißluft: etwa 160 °C
Garzeit: etwa 30 Minuten.

4. Nach und nach das restliche Wasser hinzufügen.

5. Das Backobst mit der Einweichflüssigkeit hinzufügen und alles noch weitere 45 Minuten garen.

6. Das gare Fleisch aus dem Bräter nehmen und auf eine vorgewärmte Platte legen.

7. Rotwein und Crème fraîche unter die Schmorflüssigkeit rühren, erhitzen und mit Salz und Pfeffer abschmecken. Die Sauce über das Fleisch gießen.

Beilage: Baguette oder Ciabatta.

Kaninchen mit Oliven und Tomaten | Für Gäste

Pro Portion:
E: 54 g, F: 27 g, Kh: 4 g, kJ: 2390, kcal: 569

1 kg	*Kaninchenfleisch*
	Salz
	frisch gemahlener Pfeffer
1 EL	*Weizenmehl*
2–3 EL	*Olivenöl*
2–3	*Knoblauchzehen*
einige	*Rosmarinzweige*
350 ml	*Weißwein*
½ Bund	*Frühlingszwiebeln*
200 g	*Cocktailtomaten*
je 8	*entsteinte schwarze und grüne Oliven*

Zubereitungszeit: etwa 35 Min.

1. Kaninchen in etwa 8 Stücke teilen. Kaninchenstücke enthäuten, unter fließendem kalten Wasser abspülen und trockentupfen. Kaninchenstücke mit Salz und Pfeffer würzen und mit Mehl bestäuben.

2. Olivenöl in einem Bräter erhitzen und die Kaninchenteile portionsweise von allen Seiten darin anbraten.

3. Knoblauch abziehen und fein hacken. Rosmarinzweige abspülen und trockentupfen. Knoblauch und Rosmarin zu den Kaninchenteilen geben und Weißwein hinzugießen. Den Bräter abgedeckt auf dem Rost in den vorgeheizten Backofen schieben.

Ober-/Unterhitze: etwa 200 °C
Heißluft: etwa 180 °C
Garzeit: etwa 60 Minuten.

4. Frühlingszwiebeln putzen, waschen, abtropfen lassen und in etwa 5 cm lange Stücke schneiden. Tomaten waschen und abtrocknen.

5. Nach etwa 45 Minuten Garzeit Frühlingszwiebelstücke, Tomaten und Oliven zu den Kaninchenteilen geben und offen fertig garen.

6. Die Kaninchenpfanne vor dem Servieren umrühren und nochmals mit Salz und Pfeffer würzen.

Beilage: Kleine, gebratene Rosmarinkartoffeln und Bohnengemüse.

Landfrauen-Tipp: Statt der Cocktailtomaten kann 1 in Scheiben geschnittene Gemüsezwiebel mitgeschmort werden. Gut schmeckt das Gericht auch mit Hähnchenschenkeln. Man rechnet 1 Hähnchenschenkel pro Person.

Kartoffelecken | Preiswert

Pro Portion:
E: 4 g, F: 12 g, Kh: 25 g, kJ: 973, kcal: 232

600 g Kartoffeln
4 EL Speiseöl
je 1 rote, gelbe und grüne Paprikaschote
1 Knoblauchzehe
Salz
frisch gemahlener Pfeffer
1 EL frischer, gehackter Oregano

Zubereitungszeit: etwa 20 Min.

1. Kartoffeln waschen, gründlich bürsten, trockentupfen und der Länge nach in Achtel schneiden.

2. Öl in einer Pfanne erhitzen, die Kartoffelecken darin kräftig von allen Seiten anbraten und etwa 10 Minuten garen.

3. Paprikaschoten halbieren, entstielen, entkernen und die weißen Scheidewände entfernen, Schoten waschen und in Würfel schneiden.

4. Paprikawürfel zu den Kartoffelecken geben und alles weitere 10 Minuten braten lassen.

5. Knoblauch abziehen, fein hacken oder durch die Presse drücken und hinzufügen. Alles kräftig mit Salz und Pfeffer würzen. Oregano unterrühren.

Abwandlung: Sie können die Kartoffelecken anstelle von Paprika auch mit gewürfelten Zucchini zubereiten.

Kartoffel-Gemüse-Auflauf

Schnell – für Kinder

Pro Portion:
E: 28 g, F: 33 g, Kh: 38 g, kJ: 2387, kcal: 571

1 kg gegarte Pellkartoffeln
2 große Möhren
250 ml (¼ l) Wasser
½ TL Salz
1 Zucchini (etwa 300 g)
2 Knoblauchzehen
2 EL Olivenöl
Salz
frisch gemahlener Pfeffer
Kräuter der Provence
200 g gekochter Schinken in Scheiben
150 g geriebener Gouda
200 g Schlagsahne

Zubereitungszeit: etwa 30 Min.

1. Kartoffeln pellen und der Länge nach in Spalten schneiden. Möhren putzen, schälen, waschen, abtropfen lassen und in Scheiben schneiden. Wasser mit Salz in einem Topf zum Kochen bringen und die Möhrenscheiben darin etwa 10 Minuten garen. Anschließend in einem Sieb abtropfen lassen.

2. Zucchini waschen, abtrocknen, die Enden abschneiden und Zucchini in dünne Scheiben schneiden. Knoblauch abziehen und fein würfeln. Olivenöl in einer Pfanne erhitzen und den Knoblauch darin andünsten. Zucchini dazugeben und kurz mit andünsten. Mit Salz, Pfeffer und Kräutern abschmecken und mit den Kartoffelspalten und Möhrenscheiben in eine flache Auflaufform geben.

3. Schinken in etwas breitere Streifen schneiden und auf das Gemüse in die Auflaufform legen. Die Hälfte des Käses unter die Sahne rühren, mit Salz, Pfeffer und Kräutern würzen und den Auflauf mit der Käse-Sahne übergießen, mit dem restlichen Käse bestreuen. Die Form auf dem Rost in den vorgeheizten Backofen schieben.

Ober-/Unterhitze: etwa 200 °C
Heißluft: etwa 180 °C
Garzeit: etwa 35 Minuten.

Kartoffelgratin | Gut vorzubereiten

Pro Portion:
E: 8 g, F: 15 g, Kh: 33 g, kJ: 1270, kcal: 302

1	*Knoblauchzehe*
1 EL	*Butter*
800 g	*Kartoffeln*
	Salz
	frisch gemahlener Pfeffer
	geriebene Muskatnuss
125 ml (1/8 l)	*Milch*
125 ml (1/8 l)	*Schlagsahne*
2 EL	*geriebener Parmesan*

Zubereitungszeit: etwa 20 Min.

1. Knoblauchzehe abziehen und durchschneiden, eine flache, feuerfeste Form mit Butter ausstreichen und mit der Knoblauchzehe einreiben.

2. Kartoffeln waschen, schälen, abspülen, trockentupfen und in dünne Scheiben schneiden. Scheiben dachziegelartig schräg in die vorbereitete Form einschichten und mit Salz, Pfeffer und Muskat bestreuen.

3. Milch und Sahne verrühren, über die Kartoffelscheiben gießen und mit Parmesan bestreuen. Die Form auf dem Rost in die mittlere Einschubleiste des Backofens schieben und das Gratin goldbraun backen.

Ober-/Unterhitze: etwa 200 °C
Heißluft: etwa 180 °C
Backzeit: etwa 45 Minuten.

Abwandlung: Für ein Kartoffel-Gemüse-Gratin 400 g Kartoffeln wie beschrieben vorbereiten. 400 g vorbereitete Sellerieknolle, Möhren oder Zucchini in Scheiben schneiden und im Wechsel mit den Kartoffelscheiben in die Form schichten, mit der Sauce übergießen und wie angegeben backen. Das Gratin mit 1 Esslöffel gehackter Petersilie bestreuen.

Landfrauen-Tipp: Besonders fein werden die Kartoffelscheiben, wenn sie mit einem Gurkenhobel geschnitten werden. Passt sehr gut zu Fleisch-, Fisch- oder Gemüsegerichten ohne Sauce.

Kartoffel-Herings-Salat | Für Gäste

4–6 Portionen

Pro Portion:
E: 26 g, F: 39 g, Kh: 26 g, kJ: 2341, kcal: 558

700 g kleine fest kochende Kartoffeln
Salz
6 Heringsfilets (etwa 480 g)
2 Stauden Chicorée (etwa 300 g)
2 rote Zwiebeln (etwa 160 g)
300 g Cocktailtomaten

50 g Pinienkerne

Für die Dillsahne:
1 Bund Dill
300 g Schlagsahne
2 EL Weißweinessig
Salz
frisch gemahlener Pfeffer
Zucker

Zubereitungszeit: etwa 50 Min., ohne Abkühl- und Durchziehzeit

1. Kartoffeln gründlich waschen, mit Wasser bedeckt zum Kochen bringen, Salz zugeben und zugedeckt in 20–25 Minuten gar kochen. Kartoffeln abgießen, mit kaltem Wasser abschrecken, abtropfen lassen, sofort pellen und lauwarm abkühlen lassen. Kartoffeln in Scheiben schneiden.

2. Heringsfilets kurz abspülen, trockentupfen und in mundgerechte Stücke schneiden, evtl. Gräten entfernen. Chicorée putzen und den Strunk keilförmig herausschneiden. Die Salatblätter (einige Blätter zum Garnieren beiseite legen) in kleine Stücke schneiden und auf Küchenpapier abtropfen lassen. Zwiebeln abziehen und in dünne Scheiben schneiden.

3. Tomaten waschen, trockentupfen und halbieren. Evtl. Stängelansätze herausschneiden.

4. Pinienkerne in einer Pfanne ohne Fett unter Wenden hellbraun rösten. Dill abspülen und trockentupfen (einige Dillzweige zum Garnieren beiseite legen). Die Spitzen von den Stängeln zupfen und klein schneiden.

5. Sahne in eine Schüssel geben. Dill unterrühren und mit Essig, Salz, Pfeffer und Zucker abschmecken. Die vorbereiteten Salatzutaten hinzufügen und vorsichtig mit der Dillsahne mischen.

6. Den Salat etwa 2 Stunden kalt stellen und durchziehen lassen. Nochmals mit Essig, Salz, Pfeffer und Zucker abschmecken und mit den beiseite gelegten Salatblättern und Dillzweigen garniert servieren.

Kartoffel-Matjes-Salat mit Roter Bete | Raffiniert

8 Portionen

Pro Portion:
E: 27 g, F: 36 g, Kh: 21 g, kJ: 2173, kcal: 519

12 Matjesfilets (je 60 g)
6 mittelgroße Zwiebeln
8–10 Gewürzgurken
6 große gegarte Pellkartoffeln
6 hart gekochte Eier
1 Glas Rote Bete in Scheiben (Abtropfgewicht 220 g)

Für die Salatsauce:
4 EL (etwa 150 g) Salatmayonnaise (50% Fett)
450 g Naturjoghurt
125 g Schlagsahne
1 TL mittelscharfer Senf
Salz
frisch gemahlener Pfeffer
etwas Zucker

Zubereitungszeit: etwa 50 Min., ohne Durchzieh- und Kühlzeit

1. Matjesfilets evtl. entgräten und jedes Filet in 4–5 Stücke schneiden. Zwiebeln abziehen, halbieren und in Streifen schneiden.

2. Gurken abtropfen lassen und in Scheiben schneiden. Kartoffeln pellen, längs halbieren und in Scheiben schneiden. Eier pellen und ebenfalls in Scheiben schneiden. Rote Bete in einem Sieb gut abtropfen lassen und evtl. trockentupfen.

3. Für die Sauce Mayonnaise mit Joghurt, Sahne und Senf verrühren. Mit Salz, Pfeffer und Zucker würzen.

4. Nacheinander jeweils die Hälfte der Matjesstücke, Zwiebel-, Gurken-, Kartoffel-, Eier- und Rote Bete-Scheiben in eine Schüssel schichten. Etwas Salatsauce darauf geben.

5. Die restlichen Salatzutaten in der gleichen Reihenfolge einschichten. Restliche Salatsauce darauf verteilen und den Salat gekühlt und zugedeckt 4–6 Stunden durchziehen lassen.

Beilage: Schwarzbrot oder dunkles Vollkornbrot.

Landfrauen-Tipp: 3 hart gekochte Eier pellen, halbieren, fein hacken und zusammen mit 2 Esslöffeln gehackten Kräutern, z. B. Dill oder Petersilie, vor dem Servieren auf dem Salat verteilen.

Kartoffelpfanne, bunte

Preiswert – einfach

Pro Portion:
E: 27 g, F: 38 g, Kh: 42 g, kJ: 2722, kcal: 650

2 grüne Paprikaschoten
1 kg fest kochende, gegarte, gepellte Kartoffeln
2–3 Zwiebeln
4 EL Speiseöl
Salz
frisch gemahlener Pfeffer
3 Mettwürstchen, z. B. Rauchenden
4 kleine saure Gurken
Paprikapulver edelsüß
2 EL gehackte Petersilie

Zubereitungszeit: etwa 25 Min.

1. Paprikaschoten halbieren, entstielen, entkernen und die weißen Scheidewände herausschneiden, Schoten waschen und in Würfel schneiden. Kartoffeln in Stücke schneiden. Zwiebeln abziehen und in Scheiben schneiden.

2. Öl in einer Pfanne erhitzen und Kartoffeln, Paprika und Zwiebeln darin braten, schwach salzen und pfeffern.

3. Inzwischen die Wurst und die Gurken in Scheiben schneiden, beides zu dem Gemüse geben und 5 Minuten mitgaren.

4. Vor dem Servieren mit Paprika und Petersilie bestreuen.

Beilage: Blattsalate.

Landfrauen-Tipp: Statt der grünen Paprikaschoten können unterschiedliche Farben der Paprika gewählt werden, oder nur eine Paprikaschote und zusätzlich Zucchini, Frühlingszwiebeln oder Porree verwendet werden.

Kartoffelsalat, scharfer | Preiswert

4–6 Portionen

Pro Portion:
E: 4 g, F: 13 g, Kh: 22 g, kJ: 951, kcal: 227

700 g	*kleine fest kochende Kartoffeln*
	Salz
1	*kleiner Rettich (etwa 400 g)*
1	*kleine Salatgurke (etwa 400 g)*
1 Bund	*Radieschen (etwa 250 g)*
100 ml	*heiße Gemüsebrühe*
3 EL	*Weißweinessig*
6 EL	*Sesam- oder Speiseöl*
1 EL	*geriebener Meerrettich (aus dem Glas)*
1 EL	*Sojasauce*
	frisch gemahlener Pfeffer
1 Kästchen	*Shisoblätter (rote Kressekeimlinge)*

Zubereitungszeit: etwa 55 Min., ohne Abkühl- und Durchziehzeit

1. Kartoffeln gründlich waschen, mit Wasser bedeckt zum Kochen bringen, Salz zugeben und Kartoffeln zugedeckt in 20–25 Minuten gar kochen. Kartoffeln abgießen, mit kaltem Wasser abschrecken, abtropfen lassen, sofort pellen und lauwarm abkühlen lassen. Kartoffeln in Scheiben schneiden und in eine große Schüssel geben.

2. Rettich schälen, abspülen, trockentupfen und halbieren. Rettichhälften mit einem Gemüsehobel hobeln. Gurke waschen, trockentupfen, längs halbieren, entkernen und in dünne Scheiben schneiden. Radieschen putzen, waschen, trockentupfen und in Scheiben schneiden. Die vorbereiteten Gemüsezutaten in eine Schüssel geben, mit Salz bestreuen und etwa 30 Minuten durchziehen lassen.

3. Heiße Brühe mit Essig verrühren und Sesam- oder Speiseöl unterschlagen. Meerrettich und Sojasauce unterrühren und mit Salz und Pfeffer abschmecken.

4. Salatzutaten evtl. in einem Sieb abtropfen lassen, zu den Kartoffelscheiben geben, mit der Marinade übergießen und vorsichtig umrühren. Den Salat etwa 1 Stunde kalt stellen und durchziehen lassen.

5. Kresse abspülen, trockentupfen und abschneiden. Den Salat mit Kresse bestreut servieren.

Beilage: Gebackener oder gebratener Fisch, z. B. Scholle oder Rotbarsch.

Kartoffelsuppe, Altdeutsche I

Vegetarisch

Pro Portion:
E: 7 g, F: 24 g, Kh: 27 g, kJ: 1483, kcal: 354

Für die Suppe:
700 g mehlig kochende Kartoffeln
50–75 g Knollensellerie
250 g Möhren
1 Zwiebel
1 Lorbeerblatt
1 Gewürznelke
40 g Butter
1 1/2 l heiße Gemüsebrühe
200 g Porree (Lauch)
125 g Schlagsahne oder
1 Becher (150 g) Crème fraîche
Salz
frisch gemahlener Pfeffer
getrockneter, gerebelter Majoran
geriebene Muskatnuss

Für die Einlage:
200 g Pfifferlinge
1 Zwiebel
25 g Butter
2 EL gehackte Kräuter, z. B. Kerbel, Schnittlauch, glatte Petersilie

Zubereitungszeit: etwa 90 Min.

1. Für die Suppe Kartoffeln schälen und abspülen. Knollensellerie schälen, schlechte Stellen herausschneiden. Möhren schälen, Grün und Spitzen abschneiden. Sellerie und Möhren waschen und abtropfen lassen. Die vorbereiteten Zutaten in Würfel schneiden. Zwiebel abziehen und mit Lorbeerblatt und Nelke spicken.

2. Butter in einem Topf zerlassen und Sellerie- und Möhrenwürfel darin unter Rühren andünsten. Kartoffelwürfel, gespickte Zwiebel und Gemüsebrühe dazugeben, zum Kochen bringen und etwa 20 Minuten bei mittlerer Hitze mit Deckel kochen.

3. In der Zwischenzeit von dem Porree die Außenblätter entfernen und Wurzelende und dunkles Grün abschneiden, die Stange längs halbieren, gründlich waschen, abtropfen lassen und in Scheiben schneiden. Porreescheiben in die Suppe geben und alles noch etwa 10 Minuten mit Deckel kochen.

4. Die gespickte Zwiebel entfernen. Etwa 1/3 der Kartoffel-Gemüse-Mischung aus der Suppe schöpfen und pürieren, mit Sahne oder Crème fraîche verrühren und wieder in die Suppe geben. Die Suppe erhitzen und mit Salz, Pfeffer, Majoran und Muskatnuss würzen.

5. Für die Einlage Pfifferlinge mit einem Pinsel säubern, schlechte Stellen wegschneiden, die Pfifferlinge evtl. abspülen und trockentupfen. Zwiebel abziehen und in feine Würfel schneiden. Butter in einer Pfanne zerlassen und die Zwiebelwürfel unter Rühren darin andünsten. Die Pfifferlinge dazugeben und etwa 5 Minuten unter häufigem Umrühren dünsten.

6. Die Pfifferling-Zwiebel-Mischung in die Suppe geben und etwa 5 Minuten ziehen lassen. Die Kartoffelsuppe mit den Kräutern bestreut servieren.

Landfrauen-Tipp: Nach Belieben zusätzlich Wiener Würstchen in der Suppe erwärmen. Wenn Sie die Pfifferlinge während der Kochzeit der Suppe vorbereiten und dünsten, verkürzt sich die Zubereitungszeit um etwa 15 Minuten. Anstelle der frischen Pfifferlinge können Sie auch Pfifferlinge aus dem Glas verwenden.

Kartoffelsuppe mit Hackfleischbällchen | Preiswert – für Kinder

Pro Portion:
E: 32 g, F: 33 g, Kh: 29 g, kJ: 2283, kcal: 545

Für die Hackfleischbällchen:

1	*Brötchen (Semmel) vom Vortag*
1	*Zwiebel*
1 Bund	*glatte Petersilie*
400 g	*Rindergehacktes*
1	*Ei (Größe M)*
	Salz
	frisch gemahlener Pfeffer
	geriebene Muskatnuss
750 ml (3/4 l)	*Gemüsebrühe*

Für die Kartoffelsuppe:

100 g	*durchwachsener Speck*
3	*Zwiebeln*
600 g	*Kartoffeln*
1 Stange	*Porree (Lauch)*
2	*Tomaten*
30 g	*Butterschmalz*
2 Msp.	*Safranpulver*
	Salz
	frisch gemahlener Pfeffer
1/2 TL	*Majoran*
100 g	*Schlagsahne*
2 EL	*gehackte Petersilie*

Zum Garnieren:

einige	*Majoranblättchen*

Zubereitungszeit: etwa 50 Min.

1. Für die Hackfleischbällchen Brötchen in kaltem Wasser einweichen und gut ausdrücken. Zwiebel abziehen und in kleine Würfel schneiden. Petersilie abspülen und trockentupfen. Die Blättchen von den Stängeln zupfen und fein hacken. Gehacktes in eine Schüssel geben und eingeweichtes Brötchen, Zwiebelwürfel, Petersilie und Ei hinzugeben. Die Zutaten gut vermengen und mit Salz, Pfeffer und Muskat würzen.

2. Aus der Gehacktesmasse mit angefeuchteten Händen kleine Bällchen formen. Brühe in einem Topf zum Kochen bringen und Hackfleischbällchen etwa 10 Minuten darin ziehen lassen. Hackfleischbällchen mit einer Schaumkelle herausnehmen und die Brühe für die Zubereitung der Suppe beiseite stellen, evtl. durch ein Sieb geben.

3. Für die Suppe Speck in Würfel schneiden. Zwiebeln abziehen. Kartoffeln waschen, schälen, abspülen. Zwiebeln und Kartoffeln in Würfel schneiden. Porree putzen, die Stange längs halbieren, waschen, abtropfen lassen und in kleine Stücke schneiden. Tomaten waschen, abtropfen lassen, kreuzweise einschneiden und einige Sekunden in kochendes Wasser legen. Tomaten kurz in kaltes Wasser legen, enthäuten, halbieren, entkernen und Stängelansätze herausschneiden. Fruchtfleisch in Würfel schneiden.

4. Butterschmalz in einem Topf erhitzen und Speckwürfel darin auslassen. Zwiebelwürfel hinzugeben und glasig dünsten. Kartoffelwürfel mit den Porreestücken hinzufügen und mit andünsten. Mit Safran, Salz, Pfeffer und Majoran würzen. Die beiseite gestellte Brühe hinzugießen, zum Kochen bringen und etwa 15 Minuten kochen lassen. Sahne, Petersilie und Tomatenwürfel unterrühren und Suppe mit Salz, Pfeffer und Majoran abschmecken. Die Hackfleischbällchen in der Suppe mit erhitzen und mit Majoran garnieren.

Kartoffel-Zucchini-Möhren-Gratin |

Gut vorzubereiten

Pro Portion:
E: 21 g, F: 35 g, Kh: 32 g, kJ: 2242, kcal: 536

500 g	*Möhren (frisch oder TK-Möhrenscheiben)*
125 ml (1/8 l)	*Gemüsebrühe*
700 g	*gekochte Pellkartoffeln*
500 g	*Zucchini*
1	*Knoblauchzehe*
125 g	*Schlagsahne*
200 ml	*Milch*
1	*Ei (Größe M)*
	Salz
	frisch gemahlener Pfeffer
2 EL	*gehackte Kräuter (frisch oder TK; z. B. Petersilie, Estragon, Basilikum)*
150 g	*geriebener Käse, z. B. Emmentaler*
50 g	*Butter*

Zubereitungszeit: etwa 60 Min.

1. Möhren putzen, schälen, waschen und in dicke Scheiben schneiden. Möhren in Brühe etwa 5 Minuten zugedeckt dünsten lassen, anschließend Möhren abgießen und die Kochbrühe auffangen.

2. Pellkartoffeln pellen und in Scheiben schneiden. Zucchini waschen, die Enden abschneiden und Zucchini in Scheiben schneiden. Kartoffel-, Möhren- und Zucchinischeiben dachziegelartig in eine gefettete Auflaufform schichten.

3. Knoblauch abziehen, durch die Knoblauchpresse drücken und mit Sahne, Milch, Möhrenkochbrühe und Ei verrühren. Eiermischung mit Salz und Pfeffer würzen, Kräuter unterrühren und die Eiermischung über das Gemüse gießen.

4. Käse darüber streuen und Butter in Flöckchen darauf setzen. Die Form auf dem Rost in den vorgeheizten Backofen schieben.

Ober-/Unterhitze: etwa 200 °C
Heißluft: etwa 180 °C
Backzeit: etwa 30 Minuten.

5. Falls die Oberfläche zu stark bräunt, das Gratin mit Backpapier zudecken.

Landfrauen-Tipp: Dazu eine gemischte Salatplatte oder Tomatensalat servieren.

Käse-Porree-Suppe | Gut vorzubereiten

6 Portionen

Pro Portion:
E: 23 g, F: 29 g, Kh: 7 g, kJ: 1577, kcal: 378

1 kg Porree (Lauch)
3 EL Speiseöl
500 g Gehacktes (halb Rind-, halb Schweinefleisch)
Salz
frisch gemahlener Pfeffer
1 l Fleischbrühe
1 Glas Champignonscheiben (Abtropfgewicht 315 g)
200 g Sahne- oder Kräuterschmelzkäse

Zubereitungszeit: etwa 25 Min.

1. Von dem Porree die Außenblätter entfernen und Wurzelenden und dunkles Grün abschneiden, die Stangen gründlich waschen, abtropfen lassen und in feine Ringe schneiden.

2. Öl in einem großen Topf erhitzen und das Gehackte darin anbraten, dabei die Fleischklümpchen mit einer Gabel oder einem Kochlöffel zerdrücken und mit Salz und Pfeffer würzen.

3. Porreeringe hinzufügen und kurz mitdünsten. Fleischbrühe hinzugießen, alles zum Kochen bringen und etwa 15 Minuten mit Deckel bei mittlerer Hitze garen.

4. Champignons in einem Sieb abtropfen lassen und hinzufügen. Schmelzkäse unterrühren und in der heißen Suppe schmelzen lassen (nicht mehr kochen lassen). Die Suppe mit Salz und Pfeffer abschmecken.

Kasseler-Filet-Topf, geschmort I

Einfach

Pro Portion:
E: 40 g, F: 19 g, Kh: 27 g, kJ: 1906, kcal: 456

600 g	*Kasseler-Filet (aus dem Kotelettstück)*
600 g	*fest kochende Kartoffeln*
1 Stange	*Porree (Lauch, etwa 200 g)*
2 EL	*Speiseöl*
1 Dose	*Sauerkraut (810 g)*
	Salz
	frisch gemahlener Pfeffer
	Zucker
2	*Lorbeerblätter*
4	*Wacholderbeeren*
300–400 ml	*Wasser*
1 Becher (150 g)	*Crème fraîche*
1 TL	*Paprikapulver edelsüß*

Zubereitungszeit: etwa 40 Min.

1. Kasseler-Filet unter fließendem kalten Wasser abspülen, trockentupfen und in etwa 2 cm dicke Scheiben schneiden.

2. Kartoffeln waschen, schälen, abspülen und in gleich große Würfel schneiden. Porree putzen, die Stange längs halbieren. Porree waschen, abtropfen lassen und in feine Streifen schneiden.

3. Speiseöl in einem Bräter erhitzen und Kasselerscheiben von beiden Seiten darin anbraten. Kartoffelwürfel und Porreestreifen hinzufügen und mitdünsten lassen.

4. Sauerkraut mit der Flüssigkeit hinzugeben und gut vermischen. Mit Salz, Pfeffer und Zucker würzen. Lorbeerblätter, Wacholderbeeren und 300 ml Wasser hinzufügen, die Zutaten zum Kochen bringen und zugedeckt etwa 40 Minuten garen, dabei ab und zu umrühren, evtl. verdampfte Flüssigkeit ersetzen.

5. Crème fraîche mit Paprika verrühren und unter den Kasseler-Filet-Topf geben.

Landfrauen-Tipp: Statt Kasseler-Filet Kasseler-Nacken verwenden. Der Kasseler-Filet-Topf kann auch im Backofen gegart werden, dann wie unter Punkt 4 beschrieben die Zutaten zum Kochen bringen und den Bräter mit Deckel auf dem Rost in den vorgeheizten Backofen schieben und bei Ober-/Unterhitze: etwa 200 °C, Heißluft: etwa 180 °C in etwa 40 Minuten fertig garen, dabei zwischendurch umrühren.

Kasseler Rückenschnitzel | Preiswert

Pro Portion:
E: 36 g, F: 32 g, Kh: 42 g, kJ: 2680, kcal: 639

4	*Kasselerscheiben (aus dem Rücken, je etwa 120 g, vom Metzger etwas flach klopfen lassen)*
	frisch gemahlener Pfeffer
½ Pck.	*TK-gemischte Kräuter*
15 g	*geriebener Meerrettich*
100 g	*Semmelbrösel*
2	*Eier (Größe S)*
2 EL	*Weizenmehl*

Für das Gemüse:

½	*Steckrübe (etwa 500 g)*
600 g	*fest kochende Kartoffeln*
	Salzwasser
2 EL	*Butter oder Margarine*
200 ml	*Gemüsebrühe*
	Salz
	frisch gemahlener Pfeffer
½ Pck.	*TK-gemischte Kräuter*
3 EL	*Speiseöl*
etwas	*glatte Petersilie*

Zubereitungszeit: etwa 60 Min.

1. Kasseler unter fließendem kalten Wasser abspülen und trockentupfen. Mit Pfeffer bestreuen.

2. Kräuter, Meerrettich und Semmelbrösel in einer Schüssel gut vermischen, so dass keine Klümpchen entstehen. Eier in einer Schüssel verschlagen.

3. Kasseler zuerst in Mehl wenden, dann durch die verschlagenen Eier ziehen, Kasseler am Schüsselrand etwas abstreifen und zuletzt in der Kräuter-Meerrettich-Semmelbrösel-Mischung wenden, Panade fest andrücken.

4. Für das Gemüse Steckrübe und Kartoffeln waschen, schälen, abspülen und in gleich große Würfel schneiden. Salzwasser in einem großen Topf zum Kochen bringen. Steckrüben- und Kartoffelwürfel hinzugeben und etwa 10 Minuten blanchieren. Anschließend in ein Sieb geben, mit kaltem Wasser übergießen und abtropfen lassen.

5. Butter oder Margarine in einem großen Topf erhitzen und Kartoffel- und Steckrübenwürfel darin andünsten, Brühe hinzugießen, zum Kochen bringen und zugedeckt etwa 15 Minuten bei schwacher Hitze kochen lassen. Mit Salz und Pfeffer würzen. Kräuter unterrühren.

6. Speiseöl in einer großen Pfanne erhitzen und Kasseler bei schwacher Hitze von beiden Seiten etwa 10 Minuten darin braten, herausnehmen und auf eine vorgewärmte Platte legen.

7. Kasselerschnitzel mit dem Gemüse anrichten und mit Petersilienzweigen und -blättchen garniert servieren.

Beilage: Bohnensalat.

Kirschkuchen | Gut vorzubereiten

Insgesamt:
E: 63 g, F: 199 g, Kh: 372 g, kJ: 15614, kcal: 3729

Für den Rührteig:
150 g weiche Butter oder Margarine
150 g Zucker
1 Pck. Dr. Oetker Vanillin-Zucker
4 Eier (Größe M)
150 g Weizenmehl
½ TL Dr. Oetker Backin

Für den Belag:
500 g Sauerkirschen

Für den Guss:
1 Ei (Größe M)
50 g Zucker
125 g Schlagsahne
2 EL Kirschwasser

Zum Bestäuben:
Puderzucker

Zubereitungszeit: etwa 45 Min.

1. Für den Teig Butter oder Margarine mit Handrührgerät mit Rührbesen auf höchster Stufe geschmeidig rühren. Nach und nach Zucker und Vanillin-Zucker unterrühren und so lange rühren, bis eine gebundene Masse entstanden ist. Eier nach und nach unterrühren (jedes Ei etwa ½ Minute).

2. Mehl mit Backpulver mischen, sieben und portionsweise auf mittlerer Stufe unterrühren. Den Teig in eine Springform (Ø 26 cm, Boden gefettet) füllen und glatt streichen.

3. Für den Belag Sauerkirschen waschen, entstielen, gut abtropfen lassen und entsteinen. Die Kirschen gleichmäßig auf dem Teig verteilen. Die Form auf dem Rost in den vorgeheizten Backofen schieben.

Ober-/Unterhitze: etwa 180 °C
Heißluft: etwa 160 °C
Backzeit: etwa 45 Minuten.

4. In der Zwischenzeit für den Guss Ei mit Zucker, Sahne und Kirschwasser verschlagen. Den Guss auf dem vorgebackenen Kuchen verteilen. Die Form wieder auf dem Rost in den vorgeheizten Backofen schieben und das Gebäck bei der oben angegebenen Backofeneinstellung noch etwa 15 Minuten backen.

5. Den Kuchen aus der Form lösen und auf einem Kuchenrost erkalten lassen. Vor dem Servieren mit Puderzucker bestäuben.

Abwandlung: Der Kuchen kann anstelle von Sauerkirschen auch mit halbierten Pflaumen zubereitet werden.

Landfrauen-Tipp: Wenn Kinder mitessen, den Guss ohne Kirschwasser zubereiten. Anstelle der frischen Kirschen können Sie auch 1 Glas Sauerkirschen (Abtropfgewicht 370 g) verwenden. Die Kirschen dann sehr gut abtropfen lassen (evtl. mit Küchenpapier trockentupfen). Den Kuchen maximal 1 Tag vor dem Verzehr backen.

Kohlrouladen mit Semmelfüllung |

Vegetarisch

Pro Portion:
E: 17 g, F: 20 g, Kh: 56 g, kJ: 2047, kcal: 488

350 g Brötchen vom Vortag (Semmeln) oder 1–2 Tage alte Weißbrotscheiben
375 ml (3/8 l) Milch
1 Stange Porree (Lauch)
50 g Butter
Salz, Pfeffer
75 g Zwiebeln

Wasser
1 Kopf Weißkohl (etwa 1 1/2 kg)

3 Eier (Größe M)
geriebene Muskatnuss

40 g Butterschmalz
100 ml Gemüsebrühe
75 ml Weißwein

1 kleines Bund glatte Petersilie

Außerdem:
Küchengarn

Zubereitungszeit: etwa 2 Std., ohne Einweich- und Abkühlzeit

1. Brötchen oder Brotscheiben in kleine Würfel schneiden, in eine Schüssel geben und mit der Milch einweichen. Porree putzen, Stange längs halbieren, waschen und abtropfen lassen, Porree in feine Streifen schneiden. Butter in einer Pfanne zerlassen und Porreestreifen zugedeckt etwa 5 Minuten darin dünsten. Mit Salz und Pfeffer würzen und abkühlen lassen. Zwiebeln abziehen, in kleine Würfel schneiden und beiseite legen.

2. In einem großen Topf reichlich Wasser zum Kochen bringen und Salz hinzufügen (auf 1 l Wasser 1 Teelöffel Salz). Inzwischen von dem Kohl die äußeren welken Blätter entfernen. Den Kohl abspülen und den Strunk unten keilförmig herausschneiden. Kohl so lange in das Wasser legen, bis sich die äußeren Blätter lösen. Diesen Vorgang wiederholen, bis 12 Blätter sich lösen lassen und etwas weich sind. Die Blätter abtropfen lassen, mit Küchenpapier trockentupfen und dicke Blattrippen flach schneiden. Restlichen Kohl in dünne Streifen schneiden.

3. Eier verschlagen und mit Salz, Pfeffer und Muskat kräftig würzen. Porreegemüse und Eier zu den Brotwürfeln geben und gut vermengen. Mit Salz und Pfeffer würzen. Die Masse in 6 Portionen teilen. Jeweils zwei Kohlblätter leicht überlappend aufeinander legen und jeweils 1 Portion der Brot-Porree-Masse darauf verteilen. Blätter seitlich einschlagen und aufrollen. Mit Küchengarn umwickeln.

4. Butterschmalz in einem großen Bräter erhitzen und Rouladen evtl. portionsweise von allen Seiten darin anbraten, herausnehmen. Kohlstreifen und die beiseite gelegten Zwiebelwürfel in dem verbliebenen Bratfett andünsten. Brühe und Weißwein hinzugießen, Kohlrouladen auf das Gemüse legen und zugedeckt etwa 50 Minuten garen.

5. Die Rouladen herausnehmen (Küchengarn entfernen) und warm stellen. Petersilie abspülen und trockentupfen. Blättchen von den Stängeln zupfen und fein hacken. Gemüse mit Salz und Pfeffer abschmecken, Petersilie unterrühren und die Kohlrouladen mit dem Gemüse servieren.

Beilage: Salzkartoffeln oder Kartoffelpüree.

Kokos-Kirsch-Tiramisu | Mit Alkohol

6–8 Portionen

Pro Portion:
E: 13 g, F: 22 g, Kh: 36 g, kJ: 1866, kcal: 445

6–8 Kokoszwiebäcke
1 EL Zucker
3 EL Wasser
11 EL Kokoslikör
1 Becher (500 g) Kirschgrütze (aus dem Kühlregal)
500 g Magerquark
Saft von 2 Limetten
400 g Schlagsahne
geröstete Kokosraspel

Zubereitungszeit: etwa 20 Min., ohne Kühlzeit

1. Eine eckige Form mit den Zwiebäcken auslegen. Zucker und Wasser in einem kleinen Topf zum Kochen bringen und kochen lassen, bis sich der Zucker gelöst hat.

2. Fünf Esslöffel Kokoslikör unterrühren und die Flüssigkeit sofort auf den Zwiebäcken verteilen. Die Kirschgrütze darauf geben und glatt streichen.

3. Quark mit dem restlichen Kokoslikör und Limettensaft verrühren. Sahne steif schlagen und unterheben.

4. Die Masse auf der Kirschgrütze verteilen, mit einem Esslöffel wellenförmig verzieren und mit Kokosraspeln bestreuen. Die Kokos-Kirsch-Tiramisu bis zum Verzehr einige Stunden kalt stellen.

Abwandlung: Für eine Variante ohne Alkohol können Sie den Kokoslikör durch 6 Esslöffel Kokossirup ersetzen.

Krautbraten, bayerischer | Preiswert

Pro Portion:
E: 29 g, F: 48 g, Kh: 15 g, kJ: 2721, kcal: 650

1 Kopf Weißkohl (etwa 1 kg)
Salzwasser
1 Zwiebel
1 TL Kümmelsamen
60 g Schweineschmalz
Salz
frisch gemahlener Pfeffer
1 Brötchen (Semmel)
350 g Rindergehacktes
2 Eier (Größe M)
2 EL gehackte Petersilie
100 g magerer, durchwachsener Speck in Scheiben

Zubereitungszeit: etwa 30 Min.

1. Die schlechten äußeren Blätter von dem Weißkohl entfernen, den Strunk herausschneiden und den Kohlkopf etwa 15 Minuten in kochendes Salzwasser legen. Die äußeren großen Blätter vorsichtig lösen und beiseite legen. Den restlichen Kohl klein schneiden.

2. Zwiebel abziehen und würfeln. Kümmel zerdrücken. Schweineschmalz in einem Topf zerlassen und Zwiebel, Kümmel und Kohlstreifen darin fast gar schmoren, mit Salz und Pfeffer würzen und etwas abkühlen lassen.

3. Brötchen in Wasser einweichen. Mit einem Teil der zurückgelassenen Weißkohlblätter einen gefetteten, feuerfesten Topf oder eine längliche, gefettete Auflaufform auslegen.

4. Das Gehackte mit Eiern, dem gut ausgedrückten Brötchen, Petersilie und dem geschmorten Kohl vermengen und mit Salz und Pfeffer würzen.

5. Die Fleischmasse auf die Kohlblätter füllen, die zurückgelassenen Blätter darüber legen, fest andrücken (evtl. zusammenbinden) und mit den Speckscheiben belegen. Die Form auf dem Rost in den vorgeheizten Backofen schieben.

Ober-/Unterhitze: etwa 200 °C
Heißluft: etwa 180 °C
Garzeit: etwa 60 Minuten.

Beilage: Salzkartoffeln.

Landfrauen-Tipp: Zu dem Krautbraten nach Belieben eine Tomatensauce reichen. Dazu 2 Zwiebeln abziehen, würfeln und in 2 Esslöffeln heißem Speiseöl andünsten. 1 Dose (800 g) geschälte Tomaten dazugeben und alles etwa 15 Minuten bei schwacher Hitze köcheln lassen. Die Sauce mit etwas Tomatenmark, Salz und Pfeffer abschmecken und pürieren. Evtl. etwas Schmand unterrühren.

Kräuterdorsch auf Dill-Gurkengemüse | Einfach

Pro Portion:
E: 29 g, F: 24 g, Kh: 7 g, kJ: 1597, kcal: 380

4 Stücke (je 150 g) küchenfertiges Dorschfilet
Salz
frisch gemahlener Pfeffer
Zitronensaft
2 EL Weizenmehl
4 EL Speiseöl
1 Pck. TK-Kräuter der Provence

Für das Dill-Gurkengemüse:
2 kleine Salatgurken (je 400–500 g)
1 Zwiebel
1 Knoblauchzehe
50 g Butter
1 Pck. TK-Dill

Zubereitungszeit: etwa 30 Min.

1. Dorschfilet unter fließendem kalten Wasser abspülen und trockentupfen. Mit Salz, Pfeffer und Zitronensaft würzen und leicht mit Mehl bestäuben.

2. Öl in einer Pfanne erhitzen und die Dorschfilets von beiden Seiten jeweils etwa 3 Minuten braten. Kräuter der Provence auf die Oberseite der Filets streuen, die Filets auf eine vorgewärmte Platte legen, mit Alufolie abdecken und im vorgeheizten Backofen auf dem Rost bei 120–150 °C warm stellen.

3. Für das Gemüse Salatgurken schälen, längs halbieren und mit einem Teelöffel das Kerngehäuse entfernen. Die Gurken in 1 cm dicke Stücke schneiden. Zwiebel und Knoblauch abziehen und würfeln.

4. Butter in einer Pfanne erhitzen und Zwiebelwürfel und Gurkenstückchen darin andünsten, mit Salz, Pfeffer, Knoblauch und Dill würzen und etwa 5 Minuten garen.

5. Den Fisch auf dem Gurkengemüse anrichten und die ausgetretene Flüssigkeit darüber träufeln, sofort servieren.

Beilage: Knoblauch-Butter-Kartoffeln oder Risotto.

Landfrauen-Tipp: Die Zwiebel- und Gurkenwürfel in nur 30 g Butter dünsten und zum Schluss 1/2–1 Becher (75–150 g) Crème fraîche unterheben. Das Gemüse mit Salz, Pfeffer, Zitronensaft und 1 Prise Zucker abschmecken.

Kürbis-Fisch-Gratin | Für Gäste

Pro Portion:
E: 31 g, F: 30 g, Kh: 28 g, kJ: 2820, kcal: 674

600 g Kürbisfruchtfleisch
600 g Kartoffeln

Für den Guss und zum Bestreuen:
2 Eier (Größe M)
250 g Schlagsahne
Salz
frisch gemahlener Pfeffer
½ Bund Dill

500 g Lachsfilet
3 TL körniger Senf
1 Becher (150 g) Crème fraîche

Zubereitungszeit: etwa 40 Min.

1. Kürbisfruchtfleisch in große, dünne Scheiben schneiden. Kartoffeln waschen, schälen, abspülen und in dünne Scheiben schneiden oder hobeln.

2. Für den Guss Eier und Sahne verquirlen und mit Salz und Pfeffer kräftig würzen. Dill kalt abspülen, trockentupfen, die Spitzen von den Stängeln zupfen und fein schneiden. Die Hälfte des Dills unter den Guss rühren.

3. Kürbis- und Kartoffelscheiben in eine flache Auflaufform schichten. Den Guss darüber gießen und mit Alufolie zudecken. Die Form auf dem Rost in den vorgeheizten Backofen schieben.

Ober-/Unterhitze: etwa 180 °C
Heißluft: etwa 160 °C
Garzeit: etwa 50 Minuten.

4. In der Zwischenzeit Lachsfilet unter fließendem kalten Wasser abspülen, trockentupfen und mit etwas Senf bestreichen, mit Salz und Pfeffer würzen.

5. Die Form aus dem Backofen nehmen, auf einen Kuchenrost stellen und die Alufolie entfernen. Lachsfilet auf das Gratin legen und Crème fraîche darauf verteilen. Die Form wieder auf dem Rost in den vorgeheizten Backofen schieben.

Ober-/Unterhitze: etwa 200 °C
Heißluft: etwa 180 °C
Garzeit: 15–20 Minuten.

6. Das Gratin mit dem restlichen Dill bestreut servieren.

Beilage: Dazu einen frischen Blattsalat servieren.

Kürbis-Kasseler-Ragout | Raffiniert

Pro Portion:
E: 40 g, F: 40 g, Kh: 24 g, kJ: 2712, kcal: 647

600 g	*Kasseler-Nackenfleisch (ohne Knochen)*
200 g	*Zwiebeln*
400 g	*Kürbisfruchtfleisch*
400 g	*Möhren*
2 EL	*Speiseöl*
100 g	*Schlagsahne*
125 ml (1/8 l)	*klare Brühe*
1 Bund	*Schnittlauch*
3–4 EL	*heller Saucenbinder*
2 EL	*Sahnemeerrettich*
	frisch gemahlener Pfeffer

Zubereitungszeit: etwa 60 Min.

1. Kasseler unter fließendem kalten Wasser abspülen, trockentupfen und in etwa 3 cm große Würfel schneiden. Zwiebeln abziehen und in Spalten schneiden. Kürbisfruchtfleisch in etwa 2 cm große Würfel schneiden. Möhren putzen, schälen, waschen und in 2 cm große Stücke schneiden.

2. Öl in einem Topf erhitzen und Kasselerwürfel darin anbraten.

3. Zwiebeln und Möhren dazugeben und kurz anbraten. Mit Sahne und Brühe ablöschen und zugedeckt etwa 5 Minuten schmoren lassen. Kürbiswürfel hinzugeben und alles etwa 15 Minuten garen.

4. In der Zwischenzeit Schnittlauch kalt abspülen, trockentupfen und in Röllchen schneiden.

5. Das Ragout aufkochen lassen. Saucenbinder und Meerrettich unterrühren und nochmals aufkochen lassen. Mit Pfeffer würzen und mit Schnittlauch bestreuen.

Kürbispuffer | Vegetarisch

Pro Portion:
E: 18 g, F: 29 g, Kh: 23 g, kJ: 1820, kcal: 434

½–1 Bund Koriander
300 g Kürbisfruchtfleisch
200 g Fetakäse
1–2 Knoblauchzehen
50 g Maismehl
50 g Weizenmehl
3 Eier (Größe M)
Salz
frisch gemahlener Pfeffer
6 EL Speiseöl

Zubereitungszeit: etwa 30 Min.

1. Koriander abspülen, trockentupfen und die Blättchen von den Stängeln zupfen. Einige Blättchen zum Garnieren zurücklassen, die restlichen Blättchen klein schneiden. Kürbisfruchtfleisch auf der groben Seite einer Haushaltsreibe raspeln.

2. Die Hälfte des Käses in einer Schüssel mit einer Gabel zerdrücken. Knoblauch abziehen und durch die Presse hinzufügen.

3. Beide Mehlsorten, Eier, Kürbisraspel und Koriander dazugeben und alles zu einem Teig verrühren. Mit Salz und Pfeffer würzen.

4. Öl portionsweise in einer Pfanne erhitzen und aus dem Teig portionsweise 12 kleine Puffer braten. Die fertigen Puffer warm stellen.

5. Den restlichen Fetakäse zerkrümeln und über die Puffer streuen. Mit den zurückgelassenen Korianderblättern garnieren.

Abwandlung: Für Zucchinipuffer 450 g Zucchini waschen, abtrocknen, die Enden abschneiden und Zucchini grob reiben. 1 Zwiebel abziehen und in kleine Würfel schneiden. Die Zutaten mit dem Saft von ½ Zitrone, 3 Eiern (Größe M), 60–70 g Weizenmehl und 3–4 Esslöffeln gehackten Kräutern verrühren, mit Salz und Pfeffer würzen und wie oben angegeben braten.

Beigabe: Naturjoghurt oder Kräuter Crème fraîche.

Landfrauen-Tipp: Die Puffer als Vorspeise oder kleines Gericht servieren. Zum Sattessen die Zutaten verdoppeln und einen Blattsalat dazureichen. Frischer Koriander ist sehr geschmacksintensiv, deshalb zuerst einen Probepuffer backen und die Koriandermenge dann evtl. erhöhen. Anstelle von Koriander können Sie auch Petersilie oder Dill verwenden.

Lachs-Mangold-Pfanne mit Tomaten | Für Gäste

Pro Portion:
E: 34 g, F: 30 g, Kh: 8 g, kJ: 1970, kcal: 471

1 Staude Mangold (etwa 750 g)
2 Zwiebeln
2 Pck. TK-Lachsfilets (je 250 g)
3 EL Speiseöl
Salz
frisch gemahlener Pfeffer
Paprikapulver edelsüß
200 g kleine Cocktailtomaten
8 Garnelenschwänze, gekocht (ohne Schale)
2 EL geröstete Sesamsamen

Zubereitungszeit: etwa 25 Min.

1. Mangold putzen, halbieren, den Strunk herausschneiden und Mangold waschen. Mangold in nicht zu feine Streifen schneiden.

2. Zwiebeln abziehen und würfeln. Lachsfilet etwas antauen lassen und jedes Filet in je 3 Stücke schneiden.

3. Öl in einer Pfanne erhitzen und Lachsstücke darin anbraten, mit den Gewürzen bestreuen. Mangoldstreifen und Zwiebelwürfel hinzufügen, mit andünsten und nochmals würzen, zugedeckt etwa 10 Minuten dünsten, evtl. etwas Wasser hinzufügen.

4. Cocktailtomaten abspülen und die Stängelansätze herausschneiden. Tomaten mit den Garnelen etwa 2 Minuten vor Beendigung der Garzeit auf den Mangold legen und zugedeckt fertig garen. Evtl. nochmals mit den Gewürzen abschmecken und mit Sesam bestreuen.

Beilage: Dazu schmecken in Butter geschwenkte Bandnudeln oder Fladenbrot.

Landfrauen-Tipp: Anstelle von Mangold können Sie auch 450 g TK-Blattspinat nehmen und vor der Verwendung auftauen lassen. Zur Abwechslung kann das Gericht auch mit Viktoriabarschfilet zubereitet werden.

Lachsschnitzel mit Wurzelgemüse

Für Gäste

Pro Portion:
E: 27 g, F: 13 g, Kh: 10 g, kJ: 1848, kcal: 443

4 Lachsfilets (je etwa 125 g)
Salz
frisch gemahlener Pfeffer
1 Ei (Größe M)
getrocknete Estragonblätter
20 g Weizenmehl
20 g Butter oder Margarine
2 EL Speiseöl

Für das Wurzelgemüse:
2–3 dicke Möhren (etwa 400 g)
½ kleiner Knollensellerie (etwa 300 g)
1 Stange Porree (Lauch, etwa 200 g)
30 g Butter
125 ml (⅛ l) Gemüsebrühe

einige Zweige Estragon oder Zitronenthymian
1 Bio-Limette (unbehandelt)

Zubereitungszeit: etwa 60 Min.

1. Lachsfilets unter fließendem kalten Wasser abspülen und trockentupfen. Filets mit Salz und Pfeffer bestreuen.

2. Ei in einer Schüssel verschlagen und Estragon unterrühren. Lachsfilets zuerst in Mehl wenden, dann durch die Eimasse ziehen und am Schüsselrand abstreifen.

3. Butter oder Margarine in einer großen Pfanne zerlassen, Speiseöl mit erhitzen und Lachsfilets von beiden Seiten kurz darin anbraten, herausnehmen und auf ein Backblech (gefettet) legen. Das Backblech in den vorgeheizten Backofen schieben.

Ober-/Unterhitze: etwa 180 °C
Heißluft: etwa 160 °C
Backzeit: etwa 20 Minuten.

4. Für das Gemüse Möhren und Sellerie putzen, schälen, waschen, abtropfen lassen und in feine Streifen schneiden. Porree putzen und die Stange längs halbieren. Porree waschen, abtropfen lassen und ebenfalls in Streifen schneiden.

5. Butter in einer Pfanne zerlassen und Möhren-, Sellerie- und Porreestreifen unter Rühren darin andünsten. Brühe hinzugießen, zum Kochen bringen und etwa 10 Minuten garen. Mit Salz und Pfeffer würzen.

6. Estragon oder Zitronenthymian abspülen und trockentupfen. Limette heiß abwaschen, trockenreiben und in Spalten schneiden.

7. Lachsschnitzel mit dem Wurzelgemüse auf Tellern anrichten. Mit Estragon oder Zitronenthymian und Limettenspalten garniert servieren.

Beilage: Kartoffelpüree.

Lammeintopf mit Bohnen | Klassisch

Pro Portion:
E: 55 g, F: 37 g, Kh: 32 g, kJ: 2877, kcal: 686

750 g Lammfleisch (mit Knochen, aus der Schulter)
1 Zwiebel
2–3 Zweige Bohnenkraut
1 EL Speiseöl
gut 1 l Wasser
Salz
1 Lorbeerblatt
4 Pfefferkörner
1 kg grüne Bohnen
500 g vorwiegend fest kochende Kartoffeln
750 g Fleischtomaten
frisch gemahlener Pfeffer
1–2 EL gehackte Petersilie

Zubereitungszeit: etwa 90 Min.

1. Fleisch unter fließendem kalten Wasser abspülen und trockentupfen. Zwiebel abziehen und würfeln. Bohnenkraut abspülen und trockentupfen. Öl in einem großen Suppentopf erhitzen und Fleisch darin rundherum kräftig anbraten.

2. Zwiebelwürfel dazugeben, glasig dünsten und das Wasser dazugießen. Salz, Bohnenkraut, Lorbeerblatt und Pfefferkörner hinzugeben, alles aufkochen lassen und zugedeckt bei mittlerer Hitze etwa 50 Minuten garen.

3. In der Zwischenzeit von den Bohnen die Enden abschneiden, evtl. Fäden abziehen. Bohnen abspülen und in kleine Stücke schneiden oder brechen. Kartoffeln waschen, schälen, abspülen und in Würfel schneiden. Bohnen und Kartoffeln in die Brühe geben. Alles wieder zum Kochen bringen und zugedeckt noch etwa 20 Minuten garen.

4. Tomaten kurz mit kochendem Wasser überbrühen, anschließend kalt abschrecken, enthäuten, halbieren und entkernen. Fruchtfleisch klein schneiden, in den Eintopf geben und weitere 10 Minuten köcheln lassen.

5. Bohnenkraut und Lorbeerblatt aus dem Eintopf entfernen. Fleisch herausnehmen und etwas abkühlen lassen. Fleisch vom Knochen lösen, würfeln und nochmals kurz im Eintopf erhitzen.

6. Den Eintopf mit Salz und Pfeffer abschmecken und mit Petersilie bestreut servieren.

Lammgulasch | Raffiniert – für Gäste

Pro Portion:
E: 25 g, F: 12 g, Kh: 7 g, kJ: 987, kcal: 236

1 dicke Zwiebel
2 Knoblauchzehen
25 g getrocknete Tomaten in Öl
500 g Lammfleisch aus der Keule (ohne Knochen)
2 EL Olivenöl
Salz, Pfeffer
2 Zweige Thymian
1 kleiner Zweig Rosmarin
250 ml (1/4 l) Fleischbrühe
400 g Kürbisfleisch (geputzt, ohne faserigen Innenteil)
1 EL Weizenmehl

Zubereitungszeit: etwa 45 Min.

1. Zwiebel abziehen und in Spalten schneiden. Knoblauch abziehen und in Scheiben schneiden.

2. Tomaten in einem Sieb abtropfen lassen, das Öl dabei auffangen und 2 Esslöffel davon abmessen. Tomaten in kleine Würfel schneiden.

3. Lammfleisch unter fließendem kalten Wasser abspülen, trockentupfen und in etwa 2 cm große Würfel schneiden, dabei evtl. Sehnen entfernen.

4. Jeweils etwas Olivenöl und etwas von dem aufgefangenen Tomatenöl in einer großen Pfanne erhitzen und Lammfleischwürfel portionsweise darin anbraten. Zwiebel, Knoblauch und Tomatenwürfel zugeben und kurz mit anbraten, mit Salz und Pfeffer würzen.

5. Thymianzweige und Rosmarinzweig abspülen, trockentupfen und zu den Lammfleischwürfeln geben. Fleischbrühe hinzugießen, zum Kochen bringen und zugedeckt etwa 50 Minuten garen.

6. Vorbereitetes Kürbisfleisch in etwa 2 cm große Würfel schneiden. Kürbiswürfel mit Mehl mischen, zum Lammgulasch geben und weitere 15–20 Minuten mitgaren lassen.

7. Thymian- und Rosmarinzweige entfernen und Lammgulasch mit Salz und Pfeffer abschmecken.

Beilage: Gnocchi oder Bandnudeln.

Landfrauenauflauf mit Frühlingsquark | Für Kinder

4–6 Portionen

Pro Portion:
E: 39 g, F: 37 g, Kh: 78 g, kJ: 3436, kcal: 821

4 l Wasser
4 TL Salz
200 g gelbe Bandnudeln
200 g grüne Bandnudeln

750 g Fleischtomaten
250 g gekochter Schinken
3 Eier (Größe M)
200 g Schlagsahne
Salz
frisch gemahlener Pfeffer
1 Bund Schnittlauch
½ Bund glatte Petersilie
1 Pck. (200 g) Frühlingsquark

Zubereitungszeit: etwa 30 Min.

1. Wasser in einem großen, geschlossenen Topf zum Kochen bringen. Salz und beide Nudelsorten zugeben und die Nudeln im geöffneten Topf bei mittlerer Hitze nach Packungsanleitung bissfest kochen, dabei gelegentlich umrühren. Anschließend Nudeln in ein Sieb geben, mit heißem Wasser abspülen und abtropfen lassen.

2. Inzwischen Tomaten kurze Zeit in kochendes Wasser legen (nicht kochen lassen), in kaltem Wasser abschrecken, enthäuten, die Stängelansätze herausschneiden und Tomaten in Scheiben schneiden.

3. Schinken in kleine Würfel schneiden. Eier mit Sahne verschlagen und mit Salz und Pfeffer würzen. Schnittlauch und Petersilie abspülen, trockentupfen und fein schneiden.

4. Eine Schicht Tomatenscheiben in eine gefettete, flache Auflaufform geben, mit Salz, Pfeffer, Schnittlauch und Petersilie (von den Kräutern 1 Esslöffel für den Quark zurücklassen) bestreuen und die Hälfte der Schinkenwürfel darüber geben. Die Nudeln darauf geben, dann die restlichen Schinkenwürfel und Tomatenscheiben einschichten.

5. Die Eier-Sahne-Masse darüber verteilen. Die Form auf dem Rost in den vorgeheizten Backofen schieben, den Auflauf backen, bis die Eiermasse gestockt ist.

Ober-/Unterhitze: etwa 200 °C
Heißluft: etwa 180 °C
Backzeit: 30–40 Minuten.

6. Frühlingsquark mit den restlichen Kräutern verrühren, kleine Kleckse davon auf den Auflauf geben und sofort servieren.

Landfrauen-Tipp: Sie können auch Paprika- oder Knoblauchquark verwenden. Nach Belieben die beiden Nudelsorten getrennt kochen und abwechselnd mit den anderen Zutaten in die Auflaufform schichten.

Ländlicher Wurstsalat I

Gut vorzubereiten

Pro Portion:
E: 31 g, F: 61 g, Kh: 6 g, kJ: 3074, kcal: 735

150 g Emmentaler Käse
500 g Fleischwurst
1 Bund Radieschen
2–3 Möhren
3 Tomaten
2 Zwiebeln

Für die Sauce:
1 Knoblauchzehe
50 ml Weinessig
1 EL mittelscharfer Senf
Salz
frisch gemahlener Pfeffer
50 ml Sonnenblumen- oder Rapsöl
2–3 EL Kräuteröl (z. B. mit Basilikum)

Zum Bestreuen:
1–2 EL Schnittlauchröllchen

Zubereitungszeit: etwa 35 Min., ohne Durchziehzeit

1. Emmentaler in kleine Streifen oder Stücke schneiden. Fleischwurst enthäuten, längs halbieren und in Scheiben schneiden.

2. Radieschen putzen und waschen. Möhren putzen, schälen und waschen. Beide Zutaten in sehr dünne Scheiben schneiden. Tomaten waschen, trockentupfen, die Stängelansätze herausschneiden und die Tomaten achteln. Zwiebeln abziehen und in Scheiben schneiden.

3. Für die Sauce Knoblauch abziehen und durch eine Knoblauchpresse drücken, mit Essig und Senf verrühren und mit Salz und Pfeffer würzen. Beide Sorten Öl unterschlagen und die Sauce mit den Salatzutaten vermengen. Den Salat gut durchziehen lassen, nochmals abschmecken und mit Schnittlauch bestreut servieren.

Beilage: Bauernbrot oder Baguette.

Landfrauen-Tipp: Der Salat schmeckt auch ohne Tomaten, dann 4 Zwiebeln verwenden. Anstelle von mittelscharfem Senf schmeckt auch körniger Senf.

Lasagne mit Basilikum | Dauert länger

5 Portionen

Pro Portion:
E: 63 g, F: 71 g, Kh: 90 g, kJ: 5268, kcal: 1258

Für die Fleischsauce:

4 EL Speiseöl
800 g Gehacktes (halb Rind-, halb Schweinefleisch)
300 g Zwiebeln
3 Knoblauchzehen
40 g Tomatenmark (aus der Dose)
100 ml Wasser
Salz
frisch gemahlener Pfeffer
Paprikapulver edelsüß
frische Basilikumblättchen (küchenfertig vorbereitet)

Für die Käsesauce:

40 g Butter oder Margarine
30 g Weizenmehl, 500 ml (½ l) Milch
200 g Schlagsahne
250 g geriebener, mittelalter Gouda
geriebene Muskatnuss

1 kg Fleischtomaten
frische Basilikumblättchen (küchenfertig vorbereitet)
500 g grüne Lasagneplatten ohne Vorkochen

Zubereitungszeit: etwa 55 Min.

1. Für die Fleischsauce Speiseöl erhitzen und Gehacktes unter Rühren darin anbraten, dabei die Fleischklümpchen mit einer Gabel zerdrücken. Zwiebeln und Knoblauch abziehen, in kleine Würfel schneiden, zur Gehacktesmasse geben und mitdünsten lassen.

2. Tomatenmark mit Wasser verrühren und mit Salz, Pfeffer und Paprika würzen. Tomatenmarkflüssigkeit und Basilikumblättchen zur Gehacktesmasse geben. Sauce zum Kochen bringen und 5–10 Minuten kochen lassen. Mit Salz, Pfeffer und Paprika abschmecken.

3. Für die Käsesauce Butter oder Margarine zerlassen und Mehl unter Rühren darin erhitzen, bis es hellgelb ist. Milch und Sahne hinzugießen, mit einem Schneebesen durchschlagen, so dass keine Klümpchen entstehen. Zwei Drittel vom Käse unterrühren. Die Sauce unter Rühren 2–3 Minuten kochen lassen und mit Salz, Pfeffer und Muskat würzen.

4. Tomaten waschen, abtropfen lassen, kreuzweise einschneiden und einige Sekunden in kochendes Wasser, dann kurz in kaltes Wasser legen, enthäuten und halbieren. Tomaten entkernen, Stängelansätze herausschneiden und Fruchtfleisch in Scheiben schneiden. Basilikumblättchen fein hacken.

5. Abwechselnd jeweils eine Schicht Lasagneplatten, Fleischsauce, Tomatenscheiben (mit Pfeffer und Basilikum bestreut) und Käsesauce in eine große Auflaufform geben. Die oberste Schicht sollte aus Käsesauce bestehen. Mit dem restlichen Käse bestreuen. Die Form auf dem Rost in den vorgeheizten Backofen schieben.

Ober-/Unterhitze: etwa 200 °C
Heißluft: etwa 180 °C
Backzeit: etwa 60 Minuten.

Lasagne, süße | Raffiniert

6 Portionen

Pro Stück:
E: 9 g, F: 23 g, Kh: 54 g, kJ: 2011, kcal: 481

Für die Lasagne:

1 Pck. Saucen-Pulver Vanille-Geschmack (zum Kochen)
250 ml (1/4 l) Milch
250 g Schlagsahne
3 EL Zucker
2 Eier (Größe M)
1 Dose Tortenpfirsiche (Abtropfgewicht 500 g)
1 Glas Stachelbeeren (Abtropfgewicht 390 g)
6 Lasagneplatten ohne Vorkochen
50 g abgezogene, gehobelte Mandeln

Für die Kirschsauce:

1 Pck. Saucen-Pulver Vanille-Geschmack (zum Kochen)
500 ml (1/2 l) Kirschsaft
1 Zimtstange
1 TL Dr. Oetker Finesse Geriebene Zitronenschale

Zum Bestäuben:

1 EL Puderzucker

Zubereitungszeit: etwa 30 Min.

1. Für die Lasagne Saucen-Pulver mit 4 Esslöffeln von der Milch glatt rühren. Die restliche Milch mit Sahne und Zucker zum Kochen bringen. Das angerührte Saucen-Pulver einrühren und alles nochmals kurz aufkochen lassen.

2. Eier verschlagen, mit etwas heißer Sauce verrühren und dann in die übrige Sauce rühren (nicht mehr kochen lassen).

3. Pfirsiche und Stachelbeeren getrennt in Sieben abtropfen lassen. Etwas von der Sauce auf den Boden einer gefetteten, rechteckigen Auflaufform streichen. 3 Lasagneplatten nebeneinander darauf legen. Die Pfirsiche darauf verteilen und mit Sauce knapp bedecken.

4. Die restlichen Lasagneplatten darauf legen. Die Stachelbeeren darauf verteilen, mit der restlichen Sauce begießen und mit Mandeln bestreuen. Die Auflaufform auf dem Rost in den vorgeheizten Backofen schieben.

Ober-/Unterhitze: etwa 200 °C
Heißluft: etwa 180 °C
Backzeit: etwa 35 Minuten.

5. In der Zwischenzeit für die Kirschsauce Saucen-Pulver mit 4 Esslöffeln von dem Kirschsaft glatt rühren. Den restlichen Kirschsaft mit Zimtstange und Zitronenschale zum Kochen bringen und einmal aufkochen lassen.

6. Zimtstange entfernen. Das angerührte Saucen-Pulver einrühren und alles nochmals aufkochen lassen. Die Sauce etwas abkühlen lassen.

7. Lasagne mit Puderzucker bestäuben und mit der Kirschsauce servieren.

Landfrauen-Tipp: Tortenpfirsiche sind bereits in Spalten geschnittene Pfirsiche. Sie können auch Pfirsichhälften verwenden und diese selber in Spalten schneiden.

Leber mit Zwiebeln | Klassisch

Pro Portion:
E: 26 g, F: 18 g, Kh: 10 g, kJ: 1260, kcal: 301

5	*Zwiebeln*
500 g	*Leber*
20 g	*Weizenmehl*
50 g	*Butterschmalz, Margarine oder*
3 EL	*Speiseöl*
	Salz
	frisch gemahlener Pfeffer
	getrockneter, gerebelter Majoran

Zubereitungszeit: etwa 30 Min.

1. Zwiebeln abziehen, in dünne Scheiben schneiden oder hobeln und in Ringe teilen. Leber unter fließendem kalten Wasser abspülen, trockentupfen und in 1–1 $^{1}/_{2}$ cm dicke Scheiben schneiden. Leber in Mehl wenden. Nicht anhaftendes Mehl abschütteln.

2. 30 g Butterschmalz, Margarine oder Öl in einer Pfanne erhitzen, die Leberscheiben hineinlegen und 3–4 Minuten braten, bis die untere Seite gebräunt ist. Die Scheiben dann wenden, auf der Oberseite mit Salz, Pfeffer und Majoran würzen und in weiteren 3–4 Minuten gar braten. Dann die zweite Seite würzen. Die Leber auf einer vorgewärmten Platte anrichten und warm stellen.

3. Restliches Butterschmalz, Margarine oder Öl in dem Bratfett erhitzen. Die Zwiebelscheiben hineingeben und unter Wenden in 8–10 Minuten bräunen lassen. Die Zwiebelringe mit Salz und Pfeffer würzen und mit auf der Platte anrichten.

Abwandlung: Für Leber „Berliner Art“ Apfelringe oder -spalten von 2 mittelgroßen Äpfeln zusammen mit den Zwiebeln braten.

Beilage: Kartoffelpüree und Apfelmus.

Landfrauen-Tipp: Sie können das Gericht mit Schweine-, Rinder- oder Kalbsleber zubereiten. Die Lebersorten unterscheiden sich in Geschmack und Beschaffenheit. Kalbsleber ist zarter und milder im Geschmack als Schweineleber und hat die kürzeste Garzeit. Rinderleber ist am kräftigsten im Geschmack und von etwas festerer Konsistenz. Die Garzeit der Leber richtet sich auch nach der Dicke der Scheiben. Leber sollte auf keinen Fall bei zu starker Hitze gebraten werden, da sie sonst schnell hart und trocken wird.

Lebergeschnetzeltes mit Kartoffeln | Schnell – einfach

Pro Portion:
E: 40 g, F: 17 g, Kh: 58 g, kJ: 2393, kcal: 571

600 g	*Kalbs- oder Schweineleber*
1 kg	*dicke, fest kochende Kartoffeln*
2	*rote Paprikaschoten (je 150 g)*
1 Bund	*Frühlingszwiebeln*
300 g	*TK-Erbsen*
4 EL	*Speiseöl*
2	*Knoblauchzehen*
	Salz
	frisch gemahlener Pfeffer
½ Bund	*glatte Petersilie, fein geschnitten*

Zubereitungszeit: etwa 40 Min.

1. Die Leber unter fließendem kalten Wasser abspülen, trockentupfen und in Streifen schneiden.

2. Kartoffeln schälen, waschen und in Stifte schneiden. Paprika vierteln, entstielen, entkernen und die weißen Scheidewände entfernen, Schoten waschen und in Streifen schneiden. Frühlingszwiebeln putzen, waschen und abtropfen lassen, in feine Ringe schneiden.

3. TK-Erbsen auftauen lassen.

4. Kartoffeln und Paprika in kochendem Salzwasser 5 Minuten blanchieren, anschließend in einem Sieb abtropfen lassen.

5. Öl in einer Pfanne erhitzen und zunächst Kartoffeln etwa 3 Minuten, dann Leberstreifen, Paprika, Zwiebeln und Erbsen darin unter mehrmaligen Wenden etwa 6 Minuten braten.

6. Knoblauch abziehen und fein würfeln. Das Geschnetzelte mit Salz, Pfeffer und Knoblauch würzen und mit Petersilie bestreuen.

Landfrauen-Tipp: Würzen Sie das Geschnetzelte zusätzlich mit 1 Teelöffel getrocknetem Majoran.

Leberkäse mit Spiegelei | Klassisch

Pro Portion:
E: 19 g, F: 39 g, Kh: 2 g, kJ: 1910, kcal: 456

4 EL Speiseöl
4 Scheiben Leberkäse (je 120 g)
4 mittelgroße Zwiebeln
30 g Butter
4 Eier (Größe M)
Salz
2 EL Schnittlauchröllchen

Zubereitungszeit: etwa 30 Min.

1. Öl in einer Pfanne erhitzen. Die Leberkäsescheiben darin in etwa 6 Minuten von beiden Seiten braten. Anschließend aus der Pfanne nehmen und warm stellen.

2. Zwiebeln abziehen, halbieren und in Scheiben schneiden. Die Zwiebelscheiben in dem verbliebenen Bratfett unter mehrmaligem Wenden bräunen.

3. Butter in einer beschichteten Pfanne erhitzen. Die Eier vorsichtig aufschlagen und nebeneinander in die Pfanne gleiten lassen. Das Eiweiß mit Salz bestreuen und die Eier etwa 5 Minuten braten.

4. Den Leberkäse auf Tellern anrichten und mit Spiegeleiern, Zwiebelscheiben und Schnittlauchröllchen garnieren.

Beilage: Kopfsalat.

Leberkäserouladen auf Sauerkraut | Preiswert

Pro Portion:
E: 38 g, F: 62 g, Kh: 6 g, kJ: 3283, kcal: 784

1 Zwiebel
1 ½ EL Speiseöl
1 Dose Sauerkraut (Abtropfgewicht 750 g)
100 ml Fleischbrühe
3 Wacholderbeeren
1 Lorbeerblatt
Salz
frisch gemahlener Pfeffer
etwas Zucker
8 dünne (etwa ½ cm dicke) Leberkäsescheiben (je etwa 100 g)
etwa 40 g mittelscharfer Senf
4 Gewürzgurken
80 g geriebener, mittelalter Gouda

Zubereitungszeit: etwa 30 Min.

1. Zwiebel abziehen, würfeln und in Öl andünsten.

2. Sauerkraut etwas auseinanderzupfen, zu den Zwiebeln geben und mit andünsten.

3. Brühe hinzugießen, Wacholderbeeren, Lorbeerblatt, Salz, Pfeffer und Zucker hinzufügen und zugedeckt etwa 25 Minuten garen. Das Sauerkraut evtl. nochmals abschmecken und in eine rechteckige, gefettete Auflaufform geben.

4. Während das Sauerkraut gart, Leberkäsescheiben mit Senf (etwa 1 Teelöffel pro Scheibe) bestreichen. Die Gewürzgurken halbieren und je eine Hälfte quer auf die Leberkäsescheibe legen.

5. Die Leberkäsescheiben zusammenrollen und mit einem Holzspießchen zusammenstecken. Die Leberkäserouladen mit dem Spieß nach unten auf das Sauerkraut legen und mit Käse bestreuen. Die Auflaufform auf dem Rost in den vorgeheizten Backofen schieben,

Ober-/Unterhitze: etwa 200 °C
Heißluft: etwa 180 °C
Backzeit: 15–20 Minuten.

Abwandlung: Für Putenrouladen auf Ananaskraut 1 Dose Ananasscheiben (Abtropfgewicht 270 g) auf ein Sieb zum Abtropfen geben und den Saft auffangen. Das Sauerkraut wie oben beschrieben, aber mit 100 ml Ananassaft anstatt Fleischbrühe zubereiten. 8 Scheiben geräucherte Putenbrust (etwa ½ cm dick) mit je ½ Scheiben Ananas füllen und mit Holzstäbchen feststecken. Restliche Ananas in Stücke schneiden, unter das Sauerkraut mischen und das Sauerkraut in eine Auflaufform geben. Die Putenrollen darauf legen, mit Käse bestreuen und backen wie oben beschrieben.

Beilage: Kartoffelpüree mit gebräunten Zwiebeln.

Landfrauen-Tipp: Statt mittelscharfem Senf kann auch süßer Senf genommen werden. Falls mehrere Fleischgerichte serviert werden, reicht auch eine Leberkäse-Roulade pro Person.

Linseneintopf mit Speck | Einfach

Pro Portion:
E: 38 g, F: 44 g, Kh: 68 g, kJ: 3603, kcal: 861

1	*Zwiebel*
125 g	*durchwachsener Speck*
2–3 EL	*Speiseöl*
1 EL	*Currypulver*
500 ml (½ l)	*Fleischbrühe*
500 g	*Kartoffeln*
1 Dose	*Linsen mit Suppengrün (800 g)*
2 Pck. (je 50 g)	*TK-Suppengrün*
	Salz
	frisch gemahlener Pfeffer
1	*Apfel*
4	*Wiener Würstchen*
	gehackte Petersilie

Zubereitungszeit: etwa 30 Min.

1. Zwiebel abziehen und fein würfeln. Speck ebenfalls in feine Würfel schneiden. Öl in einem Topf erhitzen und Zwiebel- und Speckwürfel darin andünsten. Curry darüber stäuben und kurz mitdünsten, Fleischbrühe zugeben.

2. Kartoffeln waschen, schälen, abspülen, in Würfel schneiden und hinzufügen. Alles zum Kochen bringen und etwa 15 Minuten bei mittlerer Hitze kochen lassen.

3. Linsen mit Flüssigkeit und TK-Suppengrün hinzufügen und alles wieder zum Kochen bringen. Mit Salz und Pfeffer würzen.

4. Apfel schälen, vierteln, entkernen und in kleine Stücke schneiden, mit den Wiener Würstchen in den Eintopf geben und etwa 5 Minuten mitgaren lassen. Mit Petersilie bestreuen und servieren.

Landfrauen-Tipp: Den Eintopf mit 1–2 Esslöffeln Apfelessig und Zucker abschmecken.

Makkaroni in Thunfischsauce |

Schnell

Pro Portion:
E: 34 g, F: 25 g, Kh: 69 g, kJ: 2765, kcal: 660

2	*Zwiebeln*
4	*Knoblauchzehen*
350 g	*Zucchini*
3 EL	*Speiseöl*
1	*gelbe Paprikaschote*
1	*Chilischote*
1 Becher (150 g)	*Crème fraîche*
2 Dosen	*Thunfisch naturell (je 185 g)*
	Salz
	frisch gemahlener Pfeffer
	gerebelter Oregano
	gerebelter Thymian
4 l	*Wasser*
4 TL	*Salz*
400 g	*Makkaroni*

Zubereitungszeit: etwa 30 Min.

1. Zwiebeln und Knoblauch abziehen und fein würfeln. Zucchini putzen, Enden abschneiden, Zucchini waschen und in Würfel schneiden. Öl in einem Topf erhitzen und Zwiebel- und Knoblauchwürfel darin andünsten, Zucchiniwürfel dazugeben und anbraten.

2. Paprika- und Chilischote längs halbieren, entstielen, entkernen und die weißen Scheidewände entfernen, Schoten waschen und in feine Würfel schneiden. Beide Zutaten zu den Zucchiniwürfeln geben, Crème fraîche hinzufügen und verrühren.

3. Thunfisch abgießen, leicht zerpflücken, in die Sauce geben und mit Salz, Pfeffer, Oregano und Thymian würzen. Etwa 10 Minuten zugedeckt bei schwacher Hitze köcheln lassen, dabei ab und zu umrühren.

4. In der Zwischenzeit Wasser in einem großen Topf mit geschlossenem Deckel zum Kochen bringen. Salz und Nudeln zugeben und die Nudeln nach Packungsanleitung im geöffneten Topf bei mittlerer Hitze bissfest kochen, zwischendurch 4–5-mal umrühren. Nudeln auf ein Sieb geben und abtropfen lassen.

5. Nudeln auf Teller verteilen, Thunfischsauce über die Nudeln geben und sofort servieren.

Makkaroniauflauf | Für Kinder

Pro Portion:
E: 26 g, F: 30 g, Kh: 48 g, kJ: 2398, kcal: 572

250 g Makkaroni
2 l Wasser
2 TL Salz

1 Glas Champignons in Scheiben (Abtropfgewicht 145 g)
250 g Fleischwurst mit Knoblauch oder gekochter Schinken
1 Dose Pizza-Tomaten (Einwaage 400 g)
Salz
frisch gemahlener Pfeffer
½ TL getrocknete Kräuter der Provence
3 Eier (Größe M)
200 ml Milch
1 EL Semmelbrösel
30 g Butter

Zubereitungszeit: etwa 25 Min.

1. Makkaroni in fingerlange Stücke brechen. Wasser in einem großen Topf mit geschlossenem Deckel zum Kochen bringen. Salz und Makkaroni zugeben und die Makkaroni nach Packungsanleitung im geöffneten Topf bei mittlerer Hitze bissfest kochen, dabei gelegentlich umrühren. Anschließend Makkaroni in ein Sieb geben, mit heißem Wasser abspülen und abtropfen lassen.

2. Inzwischen Champignonscheiben in einem Sieb abtropfen lassen. Fleischwurst enthäuten und in kleine Würfel oder Streifen schneiden. Die beiden Zutaten mit den Makkaroni mischen und alles in eine gefettete Auflaufform geben. Pizza-Tomaten mit Salz, Pfeffer und Kräutern der Provence würzen, über die Auflaufzutaten geben und etwas untermengen.

3. Eier mit Milch verquirlen, mit Salz und Pfeffer würzen und gleichmäßig über den Auflauf gießen. Semmelbrösel darüber streuen und die Butter in Flöckchen darauf verteilen. Die Form auf dem Rost in den vorgeheizten Backofen schieben.

Ober-/Unterhitze: etwa 200 °C
Heißluft: etwa 180 °C
Backzeit: etwa 40 Minuten.

Abwandlung: Für einen vegetarischen Nudelauflauf die Makkaroni wie oben beschrieben garen und 3 Minuten vor Ende der Garzeit 150 g TK-Erbsen zugeben. 4 hart gekochte Eier pellen und in Scheiben schneiden. Die Eischeiben unter die Erbsen-Makkaroni heben und in die gefettete Auflaufform geben. Gewürzte Pizzatomaten zugeben und etwas untermengen. Wie unter Punkt 3 beschrieben weiterarbeiten und den Auflauf backen.

Landfrauen-Tipp: 30 g geriebenen Parmesan mit den Semmelbröseln mischen und über den Auflauf streuen.

Marillenstrudel mit Quark | Raffiniert

Insgesamt:
E: 90 g, F: 166 g, Kh: 370 g, kJ: 14497, kcal: 3456

Für den Strudelteig:
200 g Weizenmehl
1 Prise Salz
75 ml Wasser
50 g zerlassene Butter oder 50 ml Speiseöl

Für die Füllung:
1 Pck. Süße Mahlzeit Grießbrei Vanille-Geschmack
375 ml (3/8 l) Milch
1 Becher (150 g) Crème fraîche
250 g Magerquark
50 g Zucker
1 Ei (Größe M)
1 kleine Dose Marillenhälften (Aprikosenhälften, Abtropfgewicht 240 g)
30 g gehackte Pistazienkerne

Zum Bestreichen:
50 g zerlassene Butter

Zubereitungszeit: etwa 40 Min., ohne Teigruhezeit

1. Für den Teig Mehl in eine Rührschüssel sieben. Salz, Wasser und Butter oder Öl hinzufügen und die Zutaten mit Handrührgerät mit Knethaken zunächst kurz auf niedrigster, dann auf höchster Stufe gut durcharbeiten.

2. Anschließend auf der Arbeitsfläche zu einem glatten Teig verkneten. Den Teig auf Backpapier in einen heißen, trockenen Kochtopf (vorher Wasser darin kochen) legen, mit einem Deckel verschließen und etwa 30 Minuten ruhen lassen.

3. Für die Füllung Grießbrei mit Milch nach Packungsanleitung – aber mit der hier angegebenen Menge Milch – zubereiten und etwas abkühlen lassen. Crème fraîche, Quark, Zucker und Ei unterrühren. Marillen in einem Sieb gut abtropfen lassen und vierteln.

4. Den Teig auf einem bemehlten großen Tuch (Küchentuch) dünn ausrollen und mit den Händen zu einem Rechteck von etwa 50 x 70 cm ausziehen (er muss durchsichtig sein). Die Ränder, wenn sie dicker sind, abschneiden.

5. Auf 2/3 des Teiges die Füllung streichen (an den kürzeren Seiten etwa 3 cm Teig frei lassen), mit Marillenachteln belegen und mit Pistazien bestreuen. Die frei gelassenen Teigstreifen auf die Füllung klappen. Den Teig mit Hilfe des Tuches mit der Füllung beginnend aufrollen und an den Enden gut zusammendrücken.

6. Den Strudel vorsichtig diagonal auf ein Backblech (30 x 40 cm, gefettet, mit Backpapier belegt) gleiten lassen und mit etwas von der Butter bestreichen. Das Backblech in den vorgeheizten Backofen schieben.

Ober-/Unterhitze: etwa 180 °C
Heißluft: etwa 160 °C
Backzeit: etwa 40 Minuten.

7. Den Strudel während des Backens mit der restlichen Butter bestreichen.

8. Den Strudel warm oder kalt servieren.

Landfrauen-Tipp: Der Strudel schmeckt auch lecker, wenn Sie die Marillen durch Heidelbeeren oder Pflaumen ersetzen. Dann anstelle von Pistazien abgezogene, gehackte Mandeln zum Bestreuen verwenden. Den Strudel nach Belieben vor dem Servieren mit Puderzucker bestäuben.

Marmorierte Beerentorte | Kalorienarm

Insgesamt:
E: 104 g, F: 101 g, Kh: 270 g, kJ: 10176, kcal: 2432

Für den Biskuitteig:
2 Eier (Größe M)
50 g Zucker
1 Pck. Dr. Oetker Vanillin-Zucker
50 g Weizenmehl
30 g zerlassene, abgekühlte Butter oder Margarine

Für den Belag:
1 Pck. (etwa 250 g) TK-Beerenfrüchte, aufgetaut
1 Pck. Tortenguss
25 g Zucker
6 Blatt weiße Gelatine
500 g Magerquark
100 g flüssiger Honig
1 EL Zitronensaft
200 g Schlagsahne

Zubereitungszeit: etwa 35 Min., ohne Auftau- und Kühlzeit

1. Für den Teig Eier mit Handrührgerät mit Rührbesen auf höchster Stufe in 1 Minute schaumig schlagen. Zucker und Vanillin-Zucker mischen, in 1 Minute einstreuen und noch etwa 2 Minuten schlagen. Mehl auf die Eiercreme sieben und kurz auf niedrigster Stufe unterrühren. Butter oder Margarine unterrühren.

2. Den Teig in eine Springform (Ø 26 cm, Boden gefettet, mit Backpapier belegt) füllen und glatt streichen. Die Form auf dem Rost in den vorgeheizten Backofen schieben.

Ober-/Unterhitze: etwa 180 °C
Heißluft: etwa 160 °C
Backzeit: etwa 30 Minuten.

3. Den Biskuitboden aus der Form lösen, auf einen mit Backpapier belegten Kuchenrost stürzen und das mitgebackene Backpapier abziehen. Den Biskuitboden erkalten lassen und auf eine Platte legen. Einen Tortenring darumstellen.

4. Für den Belag aufgetaute Beerenfrüchte pürieren. Tortenguss und Zucker vermischen und mit den pürierten Beerenfrüchten glatt rühren. Unter Rühren zum Kochen bringen und gut aufkochen lassen. Die Masse abkühlen lassen.

5. Gelatine nach Packungsanleitung in kaltem Wasser einweichen, leicht ausdrücken und in einem kleinen Topf unter Rühren erwärmen (nicht kochen), bis sie völlig gelöst ist. Quark mit Honig und Zitronensaft verrühren und 2 Esslöffel von der Quarkmasse mit der Gelatine verrühren, dann mit der restlichen Quarkmasse verrühren. Die Masse kalt stellen. Wenn die Masse anfängt zu gelieren, Sahne steif schlagen und unterheben.

6. Quarkmasse und Beerenpüree im Wechsel auf den Tortenboden geben (der Rand sollte aus Quarkmasse bestehen), das Beerenpüree mit einem Löffelstiel leicht marmorieren. Die Torte mindestens zwei Stunden kalt stellen. Vor dem Servieren den Tortenring vorsichtig mit einem Messer lösen und entfernen.

Landfrauen-Tipp: Anstatt TK-Früchten können auch frische Erdbeeren, Himbeeren oder Brombeeren verwendet werden.

Marmorkuchen | Klassisch

Insgesamt:
E: 87 g, F: 287 g, Kh: 612 g, kJ: 23309, kcal: 5568

Für den Rührteig:

300 g	*weiche Butter oder Margarine*
275 g	*Zucker*
1 Pck.	*Dr. Oetker Vanillin-Zucker*
1 Fläschchen	*Rum-Aroma*
1 Prise	*Salz*
5	*Eier (Größe M)*
375 g	*Weizenmehl*
4 TL	*Dr. Oetker Backin*
etwa 3 EL	*Milch*
20 g	*Kakaopulver*
20 g	*Zucker*
2–3 EL	*Milch*

Zum Bestäuben:

etwas	*Puderzucker*

Zubereitungszeit: etwa 30 Min.

1. Für den Teig Butter oder Margarine in einer Rührschüssel mit Handrührgerät mit Rührbesen geschmeidig rühren. Nach und nach Zucker, Vanillin-Zucker, Aroma und Salz unter Rühren hinzufügen und so lange rühren, bis eine gebundene Masse entsteht. Eier nach und nach unterrühren (jedes Ei etwa $^1/_2$ Minute).

2. Mehl mit Backpulver mischen, sieben und abwechselnd mit der Milch in 2 Portionen kurz auf mittlerer Stufe unterrühren.

3. Zwei Drittel des Teiges in eine Napfkuchenform (Ø 24 cm, gefettet) füllen. Kakaopulver sieben und mit Zucker und Milch unter den übrigen Teig rühren. Den dunklen Teig auf dem hellen Teig verteilen und eine Gabel spiralförmig leicht durch die Teigschichten ziehen, so dass ein Marmormuster entsteht. Die Form auf dem Rost in den vorgeheizten Backofen schieben.

Ober-/Unterhitze: etwa 180 °C
Heißluft: etwa 160 °C
Backzeit: etwa 60 Minuten.

4. Den Kuchen 10 Minuten in der Form stehen lassen, dann aus der Form stürzen und auf einem Kuchenrost erkalten lassen. Anschließend den Kuchen mit Puderzucker bestäuben.

Landfrauen-Tipp: Backen Sie den Kuchen in einer Kastenform (35 x 11 cm, gefettet). Nach etwa 15 Minuten Backzeit den Kuchen mit einem spitzen Messer der Länge nach in der Mitte etwa 1 cm tief einschneiden, damit er schön aufbricht, und weiterbacken. Den Kuchen nach dem Erkalten aprikotieren. Dafür 4 Esslöffel Aprikosenkonfitüre durch ein Sieb streichen, mit 1 Esslöffel Wasser in einem Topf unter Rühren aufkochen lassen und den Kuchen damit bestreichen.

Mauerschnitten | Für Kinder

Insgesamt:
E: 85 g, F: 376 g, Kh: 841 g, kJ: 29759, kcal: 7092

Für den All-in-Teig:

200 g Weizenmehl
3 TL Dr. Oetker Backin
150 g Zucker
1 Pck. Dr. Oetker Finesse Orangenfrucht
3 Eier (Größe M)
125 g weiche Butter oder Margarine
150 ml Multivitaminsaft

Für den Belag:

750 ml (3/4 l) Multivitaminsaft
3 Pck. gezuckerter Tortenguss, klar
6 Blatt weiße Gelatine
250 ml (1/4 l) Buttermilch
20 g Zucker
500 g Schlagsahne
etwa 30 Butterkekse mit Schokolade (je 15 Stück Vollmilch und Zartbitter)

Zubereitungszeit: etwa 40 Min., ohne Kühlzeit

1. Für den Teig Mehl mit Backpulver mischen und in eine Rührschüssel sieben. Restliche Zutaten hinzufügen und alles mit Handrührgerät mit Rührbesen auf höchster Stufe in etwa 2 Minuten zu einem Teig verarbeiten. Den Teig auf ein Backblech (30 x 40 cm, gefettet, mit Backpapier belegt) geben, glatt streichen und das Backblech in den vorgeheizten Backofen schieben.

Ober-/Unterhitze: etwa 180 °C
Heißluft: etwa 160 °C
Backzeit: 15–20 Minuten.

2. Die Gebäckplatte auf einen mit Backpapier belegten Kuchenrost stürzen, mitgebackenes Backpapier entfernen und die Platte erkalten lassen. Anschließend wieder auf das Backblech legen und einen Backrahmen darumstellen.

3. Für den Belag aus Saft und Tortengusspulver nach Packungsanleitung einen Guss zubereiten und auf der Gebäckplatte verteilen. Die Platte etwa 30 Minuten kalt stellen.

4. Gelatine nach Packungsanleitung in kaltem Wasser einweichen. Buttermilch und Zucker verrühren. Gelatine leicht ausdrücken, in einem kleinen Topf bei schwacher Hitze unter Rühren auflösen (nicht kochen), mit der Buttermilch verrühren und kalt stellen. Sahne steif schlagen. Sobald die Buttermilch anfängt zu gelieren, Sahne unterheben und die Creme auf der Multivitaminschicht verstreichen. Die Oberfläche in Schnitten einteilen und mit Butterkeksen belegen. Die Schnitten etwa 1 Stunde kalt stellen.

Milchreiswaffeln mit Roter Grütze |

Klassisch

9 Stück

Insgesamt:
E: 72 g, F: 179 g, Kh: 415 g, kJ: 14966, kcal: 3558

Für den Schüttelteig:

150 g Weizenmehl
½ TL Dr. Oetker Backin
75 g Zucker
abgeriebene Schale von
½ Bio-Zitrone (unbehandelt, ungewachst)
3 Eier (Größe M)
125 g zerlassene, abgekühlte Butter oder Margarine
1 Becher (500 g) Milchreis natur (aus dem Kühlregal)

Zum Bestreuen:

75 g abgezogene, gehackte Mandeln

Für die Füllung:

1 Becher (500 g) Rote Grütze (aus dem Kühlregal)

Zum Garnieren:

vorbereitetes Obst, z. B. Himbeeren, Johannisbeeren
etwas Minze

Zum Bestäuben:

Puderzucker

Zubereitungs- und Backzeit: etwa 35 Min.

1. Für den Teig Mehl mit Backpulver mischen, in eine verschließbare Schüssel (3-Liter-Inhalt) sieben und mit Zucker und Zitronenschale vermengen. Eier, Butter oder Margarine und Milchreis hinzufügen und die Schüssel mit dem Deckel fest verschließen.

2. Mehrmals kräftig schütteln, so dass alle Zutaten gut vermischt sind. Alles mit einem Schneebesen oder Rührlöffel nochmals sorgfältig durchrühren, damit trockene Zutaten vom Rand mit untergerührt werden.

3. Waffeleisen erhitzen und evtl. leicht fetten. Je Waffel etwa 1 Esslöffel Mandeln in das Waffeleisen streuen, etwa 3 Esslöffel Teig darauf geben und vorsichtig etwas verteilen. Die Waffeln goldbraun backen, herausnehmen und auf einem Kuchenrost erkalten lassen.

4. Waffeln einzeln auf Teller legen, auf eine Waffelhälfte 1–2 Esslöffel Rote Grütze geben und die andere Waffelhälfte darüber klappen.

5. Zum Garnieren die Waffeln nach Belieben mit Obst und Minze belegen und mit Puderzucker bestäuben.

Landfrauen-Tipp: Die Waffeln schmecken auch mit Milchreis Vanille- oder Zimt-Geschmack. Statt Roter Grütze kann auch Gelbe Grütze genommen werden.

Möhreneintopf | Preiswert

Pro Portion:
E: 28 g, F: 25 g, Kh: 38 g, kJ: 2154, kcal: 514

750 g	*Möhren*
750 g	*Kartoffeln*
2	*Zwiebeln*
75 g	*Butter*
375–500 ml	
(3/8 – 1/2 l)	*Gemüsebrühe*
4	*Rauchenden (Mettwürstchen)*
	Salz
	frisch gemahlener Pfeffer
2 EL	*gehackte, glatte Petersilie*

Zubereitungszeit: etwa 50 Min.

1. Möhren putzen, schälen, waschen und in Scheiben schneiden. Kartoffeln waschen, schälen, abspülen und in Würfel schneiden. Zwiebeln abziehen und fein würfeln.

2. Butter in einem Topf zerlassen und Zwiebelwürfel darin andünsten. Möhrenscheiben hinzufügen und etwa 5 Minuten darin andünsten.

3. Dann die Kartoffelwürfel hinzufügen und ebenfalls andünsten. Gemüsebrühe hinzugießen, alles zum Kochen bringen und etwa 10 Minuten garen lassen.

4. Die Rauchenden auf den Eintopf legen und alles noch weitere 10 Minuten garen lassen.

5. Den Eintopf mit Salz und Pfeffer würzen und die Petersilie darauf verteilen. Die Rauchenden nach Belieben in Scheiben schneiden und in den Eintopf rühren.

Möhrenkuchen | Mit Alkohol

Insgesamt:
E: 119 g, F: 263 g, Kh: 481 g, kJ: 20694, kcal: 4938

Für den Biskuitteig:
250 g Möhren
5 Eiweiß (Größe M)
5 Eigelb (Größe M)
200 g Zucker
1 Pck. Dr. Oetker Vanillin-Zucker
1 Prise Salz
3 EL Rum
60 g Weizenmehl
3 TL Dr. Oetker Backin
400 g nicht abgezogene, gemahlene Mandeln

Für den Guss:
200 g Puderzucker
3–4 EL Rum
20 g Butter

Nach Belieben zum Garnieren:
einige Marzipan-Möhren

Zubereitungszeit: etwa 30 Min., ohne Kühlzeit

1. Zum Vorbereiten für den Teig die Möhren waschen, abtropfen lassen, schälen und auf einer Küchenreibe fein raspeln.

2. Für den Teig Eiweiß in einer Rührschüssel so steif schlagen, dass ein Messerschnitt sichtbar bleibt und beiseite stellen. Eigelb mit Zucker, Vanillin-Zucker und Salz in einer anderen Rührschüssel mit Handrührgerät mit Rührbesen auf höchster Stufe etwa 5 Minuten schaumig rühren. Rum kurz unterrühren.

3. Mehl mit Backpulver mischen, sieben und mit der Hälfte der Mandeln auf niedrigster Stufe unterrühren.

4. Eischnee unterheben. Übrige Mandeln und die Möhrenraspel ebenfalls kurz unterrühren. Den Teig in eine Kastenform (30 x 11 cm, gefettet, bemehlt) füllen. Die Form auf dem Rost auf der untersten Einschubleiste in den vorgeheizten Backofen schieben.

Ober-/Unterhitze: etwa 180 °C
Heißluft: etwa 160 °C
Backzeit: etwa 65 Minuten.

5. Den Kuchen 10 Minuten in der Form auf einem Kuchenrost stehen lassen, dann aus der Form lösen, auf einen Kuchenrost stürzen und erkalten lassen.

6. Für den Guss Puderzucker sieben und mit Rum verrühren. Butter zerlassen, unterrühren und den Kuchen damit überziehen. Nach Belieben Marzipanmöhren auf den noch feuchten Guss legen und den Guss fest werden lassen.

Landfrauen-Tipp: Sie können den Möhrenkuchen auch ohne Rum zubereiten, dann den Rum durch dieselbe Menge Orangensaft ersetzen. Sie können den Möhrenkuchen auch in einer Springform (Ø 26 cm) backen.

Nackenkoteletts, gegrillte I

Gut vorzubereiten

Pro Portion:
E: 37 g, F: 20 g, Kh: 1 g, kJ: 1368, kcal: 327

4 dünne Schweinenackenkoteletts (je etwa 180 g)

Für die Marinade:

2 Zwiebeln
1–2 Knoblauchzehen
1–2 EL mittelscharfer Senf
frisch gemahlener Pfeffer
3–4 EL Olivenöl
Salz

Zubereitungszeit: etwa 20 Min., ohne Marinierzeit

1. Koteletts unter fließendem kalten Wasser abspülen und trockentupfen.

2. Für die Marinade Zwiebeln und Knoblauch abziehen. Zwiebeln zuerst in Scheiben schneiden, dann in Ringe teilen. Knoblauch durch eine Knoblauchpresse drücken.

3. Senf mit Knoblauch verrühren und die Koteletts dick von beiden Seiten damit bestreichen, mit Pfeffer bestreuen. Koteletts in eine flache Schale legen und mit Zwiebelringen belegen. Olivenöl auf die Koteletts träufeln und Koteletts zugedeckt für 1–2 Stunden in den Kühlschrank stellen.

4. Koteletts aus der Marinade nehmen und die Zwiebeln abstreifen. Koteletts auf dem heißen Grill von beiden Seiten etwa 5 Minuten grillen und mit Salz bestreuen. Zwiebeln nach Belieben ebenfalls grillen, den Grillrost dazu mit Alufolie bedecken. Gegrillte Zwiebeln mit den Koteletts servieren.

Landfrauen-Tipp: Die Hälfte des Senfs durch süßen Senf oder körnigen Rôtisseur-Senf ersetzen.

Nackensteaks auf dem Blech I

Gut vorzubereiten

6 Portionen

Pro Portion:
E: 41 g, F: 69 g, Kh: 2 g, kJ: 3523, kcal: 841

6 Schweine-Nackensteaks (je etwa 180 g)
Salz
frisch gemahlener Pfeffer
6 TL mittelscharfer Senf
4 mittelgroße Zwiebeln
12 Scheiben durchwachsener Speck

Außerdem:
Alufolie

Zubereitungszeit: etwa 25 Min., ohne Durchziehzeit

1. Nackensteaks unter fließendem kalten Wasser abspülen, trockentupfen und mit Salz und Pfeffer würzen. Nackensteaks auf ein Backblech legen und dick mit Senf bestreichen. Zugedeckt einige Stunden (am besten über Nacht) durchziehen lassen.

2. Zwiebeln abziehen und in dünne Ringe schneiden. Die Nackensteaks dick mit den Zwiebelringen belegen und mit den Speckscheiben bedecken. Das Backblech vollständig mit Alufolie zudecken.

3. Das Backblech in den vorgeheizten Backofen schieben.

Ober-/Unterhitze: etwa 200 °C
Heißluft: etwa 180 °C
Garzeit: etwa 90 Minuten.

4. Das Backblech auf einen Rost stellen. Alufolie entfernen und die Nackensteaks sofort servieren.

Beilage: Kartoffelgratin oder Bratkartoffeln und ein gemischter Salat.

Landfrauen-Tipp: Bestreuen Sie die Zwiebelringe mit Paprika edelsüß bevor Sie die Speckscheiben auflegen.

Nudelauflauf, bunter | Gut vorzubereiten

Pro Portion:
E: 31 g, F: 37 g, Kh: 58 g, kJ: 3020, kcal: 721

3 l Wasser
3 TL Salz
300 g Makkaroni
3 Möhren
1 dicke Zwiebel
1 grüne Paprikaschote
150 g gekochter Schinken
2 EL Speiseöl

Für den Guss:
2 Eier (Größe M)
1 Becher (150 g) Crème fraîche
100 g Schlagsahne
Salz
frisch gemahlener Pfeffer

Zum Bestreuen:
75 g geriebener Emmentaler

Zubereitungszeit: etwa 30 Min.

1. Wasser in einem großen Topf mit geschlossenem Deckel zum Kochen bringen. Salz und Makkaroni zugeben und die Makkaroni im geöffneten Topf bei mittlerer Hitze nach Packungsanleitung bissfest kochen, zwischendurch 4–5-mal umrühren. Möhren putzen, schälen, waschen und in Scheiben schneiden oder hobeln. Möhrenscheiben 5 Minuten vor Ende der Garzeit zugeben. Makkaroni und Möhren in ein Sieb geben, mit heißem Wasser abspülen und abtropfen lassen.

2. In der Zwischenzeit Zwiebel abziehen und würfeln. Paprikaschote halbieren, entstielen, entkernen und die weißen Scheidewände entfernen, die Schote waschen und in dünne Streifen schneiden. Schinken in Streifen schneiden.

3. Öl erhitzen und die Zwiebelwürfel darin andünsten, Paprikastreifen hinzufügen und kurz mitdünsten.

4. Für den Guss Eier mit Crème fraîche und Sahne verrühren und mit Salz und Pfeffer würzen.

5. Die Makkaroni mit Gemüse und Schinkenstreifen mischen und in eine große, flache Auflaufform geben. Den Guss darüber gießen und mit Emmentaler bestreuen. Die Form auf dem Rost in den vorgeheizten Backofen schieben.

Ober-/Unterhitze: etwa 200 °C
Heißluft: etwa 180 °C
Garzeit: etwa 35 Minuten.

Nudel-Fleischwurst-Salat | Preiswert

Pro Portion:
E: 17 g, F: 40 g, Kh: 34 g, kJ: 2377, kcal: 567

2 l Wasser
2 TL Salz
125 g kleine Hörnchennudeln

400 g Fleischwurst
1 große Zwiebel
½ Stange Porree (Lauch)
2 große säuerliche Äpfel
2 Fleischtomaten

Für die Salatsauce:
3–4 EL Weißweinessig
Salz
frisch gemahlener Pfeffer
1 TL geriebener Meerrettich (aus dem Glas)
6 EL Speiseöl
2 EL fein geschnittene Schnittlauchröllchen

einige vorbereitete Salatblätter
Tomatenachtel
etwas vorbereitete Petersilie

Zubereitungszeit: etwa 35 Min., ohne Durchzieh- und Kühlzeit

1. Wasser in einem großen Topf mit geschlossenem Deckel zum Kochen bringen. Salz und Nudeln zugeben und die Nudeln im geöffneten Topf bei mittlerer Hitze nach Packungsanleitung kochen lassen, dabei 4–5-mal umrühren.

2. Anschließend die Nudeln in ein Sieb geben, mit heißem Wasser abspülen und abtropfen lassen.

3. Von der Fleischwurst die Haut abziehen. Fleischwurst zuerst in Scheiben, dann in Streifen schneiden. Zwiebel abziehen und in Scheiben schneiden. Porree putzen, in Scheiben schneiden, waschen und gut abtropfen lassen. Äpfel waschen, trockentupfen, nach Belieben schälen, vierteln, entkernen und in kleine

Stücke schneiden. Tomaten waschen, trockentupfen, vierteln, entkernen und die Stängelansätze herausschneiden. Tomaten in Würfel schneiden. Die vorbereiteten Salatzutaten in einer Schüssel mischen.

4. Für die Sauce Essig mit Salz, Pfeffer und Meerrettich verrühren. Speiseöl unterschlagen. Die Sauce mit den Salatzutaten vermengen und Schnittlauchröllchen unterrühren. Den Salat kalt stellen und eine Zeit lang durchziehen lassen. Nochmals mit den Gewürzen abschmecken.

5. Den Salat auf einer großen, mit Salatblättern ausgelegten Platte anrichten und mit Tomatenachteln und Petersilie garnieren.

Landfrauen-Tipp: Sie können den Salat statt mit der Salatsauce auch mit einer Joghurtmayonnaise, 3–4 hart gekochten Eiern und 3–4 Radieschen zubereiten. Dafür 2 Esslöffel Salatmayonnaise mit 1 Becher (150 g) Naturjoghurt und 1 Teelöffel mittelscharfen Senf verrühren. Mit Salz, Pfeffer und Zucker abschmecken. Eier pellen und zusammen mit den Radieschen in Würfel schneiden und mit der Joghurtmayonnaise unter den Salat heben.

Nudel-Mett-Auflauf | Für Kinder

Pro Portion:
E: 42 g, F: 48 g, Kh: 64 g, kJ: 3692, kcal: 882

2 ½ l Wasser
2 ½ TL Salz
250 g Spiralnudeln

500 g Thüringer Mett

1 Dose (400 g) Tomatenstücke mit Kräutern
½ Flasche (250 ml) Texicana-Salsa
1 Pck. (300 g) TK-Balkangemüse
Salz
frisch gemahlener Pfeffer
Kräuter der Provence
50 g geriebener Parmesan
25 g Semmelbrösel

Zubereitungszeit: etwa 20 Min.

1. Wasser in einem großen Topf mit geschlossenem Deckel zum Kochen bringen. Salz und Nudeln zugeben und die Nudeln im geöffneten Topf bei mittlerer Hitze nach Packungsanleitung kochen lassen, dabei zwischendurch 4–5-mal umrühren.

2. Anschließend die Nudeln in ein Sieb geben, mit heißem Wasser abspülen und abtropfen lassen.

3. In der Zwischenzeit aus dem Mett kleine Klößchen formen.

4. Tomatenstücke mit Texicana-Salsa und Balkangemüse verrühren und mit Salz, Pfeffer und Kräutern der Provence würzen.

5. Die Nudeln in eine flache, große, gefettete Auflaufform geben, Mettklößchen dazwischen verteilen und das Gemüse darauf geben, mit Käse und Semmelbröseln bestreuen. Die Form auf dem Rost in den vorgeheizten Backofen schieben.

Ober-/Unterhitze: etwa 200 °C
Heißluft: etwa 180 °C
Garzeit: etwa 35 Minuten.

Abwandlung: Für einen Nudel-Bratwurstklößchen-Auflauf die Nudeln wie oben beschrieben garen und in die gefettete Auflaufform geben. 500 g grobe oder feine Bratwurst als Klößchen aus der Haut drücken und nach Belieben rund formen. Die Klößchen zwischen den Nudeln verteilen. 1 Dose stückige Tomaten (400 g) mit 250 ml (¼ l) Tomatenketchup und 300 g TK-Erbsen verrühren und mit Salz, Pfeffer, Paprika rosenscharf und Oregano würzen, über die Auflaufzutaten geben, mit 100 g geriebenem Emmentaler bestreuen und backen wie oben angegeben.

Landfrauen-Tipp: Sie können auch einen Tetra-Pack Tomaten mit Kräutern (Einwaage 370 g) verwenden.

Nudeln mit Zucchini-Schafkäse-Sauce | Vegetarisch

Pro Portion:
E: 27 g, F: 40 g, Kh: 78 g, kJ: 3435, kcal: 821

4 l Wasser
4 TL Salz
400 g Nudeln, z. B. Spiralnudeln

600 g Tomaten
600 g Zucchini
1 Zwiebel
1 Knoblauchzehe
3 EL Olivenöl
Salz
frisch gemahlener Pfeffer
Cayennepfeffer
frische Thymianblättchen
250 g Schlagsahne
200 g Fetakäse

Zubereitungszeit: etwa 30 Min.

1. Wasser in einem großen Topf mit geschlossenem Deckel zum Kochen bringen. Salz und Nudeln zugeben und Nudeln nach Packungsanleitung im geöffneten Topf bei mittlerer Hitze bissfest kochen. Zwischendurch 4–5 mal umrühren.

2. In der Zwischenzeit Tomaten waschen, abtropfen lassen, kreuzweise einschneiden, kurz in kochendes Wasser legen und in kaltem Wasser abschrecken. Tomaten enthäuten und Stängelansätze herausschneiden, Tomaten entkernen und in nicht zu kleine Stücke schneiden.

3. Zucchini waschen, abtrocknen, die Enden abschneiden und Zucchini erst in Scheiben, dann in Stifte schneiden. Zwiebel und Knoblauch abziehen und würfeln.

4. Öl in einem Topf erhitzen und Zwiebel- und Knoblauchwürfel darin andünsten. Zucchinistifte hinzufügen und 3–5 Minuten mitdünsten. Dann mit Salz, Pfeffer, Cayennepfeffer und Thymianblättchen bestreuen.

5. Sahne und Tomatenstücke hinzufügen und alles gut aufkochen lassen.

6. Fetakäse in Würfel schneiden und in der Sauce erwärmen (nicht mehr kochen lassen). Die Sauce zu den Nudeln servieren. Oder die Nudeln mit der Sauce vermischen und auf Tellern anrichten, so nehmen die Nudeln die Sauce besser auf.

Landfrauen-Tipp: Fetakäse ist ein stark gesalzener Weichkäse, der ursprünglich in Griechenland aus Schafmilch oder einer Mischung von Schaf-, Ziegen- und Kuhmilch hergestellt wurde. In Deutschland produzierter Fetakäse wird aus Kuhmilch hergestellt. Der Fettgehalt des Käses schwankt stark und liegt zwischen 45–60 % in der Trockenmasse.

Nudel-Pesto-Salat | Vegetarisch

Pro Portion:
E: 14 g, F: 42 g, Kh: 45 g, kJ: 2693, kcal: 643

2 ½ l	*Wasser*
2 ½ TL	*Salz*
250 g	*Schmetterlingsnudeln (Farfalle)*
etwa 150 g	*Basilikum-Pesto (fertig gekauft)*
5	*Tomaten*
3 EL	*Olivenöl*
	Salz
	frisch gemahlener Pfeffer

Zubereitungszeit: etwa 20 Min., ohne Durchziehzeit

1. Wasser in einem großen Topf mit geschlossenem Deckel zum Kochen bringen. Salz und Nudeln zugeben und Nudeln im geöffneten Topf bei mittlerer Hitze nach Packungsanleitung bissfest garen. Zwischendurch 4–5-mal umrühren. Die Nudeln auf ein Sieb schütten, mit kaltem Wasser übergießen, gut abtropfen lassen und sofort mit dem Pesto vermischen.

2. Tomaten kurze Zeit in kochendes Wasser legen (nicht kochen lassen), in kaltem Wasser abschrecken, enthäuten und die Stängelansätze herausschneiden, Tomaten entkernen und in Streifen schneiden.

3. Tomatenstreifen und Öl unter die Nudel-Pesto-Mischung rühren, mit Salz und Pfeffer würzen und bis zum Verzehr etwas durchziehen lassen.

Landfrauen-Tipp: Sie können den Salat ganz einfach verändern, indem Sie zusätzlich noch schwarze Oliven, in Streifen geschnittenen gekochten Schinken, Rucola oder in Würfel geschnittenen Fetakäse unterheben.

Nudelsalat mit Basilikum-Vinaigrette | Für Gäste

8 Portionen

Pro Portion:
E: 19 g, F: 11 g, Kh: 38 g, kJ: 1385, kcal: 330

4 l Wasser
4 TL Salz
400 g kurze Bandnudeln

2 Dosen Artischockenherzen (je 240 g)
6 Tomaten
400 g braune Champignons
300 g Kochschinken

Für die Vinaigrette:
3 Knoblauchzehen
2 EL Weißweinessig oder Zitronensaft
5 EL Olivenöl
Salz
frisch gemahlener Pfeffer
Zucker
1 Topf Basilikum

Zubereitungszeit: etwa 35 Min., ohne Durchziehzeit

1. Wasser in einem großen Topf mit geschlossenem Deckel zum Kochen bringen. Salz und Nudeln zugeben und die Nudeln im geöffneten Topf bei mittlerer Hitze nach Packungsanleitung kochen lassen, dabei 4–5-mal umrühren.

2. Anschließend die Nudeln in ein Sieb geben, mit kaltem Wasser abspülen und abtropfen lassen.

3. Inzwischen Artischockenherzen in einem Sieb abtropfen lassen. Tomaten waschen, kreuzweise einschneiden und einige Sekunden in kochendes Wasser legen. Tomaten kurz in kaltem Wasser abschrecken, enthäuten, halbieren, entkernen und Stängelansätze entfernen. Tomaten in Spalten schneiden.

4. Champignons putzen, mit Küchenpapier abreiben, evtl. kurz abspülen, trockentupfen und vierteln. Schinken in Streifen schneiden.

5. Für die Vinaigrette Knoblauch abziehen und durch eine Knoblauchpresse drücken. Essig oder Zitronensaft mit Knoblauch gut verrühren. Olivenöl unterschlagen und mit Salz, Pfeffer und Zucker abschmecken. Champignonviertel hinzufügen und etwas durchziehen lassen.

6. Basilikum abspülen und trockentupfen. Die Blättchen von den Stängeln zupfen und in Streifen schneiden. Basilikumstreifen unter die Champignons heben und mit den Nudeln mischen.

7. Den Salat mit Artischockenherzen, Tomatenspalten und Schinkenstreifen auf einer großen Platte anrichten.

Landfrauen-Tipp: Den Salat mit 30 g Pinienkernen bestreuen.

Nudelsalat, warmer | Für Kinder

6 Portionen

Pro Portion:
E: 17 g, F: 13 g, Kh: 29 g, kJ: 1254, kcal: 300

300 g Brokkoliröschen
400 ml Gemüsebrühe
300 g gekochter Schinken
4 Frühlingszwiebeln
1 Glas Maiskölbchen (Abtropfgewicht 190 g)

2 l Wasser
2 TL Salz
200 g Nudeln, z. B. Hütchen oder Trulli-Nudeln

Für die Salatsauce:
200 ml Gemüsebrühe von dem Brokkoli
3 EL Estragon-Essig
6 EL Olivenöl
Salz
frisch gemahlener Pfeffer
etwas Zucker

2 EL Schnittlauchröllchen

Zubereitungszeit: etwa 45 Min., ohne Durchziehzeit

1. Von dem Brokkoli die Blätter entfernen. Brokkoli in Röschen teilen, waschen und abtropfen lassen. Brühe in einem Topf zum Kochen bringen, Brokkoliröschen hinzufügen, zum Kochen bringen und etwa 6 Minuten garen. Brokkoliröschen in ein Sieb geben, die Brühe dabei auffangen und 200 ml davon abmessen. Brokkoliröschen kurz in eiskaltes Wasser geben und anschließend in einem Sieb abtropfen lassen.

2. Schinken in Würfel schneiden. Frühlingszwiebeln putzen, waschen, abtropfen lassen und in Ringe schneiden. Maiskölbchen in einem Sieb abtropfen lassen, evtl. halbieren.

3. Wasser in einem großen Topf mit geschlossenem Deckel zum Kochen bringen. Salz und Nudeln zugeben und die Nudeln im geöffneten Topf bei mittlerer Hitze nach Packungsanleitung kochen lassen, dabei zwischendurch 4–5-mal umrühren.

4. Anschließend die Nudeln in ein Sieb geben, mit heißem Wasser abspülen und abtropfen lassen.

5. Für die Sauce Brühe in einem kleinen Topf zum Kochen bringen. Essig unterrühren, Olivenöl unterschlagen und mit Salz, Pfeffer und Zucker kräftig würzen.

6. Nudeln, Brokkoliröschen, Schinkenwürfel, Zwiebelringe und Maiskolben in eine Schüssel geben und gut vermengen. Die Salatzutaten mit der heißen Brühe übergießen und den Salat etwas durchziehen lassen.

7. Den Salat mit Schnittlauchröllchen bestreut servieren.

Nudel-Schinken-Pfanne mit Pfifferlingen | Einfach

Pro Portion:
E: 26 g, F: 25 g, Kh: 44 g, kJ: 2230, kcal: 532

2 ½ l	*Wasser*
2 ½ TL	*Salz*
250 g	*Fadennudeln*
500 g	*Pfifferlinge*
100 g	*Rucola (Rauke)*
5 EL	*Olivenöl*
	frisch gemahlener Pfeffer
	Salz
300 g	*gekochter Schinken, in Scheiben*
	geriebene Muskatnuss

Zubereitungszeit: etwa 35 Min.

1. Wasser in einem großen Topf mit geschlossenem Deckel zum Kochen bringen. Salz und Nudeln zugeben und die Nudeln im geöffneten Topf bei mittlerer Hitze nach Packungsanleitung kochen, zwischendurch 4–5-mal umrühren. Die Nudeln in ein Sieb geben und gut abtropfen lassen.

2. Pfifferlinge putzen, mit Küchenpapier abreiben, evtl. abspülen und abtropfen lassen. Große Pilze nach Belieben halbieren. Rucola putzen, waschen, abtropfen lassen oder trockenschleudern und in grobe Streifen schneiden.

3. Zwei Esslöffel Öl in einem Wok erhitzen und Pfifferlinge darin unter Rühren rundherum anbraten. Nudeln und das restliche Öl dazugeben, alles erhitzen, mit Pfeffer würzen und etwa 5 Minuten unter gelegentlichem Rühren bei mittlerer Hitze braten, leicht salzen.

4. Schinken in Streifen schneiden, zu den Nudeln geben und erhitzen. Rucolastreifen unterheben und die Nudelpfanne mit Pfeffer und Muskat abschmecken.

Abwandlung: Mit den Schinkenstreifen zusätzlich 200 g Schmand unterheben oder 125 g Gorgonzola (Blauschimmelkäse) in Würfel schneiden und unterheben, dann vorsichtig mit Salz abschmecken. Gut schmecken auch in einer Pfanne ohne Fett geröstete Pinienkerne dazu.

Landfrauen-Tipp: Anstelle von frischen Pfifferlingen können Sie auch 2 Gläser Pfifferlinge (Abtropfgewicht je 155 g) verwenden. Oder Sie ersetzen die Pfifferlinge durch Champignons.

Nudeltopf mit Cabanossi I

Schnell – einfach

Pro Portion:
E: 37 g, F: 62 g, Kh: 44 g, kJ: 3890, kcal: 928

1	*Zwiebel*
4 EL	*Olivenöl*
4 EL	*Tomatenmark*
250 g	*Spiralnudeln*
1 l	*Gemüsebrühe*
2	*Cabanossi (500 g)*
½ Pck. (12,5 g)	*TK-Basilikum*
	Salz
	frisch gemahlener Pfeffer

Zubereitungszeit: etwa 20 Min.

1. Zwiebel abziehen und fein würfeln. Olivenöl in einem Topf erhitzen und Zwiebelwürfel darin andünsten. Tomatenmark unterrühren.

2. Nudeln hinzufügen, Brühe hinzugießen und unter Rühren zum Kochen bringen. Etwa 10 Minuten bei mittlerer Hitze unter gelegentlichem Rühren gar kochen lassen.

3. Cabanossi in Scheiben schneiden, zu den Nudeln geben und noch weitere 5 Minuten garen. Basilikum unterrühren und mit Salz und Pfeffer würzen. Nudeltopf sofort servieren.

Beilage: Frischer Blattsalat.

Landfrauen-Tipp: Das Gericht darf nicht zu stark kochen, da die Nudeln in wenig Flüssigkeit gegart werden und leicht am Topfboden ansetzen. Es sollte auch sofort serviert werden, da die Nudeln noch nachquellen. Statt der Cabanossi können auch Mettwürstchen oder Rauchenden verwendet werden. Wer es lieber vegetarisch mag, kann auch statt der Wurst 2 in Würfel geschnittene Tomaten in den Nudeltopf geben und das Gericht zusätzlich mit geriebenem Parmesan bestreuen.

Nürnberger Bratwurstspieße mit Sauerkraut | Preiswert

4 Spieße

Pro Portion:
E: 62 g, F: 44 g, Kh: 13 g, kJ: 3133, kcal: 749

Für das Sauerkraut:

40 g Butter oder Margarine
2 kleine Zwiebeln
1 Dose Sauerkraut mit Ananas (770 g)
Salz
frisch gemahlener Pfeffer
2 Lorbeerblätter
3 Gewürznelken
evtl. etwas Ananassaft
1 Kartoffel

Für die Spieße:

3 kleine Zwiebeln
3 Scheiben Ananas (frisch oder aus der Dose)
16 Nürnberger Bratwürste
3 EL Speiseöl

Zubereitungszeit: etwa 30 Min.

1. Für das Sauerkraut Butter oder Margarine zerlassen. Zwiebeln abziehen, in Würfel schneiden und in dem Fett andünsten.

2. Sauerkraut mit der Flüssigkeit hinzufügen und mit Salz und Pfeffer würzen. Lorbeerblätter, Gewürznelken und nach Belieben etwas Ananassaft hinzufügen und das Sauerkraut zugedeckt etwa 25 Minuten garen.

3. Kartoffel waschen, schälen, abspülen und 15 Minuten vor Ende der Garzeit in das Sauerkraut reiben. Nach Beendigung der Garzeit, Lorbeerblätter und Nelken entfernen und das Sauerkraut mit Salz und Pfeffer abschmecken.

4. Für die Spieße Zwiebeln abziehen und vierteln. Ananas in dicke Stücke schneiden. Die beiden Zutaten abwechselnd mit den Nürnberger Bratwürsten auf 4 Holzspieße stecken.

5. Die Spieße mit Öl bestreichen, auf ein mit Alufolie belegtes Backblech legen, das Backblech unter den vorgeheizten Grill schieben und die Spieße 8–10 Minuten grillen, dabei zwischendurch wenden.

6. Das Sauerkraut zu den Spießen servieren.

Beilage: Kartoffelpüree.

Landfrauen-Tipp: Sie können die Spieße auch in der Pfanne braten, die Garzeit bleibt dabei gleich. Wer die Zwiebeln etwas weicher mag, kann sie auch etwa 5 Minuten in Wasser vorkochen. Übrig gebliebene Ananasscheiben in Stücke schneiden und mit in das Sauerkraut geben.

Nusskordel | Gut vorzubereiten

Insgesamt:
E: 111 g, F: 232 g, Kh: 419 g, kJ: 18390, kcal: 4390

Für die Füllung:
100 g gehackte Haselnusskerne
100 g gehackte Walnusskerne
200 g Marzipan-Rohmasse
400 g Äpfel
2 EL Zitronensaft

Für den Quark-Öl-Teig:
250 g Weizenmehl
2 TL Dr. Oetker Backin
125 g Magerquark
50 ml Speiseöl
50 ml Milch
1 Ei (Größe M)
50 g Zucker
1 Pck. Dr. Oetker Vanillin-Zucker

Zum Aprikotieren:
2–3 EL Aprikosenkonfitüre

Zum Bestreuen:
30 g gehobelte Haselnusskerne

Zubereitungszeit: etwa 40 Min., ohne Kühlzeit

1. Für die Füllung Haselnuss- und Walnusskerne in einer Pfanne ohne Fett rösten und erkalten lassen.

2. Marzipan-Rohmasse grob raspeln. Äpfel schälen, vierteln, entkernen, in kleine Würfel schneiden und mit Zitronensaft und den Nüssen mischen.

3. Für den Teig Mehl mit Backpulver mischen und in eine Rührschüssel sieben. Quark, Öl, Milch, Ei, Zucker und Vanillin-Zucker hinzufügen und die Zutaten mit Handrührgerät mit Knethaken auf höchster Stufe in etwa 1 Minute zu einem Teig verarbeiten (nicht zu lange, Teig klebt sonst).

4. Anschließend auf der leicht bemehlten Arbeitsfläche zu einer Rolle formen und zu einem Quadrat (50 x 50 cm) ausrollen. Das Teigquadrat in der Mitte

einmal durchschneiden. Die Nuss-Apfel-Mischung auf beiden Teigrechtecken verteilen, dabei am Rand jeweils 2 cm frei lassen. Marzipanraspel darüber streuen. Die Teigrechtecke der Länge nach aufrollen.

5. Die Teigrollen vorsichtig nebeneinander auf ein Backblech (30 x 40 cm, gefettet, mit Backpapier belegt) legen und wie eine Kordel umeinander drehen. Das Backblech in den vorgeheizten Backofen schieben.

Ober-/Unterhitze: etwa 180 °C
Heißluft: etwa 160 °C
Backzeit: etwa 30 Minuten.

6. Zum Aprikotieren Aprikosenkonfitüre durch ein Sieb streichen und in einem kleinen Topf unter Rühren erhitzen.

7. Das Gebäck mit dem Backpapier von dem Backblech auf einen Kuchenrost ziehen, sofort mit der Konfitüre bestreichen und mit Haselnusskernen bestreuen. Die Nusskordel auf dem Kuchenrost erkalten lassen.

Abwandlung: Die Teigkordel vor dem Backen mit 3 Esslöffeln Milch bestreichen und mit 1 Esslöffel Zimtzucker bestreuen. Die Kordel dann nicht aprikotieren und mit Haselnusskernen bestreuen.

Landfrauen-Tipp: Bei Verwendung von sehr festfleischigen Äpfeln die Apfelwürfel nach Belieben kurz in einer Pfanne andünsten und erkalten lassen. Die Nusskordel hält sich gut verpackt 2–3 Tage frisch.

Nuss-Schnitten I

Beliebt – gut vorzubereiten

Insgesamt:
E: 111 g, F: 479 g, Kh: 309 g, kJ: 25883, kcal: 6185

Für den Biskuitteig:
6 Eier (Größe M)
150 g Zucker
1 Pck. Dr. Oetker Vanillin-Zucker
1 Prise Salz
1 geh. EL Weizenmehl
1 TL Dr. Oetker Backin
½ TL gemahlener Zimt
250 g gemahlene Haselnusskerne

Für die Füllung:
750 g Schlagsahne
1 TL Zucker
2 Pck. Dr. Oetker Sahnesteif
1 Pck. Dr. Oetker Vanillin-Zucker
100 g Zartbitterschokolade

Zum Garnieren:
dünne Vollmilch-Schokoladentäfelchen
gehobelte Haselnusskerne

Zubereitungszeit: etwa 40 Min., ohne Kühlzeit

1. Für den Teig Eier mit Handrührgerät mit Rührbesen auf höchster Stufe in 1 Minute schaumig schlagen. Zucker, Vanillin-Zucker und Salz mischen, in 1 Minute einstreuen und noch etwa 2 Minuten schlagen.

2. Mehl mit Backpulver und Zimt mischen, sieben und mit Haselnusskernen mischen, die Hälfte davon auf die Eiercreme geben und kurz auf niedrigster Stufe unterrühren. Den Rest des Nuss-Mehl-Gemisches auf dieselbe Weise unterarbeiten.

3. Den Teig auf ein Backblech (30 x 40 cm, gefettet, mit Backpapier belegt) streichen. An der offenen Seite des Blechs das Papier unmittelbar vor dem Teig zur Falte knicken, so dass ein Rand entsteht. Das Backblech in den vorgeheizten Backofen schieben.

Ober-/Unterhitze: etwa 200 °C
Heißluft: etwa 180 °C
Backzeit: 12–15 Minuten.

4. Die Gebäckplatte sofort nach dem Backen auf ein mit Zucker bestreutes Papier stürzen, das mitgebackene Backpapier mit kaltem Wasser bestreichen und vorsichtig, aber schnell abziehen. Die Gebäckplatte erkalten lassen und senkrecht halbieren.

5. Für die Füllung Sahne mit Zucker, Sahnesteif und Vanillin-Zucker steif schlagen. Schokolade sehr fein schneiden und unter gut die Hälfte der Sahne heben.

6. Die Schokoladensahne auf eine der Gebäckplatten streichen, die zweite Gebäckplatte darauf legen und mit gut der Hälfte der restlichen Sahne bestreichen. Auf der Oberfläche mit einem Messer gleich große Schnitten markieren.

7. Die restliche Sahne in einen Spritzbeutel mit Sterntülle füllen und die markierten Schnitten damit verzieren. Die Schokoladentäfelchen in große Stücke brechen. Die Nuss-Schnitten mit Schokolade und Haselnusskernen garnieren und etwa 2 Stunden in den Kühlschrank stellen. Erst dann die markierten Schnitten schneiden.

Landfrauen-Tipp: Anstelle der Zartbitterschokolade können Sie auch Raspelschokolade verwenden. Die Schnitten können gut bereits am Vortag zubereitet werden.

Obstsalat | Klassisch

Pro Portion:
E: 2 g, F: 3 g, Kh: 21 g, kJ: 532, kcal: 127

1 mittelgroßer Apfel (125 g)
1 kleine Mango (250 g)
1 Nektarine (75 g)
1 mittelgroße Orange (150 g)
1 Kiwi (50 g)
100 g Erdbeeren
3 EL Zitronensaft
3 EL Orangensaft oder Orangenlikör
30 g Zucker
30 g abgezogene, gehackte Mandeln

Zubereitungszeit: etwa 25 Min.

1. Den Apfel schälen, vierteln und entkernen. Mango schälen, halbieren und das Fruchtfleisch vom Stein lösen. Nektarine waschen, abtrocknen, halbieren und entsteinen.

2. Orange schälen und filetieren. Kiwi schälen. Das vorbereitete Obst in kleine Stücke schneiden. Erdbeeren waschen, gut abtropfen lassen, entstielen und in Stücke schneiden.

3. Das Obst mit Zitronensaft, Orangensaft oder Orangenlikör und Zucker vermengen und in eine Glasschale füllen.

4. Die Mandeln in einer Pfanne ohne Fett rösten und den Obstsalat damit bestreuen.

Abwandlung: Die Zutaten für den Obstsalat können beliebig variiert werden. So schmeckt auch eine Mischung aus Ananasstückchen, Mandarinen, Weintrauben und reifen Birnen (mit etwas Zitronensaft beträufelt, damit sie nicht braun werden). Möglichst Früchte der Saison verwenden, da sie dann am besten schmecken und eine natürliche Süße haben. Wer möchte, kann den Obstsalat auch mit Kirschwasser oder Himbeergeist verfeinern. Für einen exotischen Obstsalat verrühren Sie den Zitronen- und Orangensaft mit 2 Esslöffeln flüssigem Honig und 1 Esslöffel in feine Streifen geschnittene Pfefferminze und geben Sie die Mischung mit 2 Esslöffeln Rosinen zum Obst. Bestreuen Sie den Salat vor dem Servieren mit den Kernen eines kleinen Granatapfels.

Landfrauen-Tipp: Dazu schmeckt Schlagsahne (nach Belieben mit Eierlikör abgeschmeckt) oder Vanillesauce.

Obsttraum mit Sekt |

Fruchtig – mit Alkohol

Insgesamt:
E: 75 g, F: 302 g, Kh: 597 g, kJ: 23785, kcal: 5683

Für den All-in-Teig:
130 g Weizenmehl
3 TL Dr. Oetker Backin
130 g Zucker
1 Pck. Dr. Oetker Vanillin-Zucker
1 Prise Salz
4 Eier (Größe M)
130 g weiche Butter oder Margarine

Für die Füllung:
6 Blatt weiße Gelatine
150 ml Sekt
50 ml Zitronensaft
250 g Naturjoghurt
500 g Schlagsahne
75 g gesiebter Puderzucker

Für den Belag:
750 g vorbereitetes Obst, z. B. Pfirsiche, Kiwis, Erdbeeren, Himbeeren, Melone

Für den Guss:
1 Pck. Tortenguss, klar
2 EL Zucker
250 ml (¼ l) Apfelsaft (oder halb Saft, halb Sekt)

Für den Rand:
gehackte Pistazienkerne

Zubereitungszeit: etwa 50 Min., ohne Kühlzeit

1. Für den Teig Mehl und Backpulver mischen und in eine Rührschüssel sieben. Restliche Zutaten hinzufügen. Alles mit Handrührgerät mit Rührbesen auf höchster Stufe in etwa 2 Minuten zu einem Teig verarbeiten.

2. Den Teig in eine Springform (Ø 26 cm, Boden gefettet, mit Backpapier belegt) füllen, glatt streichen und die Form auf dem Rost in den vorgeheizten Backofen schieben.

Ober-/Unterhitze: etwa 180 °C
Heißluft: etwa 160 °C
Backzeit: 25–30 Minuten.

3. Nach dem Backen den Boden auf einen mit Backpapier belegten Kuchenrost stürzen, mitgebackenes Papier abziehen. Boden erkalten lassen und einmal waagerecht durchschneiden. Den unteren Boden auf eine Tortenplatte legen und einen Tortenring darumstellen.

4. Für die Füllung Gelatine nach Packungsanleitung in kaltem Wasser einweichen, leicht ausdrücken und in einem kleinen Topf unter Rühren erwärmen (nicht kochen), bis die Gelatine vollständig gelöst ist. Sekt mit Zitronensaft und Joghurt verrühren und die Gelatine unterrühren. Sahne mit Puderzucker steif schlagen und unterheben. Die Creme auf den unteren Tortenboden geben und verstreichen. Oberen Boden auflegen, etwas andrücken und die Torte etwa 1 Stunde kalt stellen.

5. Gemischtes Obst evtl. schälen, je nach Obst in Stücke oder Spalten schneiden und auf dem oberen Boden verteilen.

6. Den Guss nach Packungsanleitung aus Tortengusspulver, Zucker und Apfelsaft zubereiten, sofort auf dem Obst verteilen und die Torte etwa 2 Stunden kalt stellen. Anschließend den Tortenring vorsichtig lösen, entfernen und den Tortenrand mit Pistazienkernen bestreuen.

Landfrauen-Tipp: Die Torte kann auch nur mit einer Sorte Obst belegt werden.

Orangen-Rum-Kuchen I

Fruchtig – mit Alkohol

Insgesamt:
E: 67 g, F: 198 g, Kh: 712 g, kJ: 20899, kcal: 4989

Für den All-in-Teig:
300 g Weizenmehl
1 Pck. Dr. Oetker Backin
250 g Zucker
1 Pck. Dr. Oetker Vanillin-Zucker
1 Pck. Dr. Oetker Finesse Orangenfrucht
1 Pck. Dr. Oetker Finesse Geriebene Zitronenschale
4 Eier (Größe M)
200 g zerlassene, abgekühlte Butter oder Margarine
125 ml (1/8 l) Buttermilch
100 g fein gewürfeltes Orangeat

Zum Tränken:
Saft von
je 1 Zitrone und Orange
125 g Zucker
1 Pck. Dr. Oetker Finesse Orangenfrucht
1 Pck. Dr. Oetker Finesse Geriebene Zitronenschale
3 EL Rum

Zubereitungszeit: etwa 30 Min., ohne Abkühlzeit

1. Für den Teig Mehl mit Backpulver mischen und in eine Rührschüssel sieben. Zucker, Vanillin-Zucker, Orangenfrucht, Zitronenschale, Eier, Butter oder Margarine und Buttermilch hinzufügen und die Zutaten mit Handrührgerät mit Rührbesen zunächst kurz auf niedrigster, dann auf höchster Stufe in etwa 1 Minute zu einem glatten Teig verarbeiten. Orangeat unterheben.

2. Den Teig in eine Springform (Ø 26 cm, Boden gefettet) geben und glatt streichen. Die Form auf dem Rost in den vorgeheizten Backofen schieben.

Ober-/Unterhitze: etwa 180 °C
Heißluft: etwa 160 °C
Backzeit: etwa 50 Minuten.

3. Die Form auf einen Kuchenrost stellen und die Kuchenoberfläche mit einem Holzstäbchen mehrmals einstechen.

4. Zum Tränken Zitronen- und Orangensaft, Zucker, Orangenfrucht und Zitronenschale in einen kleinen Topf geben, unter Rühren zum Kochen bringen und einkochen lassen, bis die Masse etwas dicklich wird, dann Rum unterrühren. Den warmen Kuchen damit tränken. Kuchen abkühlen lassen, dann aus der Form lösen und auf einem Kuchenrost erkalten lassen.

Landfrauen-Tipp: Den Kuchen vor dem Servieren mit Puderzucker bestäuben.

Paprikagulasch, würziges |

Gefriergeeignet

Pro Portion:
E: 37 g, F: 33 g, Kh: 15 g, kJ: 2130, kcal: 510

600 g Schweinegulasch
1 Gemüsezwiebel
2 Knoblauchzehen
3 EL Speiseöl
Salz
frisch gemahlener Pfeffer
Paprikapulver edelsüß
Cayennepfeffer
2 Fleischtomaten
250 ml (1/4 l) Wasser
2 kleine rote, grüne oder gelbe Paprikaschoten
2 Zucchini
1 Becher (150 g) Crème fraîche

Zubereitungszeit: etwa 80 Min.

1. Gulasch trockentupfen, große Fleischwürfel evtl. nochmals durchschneiden. Gemüsezwiebel abziehen, halbieren und in Streifen schneiden. Knoblauch abziehen und fein würfeln. Öl in einem großen Topf erhitzen, Gulaschwürfel von allen Seiten kräftig anbraten und mit Salz, Pfeffer, Paprikapulver und Cayennepfeffer bestreuen. Zwiebelstreifen und Knoblauchwürfel zu dem Fleisch geben und mit andünsten.

2. Tomaten waschen, kreuzweise einschneiden und kurz in kochendes Wasser legen. Tomaten kalt abschrecken, enthäuten und die Stängelansätze entfernen, die Tomaten entkernen und in Stücke schneiden. Wasser und Tomaten zum Fleisch geben und alles bei mittlerer Hitze zugedeckt etwa 45 Minuten schmoren lassen. Evtl. noch etwas Wasser nachgießen.

3. Paprikaschoten halbieren, entstielen, entkernen und die weißen Scheidewände entfernen, die Schoten waschen und in Streifen schneiden. Zucchini waschen, die Enden abschneiden und Zucchini in Scheiben schneiden.

4. Paprika und Zucchini zum Fleisch geben und alles noch etwa 15 Minuten schmoren lassen. Das Gulasch mit den Gewürzen kräftig abschmecken und mit Crème fraîche verfeinern.

Beilage: Nudeln oder Fladenbrot.

Paprika-Knoblauch-Hähnchen

Einfach

Pro Portion:
E: 63 g, F: 63 g, Kh: 11 g, kJ: 3677, kcal: 878

2 küchenfertige Hähnchen (je etwa 800 g)
6 EL Knoblauchöl
Salz
frisch gemahlener Pfeffer
2 EL Paprikapulver edelsüß
4 Zwiebeln
6 Knoblauchzehen
8 spitze, gelbe und grüne Paprikaschoten (Dolma biber)
200 ml Gemüsebrühe
200 g Schmand oder Crème fraîche

Zubereitungszeit: etwa 30 Min.

1. Die Hähnchen halbieren, unter fließendem kalten Wasser abspülen und trockentupfen. Öl mit Salz, Pfeffer und Paprikapulver verrühren, die Hähnchenteile damit einstreichen und in eine Fettfangschale legen (evtl. etwas Wasser hinzufügen). Die Fettfangschale in den vorgeheizten Backofen schieben.

Ober-/Unterhitze: etwa 200 °C
Heißluft: etwa 180 °C
Bratzeit: etwa 50 Minuten.

2. Die Hähnchenteile zwischendurch ab und zu mit dem Gewürzöl bestreichen und evtl. etwas Wasser hinzufügen.

3. In der Zwischenzeit Zwiebeln und Knoblauch abziehen, in feine Scheiben schneiden und nach etwa 25 Minuten Bratzeit zu den Hähnchen geben.

4. Paprikaschoten halbieren, entstielen, entkernen und die weißen Scheidewände entfernen, die Schoten waschen und 15 Minuten vor Beendigung der Bratzeit zu den Hähnchen geben.

5. Das gare Fleisch auf eine Platte legen und warm stellen. Die restlichen Zutaten aus dem Topf mit der Bratflüssigkeit in einen Topf geben. Brühe hinzufügen, alles aufkochen und etwas einkochen lassen.

6. Schmand oder Crème fraîche unterrühren und erwärmen. Die Sauce kräftig abschmecken und zu den Hähnchen servieren.

Beilage: Reis oder Fladenbrot.

Landfrauen-Tipp: Wenn Sie 8 mittelgroße, geschälte, geviertelte Kartoffeln zusammen mit den Hähnchenhälften garen (zwischendurch wenden), haben Sie eine vollständige Mahlzeit.

Paprika-Leber-Pfanne | Schnell

Pro Portion:
E: 37 g, F: 37 g, Kh: 19 g, kJ: 2486, kcal: 594

1 dicke Zwiebel
3 große rote Paprikaschoten
2 große grüne Paprikaschoten
400 g Tomaten
2 Knoblauchzehen
3 EL Olivenöl
3 EL Tomatenmark
200 g Schlagsahne
Salz
frisch gemahlener weißer Pfeffer
1 Prise Zucker
1 Zweig Salbei
650 g Kalbsleber
30 g Butter

Zubereitungszeit: etwa 35 Min.

1. Zwiebel abziehen und fein hacken. Paprikaschoten vierteln, entkernen und die weißen Scheidewände entfernen. Schoten waschen und in feine Streifen schneiden. Tomaten kurz in kochendes Wasser legen, in kaltem Wasser abschrecken, enthäuten und die Stängelansätze entfernen. Tomaten achteln. Knoblauchzehen abziehen und fein würfeln.

2. Öl in einem Topf erhitzen und Zwiebelwürfel darin andünsten. Paprika, Tomaten und Knoblauch zugeben und 5 Minuten dünsten lassen.

3. Tomatenmark und Sahne unterrühren und mit Salz, Pfeffer und Zucker würzen. Salbei waschen, trockentupfen, Blättchen in Streifen schneiden und zugeben. Kurz durchkochen lassen und nochmals abschmecken. Die Masse warm stellen.

4. Die Kalbsleber unter fließendem kalten Wasser abspülen, trockentupfen und enthäuten, zuerst in Scheiben und dann in Streifen schneiden. Butter in einer Bratpfanne erhitzen und die Leber in zwei Portionen unter Wenden 2–3 Minuten braten. Die Streifen mit Salz und Pfeffer würzen und unter die Paprika-Tomaten-Sauce heben.

Landfrauen-Tipp: Dazu passt Reis. Das Paprikagemüse kann auch vorbereitet werden, dann muss nur die Leber frisch gebraten und mit der erhitzten Sauce vermischt werden.

Paprika-Sauerkraut-Suppe I

Vegetarisch

Pro Portion:
E: 10 g, F: 22 g, Kh: 11 g, kJ: 1283, kcal: 307

400 g rote Paprikaschoten
200 g Zwiebeln
200 g Sauerkraut
2 EL Speiseöl
1 l heiße Gemüsebrühe
1 EL Speisestärke
125 g Schlagsahne
Salz
1–2 EL Weißwein

Zubereitungszeit: etwa 35 Min.

1. Paprikaschoten halbieren, entstielen, entkernen und die weißen Scheidewände entfernen, Schoten waschen und in Streifen schneiden. Zwiebeln abziehen und fein würfeln. Sauerkraut lockerzupfen und fein schneiden.

2. Öl in einem Topf erhitzen und die Zwiebelwürfel so lange darin dünsten, bis sie hellgelb sind. Paprika und Sauerkraut hinzufügen und kurz mit erhitzen. Brühe hinzugießen, alles zum Kochen bringen und etwa 20 Minuten kochen lassen.

3. Speisestärke mit Sahne anrühren, die Suppe damit binden und mit Salz und Weißwein abschmecken.

Pariser Salat | Für Gäste

4–6 Portionen

Pro Portion:
E: 32 g, F: 27 g, Kh: 11 g, kJ: 1848, kcal: 441

Für den Salat:

300 g Prinzessbohnen
Salzwasser
200 g kernlose blaue Weintrauben
200 g mittelalter Gouda, in Scheiben
500 g frische Champignons
2 Hähnchenbrustfilets (je 200 g)
2 EL Speiseöl
Salz
frisch gemahlener Pfeffer

Für die Sauce:

2 EL Sherryessig
3 EL Weißwein
Salz
etwas Zucker
frisch gemahlener Pfeffer
5 EL Walnussöl

Zubereitungszeit: etwa 45 Min.

1. Für den Salat von den Bohnen die Enden abschneiden, die Bohnen waschen und evtl. einmal durchschneiden. Bohnen in Salzwasser in etwa 8 Minuten bissfest garen. Bohnen in ein Sieb geben, kurz in kaltes Wasser tauchen und abtropfen lassen.

2. Weintrauben waschen und halbieren (evtl. entkernen). Gouda erst in Streifen, dann in kleine Quadrate schneiden. Champignons putzen, mit Küchenpapier abreiben, evtl. abspülen und halbieren oder vierteln.

3. Hähnchenbrustfilets unter fließendem kalten Wasser abspülen und trockentupfen. Öl in einer Pfanne erhitzen und die Hähnchenbrustfilets darin von beiden Seiten gut anbraten. Mit Salz und Pfeffer würzen, bei mittlerer Hitze etwa 10 Minuten garen und aus der Pfanne nehmen.

4. In dem verbliebenen Fett Champignons kurz anbraten und ebenfalls mit Salz und Pfeffer würzen.

5. Für die Sauce Essig und Weißwein mit Salz, Zucker und Pfeffer verrühren. Öl unterschlagen. Bohnen, Champignons, Gouda und Weintrauben in einer Schüssel mischen und die Sauce unterheben.

6. Hähnchenbrustfilets schräg in dicke Streifen schneiden und lauwarm auf dem Salat anrichten.

Landfrauen-Tipp: Prinzessbohnen sind schmale grüne Bohnen mit kurzen Hülsen, die jung und zart gepflückt werden.

Pastetchen mit Champignonfüllung | Klassisch

2–4 Portionen

Pro Portion:
E: 8 g, F: 42 g, Kh: 13 g, kJ: 1993, kcal: 476

4 fertige Blätterteigpasteten

1 Dose kleine, ganze Champignons (Abtropfgewicht 425 g)
50 g Butter
20 g Weizenmehl
250 g Schlagsahne
Salz
frisch gemahlener Pfeffer
Paprikapulver edelsüß
½ Pck. TK-Kräutermischung

Zubereitungszeit: etwa 25 Min.

1. Blätterteigpasteten nach Packungsanleitung im Backofen erwärmen. Champignons in einem Sieb abtropfen lassen.

2. In der Zwischenzeit Butter zerlassen und Mehl unter Rühren so lange darin erhitzen, bis es hellgelb ist. Sahne hinzugießen, mit einem Schneebesen durchschlagen, darauf achten, dass keine Klümpchen entstehen. Die Sauce zum Kochen bringen und bei schwacher Hitze etwa 5 Minuten kochen lassen.

3. Die Sauce mit Salz, Pfeffer und Paprikapulver würzen. Champignons und Kräuter unterrühren, die Sauce in die Pasteten füllen und servieren.

Beilage: Reis.

Landfrauen-Tipp: Reicht für 2 Personen als Sattmacher oder für 4 Personen als Snack oder Vorspeise. Wenn Sie frische Champignons verwenden möchten, diese putzen, mit Küchenpapier abreiben, evtl. abspülen und vierteln. 1 Zwiebel abziehen, würfeln und in 2 Esslöffeln Butter andünsten. Die Champignons hinzufügen, mitdünsten lassen und in die Sauce geben. Sie können zusätzlich 100 g gekochten Schinken fein würfeln, in der Sauce erwärmen und die Sauce mit einem Schuss Sherry abschmecken.

Pfannkuchen mit Gemüse nach mexikanischer Art | Gelingt leicht

Pro Portion:
E: 27 g, F: 28 g, Kh: 62 g, kJ: 2496, kcal: 596

Für die Pfannkuchen:

250 g Weizenmehl
4 Eier (Größe M)
375 ml (3/8 l) Milch
1 Prise Salz
125 ml (1/8 l) Mineralwasser

Für die Füllung:

1 Knoblauchzehe
1 EL Speiseöl
2 Stangen Porree (Lauch)
1 kleine Dose stückige Tomaten (Einwaage 400 g)
Salz
frisch gemahlener Pfeffer
Cayennepfeffer
1 kleine Dose Kidneybohnen (Abtropfgewicht 250 g)
1 kleine Dose Gemüsemais (Abtropfgewicht 140 g)

Zum Braten:

3 EL Butter

Zubereitungszeit: etwa 45 Min., ohne Quellzeit

1. Für die Pfannkuchen Mehl in eine Schüssel sieben und in die Mitte eine Vertiefung drücken. Eier mit etwas Milch und Salz verrühren, in die Vertiefung geben und von der Mitte aus mit einem Schneebesen mit dem Mehl verrühren. Restliche Milch und Mineralwasser unter Rühren langsam hinzufügen, bis ein dickflüssiger Teig entsteht. Den Teig 15–30 Minuten quellen lassen.

2. In der Zwischenzeit für die Füllung Knoblauch abziehen, fein würfeln und im heißen Öl glasig dünsten. Porree putzen, halbieren und gründlich abspülen. Porree abtropfen lassen, in Ringe schneiden und im Bratfett andünsten.

3. Tomatenstücke hinzugeben und mit Salz, Pfeffer und Cayennepfeffer feurig würzen. Alles bei starker Hitze etwa 10 Minuten etwas einkochen lassen, dabei gelegentlich umrühren. Bohnen abspülen und abtropfen lassen. Mais ebenfalls abtropfen lassen. Beides in die Tomatensauce geben und alles nochmals etwa 5 Minuten köcheln lassen.

4. Butter portionsweise in einer Pfanne erhitzen und eine dünne Teiglage gleichmäßig in der Pfanne verteilen. Sobald die Ränder goldgelb sind, Pfannkuchen wenden und auf der anderen Seite fertig backen. Restliche Pfannkuchen auf dieselbe Art zubereiten. Aus dem Teig 8 Pfannkuchen backen. Teig vor jedem Backen umrühren und die Pfannkuchen warm stellen.

5. Jeweils etwas Füllung auf die Pfannkuchen geben, zusammenklappen und sofort servieren.

Pfannkuchensalat | Für Kinder

Pro Portion:
E: 25 g, F: 30 g, Kh: 39 g, kJ: 2194, kcal: 524

Für den Pfannkuchenteig:
125 g Weizenmehl
2 Eier (Größe M)
1 TL Salz
250 ml (1/4 l) Mineralwasser

1 kleine Dose Ananasstücke (Abtropfgewicht 185 g)
250 g Hähnchenbrustfilets
3 EL Speiseöl
Salz, Pfeffer
2 EL Ananassaft aus der Dose
2 EL Sojasauce
1–2 EL Obstessig
1 Prise Zucker
1/2 Salatgurke (etwa 300 g)
1/2 Kopf Eisbergsalat

Außerdem:
4–5 EL Speiseöl
60 g gehackte, geröstete, gesalzene Cashewkerne

Zubereitungszeit: etwa 60 Min., ohne Abkühlzeit

1. Für den Pfannkuchenteig Mehl in eine Schüssel sieben. Eier mit Salz und Wasser verschlagen und nach und nach unter Rühren zum Mehl geben. Darauf achten, dass keine Klümpchen entstehen. Teig 20–30 Minuten ruhen lassen.

2. Ananasstücke auf einem Sieb abtropfen lassen, dabei den Saft auffangen und 2 Esslöffel davon abmessen. Hähnchenbrustfilets unter fließendem kalten Wasser abspülen, trockentupfen und in Streifen schneiden. 1 Esslöffel Speiseöl in einer Pfanne erhitzen und die Fleischstreifen darin goldbraun braten, mit Salz und Pfeffer würzen, aus der Pfanne nehmen und abkühlen lassen.

3. Den abgemessenen Ananassaft, Sojasauce und Essig in die Pfanne geben und den Bratfond loskochen. Mit Salz, Pfeffer, Zucker und dem restlichen Öl zu einer Salatsauce verrühren und abschmecken.

4. Gurke waschen, abtrocknen, der Länge nach halbieren, die Kerne mit einem Löffel herauskratzen und die Gurkenhälften in Streifen schneiden. Eisbergsalat putzen, achteln, den Strunk herausschneiden und die Achtel in schmale Streifen schneiden. Den Salat waschen und gut abtropfen lassen oder trockenschleudern.

5. Etwas von dem Öl in einer beschichteten Pfanne erhitzen, eine dünne Teiglage hineingeben und den Pfannkuchen von beiden Seiten goldgelb backen. Bevor der Pfannkuchen gewendet wird, etwas Öl in die Pfanne geben. Den restlichen Teig ebenso verarbeiten und die Pfannkuchen abkühlen lassen.

6. Die Pfannkuchen in kurze Streifen schneiden. Hähnchenbrust, Gurken, Eisbergsalat und Ananasstücke in der Salatsauce mischen. Cashewkerne und Pfannkuchenstreifen unterheben und den Pfannkuchensalat sofort servieren.

Pfirsich Melba | Für Gäste

6 Portionen

Pro Portion:
E: 4 g, F: 4 g, Kh: 31 g, kJ: 828, kcal: 198

Für die Sauce:
300 g TK-Himbeeren
3 EL gesiebter Puderzucker
1 TL Zitronensaft
1 EL Orangenlikör

6 Pfirsiche
6 TL Zitronensaft
500 ml Vanille-Eiscreme

Zubereitungszeit: etwa 20 Min., ohne Auftauzeit

1. Für die Sauce Himbeeren etwas antauen lassen, dann mit Puderzucker, Zitronensaft und Orangenlikör pürieren und kalt stellen.

2. Die Pfirsiche mit kochendem Wasser übergießen und die Haut abziehen. Die Pfirsiche halbieren, entsteinen und mit Zitronensaft bestreichen.

3. Vanille-Eiscreme mit einem Eisportionierer in Kugeln teilen und auf sechs Schalen verteilen. Die Pfirsichhälften darauf geben und mit der Himbeersauce begießen.

Pfirsich-Kirsch-Gratin | Für Kinder

Pro Portion:
E: 6 g, F: 9 g, Kh: 45 g, kJ: 1275, kcal: 304

500 g Schattenmorellen
70 g Zucker
70 g abgezogene, gemahlene Mandeln
2 dicke Pfirsiche
3 Eiweiß (Größe M)
75 g Zucker
20 g abgezogene, gemahlene Mandeln

Zubereitungszeit: etwa 35 Min.

1. Schattenmorellen waschen, abtropfen lassen, entstielen und in einen Topf geben, bei schwacher Hitze zum Kochen bringen und etwa 15 Minuten kochen lassen. Schattenmorellen durch ein großes Sieb streichen, so dass die Kerne zurückbleiben.

2. Kirschmus mit Zucker und Mandeln vermengen und in eine Auflaufform geben.

3. Inzwischen Pfirsiche mit kochendem Wasser übergießen und die Haut abziehen, Pfirsiche halbieren, entsteinen und in Spalten schneiden. Pfirsichspalten auf das Kirschmus legen.

4. Eiweiß mit Handrührgerät mit Rührbesen auf höchster Stufe steif schlagen, der Schnee muss so fest sein, dass ein Messerschnitt sichtbar bleibt, nach und nach Zucker unterschlagen. Mandeln vorsichtig unterheben.

5. Die Eiweißmasse auf den Pfirsichspalten verteilen. Die Form auf dem Rost in den vorgeheizten Backofen schieben.

Ober-/Unterhitze: etwa 250 °C
(obere Einschubleiste)
Heißluft: etwa 230 °C
Backzeit: etwa 10 Minuten.

Landfrauen-Tipp: Das Gratin wird besonders gut, wenn es unter dem Grill in etwa 5 Minuten überbacken wird. Anstelle der frischen Schattenmorellen kann auch 1 Glas Sauerkirschen (Abtropfgewicht 360 g) verwendet werden.

Pfirsich-Pudding-Kuchen | Einfach

Insgesamt:
E: 51 g, F: 278 g, Kh: 575 g, kJ: 21536, kcal: 5149

Für den Knetteig:
250 g Weizenmehl
2 TL Dr. Oetker Backin
100 g weiche Butter oder Margarine
150 g Zucker
1 Ei (Größe M)

Für den Belag:
1 Dose Pfirsichhälften (Abtropfgewicht 480 g)

Für den Guss:
1 Pck. Dr. Oetker Pudding-Pulver Vanille-Geschmack
100 g Zucker
600 g Schlagsahne

Zubereitungszeit: etwa 40 Min.

1. Für den Teig Mehl mit Backpulver mischen und in eine Rührschüssel sieben. Butter oder Margarine, Zucker und Ei hinzufügen und die Zutaten mit Handrührgerät mit Knethaken zunächst kurz auf niedrigster, dann auf höchster Stufe gut durcharbeiten.

2. Anschließend auf der leicht bemehlten Arbeitsfläche zu einem glatten Teig verkneten. Sollte er kleben, ihn in Folie gewickelt 20–30 Minuten kalt stellen.

3. Zwei Drittel des Teiges auf dem Boden einer Springform (Ø 26 cm, Boden gefettet) ausrollen, den restlichen Teig zu einer Rolle formen, sie als Rand auf den Teigboden legen und so an die Form drücken, dass ein 2–3 cm hoher Rand entsteht.

4. Für den Belag Pfirsichhälften in einem Sieb gut abtropfen lassen, einmal durchschneiden und kranzförmig auf dem Teig verteilen.

5. Für den Guss aus Pudding-Pulver, Zucker und Sahne nach Packungsanleitung – aber mit den hier angegebenen Zutaten – einen Pudding kochen und heiß über die Pfirsiche gießen. Die Form auf dem Rost in den vorgeheizten Backofen schieben.

Ober-/Unterhitze: etwa 180 °C
Heißluft: etwa 160 °C
Backzeit: etwa 60 Minuten.

6. Den Kuchen in der Form auf einem Kuchenrost erkalten lassen, dann aus der Form lösen und auf eine Tortenplatte legen.

Pfirsich-Schokoladen-Kuchen | Für Kinder

Insgesamt:
E: 67 g, F: 242 g, Kh: 537 g, kJ: 19914, kcal: 4755

Für den Rührteig:
100 g Zartbitterschokolade
250 g weiche Butter oder Margarine
150 g Zucker
6 Eigelb (Größe M)
250 g Weizenmehl
3 TL Dr. Oetker Backin
6 Eiweiß (Größe M)

Für den Belag:
1 1/2 kg Pfirsiche oder
2 Dosen Pfirsichhälften (Abtropfgewicht je 500 g)

Zum Bestäuben:
3 EL Puderzucker

Zubereitungszeit: etwa 55 Min., ohne Abkühlzeit

1. Für den Teig Schokolade in kleine Stücke brechen und in einem kleinen Topf im Wasserbad bei schwacher Hitze zu einer geschmeidigen Masse verrühren, etwas abkühlen lassen.

2. Butter oder Margarine mit Handrührgerät mit Rührbesen auf höchster Stufe geschmeidig rühren. Nach und nach Zucker unterrühren und so lange rühren, bis eine gebundene Masse entstanden ist.

3. Eigelb nach und nach unterrühren (jedes Eigelb knapp 1/2 Minute). Mehl mit Backpulver mischen, sieben und portionsweise auf mittlerer Stufe unterrühren. Aufgelöste Schokolade untermengen. Eiweiß steif schlagen und unterheben. Den Teig in eine Fettfangschale (30 x 40 cm, gefettet, bemehlt) füllen und glatt streichen.

4. Für den Belag Pfirsiche kurz in kochendes Wasser legen (nicht kochen lassen), in kaltem Wasser abschrecken, enthäuten, halbieren und entsteinen. Pfirsichhälften aus der Dose in einem Sieb abtropfen lassen. Pfirsichhälften mit der Schnittfläche nach unten dicht an dicht auf den Teig legen.

5. Die Fettfangschale in den vorgeheizten Backofen schieben.

Ober-/Unterhitze: etwa 180 °C
Heißluft: etwa 160 °C
Backzeit: etwa 40 Minuten.

6. Die Fettfangschale auf einen Kuchenrost stellen. Den Kuchen erkalten lassen und mit Puderzucker bestäuben.

Landfrauen-Tipp: Der Pfirsich-Schokoladen-Kuchen kann auch mit Streuseln zubereitet werden. Dafür 300 g Weizenmehl, 150 g Zucker und 150–200 g Butter oder Margarine mit Handrührgerät mit Rührbesen zu Streuseln von gewünschter Größe verarbeiten. Einen Backrahmen um den Teig stellen. Die Streusel auf den Pfirsichhälften verteilen. Die Fettfangschale in den vorgeheizten Backofen schieben und den Kuchen wie oben angegeben backen. Anstelle der Pfirsichhälften 2 Dosen Aprikosenhälften (Abtropfgewicht je 480 g) verwenden.

Pflaumen-Grieß-Kuchen I

Für Kinder – Klassisch

Insgesamt:
E: 121 g, F: 454 g, Kh: 1021 g, kJ: 36409, kcal: 8675

Für den Streuselteig:

350 g Weizenmehl
1 TL Dr. Oetker Backin
150 g Zucker
2 Pck. Dr. Oetker Vanillin-Zucker
2 Eier (Größe M)
100 g weiche Butter oder Margarine

Für den Belag:

2 Gläser Pflaumenhälften (Abtropfgewicht je 385 g)
200 g Pflaumenmus
1 l Milch
1 l Schlagsahne
4 Pck. Creme Pudding Garant Grieß

Zubereitungszeit: etwa 40 Min.

1. Für den Teig Mehl mit Backpulver mischen und in eine Rührschüssel sieben. Zucker, Vanillin-Zucker, Eier und Butter oder Margarine hinzufügen und die Zutaten mit Handrührgerät mit Knethaken zu Streuseln verarbeiten. Die Streusel in eine Fettfangschale geben und zu einem Boden andrücken.

2. Für den Belag Pflaumenhälften in einem Sieb gut abtropfen lassen. Den Teigboden gleichmäßig mit Pflaumenmus bestreichen, dabei einen etwa 1 cm breiten Rand frei lassen. Die Pflaumenhälften auf dem Pflaumenmus verteilen.

3. Milch und Sahne in einem Topf zum Kochen bringen, Topf von der Kochstelle nehmen und Garant Pudding-Pulver hinzufügen, mit einem Schneebesen in etwa 1 Minute zu einer Creme verrühren. Die Grießcreme vom Rand aus auf die Pflaumenhälften geben und glatt streichen. Das Backblech in den vorgeheizten Backofen schieben.

Ober-/Unterhitze: etwa 180 °C
Heißluft: etwa 160 °C
Backzeit: etwa 45 Minuten.

4. Den Kuchen noch etwa 10 Minuten im ausgeschalteten Backofen stehen lassen, dann das Backblech auf einen Kuchenrost stellen und den Kuchen erkalten lassen.

Pflaumenkuchen mit zwei Böden |

Preiswert

Insgesamt:
E: 75 g, F: 296 g, Kh: 780 g, kJ: 25559, kcal: 6102

Für den Knetteig:
180 g Weizenmehl
1 TL Dr. Oetker Backin
75 g Zucker
125 g weiche Butter oder Margarine

Für den Belag:
1 1/2–2 kg Zwetschen (Pflaumen)

Für den Rührteig:
200 g weiche Butter oder Margarine
200 g Zucker
1 Pck. Dr. Oetker Vanillin-Zucker
3 Eier (Größe M)
200 g Weizenmehl
2 TL Dr. Oetker Backin

Zum Bestreuen:
50 g Zucker

Zubereitungszeit: etwa 45 Min.

1. Für den Knetteig Mehl mit Backpulver mischen und in eine Rührschüssel sieben. Zucker und Butter oder Margarine hinzufügen und die Zutaten mit Handrührgerät mit Knethaken zunächst kurz auf niedrigster, dann auf höchster Stufe gut durcharbeiten.

2. Anschließend auf der leicht bemehlten Arbeitsfläche zu einem glatten Teig verkneten. Sollte er kleben, ihn in Folie gewickelt eine Zeit lang kalt stellen.

3. Den Teig auf einem Backblech (30 x 40 cm, gefettet) ausrollen. Das Backblech in den vorgeheizten Backofen schieben.

Ober-/Unterhitze: etwa 200 °C
Heißluft: etwa 180 °C
Backzeit: etwa 12 Minuten.

4. Für den Belag Zwetschen (Pflaumen) putzen, waschen, trockenreiben, halbieren und entsteinen. Nach Beendigung der Backzeit das Backblech auf einen Kuchenrost stellen und das Gebäck darauf etwas abkühlen lassen.

5. In der Zwischenzeit für den Rührteig Butter oder Margarine mit Handrührgerät mit Rührbesen auf höchster Stufe geschmeidig rühren. Nach und nach Zucker und Vanillin-Zucker unterrühren und so lange rühren, bis eine gebundene Masse entstanden ist. Eier nach und nach unterrühren (jedes Ei etwa 1/2 Minute).

6. Mehl mit Backpulver mischen, sieben und portionsweise auf mittlerer Stufe unterrühren. Den Rührteig auf dem Knetteigboden verteilen und die Zwetschen (Pflaumen) in Reihen auf dem Rührteig verteilen.

7. Das Backblech wieder in den vorgeheizten Backofen schieben und den Kuchen **bei der oben angegebenen Backofeneinstellung noch 50 Minuten backen.**

8. Das Backblech auf einen Kuchenrost stellen, den Kuchen mit Zucker bestreuen und erkalten lassen.

Landfrauen-Tipp: Sie können den Kuchen bereits 1 Tag vor dem Verzehr zubereiten.

Pflaumenkuchen, schneller |

Fruchtig

Insgesamt:
E: 47 g, F: 204 g, Kh: 503 g, kJ: 16884, kcal: 4031

Für den Belag:
800 g Pflaumen

Für den All-in-Teig:
100 g Weizenmehl
2 TL Dr. Oetker Backin
125 g Zucker
1 Pck. Dr. Oetker Vanillin-Zucker
1 Pck. Dr. Oetker Finesse Geriebene Zitronenschale
125 g weiche Butter oder Margarine
2 Eier (Größe M)

Für die Streusel:
150 g Weizenmehl
100 g Zucker
1 Msp. gemahlener Zimt
100 g weiche Butter

Zubereitungszeit: etwa 35 Min.

1. Für den Belag Pflaumen waschen, trockentupfen, entsteinen und von oben längs einschneiden.

2. Für den Teig Mehl mit Backpulver mischen und in eine Rührschüssel sieben. Übrige Zutaten für den Teig hinzufügen und alles mit Handrührgerät mit Rührbesen kurz auf niedrigster, dann auf höchster Stufe in 2 Minuten zu einem glatten Teig verarbeiten.

3. Den Teig in eine Springform (Ø 26 cm, Boden gefettet) füllen und glatt streichen. Die Pflaumen dachziegelartig, mit der Innenseite nach oben auf dem Teig verteilen.

4. Für die Streusel Mehl in eine Rührschüssel sieben, mit Zucker und Zimt mischen und Butter hinzufügen. Alles mit Handrührgerät mit Rührbesen zu Streuseln von gewünschter Größe verarbeiten. Die Streusel auf den Pflaumen verteilen und die Form auf dem Rost in den vorgeheizten Backofen schieben.

Ober-/Unterhitze: etwa 180 °C
Heißluft: etwa 160 °C
Backzeit: etwa 50 Minuten.

5. Den Kuchen aus der Springform lösen und auf einem Kuchenrost erkalten lassen.

Landfrauen-Tipp: Den Kuchen können Sie statt mit Pflaumen auch mit Äpfeln zubereiten. Dafür 800 g Äpfel, z. B. Elstar oder Jonagold waschen, schälen, entkernen und in Spalten schneiden.

Pilzragout mit kleinen Semmelknödeln | Raffiniert

Pro Portion:
E: 11 g, F: 26 g, Kh: 37 g, kJ: 1899, kcal: 453

Für die Semmelknödel:

6 Brötchen vom Vortag
250 ml (1/4 l) Milch
2 Eier (Größe M)
25 g Speisestärke
1 Pck. TK-gehackte Petersilie
Salz
geriebene Muskatnuss

Für das Pilzragout:

750 g frische Pilze (Champignons, Austernpilze, Pfifferlinge, je 250 g)
1 große Zwiebel
1/2 Bund Thymian
2 EL Speiseöl
Salz
frisch gemahlener Pfeffer
1 Becher (150 g) Crème fraîche

Zum Anbraten:

75 g Butter oder Margarine

Zubereitungszeit: etwa 30 Min.

1. Für die Semmelknödel Brötchen in kleine Würfel schneiden und in eine große Schüssel geben. Milch erwärmen, die Würfel damit übergießen und etwa 15 Minuten einweichen lassen.

2. In der Zwischenzeit für das Pilzragout Pilze putzen, mit Küchenpapier abreiben, evtl. abspülen und gut trockentupfen, größere Pilze etwas klein schneiden.

3. Zwiebel abziehen und fein würfeln. Thymian abspülen, trockentupfen und Blättchen von den Stängeln zupfen.

4. Zwiebelwürfel und Pilzstücke in Öl kräftig anbraten und mit Salz, Pfeffer und Thymian würzen, Crème fraîche hinzufügen und etwa 15 Minuten bei schwacher Hitze abgedeckt köcheln lassen.

5. Eier, Speisestärke und Petersilie zu den eingeweichten Brötchen geben und alles gut verkneten. Mit Salz und Muskatnuss würzen.

6. Aus der Masse 12–15 kleine Knödel formen und in siedendem Wasser 12–15 Minuten ziehen lassen. Danach herausnehmen, abtropfen lassen, in Butter oder Margarine anbraten und mit dem Pilzragout servieren.

Abwandlung: Für Spaghetti mit Pilzsauce 750 g Champignons wie oben beschrieben vorbereiten und in Scheiben schneiden. Je 1 große Zwiebel und Knoblauchzehe abziehen, fein würfeln und in 3 Esslöffel Olivenöl andünsten. Champignonscheiben zugeben und unter Rühren dünsten, bis die Flüssigkeit fast verdampft ist, mit Salz und Pfeffer würzen. 250 g Schlagsahne und 80 g geriebenen Parmesan zugeben, aufkochen lassen und 1 Päckchen TK-Kräuter zugeben. Die Sauce mit Salz und Pfeffer abschmecken. 400 g Spaghetti nach Packungsanleitung garen und dazureichen.

Landfrauen-Tipp: Anstelle der angegebenen Pilze können natürlich auch andere Sorten verwendet werden, z. B. Steinpilze oder Maronenröhrlinge. Semmelknödel können auch als Fertigprodukt gekauft werden, die Menge richtet sich nach der Personenzahl und Packungsangabe. Frische Champignons und Pfifferlinge können auch durch Pilze aus der Dose ersetzt werden.

Piña-Colada-Kuchen | Raffiniert

Insgesamt:
E: 88 g, F: 326 g, Kh: 576 g, kJ: 25145, kcal: 6006

200 g Kokosraspel

Für den Rührteig:
200 g weiche Butter oder Margarine
200 g Zucker
1 Pck. Dr. Oetker Vanillin-Zucker
1 Prise Salz
1 Pck. Dr. Oetker Finesse Geriebene Zitronenschale
5 Eier (Größe M)
300 g Weizenmehl
3 TL Dr. Oetker Backin
4 EL weißer Rum

Für den Belag:
2 kleine Dosen Ananasringe (Abtropfgewicht je 320 g)

Zum Bestreichen:
3–4 EL Ananaskonfitüre
5 EL weißer Rum

Zubereitungszeit: etwa 35 Min.

1. Kokosraspel in einer Pfanne ohne Fett rösten und erkalten lassen.

2. Für den Teig Butter oder Margarine mit Handrührgerät mit Rührbesen auf höchster Stufe geschmeidig rühren. Zucker, Vanillin-Zucker, Salz und Zitronenschale nach und nach unterrühren und so lange rühren, bis eine gebundene Masse entstanden ist.

3. Eier nach und nach unterrühren (jedes Ei etwa 1/2 Minute). Mehl und Backpulver mischen, sieben und portionsweise mit dem Rum auf mittlerer Stufe unterrühren. Zum Schluss gut die Hälfte der Kokosraspel unterrühren.

4. Den Teig auf einem Backblech (30 x 40 cm, gefettet) verteilen und glatt streichen.

5. Für den Belag die Ananasringe (etwa 15 Stück, die übrigen Ringe anderweitig verwenden) auf einem Sieb abtropfen lassen und auf dem Teig verteilen. Die zurückgelassenen Kokosraspel zwischen den Ringen verteilen (die Mitte der Ananasringe frei lassen).

6. Das Backblech in den vorgeheizten Backofen schieben.

Ober-/Unterhitze: etwa 180 °C
Heißluft: etwa 160 °C
Backzeit: 30–35 Minuten.

7. Das Backblech auf einen Kuchenrost stellen und den Kuchen erkalten lassen.

8. Zum Bestreichen die Ananaskonfitüre durch ein Sieb streichen, mit dem Rum aufkochen lassen und die Ananasringe damit bestreichen.

Pizzabraten | Für Gäste

4–6 Portionen

Pro Portion:
E: 53 g, F: 39 g, Kh: 15 g, kJ: 2809, kcal: 671

800 g Schweinenacken (ohne Knochen)
3 rote Paprikaschoten
2 EL Tomatenmark
Salz
frisch gemahlener Pfeffer
Paprikapulver edelsüß
4 dünne Scheiben gekochter Schinken
200 g Emmentaler
3 EL Speiseöl
1 Gemüsezwiebel
2 Tomaten
150 ml Tomatenketchup

Zubereitungszeit: etwa 30 Min.

1. Das Fleisch unter fließendem kalten Wasser abspülen und trockentupfen. Das Fleischstück von der breiten Seite im oberen Drittel von rechts nach links waagerecht einschneiden, dabei 1 cm am Rand frei lassen (nicht durchschneiden!). Dann auf dieselbe Weise im unteren Drittel von links nach rechts einschneiden. Das Fleisch auseinander klappen, so dass ein langes, flaches Stück entsteht. Das Stück mehrmals diagonal einritzen.

2. Paprikaschoten vierteln, entstielen, entkernen und die weißen Scheidewände entfernen, Schoten waschen, in kochendes Wasser geben und 8–10 Minuten kochen lassen. Die Paprika abtropfen lassen, kalt abspülen und enthäuten.

3. Das Fleischstück dünn mit Tomatenmark bestreichen und mit Salz, Pfeffer und Paprikapulver bestreuen. Es dann erst mit den Schinkenscheiben, dann mit den Paprikastücken belegen. Den Emmentaler in dünne Scheiben schneiden und darauf legen.

4. Das Fleisch wie eine Roulade aufrollen, mit Küchengarn umwickeln und rundherum mit Salz und Pfeffer bestreuen.

5. Öl in einem Bräter erhitzen und den Braten darin rundherum gut anbraten. Gemüsezwiebel abziehen und in große Stücke schneiden. Tomaten waschen, abtrocknen, die Stängelansätze herausschneiden und die Tomaten in Stücke schneiden. Das vorbereitete Gemüse mit andünsten. Dann den Bräter auf dem Rost in den vorgeheizten Backofen schieben.

Ober-/Unterhitze: etwa 180 °C
Heißluft: etwa 160 °C
Garzeit: etwa 70 Minuten.

6. Nach Beendigung der Garzeit den Braten aus dem Bräter nehmen und etwa 10 Minuten ruhen lassen. Ihn dann in Scheiben schneiden.

7. Ketchup unter den Bratensatz rühren, einmal aufkochen lassen und evtl. mit den Gewürzen abschmecken. Die Sauce zu dem Braten servieren.

Landfrauen-Tipp: Sie können den Pizzabraten auch bei schwacher Hitze auf der Kochstelle etwa 1 Stunde garen.

Porree-Geflügel-Eintopf mit Käseklößchen | Für Kinder

Pro Portion:
E: 78 g, F: 75 g, Kh: 34 g, kJ: 5054, kcal: 1206

Für die Suppe:
1 Poularde (etwa 1300 g)
2 Fleischbrühwürfel
[für je 500 ml (1/2 l) Flüssigkeit]
750 g Porree (Lauch)
300 g Möhren
4–5 Rosmarinnadeln
2–3 Zweige Thymian

Für die Klößchen:
125 ml (1/8 l) Milch
125 ml (1/8 l) Wasser
100 g Tomatenmark
1 Msp. Salz
125 g Grieß
20 g Butter
1 Ei (Größe M)
100 g geriebener, alter Gouda
frisch gemahlener Pfeffer

1. Für die Suppe Poularde unter fließendem kalten Wasser abspülen, in einen Topf geben, mit Wasser bedecken und die Brühwürfel dazugeben, zum Kochen bringen und 50–60 Minuten bei schwacher Hitze kochen lassen.

2. In der Zwischenzeit Porree putzen, waschen und in schräge Scheiben schneiden. Möhren putzen, waschen, schälen und ebenfalls in schräge Scheiben schneiden.

3. Poularde aus der Brühe herausnehmen und enthäuten, Fleisch vom Knochen lösen und in mundgerechte Stücke schneiden. Gemüse in der Brühe mit Rosmarin und Thymian etwa 10 Minuten garen.

4. Für die Klößchen Milch und Wasser mit Tomatenmark und Salz aufkochen, vom Herd nehmen, Grieß einstreuen und bei milder Hitze unter Rühren garen, bis sich ein Teigkloß bildet. Kloß in eine Schüssel geben, etwas abkühlen lassen und Butter, Ei und Käse darunter kneten.

5. Aus dem Teig kleine Klößchen formen, in den Eintopf geben und langsam darin gar ziehen lassen.

6. Hühnerfleisch wieder zufügen, erhitzen und den Eintopf vor dem Servieren mit Salz und Pfeffer abschmecken.

Porree-Gehacktes-Topf | Für Kinder

Pro Portion:
E: 37 g, F: 44 g, Kh: 45 g, kJ: 3225, kcal: 770

2 Stangen Porree (Lauch)
3 EL Speiseöl
500 g Gehacktes (halb Rind-, halb Schweinefleisch)
Salz
frisch gemahlener Pfeffer
500 ml ($^1/_2$ l) Fleisch- oder Gemüsebrühe
250 g Gabelspaghetti

Zubereitungszeit: etwa 20 Min.

1. Porree putzen, längs halbieren, gründlich waschen und in Ringe schneiden.

2. Öl in einer großen, beschichteten Pfanne oder einem großen Topf erhitzen. Gehacktes hinzufügen und unter Rühren darin abraten, dabei die Klümpchen mit einer Gabel zerdrücken. Das Gehackte mit Salz und Pfeffer würzen.

3. Porreeringe, Brühe und Gabelspaghetti hinzufügen, alles zum Kochen bringen und zugedeckt etwa 8 Minuten bei mittlerer Hitze garen, dabei zwischendurch umrühren. Mit Salz und Pfeffer abschmecken.

Prasselschnitten | Schnell – einfach

Insgesamt:
E: 59 g, F: 275 g, Kh: 739 g, kJ: 23705, kcal: 5663

1 Pck. (10 quadratische Platten, 450 g) TK-Blätterteig

Zum Bestreichen:
75–100 g Aprikosen- oder Kirschkonfitüre

Für die Streusel:
300 g Weizenmehl
150 g Zucker
1 Pck. Dr. Oetker Vanillin-Zucker
1 Msp. gemahlener Zimt
200 g weiche Butter

Für den Guss:
150 g gesiebter Puderzucker
2 EL Zitronensaft

Zubereitungszeit: etwa 25 Min., ohne Antauzeit

1. Blätterteigplatten nebeneinander nach Packungsanleitung antauen lassen. Die Platten auf einem Backblech (gefettet, mit Wasser besprenkelt) verteilen, mit einer Gabel mehrmals einstechen und mit Konfitüre bestreichen. Teigplatten 15 Minuten ruhen lassen.

2. Für die Streusel Mehl in eine Rührschüssel sieben und Zucker, Vanillin-Zucker, Zimt und Butter hinzufügen. Die Zutaten mit Handrührgerät mit Rührbesen zunächst kurz auf niedrigster, dann auf höchster Stufe zu Streuseln von gewünschter Größe verarbeiten.

3. Den bestrichenen Blätterteigboden mit den Streuseln bestreuen. Das Backblech in den vorgeheizten Backofen schieben.

Ober-/Unterhitze: etwa 200 °C
Heißluft: etwa 180 °C
Backzeit: etwa 20 Minuten.

4. Das Gebäck mit dem Backpapier vom Backblech auf einen Kuchenrost ziehen und Gebäck erkalten lassen.

5. Für den Guss Puderzucker und Zitronensaft zu einer dickflüssigen Masse verrühren. Das Gebäck mit dem Guss besprenkeln. Guss trocknen lassen und Gebäck in Quadrate schneiden.

Preiselbeer-Eierlikör-Torte |

Dauert etwas länger

Insgesamt:
E: 77 g, F: 395 g, Kh: 362 g, kJ: 23124, kcal: 5514

Für den Biskuitteig:
50 g Butter
4 Eier (Größe M)
2 EL heißes Wasser
100 g Zucker
1 Pck. Dr. Oetker Vanillin-Zucker
30 g Weizenmehl
1 TL Dr. Oetker Backin
200 g gemahlene Haselnusskerne
1 TL gemahlener Zimt
60 g Raspelschokolade

Zum Bestreichen:
1 Glas
(395 g) Wild-Preiselbeeren

Für den Belag:
600 g gekühlte Schlagsahne
3 Pck. Dr. Oetker Sahnesteif
30 g Puderzucker
1 Pck. Dr. Oetker Vanillin-Zucker
150 ml Eierlikör

Zubereitungszeit: etwa 60 Min., ohne Kühlzeit

1. Für den Teig Butter in einem kleinen Topf zerlassen und abkühlen lassen. Eier und Wasser in einer Rührschüssel mit Handrührgerät mit Rührbesen auf höchster Stufe in 1 Minute schaumig schlagen. Zucker mit Vanillin-Zucker mischen, in 1 Minute unter Rühren einstreuen und noch weitere 2 Minuten schlagen.

2. Mehl mit Backpulver mischen, sieben und kurz auf niedrigster Stufe unterrühren. Haselnusskerne mit Zimt mischen und zusammen mit der Raspelschokolade auf die gleiche Weise unterrühren. Zuletzt die zerlassene Butter kurz unterrühren. Den Teig in eine Springform (Ø 26 cm, Boden gefettet, mit Backpapier belegt) geben und glatt streichen. Die Form auf dem Rost in den vorgeheizten Backofen schieben.

Ober-/Unterhitze: etwa 180 °C
Heißluft: etwa 160 °C
Backzeit: etwa 35 Minuten.

3. Den Biskuitboden aus der Form lösen, auf einen mit Backpapier belegten Kuchenrost stürzen und das mitgebackene Backpapier abziehen. Den heißen Biskuitboden mit den Preiselbeeren bestreichen, dabei 1 cm am Rand frei lassen. Anschließend den Boden erkalten lassen.

4. Für den Belag Schlagsahne mit Sahnesteif, gesiebtem Puderzucker und Vanillin-Zucker steif schlagen. Die Hälfte der Sahne auf den Preiselbeeren glatt verstreichen. Die übrige Sahne portionsweise in einen Spritzbeutel mit Sterntülle füllen und den Tortenrand damit so verzieren, dass der Rand etwas über die Tortenoberfläche steht, damit der Eierlikör nicht herunterlaufen kann. Eierlikör auf der Torte verteilen und die Torte 3–4 Stunden kalt stellen.

Preiselbeer-Schichtdessert |

Mit Alkohol

Pro Portion:
E: 8 g, F: 47 g, Kh: 79 g, kJ: 3455, kcal: 826

150 g	*Schwarzbrot*
100 g	*geriebene Zartbitterschokolade*
50 g	*Rohrzucker*
50 ml	*Rum*
500 g	*Schlagsahne*
1 Pck.	*Dr. Oetker Vanillin-Zucker*
2 Pck.	*Dr. Oetker Sahnesteif*
$^{3}/_{4}$ Glas	
(etwa 250 g)	*Preiselbeerkompott*

Zubereitungszeit: etwa 25 Min., ohne Durchziehzeit

1. Schwarzbrot fein zerkrümeln und mit Schokolade, Rohrzucker und Rum gut vermischen. Sahne mit Vanillin-Zucker und Sahnesteif steif schlagen.

2. Den Boden einer hohen Glasschüssel mit etwa der Hälfte der Schwarzbrotmischung bedecken. Erst die Hälfte der Preiselbeeren, dann die Hälfte der Sahne einschichten, dann wieder Schwarzbrotmischung usw. So lange fortfahren, bis die Zutaten verbraucht sind. Die oberste Schicht sollte aus Sahne bestehen. Das Dessert einige Stunden durchziehen lassen.

Landfrauen-Tipp: Wenn Kinder mitessen, den Rum durch Orangensaft ersetzen.

Preiselbeer-Schichttorte | Raffiniert

Insgesamt:
E: 72 g, F: 242 g, Kh: 446 g, kJ: 18728, kcal: 4475

Für den Knetteig:
350 g Weizenmehl
1 TL Dr. Oetker Backin
100 g Zucker
100 g abgezogene, gemahlene Mandeln
1 Ei (Größe M)
200 g weiche Butter oder Margarine

Für die Füllung:
1 Glas Wildpreiselbeeren (Füllgewicht 395 g)

Zum Bestreichen:
etwas Milch

Zum Bestreuen:
25 g abgezogene, gehackte Mandeln

Zum Bestreuen:
1 EL gesiebter Puderzucker
1 Pck. Dr. Oetker Vanillin-Zucker

Zubereitungszeit: etwa 50 Min., ohne Kühlzeit

1. Für den Teig Mehl mit Backpulver mischen und in eine Rührschüssel sieben. Zucker, Mandeln, Ei und Butter oder Margarine hinzufügen und die Zutaten mit Handrührgerät mit Knethaken zunächst kurz auf niedrigster, dann auf höchster Stufe gut durcharbeiten.

2. Anschließend auf der Arbeitsfläche zu einem glatten Teig verkneten. Sollte er kleben, ihn in Folie gewickelt eine Zeit lang kalt stellen.

3. Den Teig dritteln und aus jedem Teigdrittel eine runde Platte (Ø 26 cm) ausrollen. 2 der Teigplatten auf je ein Stück Backpapier legen und aufrollen.

4. Die dritte Teigplatte in eine Springform (Ø 26 cm, Boden gefettet, mit Backpapier belegt) legen und mit der Hälfte der Wildpreiselbeeren bestreichen. Die zweite Teigplatte darauf abrollen (dabei das Backpapier entfernen) und mit den restlichen Preiselbeeren bestreichen.

5. Die letzte Teigplatte darauf abrollen (dabei das Backpapier entfernen), mit einer Gabel mehrmals einstechen, mit Milch bestreichen und mit Mandeln bestreuen. Die Form auf dem Rost in den vorgeheizten Backofen schieben.

Ober-/Unterhitze: etwa 180 °C
Heißluft: etwa 160 °C
Backzeit: etwa 40 Minuten.

6. Puderzucker und Vanillin-Zucker mischen und den Kuchen sofort nach dem Backen damit bestreuen. Die Torte aus der Form lösen und auf einem Kuchenrost erkalten lassen.

Landfrauen-Tipp: Die Schichttorte schmeckt auch lecker mit einer Füllung aus Pflaumenmus. Die Torte maximal 1 Tag vor dem Verzehr zubereiten.

Provenzalischer Auflauf | Für Gäste

Pro Portion:
E: 35 g, F: 28 g, Kh: 80 g, kJ: 1831, kcal: 438

4 mittelgroße Tomaten (etwa 400 g)
2 Fenchelknollen (etwa 400 g)
75 g grüne Oliven ohne Stein
500 g Hähnchenbrustfilet
2 EL Olivenöl
Salz
frisch gemahlener Pfeffer
Paprikapulver edelsüß

Für die Sahne-Eier-Sauce:
2 Knoblauchzehen
2 Zweige Rosmarin oder
1 TL getrockneter Rosmarin
250 ml (¹/₄ l) Schlagsahne
4 Eier (Größe M)

Zubereitungszeit: etwa 40 Min.

1. Tomaten waschen, abtropfen lassen und halbieren. Stängelansätze entfernen, Fruchtfleisch in große Würfel schneiden. Von den Fenchelknollen die Stiele dicht oberhalb der Knollen abschneiden. Braune Stellen und Blätter entfernen. Die Knollen waschen, abtropfen lassen, halbieren und würfeln.

2. Fenchelwürfel in kochendem Salzwasser etwa 3 Minuten blanchieren, in ein Sieb geben, kurz mit kaltem Wasser übergießen und gut abtropfen lassen. Oliven in einem Sieb abtropfen lassen.

3. Hähnchenbrustfilets unter fließendem kalten Wasser abspülen, trockentupfen und in Würfel schneiden. Olivenöl in einer Pfanne erhitzen und Filetwürfel von allen Seiten darin anbraten. Mit Salz, Pfeffer und Paprika würzen.

4. Für die Sauce Knoblauch abziehen und durch eine Knoblauchpresse drücken. Rosmarin abspülen und trockentupfen. Die Nadeln von den Stängeln zupfen und hacken.

5. Sahne, Eier, Knoblauch, Rosmarin, Salz und Pfeffer gut verrühren. Tomaten-, Fenchelwürfel und Oliven mit den Filetwürfeln vermischen und in eine große, flache Auflaufform geben. Sahne-Eier-Sauce darüber gießen. Die Form auf dem Rost in den vorgeheizten Backofen schieben.

Ober-/Unterhitze: etwa 180 °C
Heißluft: etwa 160 °C
Garzeit: etwa 45 Minuten.

6. Den Auflauf möglichst heiß servieren.

Beilage: Knoblauchbrot (Baguette mit Knoblauchbutter bestrichen und geröstet).

Landfrauen-Tipp: Mit Rosmarinzweigen garnieren. Statt Fenchel können auch Zucchini, Auberginen oder Paprikastreifen gemischt verwendet werden.

Provenzalisches Geschnetzeltes |

Raffiniert

Pro Portion:
E: 31 g, F: 25 g, Kh: 5 g, kJ: 1548, kcal: 370

500 g	*Roastbeef*
3 EL	*Speiseöl*
	Salz, frisch gemahlener Pfeffer
2	*Zwiebeln*
4–5	*Tomaten*
1 Dose	*Champignonscheiben (Abtropfgewicht 170 g)*
1 Becher (150 g)	*Crème fraîche*
1 TL	*Senf*
	Paprikapulver edelsüß
	Kräuter der Provence

Zubereitungszeit: 35 Min.

1. Roastbeef unter fließendem kalten Wasser abspülen, trockentupfen und erst in etwa 1 cm dicke Scheiben, dann in Streifen schneiden.

2. Öl in einer großen Pfanne erhitzen und die Fleischstreifen unter häufigem Umrühren darin schnell bräunen lassen. Mit Salz und Pfeffer bestreuen, aus der Pfanne nehmen und warm stellen.

3. Zwiebeln abziehen und würfeln. Tomaten waschen, abtropfen lassen, kreuzweise einschneiden, kurz in kochendes Wasser legen und in kaltem Wasser abschrecken. Tomaten enthäuten, Stängelansätze herausschneiden und das Fruchtfleisch würfeln.

4. Zwiebel- und Tomatenwürfel in das Bratfett geben und etwa 5 Minuten zugedeckt dünsten lassen.

5. Champignonscheiben mit der Flüssigkeit aus der Dose, Crème fraîche und Senf unterrühren. Mit Salz, Pfeffer, Paprikapulver und Kräutern der Provence kräftig würzen. Alles zugedeckt etwa 8 Minuten schmoren lassen, bis die Sauce dicklich geworden ist.

6. Das Fleisch hinzufügen und noch etwa 5 Minuten in der Sauce ziehen lassen. Das Gericht evtl. nochmals mit den Gewürzen abschmecken und sofort servieren.

Beilage: Reis oder Baguette und ein grüner Salat.

Landfrauen-Tipp: Wenn Sie frische Champignons verwenden, ersetzen Sie die Flüssigkeit durch 125 ml ($^1/_8$ l) Weißwein oder Wasser.

Pudding mit Kirschen und Pumpernickel | Für Kinder

8 Portionen

Pro Portion:
E: 8 g, F: 7 g, Kh: 47 g, kJ: 1221, kcal: 291

500 g	*Sauerkirschen*
100 g	*Zucker*
3–4 EL	*Kirschsaft*
150–200 g	*geriebener Pumpernickel*
2 Pck.	*Dr. Oetker Pudding-Pulver Vanille-oder Mandel-Geschmack*
4 schwach geh. EL	*Zucker*
2	*Eigelb (Größe M)*
1 l	*Milch*
2	*Eiweiß (Größe M)*
	Schlagsahne

Zubereitungszeit: etwa 35 Min., ohne Ruhe- und Kühlzeit

1. Sauerkirschen waschen, entstielen und entsteinen, mit Zucker bestreuen und etwas stehen lassen. Sobald die Kirschen Saft gezogen haben, sie kurz erhitzen, bis sie etwas weicher sind und kalt stellen.

2. Die Kirschen abtropfen lassen, dabei den Saft auffangen. Kirschen (einige zum Garnieren zurückbehalten) mit abgemessenem Saft und Pumpernickel (etwas zum Garnieren zurücklassen) vermengen. Knapp $^1/_3$ hoch in eine Glasschale oder in Portionsschälchen füllen.

3. Aus Pudding-Pulver, Zucker, Eigelb und Milch nach Packungsanleitung einen Pudding zubereiten. Steif geschlagenes Eiweiß unter den kochend heißen Pudding ziehen und etwas abkühlen lassen. Anschließend auf die Kirschmasse füllen.

4. Den erkalteten Pudding mit den zurückbehaltenen Kirschen garnieren und den restlichen Pumpernickel darüber streuen. Den Pudding nach Belieben mit Schlagsahne verzieren.

Puddingschnecken | Für Kinder

etwa 20 Stück

Pro Stück:
E: 5 g, F: 7 g, Kh: 35 g, kJ: 925, kcal: 221

Für den Hefeteig:
125 ml (1/8 l) Milch
100 g Butter oder Margarine
500 g Weizenmehl
1 Pck. Dr. Oetker Trockenbackhefe
50 g Zucker
1 Pck. Dr. Oetker Vanillin-Zucker
2 Eier (Größe M)

Für die Füllung:
2 Pck. Dr. Oetker Pudding-Pulver Vanille-Geschmack
750 ml (3/4 l) Milch
80 g Zucker
100 g Rosinen

Zum Aprikotieren:
4 EL Aprikosenkonfitüre
2 EL Wasser

Zubereitungszeit: etwa 50 Min., ohne Gehzeit

1. Zum Vorbereiten für den Teig Milch in einem kleinen Topf erwärmen und Butter oder Margarine darin zerlassen.

2. Für den Teig Mehl in eine Rührschüssel sieben und mit der Hefe sorgfältig vermischen. Übrige Zutaten und die warme Milch-Fett-Mischung hinzufügen und alles mit Handrührgerät mit Knethaken kurz auf niedrigster, dann auf höchster Stufe in etwa 5 Minuten zu einem glatten Teig verarbeiten. Den Teig zugedeckt so lange an einem warmen Ort gehen lassen, bis er sich sichtbar vergrößert hat.

3. Für die Füllung aus Pudding-Pulver, Milch und Zucker nach Packungsanleitung – aber nur mit 750 ml (3/4 l) Milch – einen Pudding zubereiten und erkalten lassen, dabei ab und zu umrühren. Anschließend die Rosinen unterrühren.

4. Den Teig leicht mit Mehl bestäuben, aus der Schüssel nehmen und auf der leicht bemehlten Arbeitsfläche nochmals kurz durchkneten. Den Teig zu einem Rechteck (60 x 40 cm) ausrollen und mit dem Pudding bestreichen. Den Teig von der kurzen Seite aus aufrollen, in etwa 2 cm dicke Scheiben schneiden und die Scheiben auf Backbleche (30 x 40 cm, mit Backpapier belegt) legen. Die Scheiben nochmals so lange an einem warmen Ort gehen lassen, bis sie sich sichtbar vergrößert haben. Die Backbleche nacheinander (bei Heißluft zusammen) in den vorgeheizten Backofen schieben.

Ober-/Unterhitze: etwa 200 °C
Heißluft: etwa 180 °C
Backzeit: etwa 15 Minuten je Backblech.

5. Zum Aprikotieren Aprikosenkonfitüre durch ein Sieb streichen, mit Wasser unter Rühren etwas einkochen lassen und das Gebäck sofort nach dem Backen damit bestreichen. Die Puddingschnecken auf einem Kuchenrost erkalten lassen.

Landfrauen-Tipp: Die Rosinen können durch fein gewürfelte, getrocknete Aprikosen oder Pflaumen ersetzt werden. Die Schnecken sind gefriergeeignet.

Pudding-Streusel-Kuchen |

Für Kinder

Insgesamt:
E: 107 g, F: 314 g, Kh: 889 g, kJ: 29506, kcal: 7051

Für den Hefeteig:

375 g Weizenmehl
1 Pck. Dr. Oetker Trockenbackhefe
50 g Zucker
1 Pck. Dr. Oetker Vanillin-Zucker
1 Prise Salz
1 Ei (Größe M)
200 ml lauwarme Milch
50 g zerlassene, abgekühlte Butter oder Margarine

Für die Streusel:

275 g Weizenmehl
150 g Zucker
1 Pck. Dr. Oetker Vanillin-Zucker
200 g weiche Butter
25 g Kakaopulver

Für den Pudding:

2 Pck. Dr. Oetker Pudding-Pulver Vanille-Geschmack
50 g Zucker
600 ml Orangensaft
400 g Schmand oder Crème fraîche

Zubereitungszeit: etwa 50 Min., ohne Teiggehzeit

1. Für den Teig Mehl in eine Rührschüssel sieben und mit der Hefe sorgfältig vermischen. Zucker, Vanillin-Zucker, Salz, Ei, Milch und Butter oder Margarine hinzufügen.

2. Die Zutaten mit Handrührgerät mit Knethaken zunächst auf niedrigster, dann auf höchster Stufe in etwa 5 Minuten zu einem Teig verarbeiten. Den Teig zugedeckt so lange an einem warmen Ort gehen lassen, bis er sich sichtbar vergrößert hat (etwa 20 Minuten).

3. Für die Streusel Mehl in eine Rührschüssel sieben. Zucker, Vanillin-Zucker und Butter hinzufügen und die Zutaten mit Handrührgerät mit Knethaken oder mit den Händen zu Streuseln von gewünschter Größe verarbeiten. Die Hälfte der Streusel in eine andere Schüssel geben, unter die restlichen Streusel Kakaopulver arbeiten. Beide Streuselsorten bis zur weiteren Verwendung kalt stellen.

4. Für den Pudding aus Pudding-Pulver, Zucker und Orangensaft nach Packungsanleitung – aber mit den hier angegebenen Zutaten – einen Pudding zubereiten und abkühlen lassen, dabei ab und zu umrühren. Schmand oder Crème fraîche unterrühren.

5. Den Teig leicht mit Mehl bestäuben, aus der Schüssel nehmen, auf der leicht bemehlten Arbeitsfläche nochmals kurz durchkneten und auf einem Backblech (30 x 40 cm, gefettet) ausrollen.

6. Die Puddingmasse darauf geben, glatt streichen und die Streusel darauf verteilen. Den Teig nochmals so lange gehen lassen, bis er sich sichtbar vergrößert hat. Das Backblech dann in den vorgeheizten Backofen schieben.

Ober-/Unterhitze: etwa 200 °C
Heißluft: etwa 180 °C
Backzeit: etwa 25 Minuten.

7. Das Backblech auf einen Kuchenrost stellen und den Kuchen erkalten lassen.

Landfrauen-Tipp: Der Pudding-Streusel-Kuchen schmeckt frisch am besten.

Puteneintopf, winterlicher I

Dauert länger

4–6 Portionen

Pro Portion:
E: 28 g, F: 5 g, Kh: 16 g, kJ: 978, kcal: 234

1 ½ l	*Salzwasser*
2	*Putenunterkeulen*
300 g	*Kartoffeln*
350 g	*Möhren*
½	*kleiner Blumenkohl (etwa 400 g)*
½ kleiner	
Kopf	*Wirsing (etwa 400 g)*
	frisch gemahlener Pfeffer
	gekörnte Hühnerbrühe (Instant)
1 Bund	*glatte Petersilie*

Zubereitungszeit: etwa 75 Min.

1. Das Salzwasser zum Kochen bringen. Putenunterkeulen unter fließendem kalten Wasser abspülen, in das Salzwasser geben, zum Kochen bringen und bei schwacher Hitze 1 Stunde ziehen lassen.

2. Kartoffeln waschen, schälen und abspülen. Möhren putzen, schälen und waschen. Beide Zutaten in Würfel schneiden.

3. Vom Blumenkohl die Blätter und die schlechten Stellen entfernen, den Strunk abschneiden, Blumenkohl in Röschen teilen und waschen. Vom Wirsing die groben, äußeren Blätter lösen, den Strunk herausschneiden, den Wirsing abspülen und in Streifen schneiden.

4. Die Putenunterkeulen aus der Kochflüssigkeit nehmen und etwas abkühlen lassen. Kartoffeln, Möhren, Blumenkohl und Wirsing in die Brühe geben, zum Kochen bringen und etwa 20 Minuten garen.

5. Das Fleisch von den Knochen lösen und in Stücke schneiden. Fleisch nach Beendigung der Garzeit in den Eintopf geben und miterhitzen. Mit Salz, Pfeffer und Hühnerbrühe würzen.

6. Petersilie kalt abspülen, trockentupfen, die Blättchen von den Stängeln zupfen, in feine Streifen schneiden und in den Eintopf geben.

Putenfilets, gefüllte | Für Gäste

Pro Portion:
E: 52 g, F: 36 g, Kh: 12 g, kJ: 2580, kcal: 617

2 Putenfilets (je 350 g), Salz
frisch gemahlener, weißer Pfeffer
Paprikapulver edelsüß

Für die Füllung:
75 g Zucchini
1 Bund Basilikum
150 g Schafkäse

30 g Butterschmalz
40 g Weizenmehl

Für die Sauce:
1 Becher
(150 g) Crème fraîche
100 g Schlagsahne
1 EL Tomatenmark
Cayennepfeffer

Zubereitungszeit: etwa 20 Min.

1. Putenfilets unter fließendem kalten Wasser abspülen, trockentupfen und seitlich von der langen Seite aus eine Tasche einschneiden. Mit Salz, Pfeffer und Paprika bestreuen.

2. Für die Füllung Zucchini waschen, die Enden abschneiden und Zucchini in kleine Würfel schneiden. Basilikum abspülen, trockentupfen, die Blätter von den Stängeln zupfen und in feine Streifen schneiden (etwas von den Basilikumstreifen für die Sauce beiseite stellen). Schafkäse in kleine Würfel schneiden.

3. Zucchini, Schafkäse und Basilikum gut verrühren und mit Salz und Pfeffer würzen. Die Masse in die beiden Putenfilets füllen und die Filets mit Holzspießchen zustecken oder mit Küchengarn zunähen.

4. Butterschmalz in einer Pfanne erhitzen. Putenfilets mit Mehl bestäuben und von beiden Seiten darin etwa 25 Minuten garen. Die garen Schnitzel herausnehmen und warm stellen.

5. Für die Sauce Crème fraîche, Sahne und Tomatenmark zu der verbliebenen Bratflüssigkeit in die Pfanne geben, verrühren und einmal aufkochen lassen. Mit Salz, Pfeffer und Cayennepfeffer würzen und die zurückgelassenen Basilikumstreifen unterrühren.

6. Die Putenfilets in Scheiben schneiden und die Sauce dazu servieren.

Beilage: Kräuterkartoffeln, Reis, verschiedene Blattsalate, Paprikasalat, Baguette mit Kräuterbutter.

Puten-Gemüse-Geschnetzeltes I

Gut vorzubereiten – mit Alkohol

Pro Portion:
E: 33 g, F: 15 g, Kh: 7 g, kJ: 1295, kcal: 310

1	*Zwiebel*
½	*Salatgurke (etwa 350 g)*
1	*große rote Paprikaschote (250 g)*
500 g	*Putenbrust (ohne Knochen und Haut)*
125 g	*durchwachsener Speck*
2 EL	*Speiseöl*
75 ml	*Weißwein*
100 g	*Schlagsahne*
100 ml	*Hühnerbrühe*
	Salz
	frisch gemahlener Pfeffer
evtl. 2 EL	*heller Saucenbinder*

Zum Bestreuen:

½ Bund	*Dill*

Zubereitungszeit: etwa 50 Min.

1. Zwiebel abziehen und in Würfel schneiden. Gurke schälen, längs halbieren, mit einem Teelöffel die Kerne entfernen und Gurkenhälften in kleine Würfel schneiden. Paprika halbieren, entstielen, entkernen und die weißen Scheidewände entfernen. Die Schote waschen, trockentupfen und in Würfel schneiden.

2. Putenbrust unter fließendem kalten Wasser abspülen, trockentupfen und zuerst in Scheiben, dann in Streifen schneiden. Speck in feine Streifen schneiden.

3. Speiseöl in einer großen Pfanne erhitzen. Putenbrust- und Speckstreifen in 2 Portionen darin anbraten, herausnehmen und warm stellen. Das vorbereitete Gemüse in dem verbliebenen Bratfett etwa 5 Minuten andünsten. Wein, Sahne und Brühe hinzugießen und zum Kochen bringen. Angebratene Putenbrust- und Speckstreifen hinzugeben und mit Salz und Pfeffer würzen, wieder zum Kochen bringen und 6–8 Minuten garen. Geschnetzeltes nach Belieben mit Saucenbinder andicken.

4. Dill abspülen und trockentupfen. Die Spitzen von den Stängeln zupfen und klein schneiden. Geschnetzeltes mit Dill bestreut servieren.

Putenschnitzel in Schwarzbrotpanade | Preiswert

Pro Portion:
E: 39 g, F: 19 g, Kh: 46 g, kJ: 2268, kcal: 541

Zum Vorbereiten:

800 g	*gekochte Pellkartoffeln, z. B. Hansa*
4 Scheiben	*Schwarzbrot (je etwa 30 g)*
2	*Eier (Größe S)*
4	*Putenschnitzel (je etwa 120 g)*
	Salz
	frisch gemahlener Pfeffer
2 EL	*Weizenmehl*
3 EL	*Speiseöl*
1	*kleine Steckrübe (etwa 700 g)*
	Salzwasser
1	*Zwiebel*
½ Bund	*Thymian*
30 g	*Butter oder Margarine*
3 EL	*Speiseöl*
100 ml	*Gemüsebrühe*
½ Pck.	*TK-Petersilie*

Zubereitungszeit: etwa 75 Min.

1. Kartoffeln waschen, pellen und in Scheiben schneiden, beiseite stellen. Schwarzbrot zerbröseln, fein hacken und in eine Schüssel geben. Eier in einer Schüssel verschlagen.

2. Schnitzel unter fließendem kalten Wasser abspülen und trockentupfen. Mit Salz und Pfeffer bestreuen. Schnitzel zuerst in Mehl wenden und dann durch die verschlagenen Eier ziehen, am Schüsselrand etwas abstreifen und zuletzt in den Schwarzbrotkrümeln wenden. Panade fest andrücken.

3. Öl in einer großen Pfanne erhitzen, Schnitzel von beiden Seiten darin anbraten, herausnehmen und auf ein Backblech (gefettet) legen. Das Backblech in den vorgeheizten Backofen schieben.

Ober-/Unterhitze: etwa 180 °C
Heißluft: etwa 160 °C
Garzeit: etwa 30 Minuten.

4. Steckrübe putzen, schälen, waschen und in Stifte schneiden. Salzwasser zum Kochen bringen und Steckrübenstifte etwa 10 Minuten darin garen. Anschließend in ein Sieb geben, mit kaltem Wasser übergießen und abtropfen lassen. Zwiebel abziehen und würfeln. Thymian abspülen, trockentupfen und die Blättchen von den Stängeln zupfen.

5. Butter oder Margarine in einem Topf zerlassen und Zwiebelwürfel darin glasig dünsten. Steckrübenstifte hinzugeben und kurz mit andünsten. Brühe hinzugießen, zum Kochen bringen und zugedeckt bei schwacher Hitze etwa 10 Minuten garen. Mit Salz und Pfeffer würzen. Petersilie unterrühren.

6. Öl in einer großen Pfanne erhitzen. Beiseite gelegte Kartoffelscheiben hinzugeben und unter mehrmaligem Wenden braun braten. Mit Salz und Pfeffer würzen und Thymianblättchen unterheben. Schnitzel mit Bratkartoffeln und Steckrübengemüse servieren.

Putenschnitzel mit Zitronencremesauce | Raffiniert

Pro Portion:
E: 39 g, F: 15 g, Kh: 23 g, kJ: 1639, kcal: 392

2 kleine Zucchini
4 Möhren
1 kleine Dose Champignons (Abtropfgewicht 290 g)
2 EL Speiseöl
Salz
frisch gemahlener Pfeffer
8 kleine Putenschnitzel (je etwa 75 g)
100 g Schlagsahne
200 ml Gemüsebrühe
Saft und etwas Schale von ½ Bio-Zitrone (unbehandelt, ungewachst)
1–2 EL heller Saucenbinder
1 Dose Mandarinen (Abtropfgewicht 315 g)
glatte Petersilie

Zubereitungszeit: etwa 30 Min.

1. Zucchini waschen, abtrocknen und die Enden abschneiden. Möhren putzen, schälen und waschen. Champignons in einem Sieb abtropfen lassen. Das Gemüse in dünne Scheiben schneiden. Die Hälfte des Öls in einer Pfanne erhitzen und die Gemüsescheiben darin etwa 5 Minuten andünsten, mit Salz und Pfeffer würzen und beiseite stellen.

2. Putenschnitzel unter fließendem kalten Wasser abspülen und trockentupfen. Das restliche Öl zum verbliebenen Bratfett geben und erhitzen. Die Putenschnitzel darin 2–3 Minuten von jeder Seite braten und mit Salz und Pfeffer würzen. Das Fleisch dann aus der Pfanne nehmen und warm stellen.

3. Den Bratensatz mit Sahne und Brühe ablöschen und mit Salz, Pfeffer und Zitronensaft und -schale abschmecken. Den Saucenbinder einrühren.

4. Mandarinen in einem Sieb abtropfen lassen, zu dem Gemüse geben und alles nochmals kurz erwärmen. Das Gemüse mit den Schnitzeln auf Tellern anrichten und die Zitronensauce darüber geben, mit Petersilie garnieren.

Beilage: Butterreis.

Quark-Marmor-Muffins | Für Gäste

Pro Stück:
E: 6 g, F: 14 g, Kh: 31 g, kJ: 1141, kcal: 272

Zum Vorbereiten:
1 Bio-Orange (unbehandelt, ungewachst)
1 Tafel (100 g) Zartbitterschokolade
2 EL Schlagsahne

Für den Rührteig:
100 ml Sonnenblumenöl
120 g Zucker
1 Pck. Dr. Oetker Vanillin-Zucker
1 Ei (Größe M)
250 g Speisequark (20 %)
250 g Weizenmehl
1½ TL Dr. Oetker Backin
1 Prise Salz
etwa 50 ml Orangensaft

Zubereitungszeit: etwa 50 Min., ohne Abkühlzeit

1. Zum Vorbereiten Orange heiß abwaschen, abtrocknen und die Schale mit einer Haushaltsreibe abreiben. Orange halbieren und aus einer Hälfte den Saft auspressen (etwa 50 ml). Schokolade in Stücke brechen und mit Sahne in einem kleinen Topf im heißen Wasserbad bei schwacher Hitze unter Rühren schmelzen, abkühlen lassen.

2. Für den Teig Öl, Zucker und Vanillin-Zucker in eine Rührschüssel geben und mit Handrührgerät mit Rührbesen zu einer dickflüssigen Masse verrühren. Ei unterrühren. Orangenschale und Quark unterrühren.

3. Mehl mit Backpulver und Salz mischen, sieben und abwechselnd portionsweise mit dem ausgepressten Orangensaft auf mittlerer Stufe unterrühren.

4. Den Teig in eine Muffinform (für 12 Muffins, gefettet, bemehlt) geben. Die aufgelöste Schokolade mit einem Teelöffel jeweils in die Mitte des Teiges geben und mit einem Holzstäbchen 3–5 Kreise ziehen, so dass die Muffins an der Oberfläche leicht marmoriert sind. Die Form auf dem Rost in den vorgeheizten Backofen schieben.

Ober-/Unterhitze: etwa 180 °C
Heißluft: etwa 160 °C
Backzeit: etwa 25 Minuten.

5. Die Muffins 10 Minuten in der Form stehen lassen, dann aus der Form lösen und auf einem Kuchenrost erkalten lassen.

Quarknapfkuchen mit kandierten Früchten | Schnell

Insgesamt:
E: 93 g, F: 196 g, Kh: 565 g, kJ: 20699, kcal: 4947

Für den Rührteig:
125 g weiche Butter oder Margarine
75 ml geschmacksneutrales Speiseöl, z. B. Rapsöl
150 g Zucker
1 Pck. Dr. Oetker Vanillin-Zucker
5 Tropfen Butter-Vanille-Aroma
1 Prise Salz
2 Eier (Größe M)
250 g Magerquark
375 g Weizenmehl
1 Pck. Dr. Oetker Backin
5 EL Rum
1 Pck. (150 g) Früchtemix

Für die Form:
Semmelbrösel

Zum Bestäuben:
30 g Puderzucker

Zubereitungszeit: etwa 20 Min.

1. Für den Teig Butter oder Margarine mit Handrührgerät mit Rührbesen auf höchster Stufe geschmeidig rühren. Nach und nach Öl, Zucker, Vanillin-Zucker, Aroma und Salz unterrühren und so lange rühren, bis eine gebundene Masse entstanden ist.

2. Eier nach und nach unterrühren (jedes Ei etwa 1/2 Minute). Quark unterrühren.

3. Mehl mit Backpulver mischen, sieben und abwechselnd portionsweise mit Rum auf mittlerer Stufe unterrühren.

4. Früchtemix vorsichtig auf mittlerer Stufe unterrühren. Den Teig in eine Napfkuchenform (Ø 22–24 cm, gefettet, mit Semmelbröseln ausgestreut) füllen und glatt streichen. Die Form auf dem Rost in den vorgeheizten Backofen schieben.

Ober-/Unterhitze: etwa 180 °C
Heißluft: etwa 160 °C
Backzeit: etwa 60 Minuten

5. Den Kuchen 10 Minuten in der Form stehen lassen, dann auf einen Kuchenrost stürzen und erkalten lassen. Den erkalteten Kuchen mit Puderzucker bestäuben.

Abwandlung 1: Für einen Quarknapfkuchen mit Pflaumen können Sie anstelle des Früchtemix 150 g getrocknete Pflaumen (ohne Stein, in kleine Stücke geschnitten) verwenden. Dann den Rum nach Belieben durch Slibowitz ersetzen.

Abwandlung 2: Für einen Quarknapfkuchen mit Feigen anstelle der Pflaumen 150 g getrocknete Feigen in kleine Stücke schneiden und zusätzlich 150 g abgezogene, gehobelte Mandeln unter den Teig rühren. Dann den Slibowitz durch Wodka mit Feige austauschen.

Landfrauen-Tipp: Für eine Variante ohne Alkohol können Sie den Rum durch Milch oder Orangensaft ersetzen. Dann nach Belieben zusätzlich 1 Päckchen Finesse Orangenfrucht hinzufügen. Der Kuchen hält sich gut verpackt etwa 1 Woche frisch.

Quarkschmarren | Preiswert

Pro Portion:
E: 16 g, F: 29 g, Kh: 49 g, kJ: 2377, kcal: 568

250 g Magerquark
1 Becher (125 g) Crème double
3 Eigelb (Größe M)
75 g gesiebtes Weizenmehl
1 Prise Salz
3 Eiweiß (Größe M)
2 EL Butter
2 EL Puderzucker

Für das Kirschkompott:
500 g dunkle, entsteinte Sauerkirschen
125 ml (1/8 l) Rotwein
50 g Zucker

2 TL Speisestärke
2 TL kaltes Wasser

Zubereitungszeit: etwa 35 Min.

1. Quark mit Crème double, Eigelb, Mehl und Salz verrühren.

2. Eiweiß steif schlagen und unterheben.

3. Butter (etwas zurücklassen) in einer Pfanne zerlassen, Quarkmasse 1 cm dick hineingeben und von beiden Seiten in 12–15 Minuten goldgelb backen.

4. Eierkuchen mit 2 Gabeln in kleine Stücke reißen und diese unter Wenden gut bräunen, evtl. noch etwas Butter hinzufügen.

5. Für das Kirschkompott Kirschen mit Rotwein und Zucker kurz aufkochen. Speisestärke mit Wasser anrühren, in die kochende Flüssigkeit rühren und unter Rühren aufkochen.

6. Quarkschmarren mit Puderzucker bestäuben und mit dem Kirschkompott servieren.

Landfrauen-Tipp: Wenn Kinder mitessen, den Rotwein durch Kirschsaft ersetzen.

Quarkstuten | Für Kinder

Insgesamt:
E: 138 g, F: 28 g, Kh: 374 g, kJ: 9723, kcal: 2321

Für den Teig:

500 g Magerquark
¼ TL Salz
40 g flüssiger Honig oder Zuckerrübensirup (Rübenkraut)
2 Eier (Größe M)
350 g Vollkorn-Weizenmehl
150 g Weizenmehl
1 Pck. und
2 TL Dr. Oetker Backin

Zubereitungszeit: etwa 15 Min.

1. Für den Teig Quark in eine Rührschüssel geben und mit Salz, Honig oder Sirup und Eiern geschmeidig rühren. Vollkorn-Weizenmehl mit Weizenmehl und Backpulver mischen und hinzufügen. Die Zutaten mit Handrührgerät mit Knethaken zunächst kurz auf niedrigster, dann auf höchster Stufe gut durcharbeiten.

2. Den Teig auf der leicht bemehlten Arbeitsfläche zu einem glatten Teig verkneten und in eine Kastenform (25 x 11 cm, gefettet, bemehlt) geben. Die Form auf dem Rost in den vorgeheizten Backofen schieben.

Ober-/Unterhitze: etwa 180 °C
Heißluft: etwa 160 °C
Backzeit: etwa 40 Minuten.

3. Den Stuten aus der Form lösen, herausnehmen und auf einem Kuchenrost erkalten lassen.

Landfrauen-Tipp: Es können zusätzlich Rosinen unter den Teig geknetet werden.

Rätsel-Blechkuchen mit Kirschen |

Etwas aufwändiger

Insgesamt:
E: 131 g, F: 681 g, Kh: 523 g, kJ: 37976, kcal: 9073

Für die 1. Lage:
300 g Butterkekse
250 g zerlassene, etwas abgekühlte Butter

Für die 2. Lage:
500 g Doppelrahm-Frischkäse
75 g gesiebter Puderzucker
200 g Schlagsahne
2 Pck. Dr. Oetker Sahnesteif

Für die 3. Lage:
200 g gemahlene, geröstete Haselnusskerne

Für die 4. Lage:
600 g Schlagsahne
2 Pck. Dr. Oetker Vanillin-Zucker
3 Pck. Dr. Oetker Sahnesteif

Für die 5. Lage:
2 Gläser Sauerkirschen (Abtropfgewicht je 370 g)
2 Pck. Tortenguss, rot

Zubereitungszeit: etwa 55 Min., ohne Kühl- und Ziehzeit

1. Für die 1. Lage Butterkekse in einen Gefrierbeutel geben, den Beutel verschließen, die Butterkekse mit einer Teigrolle fein zerdrücken und in eine Schüssel geben. Kekskrümel mit der Butter gut verrühren, auf einem Backblech (30 x 40 cm, gefettet) verteilen und mit einem Esslöffel andrücken. Einen Backrahmen darumstellen. Den Boden kalt stellen, damit er fest wird.

2. Für die 2. Lage Frischkäse mit Puderzucker verrühren. Sahne mit Sahnesteif steif schlagen und unter den Frischkäse heben. Die Masse auf dem Butterkeksboden verteilen.

3. Für die 3. Lage die Nüsse auf der zweiten Lage verteilen.

4. Für die 4. Lage Sahne mit Vanillin-Zucker und Sahnesteif steif schlagen, auf der dritten Lage verteilen und glatt streichen.

5. Für die 5. Lage Kirschen auf einem Sieb abtropfen lassen und den Saft auffangen. Die Kirschen auf der vierten Lage verteilen. Von dem Saft 500 ml (1/2 l) abmessen, evtl. mit Wasser ergänzen, mit Tortenguss nach Packungsanleitung andicken und vorsichtig über den Kirschen verteilen.

6. Den Kuchen etwa 2 Stunden durchziehen lassen, dann den Backrahmen vorsichtig lösen und entfernen.

Landfrauen-Tipp: Maximal 1 Tag vor dem Verzehr zubereiten. Anstelle der Kirschen können auch Erdbeeren, Himbeeren oder Brombeeren verwendet werden. Für den Guss Sirup mit Wasser verdünnen oder roten Fruchtsaft verwenden. Wenn kein Backrahmen vorhanden ist, kann der Kuchen auch in einer Fettfangschale zubereitet werden.

Ratsherren-Schnitzel | Für Gäste

Pro Portion:
E: 39 g, F: 64 g, Kh: 10 g, kJ: 3419, kcal: 816

½ Kopf Wirsing (etwa 400 g)
4 mittelgroße Möhren
Salzwasser
2 mittelgroße Zwiebeln
1 Glas Champignonscheiben (Abtropfgewicht 235 g)
100 g durchwachsener Speck
4 EL Speiseöl
Salz
frisch gemahlener Pfeffer
4 Schweineschnitzel (je 140 g)
Paprikapulver edelsüß
200 g Schlagsahne
100 g geraspelter Gratinkäse

Zubereitungszeit: etwa 30 Min.

1. Wirsing putzen, den Strunk herausschneiden, Wirsing abspülen, abtropfen lassen und in Streifen schneiden. Möhren putzen, schälen, waschen und in Scheiben schneiden. Die Möhrenscheiben in Salzwasser etwa 5 Minuten kochen, auf ein Sieb geben und abtropfen lassen.

2. Zwiebeln abziehen und würfeln. Champignons auf einem Sieb abtropfen lassen. Speck würfeln.

3. Die Hälfte des Öls in einer Pfanne erhitzen und die Speckwürfel darin auslassen. Zwiebeln und Champignons darin andünsten und mit Salz und Pfeffer würzen. Die Zutaten aus der Pfanne nehmen und beiseite stellen.

4. Schnitzel unter fließendem kalten Wasser abspülen und trockentupfen. Das restliche Öl in der Pfanne erhitzen, die Schnitzel darin von beiden Seiten anbraten und mit Salz, Pfeffer und Paprika bestreuen.

5. Wirsing und Möhren in eine gefettete, flache Auflaufform geben, die Schnitzel darauf legen und mit der Champignon-Speck-Masse bedecken. Sahne darüber verteilen und alles mit Gratinkäse bestreuen. Die Form auf dem Rost in den vorgeheizten Backofen schieben.

Ober-/Unterhitze: etwa 180 °C
Heißluft: etwa 160 °C
Garzeit: etwa 30 Minuten.

Landfrauen-Tipp: Die Schnitzel können auch mit einer anderen Gemüsemischung belegt werden, wie z. B. mit Curry gewürzten, gedünsteten Zwiebelringen und Apfelspalten. Dann die Sahne mit etwas Cidre oder Apfelschnaps abschmecken. Besonders zart werden die Schnitzel, wenn sie vor dem Braten mit etwas Sojasauce beträufelt werden.

Beilage: Pell- oder Salzkartoffeln.

Ratz-Fatz-Waldfrucht-Rolle |

Schnell – für Kinder

Insgesamt:
E: 50 g, F: 135 g, Kh: 222 g, kJ: 10000, kcal: 2388

Für den Schüttelteig:
100 g Weizenmehl
1 TL Dr. Oetker Backin
100 g feinster Zucker oder Puderzucker
100 ml Speiseöl
5 Eier (Größe M)

Für die Füllung:
3–4 EL Waldfruchtkonfitüre

Zum Bestäuben:
gesiebter Puderzucker

Zubereitungszeit: etwa 15 Min.

1. Für den Teig Mehl und Backpulver mischen und in einen Schüttelbecher (Inhalt 0,7 l) sieben. Zucker, Öl und Eier dazugeben und den Becher mit dem Deckel fest verschließen. Mehrmals (insgesamt 15–30 Sekunden) kräftig schütteln, so dass alle Zutaten gut vermischt sind. Alles mit einem Schneebesen oder Rührlöffel nochmals sorgfältig durchrühren.

2. Den Teig auf ein Backblech (30 x 40 cm, mit Backpapier belegt) geben und glatt streichen. Das Backblech in den vorgeheizten Backofen schieben.

Ober-/Unterhitze: etwa 200 °C
Heißluft: etwa 180 °C
Backzeit: etwa 10 Minuten.

3. Die Gebäckplatte mit dem Backpapier auf eine Arbeitsfläche stürzen und das mitgebackene Backpapier abziehen.

4. Konfitüre gleichmäßig auf der Gebäckplatte verstreichen und von der langen Seite her fest aufrollen. Die Rolle auskühlen lassen und mit Puderzucker bestäuben.

Landfrauen-Tipp: Die Rolle bleibt mehrere Tage frisch und kann auch eingefroren werden.

Rehrücken, Badischer | Mit Alkohol

Pro Portion:
E: 67 g, F: 31 g, Kh: 29 g, kJ: 2925, kcal: 699

1	*Rehrücken mit Knochen (etwa 1,6 kg)*
	Salz
	frisch gemahlener Pfeffer
75 g	*durchwachsener Speck in Scheiben*
1	*Zwiebel*
50 g	*Knollensellerie*
100 g	*Möhren*
5	*Wacholderbeeren*
125 ml (1/8 l)	*trockener Rotwein oder Gemüsebrühe*
2–3	*Birnen, z. B. Williams Christ*
200 ml	*lieblicher Weißwein*
	Saft von
1	*Zitrone*
200 ml	*trockener Rotwein*
250 g	*Schlagsahne*
180 g	*Preiselbeerkompott*
	evtl. dunkler Saucenbinder

Zubereitungszeit: etwa 40 Min.

1. Rehrücken unter fließendem kalten Wasser abspülen, trockentupfen und enthäuten. Rehrücken mit Salz und Pfeffer einreiben, in einen mit Wasser ausgespülten Bräter legen und mit Speckscheiben belegen.

2. Zwiebel abziehen und fein würfeln. Knollensellerie und Möhren putzen, schälen, waschen, abtropfen lassen und würfeln. Gemüse in den Bräter geben und den Bräter ohne Deckel auf dem Rost in den vorgeheizten Backofen schieben. Sobald der Bratensatz bräunt, Wacholderbeeren und Rotwein oder Gemüsebrühe dazugeben.

Ober-/Unterhitze: etwa 200 °C
Heißluft: etwa 180 °C
Bratzeit: 35–50 Minuten.

3. In der Zwischenzeit Birnen waschen, halbieren, entkernen (am besten mit einem Kugelausstecher). Die Birnenhälften mit Weißwein und Zitronensaft zum Kochen bringen und etwa 10 Minuten bei mittlerer Hitze mit Deckel dünsten. Die Birnen mit einer Schaumkelle aus der Flüssigkeit nehmen und erkalten lassen.

4. Das gare Fleisch aus dem Bräter nehmen und etwa 10 Minuten zugedeckt ruhen lassen. Den Bratensatz mit Rotwein loskochen, mit dem Gemüse durch ein Sieb streichen, zum Kochen bringen und die Sahne einrühren. 2 Esslöffel Preiselbeerkompott dazugeben, wieder zum Kochen bringen und 3–5 Minuten sprudelnd kochen lassen. Evtl. ausgetretenen Fleischsaft von dem ruhenden Fleisch unterrühren. Die Sauce nach Belieben mit Saucenbinder binden und nochmals mit den Gewürzen abschmecken.

5. Speckscheiben entfernen. Das Fleisch von dem Knochengerüst lösen, in Scheiben schneiden, wieder auf das Knochengerüst legen und auf einer vorgewärmten Platte anrichten.

6. Die Birnenhälften mit übrigem Preiselbeerkompott füllen und um den Rehrücken legen. Die Sauce getrennt dazureichen.

Beilage: Spätzle, Pilze und Rotkohl.

Reissalat „Balkan“ | Gut vorzubereiten

Pro Portion:
E: 10 g, F: 14 g, Kh: 43 g, kJ: 1385, kcal: 330

Für den Salat:
500 ml (1/2 l) Gemüsebrühe
200 g Reismischung (85 % Parboiled Langkorn, 15 % Wildreis)
100 g TK-Erbsen
1/2 Dose Gemüsemais (140 g)
1 rote Paprikaschote (etwa 160 g)
2 Frühlingszwiebeln

Für das Dressing:
1 TL Sambal Oelek
1 TL Salz
1 TL Paprikapulver edelsüß
2 EL Weißweinessig
3 EL Olivenöl
150 g Tomatenmark
6–7 EL Schlagsahne

100 g Schafkäse

Zubereitungszeit: etwa 30 Min., ohne Durchziehzeit

1. Für den Salat Gemüsebrühe zum Kochen bringen und die Reismischung darin etwa 20 Minuten garen, auf ein Sieb geben und mit kaltem Wasser abschrecken. Den Reis gut abtropfen lassen und in eine große Schüssel geben. Während der Reis kocht, die Erbsen 3 Minuten in wenig Salzwasser garen.

2. Erbsen und Mais auf einem Sieb abtropfen lassen und zum Reis geben.

3. Paprikaschote halbieren, entstielen, entkernen und die weißen Scheidewände entfernen, Schote waschen und in Würfel schneiden. Frühlingszwiebeln putzen, waschen und in feine Ringe schneiden. Gemüse zum Reis geben und vermischen.

4. Für das Dressing Sambal Oelek, Salz, Paprikapulver und Essig miteinander verrühren. Öl, Tomatenmark und Schlagsahne unterrühren. Den Salat mit dem Dressing verrühren, evtl. nochmals abschmecken und einige Stunden gut durchziehen lassen.

5. Schafkäse würfeln oder in kleine Stücke brechen, teilweise unter den Salat heben und den Rest darauf anrichten.

Abwandlung: Für Reissalat mit Schinken und Ei anstatt Schafkäse 100 g gekochten Schinken würfeln und unterheben. 4 Eier (Größe M) 6 1/2–8 Minuten kochen, kalt abschrecken, pellen, halbieren und auf dem Salat anrichten.

Landfrauen-Tipp: Sie können auch 300 g TK-Balkangemüse nach Packungsanleitung knapp garen und abgekühlt verwenden. Den Salat vor dem Servieren mit 1 Esslöffel gehackter Petersilie oder fein geschnittenem Schnittlauch bestreuen.

Reissalat, orientalischer I

Gut vorzubereiten

Pro Portion:
E: 17 g, F: 17 g, Kh: 45 g, kJ: 1764, kcal: 421

125 g Langkornreis
200 g TK-Erbsen
2 Hühnerbrustfilets (je 150–175 g)
200 ml Hühnerbrühe
1 Dose Champignonköpfe (Abtropfgewicht 115 g)
2–3 kleine Äpfel
½ EL Zitronensaft
200 g Tomaten

Für die Sauce:
2–3 EL Mayonnaise
1 Becher (150 g) Naturjoghurt
1½–2 EL Weinessig
2 TL Currypulver
Salz
frisch gemahlener Pfeffer
etwas Zucker
etwas gemahlener Ingwer

Zubereitungszeit: etwa 40 Min., ohne Abkühl- und Durchziehzeit

1. Reis in kochendem Salzwasser in etwa 20 Minuten ausquellen lassen. 5 Minuten vor Garzeitende die Erbsen zugeben und mitgaren. Erbsen-Reis-Mischung auf ein Sieb geben, mit kaltem Wasser übergießen, gut abtropfen und erkalten lassen.

2. Inzwischen Hühnerbrustfilets unter fließendem kalten Wasser abspülen, trockentupfen, in die kochende Brühe geben und in etwa 12 Minuten bei schwacher Hitze zugedeckt gar kochen. Das Fleisch abkühlen lassen und in Scheiben oder Würfel schneiden.

3. Champignons abtropfen lassen und halbieren. Äpfel schälen, vierteln und entkernen. Einen Apfel längs in Scheiben schneiden, mit Zitronensaft beträufeln und beiseite stellen. Restliche Äpfel quer in Scheiben schneiden.

4. Tomaten waschen, abtrocknen und die Stängelansätze herausschneiden. Eine Tomate achteln und beiseite legen, die restlichen in kleine Würfel schneiden.

5. Für die Sauce Mayonnaise mit Joghurt, Essig und Curry verrühren, mit Salz, Pfeffer, Zucker und Ingwer würzen und mit den Salatzutaten vermengen. Salat gut durchziehen lassen, evtl. mit Salz, Pfeffer und Curry abschmecken und mit den beiseite gelegten Apfelscheiben und Tomatenachteln garniert servieren.

Beilage: Toast.

Landfrauen-Tipp: Den Reissalat auf Salatblättern anrichten und mit 2 Esslöffeln Frühlingszwiebelgrün, in Ringe geschnitten, garnieren.

Rhabarber-Crumble | Für Gäste

6–8 Portionen

Pro Portion:
E: 4 g, F: 12 g, Kh: 43 g, kJ: 1285, kcal: 307

Für die Rhabarbermasse:
etwa 1 kg Rhabarber
80 g brauner Zucker
3 EL Orangensaft

Für die Streusel:
150 g Weizenmehl
25 g kernige Haferflocken
80 g brauner Zucker
100 g weiche Butter

Zubereitungszeit: etwa 30 Min.

1. Für die Rhabarbermasse Rhabarber putzen, die Enden abschneiden und Rhabarber gut waschen. Dickere Stangen längs halbieren. Die Stangen in etwa 4 cm lange Stücke schneiden, in eine Gratinform (Ø 32 cm) geben und mit Zucker bestreuen. Orangensaft darüber verteilen.

2. Für die Streusel Mehl in eine Rührschüssel sieben, mit Haferflocken und Zucker mischen und Butter hinzufügen. Alle Zutaten mit Handrührgerät mit Knethaken oder mit den Händen zu Streuseln von gewünschter Größe verarbeiten.

3. Die Streusel auf den Rhabarberstücken verteilen. Die Form auf dem Rost in den vorgeheizten Backofen schieben.

Ober-/Unterhitze: etwa 200 °C
Heißluft: etwa 180 °C
Backzeit: etwa 30 Minuten.

Abwandlung: Der Crumble schmeckt auch lecker, wenn Sie anstelle des Rhabarbers etwa 750 g Johannisbeeren (frisch oder TK) oder 2 Gläser Stachelbeeren (Abtropfgewicht je 370 g) verwenden.

Landfrauen-Tipp: Sie können den Rhabarber-Crumble auch in 4 Portionsförmchen servieren. Dafür die Zutatenmenge halbieren, den Rhabarber in nur 1 cm lange Stücke schneiden, mit Orangensaft und Zucker mischen und in die Förmchen füllen. Dann mit Streuseln bestreuen und wie oben angegeben backen.

Rindergulasch mit Champignons

Gut vorzubereiten

Pro Portion:
E: 31 g, F: 11 g, Kh: 7 g, kJ: 1063, kcal: 254

600 g	*mageres Rindfleisch (ohne Knochen)*
30 g	*Pflanzenfett*
500 g	*Zwiebeln*
	Salz
	frisch gemahlener Pfeffer
	Paprikapulver edelsüß
	Gulaschgewürz
2 schwach geh. EL	*Tomatenmark*
250 ml (1/4 l)	*heißes Wasser*
1 Dose	*Champignons (Abtropfgewicht 230 g)*
2 Spritzer	*Tabasco*

Zubereitungszeit: etwa 35 Min.

1. Rindfleisch unter fließendem kalten Wasser abspülen, trockentupfen und in etwa 2 cm große Würfel schneiden. Jeweils die Hälfte des Pflanzenfettes in einem Bräter erhitzen und Fleischwürfel in 2 Portionen von allen Seiten gut darin anbraten.

2. Zwiebeln abziehen, halbieren und in Scheiben schneiden, zu den Fleischwürfeln geben und mitbräunen lassen. Mit Salz, Pfeffer, Paprika und Gulaschgewürz würzen. Tomatenmark unterrühren und Wasser hinzugießen.

3. Die Zutaten zum Kochen bringen und das Gulasch in etwa 1 1/2 Stunden fertig garen.

4. Champignons in einem Sieb abtropfen lassen, kurz vor Beendigung der Garzeit zum Gulasch geben und kurz mitgaren lassen. Mit Salz, Pfeffer, Paprika und Tabasco abschmecken.

Beilage: Kartoffeln, Reis oder Nudeln und Salat.

Landfrauen-Tipp: Sie können auch 250 g frisch geputzte, in Scheiben geschnittene Champignons in 2 Esslöffeln Speiseöl anbraten und kurz vor Beendigung der Garzeit zum Gulasch geben. Die Hälfte des Wassers kann durch Rotwein ersetzt werden.

Rinderrouladen mit Meerrettich |

Raffiniert

Pro Portion:
E: 44 g, F: 30 g, Kh: 7 g, kJ: 1969, kcal: 471

250 g Porree (Lauch)
100 g Möhren
4 Rinderrouladen (je 180 g, aus der Hüfte)
Salz
frisch gemahlener Pfeffer
1 Glas geriebener Meerrettich (Einwaage 95 g)
4 Scheiben Katenrauchschinken (je 25–30 g)
20 g Butterschmalz
250 ml (1/4 l) heiße Gemüsebrühe
1 Lorbeerblatt

1 EL Weizenmehl
75 g Schlagsahne
Zucker

Außerdem:
Holzstäbchen oder Küchengarn

Zubereitungszeit: etwa 30 Min.

1. Porree putzen, die Stangen längs halbieren, waschen und abtropfen lassen. Die weißen und die hellgrünen Teile in sehr feine Streifen schneiden. Die grünen Teile in breite Streifen schneiden. Möhren putzen, schälen, waschen, abtropfen lassen und in Scheiben schneiden.

2. Rouladenfleisch abspülen und trockentupfen. Mit etwas Salz und Pfeffer bestreuen. Drei Viertel des Meerrettichs auf den Rouladenscheiben verteilen. Je eine Scheibe Schinken und etwas von den feinen Porreestreifen nacheinander auf die Rouladenscheiben geben (sehr breite Schinkenscheiben auf Rouladenbreite zurechtschneiden.) Die Rouladen von der schmalen Seite her fest aufrollen und mit Holzstäbchen oder Küchengarn zusammenhalten.

3. Butterschmalz in einem Bräter oder in einer großen Pfanne erhitzen. Die Rouladen von allen Seiten darin anbraten. Die Brühe zum Bratensatz gießen und zum Kochen bringen, bis sich der Bratensatz gelöst hat. Die breiten Porreestreifen, Möhrenscheiben und Lorbeerblatt hinzugeben und die Rouladen zugedeckt bei schwacher Hitze etwa 1 3/4 Stunden schmoren.

4. Die garen Rouladen herausnehmen (Holzstäbchen oder Küchengarn entfernen), auf einer vorgewärmten Platte anrichten, zugedeckt warm stellen.

5. Mehl mit Sahne anrühren, unter Rühren in den Bratensud geben, zum Kochen bringen und etwa 3 Minuten kochen lassen. Lorbeerblatt entfernen. Mit Salz, Pfeffer und Zucker würzen. Restlichen Meerrettich kurz vor dem Servieren unterrühren und die Rouladen mit der Sauce servieren.

Beilage: Salzkartoffeln, Rosenkohl oder Erbsen-Möhren-Gemüse.

Landfrauen-Tipp: Rouladen lassen sich gut einfrieren, deshalb eine größere Portion zubereiten und portionsweise einfrieren.

Rindfleisch mit Rotwein auf Spätzle | Raffiniert

Pro Portion:
E: 33 g, F: 37 g, Kh: 13 g, kJ: 2358, kcal: 563

500 g	*Roastbeef*
3 EL	*Olivenöl*
3 EL	*Rotwein*
½ TL	*gemahlener Rosmarin*
½ TL	*gehackter Thymian*
1	*rote Chilischote*
3 EL	*Olivenöl*
	Salz
	frisch gemahlener Pfeffer
	Cayennepfeffer
1 TL	*Sambal Oelek*
200 ml	*Rotwein*
1 Becher (150 g)	*Crème fraîche*
2 TL	*getrocknete rote Pfeffer-Beeren*
4 l	*Wasser*
4 TL	*Salz*
400 g	*Spätzle*

Zubereitungszeit: etwa 30 Min., ohne Marinierzeit

1. Roastbeef unter fließendem kalten Wasser abspülen, trockentupfen und zuerst in dünne Scheiben, dann in große Stücke schneiden. Mit Olivenöl und Rotwein beträufeln und mit Rosmarin und Thymian bestreuen. Chilischote putzen, halbieren und entkernen. Chilischote in Streifen schneiden und hinzufügen. Die Fleischstücke etwa 2 Stunden in der Marinade liegen lassen.

2. Olivenöl in einer großen Pfanne erhitzen und die Fleischstücke rundherum anbraten. Mit Salz, Pfeffer, Cayennepfeffer und Sambal Oelek würzen. Rotwein hinzugießen, zum Kochen bringen und etwa 5 Minuten bei schwacher Hitze garen. Crème fraîche unterrühren und evtl. nochmals kräftig mit den Gewürzen abschmecken.

3. Inzwischen Wasser in einem großen Topf mit geschlossenem Deckel zum Kochen bringen.
Salz und Spätzle zugeben und die Spätzle nach Packungsanleitung im geöffneten Topf bei mittlerer Hitze kochen lassen, dabei zwischendurch 4–5-mal umrühren.

4. Anschließend die Spätzle in ein Sieb geben, mit heißem Wasser abspülen und abtropfen lassen.

5. Die Spätzle auf einem großen Teller anrichten. Das Fleisch mit der Sauce darauf geben und mit den Pfeffer-Beeren bestreuen. Sofort servieren.

Landfrauen-Tipp: Für mariniertes Schweinefilet mit Rotwein auf Spätzle 500 g Schweinefilet unter fließendem kalten Wasser abspülen, trockentupfen, von Haut und Sehnen befreien und in dünne Scheiben schneiden. Mit Olivenöl und Rotwein beträufeln und mit 1 Teelöffel Kräutern der Provence bestreuen. Chilischote wie oben beschrieben vorbereiten und zugeben. Das Fleisch 2 Stunden marinieren und dann wie oben beschrieben weiter zubereiten. Das Gericht mit einem Zweig Rosmarin garnieren.

Roastbeef mit Kräuter-Senf-Kruste | Für Gäste

Pro Portion:
E: 57 g, F: 18 g, Kh: 1 g, kJ: 1639, kcal: 391

1 kg Roastbeef
2–3 EL Speiseöl, z. B. Sonnenblumenöl
Salz
frisch gemahlener Pfeffer

Für die Kräuter-Senf-Kruste:
1 Bund Petersilie
1 kleines Bund Majoran
1 kleines Bund Thymian
1 kleines Bund Basilikum
4 EL mittelscharfer Senf

Zubereitungszeit: etwa 30 Min.

1. Roastbeef unter fließendem kalten Wasser abspülen, trockentupfen und den dünnen Fettrand mit einem scharfen Messer entfernen.

2. Öl in einer Pfanne erhitzen und das Fleisch darin rundherum anbraten. Das Fleisch dann mit Salz und Pfeffer würzen und in eine flache Auflaufform legen. Die Form auf dem Rost in den vorgeheizten Backofen schieben.

Ober-/Unterhitze: etwa 220 °C
Heißluft: etwa 200 °C
Bratzeit: etwa 20 Minuten.

3. In der Zwischenzeit für die Kräuter-Senf-Kruste Petersilie, Majoran, Thymian und Basilikum abspülen, trockentupfen und die Blättchen von den Stängeln zupfen, fein hacken und mit Senf vermischen.

4. Das Roastbeef mit einem Pinsel mit der Kräuter-Senf-Mischung bestreichen und bei der oben angegebenen Backofeneinstellung noch etwa 25 Minuten fertig garen.

5. Das fertige Roastbeef etwa 10 Minuten zugedeckt ruhen lassen. Den Bratensatz mit wenig Wasser loskochen und mit Salz und Pfeffer würzen.

6. Das Fleisch in Scheiben schneiden und die Sauce dazu servieren.

Beilage: Baguette oder Bratkartoffeln, Brokkoli, grüne Bohnen, Spargel, Remouladensauce und Salat.

Landfrauen-Tipp: Das Roastbeef schmeckt auch kalt sehr gut, z. B. mit Remouladensauce und Bratkartoffeln oder Brot.

Roastbeefspieße mit Zwiebelmus und Tomatensauce | Mit Alkohol

4 Spieße

Pro Portion:
E: 29 g, F: 95 g, Kh: 15 g, kJ: 4547, kcal: 1085

Für die Spieße:

2	*Rumpsteaks (je 240 g)*
240 g	*durchwachsener Speck*
1	*rote Paprikaschote*
1	*grüne Paprikaschote*
2	*mittelgroße, rote Zwiebeln*
4 EL	*Speiseöl*
	Salz
	frisch gemahlener Pfeffer
	Paprikapulver edelsüß

Für das Zwiebelmus:

2	*mittelgroße, rote Zwiebeln*
2 EL	*Speiseöl*
5 EL	*trockener Rotwein*
etwas	*Zucker*

Für die Tomatensauce:

1 geh. EL	*Zucker*
5 EL	*Wasser*
2 TL	*Essig*
4 EL	*Tomatenketchup*
1 Becher (150 g)	*Crème fraîche*

Zubereitungszeit: etwa 30 Min.

1. Für die Spieße Rumpsteaks unter fließendem kalten Wasser abspülen, trockentupfen, der Länge nach einmal durchschneiden und in etwa 2 cm große Stücke schneiden. Speck in 1 cm dicke Scheiben in der Größe der Fleischwürfel schneiden.

2. Paprikaschoten halbieren, entstielen, entkernen und die weißen Scheidewände entfernen, Schoten waschen und in Stücke schneiden. Zwiebeln abziehen und vierteln.

3. Paprika und Zwiebeln in kochendes Wasser geben und etwa 5 Minuten kochen lassen, abgießen, kurz

in kaltes Wasser geben und gut abtropfen lassen. Die Zwiebeln in Segmente teilen. Die vorbereiteten Zutaten abwechselnd auf 4 Spieße stecken.

4. Öl mit Salz, Pfeffer und Paprika verrühren und die Spieße damit bestreichen. Die Spieße in einer erhitzten Pfanne rundherum kurz anbraten. Etwas Wasser hinzufügen und die Spieße 10–12 Minuten garen. Die garen Spieße herausnehmen und warm stellen.

5. Inzwischen für das Zwiebelmus Zwiebeln abziehen, halbieren und in Streifen schneiden. Öl zu dem Spieß-Bratfett in die Pfanne geben und die Zwiebeln darin gar dünsten. Rotwein hinzufügen und einmal aufkochen lassen. Die Zwiebeln pürieren und mit Salz, Pfeffer, Paprika und Zucker abschmecken.

6. Für die Tomatensauce Zucker und Wasser in einem kleinen Topf gut aufkochen lassen. Essig und Ketchup hinzufügen und abkühlen lassen. Crème fraîche unterrühren und die Sauce evtl. mit den Gewürzen abschmecken.

7. Zwiebelmus und Tomatensauce zu den Spießen servieren.

Rosenkohlauflauf mit Bratwurstklößchen | Gut vorzubereiten

Pro Portion:
E: 20 g, F: 30 g, Kh: 9 g, kJ: 1662, kcal: 398

750 g Rosenkohl
125 g kleine Zwiebeln oder Schalotten,
Salzwasser
25 g Butter oder Margarine
1 TL Zucker
125 ml (1/8 l) Gemüsebrühe
Salz
frisch gemahlener Pfeffer
geriebene Muskatnuss
75 g Tomatenpaprika (aus dem Glas)
2–3 frische Kalbsbratwürste
(etwa 300 g)
125 g mittelalter Gouda

Zubereitungszeit: etwa 50 Min.

1. Rosenkohl von den schlechten äußeren Blättern befreien, etwas vom Strunk abschneiden, die Rosenkohlröschen am Strunk kreuzförmig einschneiden, waschen und abtropfen lassen. Zwiebeln oder Schalotten abziehen und je nach Größe evtl. halbieren.

2. Rosenkohl und Zwiebeln oder Schalotten in kochendes Salzwasser geben und 10–15 Minuten kochen lassen. Das Gemüse mit einem Schaumlöffel in ein Sieb geben und abtropfen lassen.

3. Butter oder Margarine in einem Topf zerlassen. Zucker hinzufügen und leicht bräunen lassen. Zwiebeln und Rosenkohl darin andünsten. Gemüsebrühe hinzugießen, mit Salz, Pfeffer und Muskatnuss würzen, zum Kochen bringen und einmal aufkochen lassen.

4. Tomatenpaprika in einem Sieb abtropfen lassen und fein würfeln. Die Bratwurstmasse aus der Haut drücken und mit den Paprikawürfeln mischen. Aus der Masse mit 2 Teelöffeln kleine Klößchen abstechen. Die Klößchen in das kochendes Rosenkohlkochwasser geben und etwa 5 Minuten garen. Die Klößchen dann abtropfen lassen.

5. Das Gemüse mit der Brühe in eine große Auflaufform geben und mit den Bratwurstklößchen mischen. Gouda reiben und darüber streuen. Die Form auf dem Rost in den vorgeheizten Backofen schieben und den Auflauf goldbraun überbacken.

Ober-/Unterhitze: etwa 200 °C
Heißluft: etwa 180 °C
Überbackzeit: etwa 25 Minuten.

Beilage: Röstiecken oder Kartoffelpüree.

Landfrauen-Tipp: Sie können Rosenkohl und Bratwurstklößchen bereits am Vortag zubereiten, in die Form geben und zugedeckt kalt stellen. Am Verzehrtag mit Käse bestreuen und wie oben angegeben überbacken. Dann verlängert sich die Überbackzeit um 5–10 Minuten.

Rosenkohleintopf | Preiswert

Pro Portion:
E: 15 g, F: 51 g, Kh: 30 g, kJ: 2758, kcal: 660

1 kg	*Rosenkohl*
500 g	*Kartoffeln*
40 g	*Butter*
250 ml (1/4 l)	*Gemüsebrühe*
125 g	*Schlagsahne*
	Salz
	frisch gemahlener Pfeffer
	geriebene Muskatnuss
2	*Zwiebeln*
75 g	*durchwachsener Speck*
40 g	*Butter*
1 Becher (150 g)	*Crème fraîche*

Zubereitungszeit: etwa 45 Min.

1. Rosenkohl von den schlechten äußeren Blättchen befreien, etwas vom Strunk abschneiden, Rosenkohl waschen, abtropfen lassen und halbieren. Kartoffeln waschen, schälen, abspülen und in Würfel schneiden.

2. Butter in einem Topf zerlassen und den Rosenkohl darin andünsten. Kartoffelwürfel dazugeben und kurz mitdünsten.

3. Brühe und Sahne hinzufügen, mit Salz, Pfeffer und Muskat würzen, alles zum Kochen bringen und etwa 25 Minuten garen.

4. Inzwischen Zwiebeln abziehen und würfeln. Speck in kleine Würfel schneiden. Butter zerlassen und die Speckwürfel darin auslassen. Zwiebelwürfel hinzufügen und darin andünsten.

5. Crème fraîche unter den Eintopf rühren und nochmals abschmecken. Die Speck-Zwiebel-Mischung auf den Eintopf geben.

Rosenkohl-Hackfleisch-Topf I

Gut vorzubereiten

Pro Portion:
E: 39 g, F: 39 g, Kh: 27 g, kJ: 2568, kcal: 613

$1\frac{1}{2}$ EL	*Speiseöl*
500 g	*Rindergehacktes*
2 EL (etwa 50 g)	*Tomatenmark*
2 Pck.	*Pilzsauce [für je 250 ml ($\frac{1}{4}$ l) Flüssigkeit]*
750 ml ($\frac{3}{4}$ l)	*Wasser*
500 g	*TK-Rosenkohl*
1 Pck.	*Kartoffelpüree [für 500 ml ($\frac{1}{2}$ l) Flüssigkeit]*
	Salz
	frisch gemahlener Pfeffer
40 g	*Semmelbrösel*
40 g	*Butter*
75 g	*durchwachsener Speck*
einige Zweige	*Majoran*

Zubereitungszeit: etwa 30 Min., ohne Auftauzeit

1. Speiseöl in einer großen Pfanne erhitzen. Gehacktes hinzufügen und unter ständigem Rühren darin anbraten, dabei die Fleischklümpchen mit einer Gabel zerdrücken. Tomatenmark unterrühren. Pilzsauce nach Packungsanleitung, aber mit 750 ml ($\frac{3}{4}$ l) Wasser zubereiten und hinzufügen.

2. Rosenkohl zur Hackfleischmasse geben und unter Rühren etwa 10 Minuten garen. Püreepulver hinzufügen und unter Rühren aufkochen lassen. Mit Salz und Pfeffer würzen. Die Hackfleisch-Rosenkohl-Masse in eine große flache Auflauf- oder Gratinform geben. Mit Semmelbröseln bestreuen und Butterflöckchen darauf verteilen.

3. Die Form auf dem Rost in den vorgeheizten Backofen schieben.

Ober-/Unterhitze: etwa 200 °C
Heißluft: etwa 180 °C
Backzeit: etwa 25 Minuten.

4. Speck in kleine Würfel schneiden und in einer Pfanne knusprig ausbraten. Die Speckwürfel vor dem Servieren auf dem Hackfleischtopf verteilen und mit Majoran garnieren.

Rosmarin-Kartoffel-Spieße |

Vegetarisch

Pro Portion:
E: 8 g, F: 6 g, Kh: 44 g, kJ: 1148, kcal: 273

1 kg kleine, fest kochende Kartoffeln
Salzwasser
Kümmelsamen
600 g grüne Bohnen
2 rote Zwiebeln (etwa 100 g)
4 kleine
Zweige Rosmarin
2 EL Olivenöl
Salz
frisch gemahlener Pfeffer

1–2 EL Olivenöl
300 ml Gemüsebrühe oder -fond

Außerdem:
4–6 dünne Holzspieße

Zubereitungszeit: etwa 50 Min.

1. Kartoffeln gründlich waschen, abbürsten und abspülen. Kartoffeln zugedeckt in kochendem Salzwasser mit Kümmel etwa 20 Minuten kochen lassen, in ein Sieb geben und abtropfen lassen.

2. Inzwischen von den Bohnen die Enden abschneiden, die Bohnen evtl. abfädeln, waschen, abtropfen lassen und in etwa 3 cm lange Stücke schneiden oder brechen. Bohnen in kochendem Salzwasser etwa 5 Minuten blanchieren, in ein Sieb geben, mit kaltem Wasser übergießen und abtropfen lassen.

3. Zwiebeln abziehen, halbieren und in Scheiben schneiden.

4. Kartoffeln gleichmäßig auf die Holzspieße verteilen. Rosmarin abspülen, trockentupfen und die Nadeln von den Stängeln zupfen.

5. Olivenöl in einer großen Pfanne erhitzen und Kartoffelspieße portionsweise mit den Rosmarinnadeln darin anbraten. Mit Salz und Pfeffer würzen.

6. Olivenöl in einem großen Bräter erhitzen und Zwiebelscheiben darin glasig dünsten, Bohnen hinzugeben. Mit Salz und Pfeffer würzen und die angebratenen Kartoffelspieße darauf legen. Gemüsebrühe oder -fond hinzugießen. Den Bräter auf dem Rost in den vorgeheizten Backofen schieben.

Ober-/Unterhitze: etwa 200 °C
Heißluft: etwa 180 °C
Garzeit: etwa 40 Minuten.

Beilage: Knoblauchbrot und frische Salate. Schmeckt sehr gut als Beilage zu gegrilltem Lamm- oder Rindfleisch, wie Lammlachs, Lammspießen oder Rumpsteak.

Landfrauen-Tipp: Die Bohnen mit 2 Teelöffeln frischem oder 1 Teelöffel getrocknetem Bohnenkraut würzen.

Rösti mit Sauerkraut | Für Gäste

Pro Portion:
E: 25 g, F: 74 g, Kh: 50 g, kJ: 4066, kcal: 973

Für die Rösti:
1 kg fest kochende Kartoffeln
2 Zwiebeln
2 Eier (Größe M)
Salz
frisch gemahlener Pfeffer
2 EL Weizenmehl
200 ml Speiseöl

Für das Sauerkraut:
75 g Schnittkäse, z. B. Gouda
100 g Ananasstücke (aus der Dose)
8 hauchdünne Scheiben Salami
300 g Sauerkraut (aus der Dose)
1 TL Kümmelsamen

Für die Schinken-Schnittlauch-Sauce:
100 g roher Schinken oder Schinkenspeck
1 Becher (150 g) Crème fraîche
150 g Naturjoghurt
1 Bund Schnittlauch

Zubereitungszeit: etwa 40 Min.

1. Für die Rösti Kartoffeln waschen, schälen, abspülen und grob raspeln, in einem Sieb abtropfen lassen und die restliche Feuchtigkeit herausdrücken. Zwiebeln abziehen und fein würfeln. Eier mit Salz, Pfeffer und Zwiebeln verquirlen, nach und nach Mehl hinzugeben und die geraspelten Kartoffeln untermengen.

2. Öl portionsweise in 2 Pfannen erhitzen. $^1/_8$ des Kartoffelgemisches in jede Pfanne geben und mit einem Pfannenwender zu einem Rösti (Ø etwa 10 cm) flach drücken. Die Rösti bei kleiner Hitze etwa 4 Minuten von beiden Seiten goldbraun und die Ränder knusprig backen. Im Ofen warm stellen und den übrigen Rösti-Teig ebenso verarbeiten.

3. Für das Sauerkraut Käse fein würfeln. Ananas abtropfen lassen. Salami in Streifen schneiden. Sauerkraut auseinander zupfen und alle Zutaten mit Kümmelsamen vermengen. Das Sauerkraut in eine Auflaufform geben, auf dem Rost in den vorgeheizten Backofen schieben und erwärmen.

Ober-/Unterhitze: etwa 180 °C
Heißluft: etwa 160 °C
Aufwärmzeit: etwa 8 Minuten.

4. In der Zwischenzeit für die Sauce Schinken in feine Streifen schneiden und mit Crème fraîche und Joghurt verrühren. Die Sauce mit Salz und Pfeffer abschmecken. Schnittlauch abspülen, abtropfen lassen, in feine Röllchen schneiden und unter die Sauce rühren.

5. Die Schinken-Schnittlauch-Sauce und das Sauerkraut zu den Rösti reichen.

Landfrauen-Tipp: Sie können auch eine Packung tiefgefrorene Rösti (600 g) verwenden. Diese dann nach Packungsanleitung zubereiten.

Rotbarschauflauf | Mit Alkohol

Pro Portion:
E: 39 g, F: 28 g, Kh: 30 g, kJ: 2290, kcal: 458

450 g Kartoffeln
1 Zwiebel
500 g Fenchelknollen
1 rote Paprikaschote
200 g Möhren
Salz
frisch gemahlener Pfeffer
1 Becher (150 g) Crème fraîche
150 g Naturjoghurt
80 ml trockener Wermut
2 EL Zitronensaft
500 g Rotbarschfilet
120 g geriebener Gouda
2 EL Semmelbrösel
2 EL Sonnenblumenkerne
1 Bund Dill

Zubereitungszeit: etwa 30 Min.

1. Kartoffeln waschen, schälen, abspülen und grob raspeln. Zwiebel abziehen und in Würfel schneiden. Von den Fenchelknollen die Stiele dicht oberhalb der Knollen abschneiden, braune Stellen und Blätter entfernen (etwas Fenchelgrün beiseite legen) und die Wurzelenden gerade schneiden. Die Knollen waschen und in Scheiben schneiden.

2. Paprika halbieren, entstielen, entkernen und die weißen Scheidewände entfernen. Schote waschen, abtropfen lassen und in Würfel schneiden. Möhren putzen, schälen, waschen und in Scheiben schneiden. Gemüsestücke miteinander mischen und mit Salz und Pfeffer würzen.

3. Crème fraîche mit Joghurt, Wermut und Zitronensaft verrühren. Mit Salz und Pfeffer würzen.

4. Kartoffelraspel mit den Zwiebelwürfeln in eine große flache Auflaufform geben. Die Hälfte der Gemüsestücke darauf verteilen.

5. Rotbarschfilet unter fließendem kalten Wasser abspülen, trockentupfen und in größere Stücke schneiden. Evtl. vorhandene Gräten entfernen. Filetstücke auf das Gemüse legen und mit den restlichen Gemüsestücken bedecken.

6. Crème fraîche-Joghurt-Sauce über den Fischauflauf gießen. Zuerst mit Käse, dann mit Semmelbröseln und Sonnenblumenkernen bestreuen. Die Form auf dem Rost in den vorgeheizten Backofen schieben.

Ober-/Unterhitze: etwa 200 °C (unteres Drittel)
Heißluft: etwa 180 °C
Garzeit: etwa 40 Minuten.

7. Zum Garnieren Dill abspülen und trockentupfen. Die Spitzen von den Stängeln zupfen. Den Auflauf mit beiseite gelegtem Fenchelgrün und Dillspitzen bestreut servieren.

Landfrauen-Tipp: Sie können auch TK-Rotbarschfilet verwenden. Das TK-Rotbarschfilet dann vor der Zubereitung nach Packungsanleitung auftauen lassen.

Rotbarsch-Kartoffel-Gratin

Raffiniert

Pro Portion:
E: 57 g, F: 40 g, Kh: 38 g, kJ: 3241, kcal: 733

900 g Kartoffeln
3 EL Olivenöl
Salz
frisch gemahlener Pfeffer
2 rote Zwiebeln
70 g geräucherter Bauchspeck
1 rote Paprikaschote
1 Bund Rucola (Rauke)
1/2 Pck. TK-Petersilie oder
1/2 Bund Petersilie
125 g Krabben
600 g Rotbarschfilet
120 g geriebener Käse, z. B. Comte

Zubereitungszeit: etwa 35 Min.

1. Kartoffeln waschen, schälen, abspülen und in 1 cm große Würfel schneiden, gut abtropfen lassen oder evtl. trockentupfen. Die Kartoffelwürfel in erhitztem Öl etwa 10 Minuten knusprig braun braten und mit Salz und Pfeffer würzen.

2. Zwiebeln abziehen und in Würfel schneiden. Speck ebenfalls in Würfel schneiden. Beide Zutaten gegen Ende der Kartoffelbratzeit kurz mit andünsten.

3. Paprika halbieren, entstielen, entkernen und die weißen Scheidewände entfernen, Schote waschen und in Würfel schneiden. Rucola und Petersilie abspülen, trockentupfen und fein schneiden.

4. Paprika, Rucola und Krabben unter die Kartoffeln mischen, mit Salz und Pfeffer würzen und in eine gefettete, flache Auflaufform (30 x 20 cm) oder Portionsauflaufförmchen füllen.

5. Rotbarschfilets unter fließendem kalten Wasser abspülen, trockentupfen, leicht salzen und pfeffern und auf die Kartoffeln legen. Mit Petersilie und Käse bestreuen. Die Form auf dem Rost in den vorgeheizten Backofen schieben.

Ober-/Unterhitze: etwa 180°C
Heißluft: etwa 160°
Backzeit: etwa 30 Minuten.

Abwandlung: Für Rotbarsch-Reis-Gratin 1 Zwiebel abziehen, würfeln und in 1 Esslöffel Speiseöl glasig dünsten. 250 g Parboiled Reis zugeben, andünsten, gut 500 ml (1/2 l) Gemüsebrühe zugeben und in etwa 20 Minuten ausquellen lassen. Inzwischen 1 rote Paprikaschote, Rucola und Petersilie wie oben beschrieben vorbereiten, die 3 Zutaten mit den Krabben unter den garen Reis mischen und mit Salz und Pfeffer würzen. Den Reis in eine flache gefettete Auflaufform geben und wie unter Punkt 5 beschrieben weiter arbeiten und backen.

Landfrauen-Tipp: Statt frischem Fisch kann auch tiefgekühlter verwendet werden. Der Auflauf schmeckt auch mit Seelachs oder Kabeljau sehr gut.

Rote Bohnensuppe | Dauert länger

Pro Portion:
E: 53 g, F: 39 g, Kh: 59 g, kJ: 3462, kcal: 826

375 g	*getrocknete rote Bohnen*
1 3/4 l	*kaltes Wasser*
500 g	*geräucherte Dicke Rippe*
2	*Rauchenden (Mettwürste)*
2 Stangen	*Porree (Lauch)*
2	*Möhren*
500 g	*Kartoffeln*
6–7 TL	*körnige Instant-Fleischbrühe*
1/2–1 Becher (75–150 g)	*Crème fraîche*
	Salz, frisch gemahlener Pfeffer
einige Zweige	*Majoran*

Zubereitungszeit: etwa 45 Min., ohne Einweichzeit

1. Bohnen in dem Wasser 12–24 Stunden einweichen.

2. Dicke Rippe und Rauchenden unter fließendem kalten Wasser abspülen. Die Bohnen mit dem Einweichwasser in einen Topf geben und Fleisch und Rauchenden hinzufügen, alles zum Kochen bringen und in 75–90 Minuten knapp gar kochen lassen.

3. In der Zwischenzeit Porree putzen, längs halbieren, gründlich waschen und in Streifen schneiden. Möhren putzen, schälen, waschen und in Stifte schneiden. Kartoffeln waschen, schälen, abspülen und würfeln.

4. Porreestreifen, Möhrenstifte und Kartoffelwürfel mit der Instant-Fleischbrühe in die Suppe geben, wieder zum Kochen bringen und noch etwa 15 Minuten kochen lassen.

5. Fleisch und Rauchenden aus der Suppe nehmen, klein schneiden, mit Crème fraîche wieder in die Suppe geben und erhitzen. Die Suppe mit Salz und Pfeffer würzen.

6. Majoran kalt abspülen, trockentupfen, die Blättchen von den Stängeln zupfen und die Suppe damit garnieren.

Beilage: Roggenbrötchen.

Landfrauen-Tipp: Anstelle von getrockneten roten Bohnen können Sie auch 3–4 Dosen Kidneybohnen (Abtropfgewicht je 255 g) verwenden. Kochen Sie dann die Dicke Rippe und die Rauchenden in 1 1/4–1 1/2 l Wasser etwa 75 Minuten. Die abgetropften und abgespülten Bohnen dann mit der Crème fraîche in die Suppe geben und erhitzen.

Rote Grütze mit Sahnejoghurt

Klassisch

6 Portionen

Pro Portion:
E: 5 g, F: 13 g, Kh: 47 g, kJ: 1472, kcal: 352

Für die rote Grütze:

250 g Brombeeren
250 g Johannisbeeren
250 g Himbeeren
250 g Erdbeeren
(alle Früchte vorbereitet gewogen)
35 g Speisestärke
500 ml (1/2 l) Beerensaft
100 g Zucker

Für den Sahnejoghurt:

200 g Schlagsahne
1 EL Zucker
250 g Naturjoghurt

Zum Bestreuen:

2 EL Schokostreusel

Zubereitungszeit: etwa 30 Min.

1. Für die rote Grütze die Beeren putzen, waschen (die Himbeeren nur verlesen) und gut abtropfen lassen. Speisestärke mit 4 Esslöffeln von dem Beerensaft anrühren.

2. Den restlichen Saft mit Zucker zum Kochen bringen, die angerührte Speisestärke unterrühren, einmal aufkochen lassen und von der Kochstelle nehmen. Die Früchte vorsichtig unterheben. Die Grütze in eine Glasschale oder in Dessertschälchen füllen und kalt stellen.

3. Für den Sahnejoghurt Sahne mit Zucker halbsteif schlagen und unter den Joghurt rühren. Den Sahnejoghurt zu der roten Grütze reichen.

4. Mit Schokostreuseln bestreut servieren.

Abwandlung 1: Für Rote Grütze mit Sago den Saft mit dem Zucker zum Kochen bringen, 60 g Sago einstreuen und bei schwacher Hitze in etwa 20 Minuten ausquellen lassen, ab und zu durchrühren. Zum Schluss die Früchte unterheben.

Abwandlung 2: Für eine grüne Grütze 500 g Stachelbeeren (aus dem Glas) abtropfen lassen, dabei den Saft auffangen. 250 g Kiwis schälen und in Stücke schneiden. 250 g helle Weintrauben waschen, halbieren, entkernen und evtl. vierteln. Den Stachelbeersaft mit hellem Traubensaft auf 500 ml (1/2 l) auffüllen. 20 g Speisestärke mit 4 Esslöffeln von dem Saft anrühren. Den restlichen Saft mit 150 g Zucker zum Kochen bringen, angerührte Speisestärke unterrühren und einmal aufkochen lassen. Die Früchte vorsichtig unterheben und die Grütze kalt stellen.

Landfrauen-Tipp: Anstelle des Sahnejoghurts angeschlagene, leicht gesüßte Sahne, Vanilleeis oder Vanillesauce zu der roten Grütze servieren. Anstatt frischer Früchte können auch TK-Früchte (750 g gemischte Beerenfrüchte) und 1 Packung (250 g) TK-Himbeeren verwendet werden.

Rote Linsen mit Paprika | Vegetarisch

Pro Portion:
E: 16 g, F: 6 g, Kh: 36 g, kJ: 1131, kcal: 270

2 Zwiebeln
2 Knoblauchzehen
350 g rote oder gelbe Paprikaschoten
2 EL Olivenöl
250 g getrocknete rote Linsen
1 TL getrockneter, gerebelter Thymian
400 ml Gemüsebrühe
1 Bund Frühlingszwiebeln
Salz, frisch gemahlener Pfeffer
1 Msp. Cayennepfeffer
1–1½ EL Zitronensaft
1 TL Honig oder
½ TL Zucker

Zubereitungszeit: etwa 30 Min.

1. Zwiebeln abziehen und würfeln. Knoblauch abziehen und in Scheiben schneiden. Paprikaschoten halbieren, entstielen, entkernen und die weißen Scheidewände entfernen, die Schoten waschen und in Streifen schneiden.

2. Öl in einem Topf erhitzen und die Zwiebelwürfel und Knoblauchscheiben darin unter Rühren andünsten. Linsen, Paprikastreifen und Thymian hinzufügen, Gemüsebrühe hinzufügen, zum Kochen bringen und bei schwacher Hitze etwa 8 Minuten mit Deckel kochen.

3. Inzwischen von den Frühlingszwiebeln Wurzelenden und dunkles Grün entfernen, Frühlingszwiebeln waschen, abtropfen lassen und in Ringe schneiden. Die Frühlingszwiebelringe unter die Linsen heben und noch etwa 3 Minuten mit Deckel garen. Mit Salz, Pfeffer, Cayennepfeffer, Zitronensaft und Honig oder Zucker würzen.

Abwandlung: Für Tellerlinsen 250 g Tellerlinsen in ein Sieb geben, abspülen, mit 600 ml Gemüsebrühe und 1 Lorbeerblatt in einen Topf geben, zum Kochen bringen und in 20–25 Minuten mit Deckel bei mittlerer Hitze knapp gar kochen. In der Zwischenzeit 200 g Knollensellerie und 200 g Möhren putzen, schälen, waschen und in kleine Würfel schneiden. 200 g Porree putzen, längs halbieren, waschen und in Streifen schneiden. 40 g Butter oder Margarine zerlassen und das Gemüse darin etwa 2 Minuten unter Rühren andünsten. Das Gemüse dann zu den Linsen geben, 125 ml (⅛ l) Gemüsebrühe hinzufügen und alles noch etwa 10 Minuten mit Deckel weitergaren. Mit Salz, Pfeffer, Zucker und etwa 2 Esslöffeln Essig (z. B. Balsamico-Essig) abschmecken und mit 1 Esslöffel gehackter Petersilie bestreuen. Als Beilage zu gebratenem Leberkäse, Kasseler oder Wiener Würstchen und Spätzle reichen.

Landfrauen-Tipp: Die roten Linsen mit Fladenbrot zu gebratenen Hähnchen- oder Putenschnitzeln oder pochierten Eiern servieren.

Rotkohlblätter, gefüllte | Raffiniert

Pro Portion:
E: 23 g, F: 51 g, Kh: 10 g, kJ: 2439, kcal: 583

Wasser
Salz (auf 1 l Wasser 1 TL Salz)
1 Kopf Rotkohl (1600–1800 g)

600 g Bratwurstbrät
1 Gemüsezwiebel (etwa 300 g)
200 g weiße oder rosa Champignons
4 EL Speiseöl
Salz
frisch gemahlener Pfeffer
gemahlener Kümmel
1 Bund Suppengrün (etwa 500 g, küchenfertig vorbereitet)
200 ml Fleischbrühe

etwas Basilikum

Zubereitungszeit: etwa 65 Min., ohne Abkühlzeit

1. Wasser mit Salz zum Kochen bringen. Inzwischen vom Rotkohl die äußeren welken Blätter entfernen. Den Rotkohl abspülen, den Strunk unten keilförmig herausschneiden und den Rotkohl so lange in kochendes Wasser legen, bis sich die äußeren Blätter lösen. Diesen Vorgang wiederholen, bis etwa 8 Blätter sich lösen lassen und etwas weich sind. Die Blätter abtropfen lassen und trockentupfen. Dicke Blattrippen flach schneiden.

2. Bratwurstbrät in eine Schüssel geben. Gemüsezwiebel abziehen und würfeln. Champignons putzen, mit Küchenpapier abreiben, evtl. abspülen, abtropfen lassen und klein schneiden. 2 Esslöffel von dem Öl in einer Pfanne erhitzen und die Hälfte der Zwiebelwürfel darin glasig dünsten. Champignonstücke hinzugeben und mit andünsten, etwas abkühlen lassen. Champignonstücke zu der Brätmasse geben und unterarbeiten. Mit Salz, Pfeffer und Kümmel würzen.

3. Suppengrün in Würfel schneiden. Restliches Öl in einem Bräter erhitzen und Gemüse- und die restlichen Zwiebelwürfel darin andünsten. Brühe hinzugießen. Den Bräter von der Kochstelle nehmen.

4. Jeweils 2 Rotkohlblätter übereinander legen und die Brät-Champignon-Masse darauf verteilen. Die Blätter seitlich einschlagen und aufrollen. Die Rouladen mit der Nahtseite nach unten auf das angedünstete Gemüse setzen. Den Bräter auf dem Rost in den vorgeheizten Backofen schieben.

Ober-/Unterhitze: etwa 180 °C
Heißluft: etwa 160 °C
Garzeit: etwa 50 Minuten.

5. Die gefüllten Rotkohlblätter mit dem Gemüse anrichten und mit Basilikum garniert servieren.

Landfrauen-Tipp: Den restlichen Rotkohl in feine Streifen schneiden, blanchieren, in Eiswasser abschrecken, abtropfen lassen und für Rotkohlgemüse einfrieren.

Rumpsteaks mit Pfeffersauce

Für Gäste

Pro Portion:
E: 45 g, F: 16 g, Kh: 1 g, kJ: 1402, kcal: 335

4	*Rumpsteaks (je 200 g)*
	frisch gemahlener Pfeffer
30 g	*Butterschmalz oder*
3 EL	*Speiseöl*
	Salz
200 ml	*Wasser*
1 Pck.	*Rahmsauce*
	[für 250 ml (1/4 l) Flüssigkeit]
1 EL	*eingelegte grüne Pfefferkörner*
	(aus dem Glas)
100 g	*Schlagsahne*
evtl. 2–3 EL	*Weinbrand oder trockener Sherry*

Zubereitungszeit: etwa 25 Min.

1. Rumpsteaks kalt abspülen, gut trockentupfen und von beiden Seiten mit Pfeffer bestreuen.

2. Butterschmalz oder Öl in einer Pfanne erhitzen. Das Fleisch in das heiße Fett legen und von beiden Seiten 3–4 Minuten braten. Steaks etwas salzen und warm stellen.

3. Wasser zu dem Bratensatz in die Pfanne gießen, Rahmsaucenpulver unterrühren und kurz aufkochen lassen. Pfefferkörner zugeben und 2–3 Minuten mitkochen lassen. Sahne dazugeben, verrühren und die Sauce nach Belieben mit Weinbrand oder Sherry abschmecken. Die Sauce zu den Steaks servieren.

Beilage: Prinzessbohnen und Salzkartoffeln.

Landfrauen-Tipp: Das Fleisch sollte nach dem Braten immer noch etwas ruhen, damit sich der Fleischsaft verteilt und das Steak saftig bleibt. Den ausgetretenen Fleischsaft über die Steaks geben oder mit für die Sauce verwenden. Das 3-Minuten-Steak („medium") ist besonders beliebt. Es ist nicht mehr ganz roh („rare", 1–2 Minuten), aber auch noch nicht ganz durchgebraten („welldone", 5 Minuten). Die Zeitangaben entsprechen der Bratzeit pro Seite.

Rumpsteaks mit Zwiebeln | Schnell

Pro Portion:
E: 45 g, F: 16 g, Kh: 1 g, kJ: 1402, kcal: 335

2 große Zwiebeln
4 Rumpsteaks (je 200 g)
30 g Butterschmalz oder
3 EL Speiseöl
Salz
frisch gemahlener Pfeffer
evtl. etwas Steak-Gewürz

Zubereitungszeit: etwa 25 Min.

1. Zwiebeln abziehen und in Scheiben schneiden. Rumpsteaks unter fließendem kalten Wasser abspülen, trockentupfen und an den Rändern etwas einschneiden.

2. Butterschmalz oder Öl in einer Pfanne erhitzen, das Fleisch in das heiße Fett legen und kurz von beiden Seiten anbraten. Dann mit Salz, Pfeffer und nach Belieben mit Steak-Gewürz bestreuen und jede Seite 3–4 Minuten braten. Die Fleischscheiben dabei öfter mit Bratfett aus der Pfanne begießen, damit sie saftig bleiben.

3. Die Steaks auf einer vorgewärmten Platte anrichten, zudecken und warm stellen. Die Zwiebelscheiben in das Bratfett geben, mit Salz und Pfeffer würzen und unter Wenden einige Minuten bräunen. Die Steaks mit den Zwiebeln servieren.

Beilage: Bratkartoffeln oder Pommes frites und gemischter Salat.

Sauerkirschkranz | Mit Alkohol

Insgesamt:
E: 105 g, F: 316 g, Kh: 888 g, kJ: 30050, kcal: 7174

Zum Vorbereiten:
500 g Sauerkirschen
6 Zwiebäcke

Für den Rührteig:
250 g weiche Butter oder Margarine
200 g Zucker
1 Pck. Dr. Oetker Vanillin-Zucker
abgeriebene Schale von
1 Bio-Zitrone
(unbehandelt, ungewachst)
5 Eier (Größe M)
250 g Weizenmehl
100 g Speisestärke
2 TL Dr. Oetker Backin
50 g Weizengrieß
50 g Schlagsahne

Für den Guss:
250 g gesiebter Puderzucker
2 EL Wasser
2–3 EL Kirschwasser

Zum Bestreuen:
100 g abgezogene, gestiftelte, geröstete Mandeln

Zubereitungszeit: etwa 50 Min., ohne Kühlzeit

1. Zum Vorbereiten Kirschen waschen, entstielen, entsteinen und gut abtropfen lassen. Zwiebäcke in einen Gefrierbeutel geben, den Beutel verschließen und die Zwiebäcke mit einer Teigrolle fein zerdrücken. Eine Kranzform (Ø 24 cm, gefettet) mit einem Teil der Zwiebackbrösel ausstreuen.

2. Für den Teig Butter oder Margarine mit Handrührgerät mit Rührbesen auf höchster Stufe geschmeidig rühren. Nach und nach Zucker, Vanillin-Zucker und Zitronenschale unterrühren und so lange rühren, bis eine gebundene Masse entstanden ist.

3. Eier nach und nach unterrühren (jedes Ei etwa 1/2 Minute). Mehl mit Speisestärke und Backpulver mischen, sieben, mit Grieß mischen und abwechselnd portionsweise mit Sahne auf mittlerer Stufe unterrühren. 1/3 des Teiges in die vorbereitete Form füllen.

4. Die Kirschen in den restlichen Zwiebackbröseln wenden, die Hälfte auf dem Teig verteilen. Die Hälfte des restlichen Teiges darauf verstreichen. Erst restliche Kirschen, dann restlichen Teig darauf schichten. Die Form auf dem Rost in den Backofen (untere Einschubleiste) schieben.

Ober-/Unterhitze: etwa 180 °C
Heißluft: etwa 160 °C
Backzeit: etwa 60 Minuten.

5. Den Kuchen etwa 10 Minuten in der Form stehen lassen, dann auf einen Kuchenrost stürzen und erkalten lassen.

6. Für den Guss Puderzucker mit Wasser und Kirschwasser glatt rühren und den Kuchen damit dick besprenkeln oder dünn überziehen. Die Mandeln darauf streuen und den Guss fest werden lassen.

Landfrauen-Tipp: Wenn Kinder mitessen, das Kirschwasser für den Guss durch Zitronensaft oder Wasser ersetzen.Der Kranz schmeckt auch lecker mit Stachelbeeren oder in Stücke geschnittenen Aprikosen. Anstelle der frischen Kirschen können auch Kirschen aus dem Glas (Abtropfgewicht 370 g) verwendet werden. Der Sauerkirschkranz hält sich gut verpackt und gekühlt aufbewahrt 3–4 Tage frisch.

Sauerkrautauflauf | Raffiniert

4–6 Portionen

Pro Portion:
E: 23 g, F: 42 g, Kh: 40 g, kJ: 2831, kcal: 675

600 g gekochte Pellkartoffeln
1 Dose Ananas-Weinsauerkraut (Abtropfgewicht 770 g)
1 kleine grüne Paprikaschote
400 g Kasseler (ohne Knochen)
Salz
frisch gemahlener Pfeffer
etwas Zucker

Für die Sauce:
1 schwach geh. EL Weizenmehl
200 g Schmand
125 g Schlagsahne
125 ml (1/8 l) Gemüsebrühe

Zum Bestreuen:
2 EL Semmelbrösel
2 EL geriebener Gouda
25 g Butter

Zubereitungszeit: etwa 30 Min.

1. Kartoffeln pellen, in nicht zu dünne Scheiben schneiden und die Hälfte in eine gefettete, flache Auflaufform legen.

2. Sauerkraut etwas lockerzupfen und in eine Schüssel geben. Paprikaschote halbieren, entstielen, entkernen und die weißen Scheidewände entfernen, die Schote waschen und in Streifen schneiden. Kasseler ebenfalls in Streifen schneiden.

3. Die vorbereiteten Zutaten mit dem Sauerkraut vermischen und mit Salz, Pfeffer und Zucker würzen. Die Hälfte der Masse auf die Kartoffelscheiben geben.

4. Für die Sauce Mehl, Schmand, Sahne und Gemüsebrühe verrühren, mit Salz, Pfeffer und Zucker würzen und die Hälfte über die Sauerkrautmischung geben.

5. Die restlichen Kartoffelscheiben darauf schichten, darauf das restliche Sauerkraut geben und zum Schluss die restliche Sauce darauf verteilen, so dass alle Zutaten gut mit Sauce bedeckt sind.

6. Den Auflauf mit Semmelbröseln und Gouda bestreuen und Butter in Flöckchen darauf setzen. Die Form auf dem Rost in den vorgeheizten Backofen schieben.

Ober-/Unterhitze: etwa 200 °C
Heißluft: etwa 180 °C
Garzeit: etwa 35 Minuten.

Sauerkraut-Kartoffel-Auflauf mit Cabanossi | Preiswert

4–6 Portionen

Pro Portion:
E: 31 g, F: 75 g, Kh: 33 g, kJ: 3344, kcal: 798

2	*Zwiebeln*
3 EL	*Speiseöl*
1 Dose	*Sauerkraut (Abtropfgewicht 770 g)*
125 ml (1/8 l)	*Gemüsebrühe*
	Salz
	frisch gemahlener Pfeffer
etwas	*Zucker*
2 Pck.	*Kartoffel-Püree (für Wasser und Milch)*
700 ml	*Wasser*
500 ml (1/2 l)	*Milch*
3–4	*Cabanossi-Würstchen (etwa 500 g)*
2–3 EL	*Semmelbrösel*
40 g	*Butter*

Zubereitungszeit: etwa 35 Min.

1. Zwiebeln abziehen, halbieren und in Würfel schneiden. Öl in einem Topf erhitzen und die Zwiebelwürfel darin andünsten. Sauerkraut mit andünsten, mit der Brühe auffüllen, mit Salz, Pfeffer und Zucker würzen und etwa 25 Minuten garen.

2. Kartoffel-Püree nach Packungsanleitung – aber mit 700 ml Wasser und 500 ml (1/2 l) Milch – zubereiten. Cabanossi in Scheiben schneiden.

3. In eine gefettete Auflaufform abwechselnd einen Teil des Sauerkrauts, der Wurstscheiben und des Kartoffelpürees schichten, dann wieder Sauerkraut usw., bis die Zutaten aufgebraucht sind. Die obere Schicht sollte aus Kartoffelpüree bestehen.

4. Semmelbrösel und Butter in Flöckchen darauf verteilen. Die Form auf dem Rost in den vorgeheizten Backofen schieben.

Ober-/Unterhitze: etwa 200 °C
Heißluft: etwa 180 °C
Backzeit: etwa 35 Minuten.

Abwandlung: Anstelle der Cabanossi können Sie auch dieselbe Menge in Würfel geschnittenes Kasseler verwenden.

Landfrauen-Tipp: Sie können den Auflauf am Vortag vorbereiten und am nächsten Tag in den vorgeheizten Backofen schieben. Die Backzeit verlängert sich dann um etwa 10 Minuten.

Schaschlikspieße | Gut vorzubereiten

4 Spieße

Pro Portion:
E: 29 g, F: 45 g, Kh: 9 g, kJ: 2470, kcal: 590

Für die Spieße:
4 etwas dickere Schweineschnitzel
2 mittelgroße Zwiebeln
1 l kräftige Fleischbrühe
Salz
frisch gemahlener Pfeffer
2 EL Paprikapulver edelsüß
Cayennepfeffer
1 TL Gyrosgewürz
5–6 EL Speiseöl

Für die Sauce:
2 mittelgroße Gewürzgurken
250 g Zigeunersauce (aus dem Glas)

Zubereitungszeit: etwa 50 Min., ohne Marinierzeit

1. Schnitzel unter fließendem kalten Wasser abspülen, trockentupfen und in etwa 2 cm dicke Streifen schneiden. Zwiebeln abziehen, halbieren und in einzelne Segmente teilen. Die Fleischstücke doppelt legen und abwechselnd mit je 2 Zwiebelsegmenten auf Holzspieße stecken (falls die Fleischstücke zu groß sind, sie zum Aufspießen dreifach legen).

2. Brühe zum Kochen bringen, die Spieße hineingeben und etwa 30 Minuten bei mittlerer Hitze garen. Sie dann herausnehmen und etwas abkühlen lassen.

3. Salz, Pfeffer, Paprika, Cayennepfeffer und Gyrosgewürz mit dem Öl verrühren und die noch warmen Spieße damit bestreichen. Die Spieße einige Stunden durchziehen lassen.

4. Die Spieße in einer Pfanne anbraten und bei mittlerer Hitze in etwa 15 Minuten braun braten.

5. Für die Sauce Gewürzgurken in Stifte schneiden, mit der Zigeunersauce vermischen und erhitzen. Die Sauce zu den Schaschlikspießen servieren.

Scheibenbraten | Preiswert

Pro Portion:
E: 13 g, F: 7 g, Kh: 23 g, kJ: 925, kcal: 221

2 Stangen	*Porree (Lauch)*
400 g	*Kartoffeln*
4	*Möhren*
4	*Zwiebeln*
4 Scheiben	*Kasselernacken (je etwa 140 g)*
	Salz
	frisch gemahlener Pfeffer
knapp 500 ml (1/2 l)	*Fleischbrühe*
2	*Lorbeerblätter*

Zubereitungszeit: etwa 30 Min.

1. Porree putzen, längs halbieren, gründlich waschen und in etwa 2 cm dicke Streifen schneiden. Kartoffeln waschen, schälen, abspülen und in Scheiben schneiden. Möhren putzen, schälen, waschen und in nicht zu dünne Scheiben schneiden. Zwiebeln abziehen, halbieren und in Scheiben schneiden.

2. Kasseler unter fließendem kalten Wasser abspülen, trockentupfen und die Scheiben nebeneinander in einen gefetteten Bräter legen. Das Fleisch mit Zwiebeln, Porree, Möhren und Kartoffeln belegen und mit Salz und Pfeffer würzen.

3. Die Brühe angießen und Lorbeerblätter hinzufügen. Den Bräter mit dem Deckel verschließen und auf dem Rost in den vorgeheizten Backofen schieben.

Ober-/Unterhitze: etwa 180 °C
Heißluft: etwa 160 °C
Garzeit: 50–60 Minuten.

4. Nach etwa 40–50 Minuten Garzeit den Deckel abnehmen und alles noch 10 Minuten garen.

Landfrauen-Tipp: Anstelle von Kasselernacken können Sie auch Schweine-Nackensteaks verwenden. Dann das Fleisch kräftig mit Salz und Pfeffer würzen und evtl. vor dem Einschichten kurz von beiden Seiten anbraten. So schmeckt es noch würziger. Sie können die Zutaten schon am Vortag zubereiten, in den Bräter schichten und erst am nächsten Tag in den vorgeheizten Backofen schieben.

Scheiterhaufen, moderner | Einfach

Pro Portion:
E: 13 g, F: 39 g, Kh: 55 g, kJ: 2683, kcal: 641

1 Becher (500 g)	*Kirschgrütze (aus dem Kühlregal)*
250 g	*Mascarpone*
3	*Eier (Größe M)*
100 ml	*Milch*
75 g	*Zucker*
1 Pck.	*Dr. Oetker Finesse Orangenfrucht*
8–10 Scheiben	*Baguette*
1 Pck.	*Saucen-Pulver Vanille-Geschmack (zum Kochen)*
40 g	*Kokosraspel*

Zubereitungszeit: etwa 20 Min.

1. Kirschgrütze in eine flache Auflaufform geben. Die Hälfte des Mascarpones mit 1 Ei, Milch, Zucker und Orangenfrucht gut verrühren.

2. Die Baguettescheiben kurz durch die Mascarpone-Milch-Mischung ziehen und nebeneinander auf die Kirschgrütze legen.

3. Saucen-Pulver mit dem restlichen Mascarpone verrühren. Die restlichen Eier verquirlen und mit der restlichen Mascarpone-Milch-Mischung unterrühren. Die Masse auf die Baguettescheiben geben.

4. Kokosraspel darüber streuen. Die Form auf dem Rost in den vorgeheizten Backofen schieben.

Ober-/Unterhitze: etwa 200 °C
Heißluft: etwa 180 °C
Backzeit: etwa 30 Minuten.

Abwandlung: Anstelle von Kirschgrütze können Sie auch Waldbeer- oder rote Grütze verwenden.

Schicht-Blitzkuchen | Raffiniert

Insgesamt:
E: 179 g, F: 395 g, Kh: 933 g, kJ: 34801, kcal: 8312

Für die 1. Schicht (Knetteig):

200 g Weizenmehl
1/2 Pck. Dr. Oetker Backin
2 EL Kakaopulver
100 g abgezogene, gemahlene Mandeln
100 g Zucker
1 Pck. Dr. Oetker Vanillin-Zucker
100 g weiche Butter oder Margarine
1 Ei (Größe M)
4 EL Wasser

Für die 2. Schicht:

500 g Magerquark
400 g Schmand
175 g Zucker
1 Pck. Dr. Oetker Finesse Geriebene Zitronenschale
75 g weiche Butter oder Margarine
4 Eier (Größe M)
150–200 g Weinbeeren oder Rosinen

Für die 3. Schicht:

150 g Weizenmehl
1/2 Pck. Dr. Oetker Backin
1 Pck. Dr. Oetker Pudding-Pulver Vanille-Geschmack
200 g Zucker
75 ml neutrales Speiseöl, z. B. Rapsöl
3 EL Wasser

Zubereitungszeit: etwa 40 Min.

1. Für die erste Schicht Mehl mit Backpulver und Kakaopulver mischen und in eine Rührschüssel sieben. Mandeln, Zucker, Vanillin-Zucker, Butter oder Margarine, Ei und Wasser hinzufügen und die Zutaten mit Handrührgerät mit Knethaken zunächst kurz auf niedrigster, dann auf höchster Stufe gut durcharbeiten.

2. Anschließend auf der leicht bemehlten Arbeitsfläche zu einem Teig verkneten. Den Teig zu einer Rolle formen und in einer Fettfangschale (30 x 40 cm, gefettet) gleichmäßig ausrollen.

3. Für die zweite Schicht Quark mit Schmand, Zucker, Zitronenschale, Butter oder Margarine und Eiern mit Handrührgerät mit Rührbesen gut verrühren. Weinbeeren oder Rosinen vorsichtig unterrühren. Die Masse auf die Teigschicht geben und glatt streichen.

4. Für die dritte Schicht Mehl mit Backpulver und Pudding-Pulver mischen und in eine Rührschüssel sieben. Zucker, Öl und Wasser hinzufügen, die Zutaten mit Handrührgerät mit Rührbesen gut verrühren und auf der zweiten Schicht verteilen. Die Fettfangschale in den vorgeheizten Backofen schieben.

Ober-/Unterhitze: etwa 180 °C
Heißluft: etwa 160 °C
Backzeit: etwa 35 Minuten.

5. Das Backblech auf einen Kuchenrost stellen und den Kuchen erkalten lassen.

Landfrauen-Tipp: Wer keine Weinbeeren oder Rosinen mag, kann sie auch ersatzlos weglassen oder 1–2 Dosen gut abgetropfte Mandarinen oder etwa 500 g gewaschene, gut abgetropfte Heidelbeeren auf der ersten Schicht verteilen und dann die zweite Schicht darauf verteilen. Den Kuchen vor dem Servieren mit Puderzucker bestäuben.

Schichtmittag | Preiswert

Pro Portion:
E: 28 g, F: 55 g, Kh: 32 g, kJ: 3128, kcal: 748

1 kleiner Kopf Weißkohl (etwa 750 g)
600 g fest kochende Kartoffeln
1 Gemüsezwiebel
4 EL Speiseöl
Salz, frisch gemahlener Pfeffer
gemahlener Kümmel
500 g Thüringer Mett (fertig gewürztes Schweinegehacktes)
125 ml (1/8 l) Gemüsebrühe
40 g Butter

Zubereitungszeit: etwa 40 Min.

1. Weißkohl putzen, vierteln und den Strunk herausschneiden, den Kohl abspülen und in feine Streifen schneiden. Die Weißkohlstreifen in kochendes Wasser geben, zum Kochen bringen und 3–5 Minuten kochen lassen, auf ein Sieb geben und abtropfen lassen.

2. Kartoffeln waschen, schälen, abspülen und in Scheiben schneiden. Gemüsezwiebel abziehen und in dünne Scheiben schneiden.

3. Öl in einem Topf erhitzen, die Hälfte des Weißkohls darin andünsten und mit Salz, Pfeffer und Kümmel bestreuen. Darauf die Hälfte der Kartoffel- und Zwiebelscheiben geben. Das Mett zerpflücken und darauf verteilen.

4. Die restlichen Kartoffel- und Zwiebelscheiben, zum Schluss den restlichen Weißkohl einschichten und mit den Gewürzen bestreuen. Gemüsebrühe hinzufügen und Butter in Flöckchen darauf legen.

5. Den Topf verschließen und alles bei schwacher Hitze 70–90 Minuten garen.

Landfrauen-Tipp: Der Schichtmittag kann auch bei etwa 180 °C (Heißluft: etwa 160 °C) etwa 90 Minuten im Backofen gegart werden. Die Zugabe von Kümmel erhöht die Bekömmlichkeit dieses Kohl-Gerichtes.

Schichtsalat mit Thunfischsauce |

Gut vorzubereiten

Pro Portion:
E: 12 g, F: 26 g, Kh: 7 g, kJ: 1379, kcal: 329

Für die Salatsauce:

1 Glas
(150 g) Thunfisch-Filet in Olivenöl
4 EL Naturjoghurt
6–8 EL Gemüsebrühe
4–5 EL Olivenöl
2–4 TL Zitronensaft
Salz
frisch gemahlener Pfeffer

1 Pck.
(200 g) gemischter Blattsalat, z. B. Lollo Rosso, Radicchio, Endiviensalat (aus der Kühltheke)
1/2 Salatgurke (etwa 250 g)
1 kleine
Dose Gemüsemais (Abtropfgewicht 115 g)
3 Tomaten
2–3 hart gekochte Eier (Größe M)
evtl. 1 EL Kapern

Zubereitungszeit: etwa 15 Min.

1. Für die Salatsauce Thunfisch mit dem Öl aus dem Glas, Joghurt, Brühe, Öl und Zitronensaft pürieren und mit Salz und Pfeffer kräftig abschmecken.

2. Den gemischten Blattsalat evtl. waschen und gut abtropfen lassen. Gurke waschen, längs halbieren und in Scheiben schneiden. Mais auf einem Sieb abtropfen lassen.

3. Tomaten waschen, die Stängelansätze entfernen und Tomaten in Scheiben schneiden. Eier pellen und in Scheiben schneiden.

4. Die vorbereiteten Zutaten in eine Glasschüssel schichten (die erste und die letzte Schicht sollte Blattsalat sein), dabei die Schichten nach Belieben mit Pfeffer und Salz bestreuen und jeweils etwas von der Sauce darauf verteilen. So fortfahren, bis die Salatzutaten verbraucht sind. Die restliche Sauce darauf verteilen.

5. Nach Belieben Kapern abtropfen lassen, hacken und auf den Salat geben.

Beilage: Fladenbrot.

Landfrauen-Tipp: Der Salat kann auch schon einen Tag vor dem Verzehr zubereitet werden, dann die einzelnen Schichten nicht würzen. Den Salat mit Klarsichtfolie zudecken und kalt stellen.

Schlemmertopf | Für Gäste

6 Portionen

Pro Portion:
E: 48 g, F: 46 g, Kh: 20 g, kJ: 3059, kcal: 730

1 kg	*Schweineschulter*
2 Beutel	*Zwiebelsuppe*
	frisch gemahlener Pfeffer
1 großes Glas	*Champignons (Abtropfgewicht 340 g)*
1 Dose	*Kidneybohnen (Abtropfgewicht 255 g)*
1 Dose	*geschälte Tomaten (800 g)*
250 g	*Schlagsahne*
200 g	*geriebener Gouda*

Zubereitungszeit: etwa 25 Min.

1. Fleisch unter fließendem kalten Wasser abspülen, trockentupfen und in große Würfel schneiden. Die Fleischwürfel in eine große Auflaufform oder einen Bräter geben. Das Zwiebelsuppenpulver darauf verteilen und mit Pfeffer würzen.

2. Champignons in einem Sieb abtropfen lassen und vierteln oder halbieren. Kidneybohnen ebenfalls abtropfen lassen. Bohnen mit Champignons und Tomaten mit der Flüssigkeit zum Fleisch geben. Die Zutaten miteinander vermischen.

3. Sahne darüber gießen. Die Form mit einem Deckel oder mit Alufolie zudecken und auf dem Rost in den vorgeheizten Backofen schieben.

Ober-/Unterhitze: etwa 200 °C
Heißluft: etwa 180 °C
Garzeit: etwa 90 Minuten.

4. Nach etwa 60 Minuten Garzeit Deckel oder Alufolie entfernen, den Schlemmertopf mit Käse bestreuen und noch etwa 30 Minuten garen, bis der Käse goldbraun ist.

Beilage: Stangenweißbrot.

Schoko-Kirsch-Tupfentorte |

Für Gäste

Insgesamt:
E: 126 g, F: 233 g, Kh: 510 g, kJ: 20312, kcal: 4851

Für den Knetteig:

150 g Weizenmehl
100 g Zucker
1/2 TL gemahlener Zimt
100 g Butter
2–3 EL Wasser
100 g abgezogene, gemahlene Mandeln

Für die Füllung und zum Garnieren:

1 Glas Kaiserkirschen (Abtropfgewicht 370 g)
500 g Magerquark
100 g Zucker
1 Pck. Dr. Oetker Bourbon-Vanille-Zucker
2 Eier (Größe M)
1 Pck. Dr. Oetker Pudding-Pulver Schokolade

Zum Verzieren und Garnieren:

250 g Schlagsahne
2 Pck. Dr. Oetker Sahnesteif
1 Pck. Dr. Oetker Vanillin-Zucker
2–4 EL Raspelschokolade

Zubereitungszeit: etwa 40 Min., ohne Kühlzeit

1. Für den Knetteig Mehl in eine Rührschüssel sieben. Zucker, Zimt, Butter, Wasser und Mandeln hinzufügen und die Zutaten mit Handrührgerät mit Knethaken zunächst kurz auf niedrigster, dann auf höchster Stufe gut durcharbeiten.

2. Anschließend auf der leicht bemehlten Arbeitsfläche zu einem glatten Teig verkneten, sollte er kleben, ihn in Folie gewickelt eine Zeit lang kalt stellen.

3. Zwei Drittel des Teiges auf dem Boden einer Springform (Ø 26 cm, gefettet) ausrollen, den restlichen Teig zu einer Rolle formen, sie als Rand auf den Teigboden legen und so an die Form drücken, dass ein etwa 4 cm hoher Rand entsteht. Den Boden mehrmals mit einer Gabel einstechen.

4. Für die Füllung Kaiserkirschen in einem Sieb gut abtropfen lassen. Quark mit Zucker, Vanille-Zucker, Eiern und Pudding-Pulver verrühren. Die Hälfte der Kirschen unterheben, die restlichen Kirschen zum Garnieren beiseite stellen. Die Masse in die Form geben und glatt streichen. Die Form auf dem Rost in den Backofen schieben.

Ober-/Unterhitze: etwa 180 °C
Heißluft: etwa 160 °C
Backzeit: etwa 50 Minuten.

5. Den Tortenrand vorsichtig mit einem Messer lösen, aber die Torte in der Form auf einem Kuchenrost erkalten lassen. Die erkaltete Torte auf eine Tortenplatte setzen.

6. Die zurückgelassenen Kirschen halbieren. Sahne mit Sahnesteif und Vanillin-Zucker steif schlagen und in einen Spritzbeutel mit Lochtülle füllen. Abwechselnd je eine halbe Kirsche und einen Sahnetupfen auf die Tortenoberfläche geben. Die Torte mit Raspelschokolade bestreuen.

Landfrauen-Tipp: Sie können die Torte auch mit einer Füllung auf kaltem Wege zubereiten. Dazu den Boden ohne die Füllung backen (dann Hülsenfrüchte zum Blindbacken einfüllen) und den Boden erkalten lassen. 4 Blatt weiße Gelatine in kaltem Wasser nach Packungsanleitung einweichen. Aus 1 Päckchen Pudding-Pulver Schokolade, 60 g Zucker und 500 ml (1/2 l) Milch nach Packungsanleitung einen Pudding kochen. Gelatine leicht ausdrücken und unter Rühren in dem heißen Pudding auflösen. Den Pudding erkalten lassen. Die Hälfte der abgetropften Kirschen und 200 g steif geschlagene Schlagsahne unterheben und die Masse in den Boden füllen. Die Torte verzieren und garnieren wie unter Punkt 6 angegeben.

Schokoladen-Kokos-Kuchen |

Für Kinder

Insgesamt:
E: 125 g, F: 578 g, Kh: 696 g, kJ: 36612, kcal: 8748

Zum Vorbereiten:
200 g Kokosraspel
170 g Zartbitterschokolade
1 große Dose Ananasscheiben (Abtropfgewicht 510 g)

Für den Rührteig:
300 g weiche Butter oder Margarine
200 g Zucker
1 Pck. Dr. Oetker Vanillin-Zucker
6 Eier (Größe M)
300 g Weizenmehl
2 TL Dr. Oetker Backin

Zum Garnieren:
30 g Zartbitterschokolade
einige Tropfen Speiseöl

Für den Guss:
200 g Zartbitterschokolade
100 g Schlagsahne

Zubereitungszeit: etwa 45 Min., ohne Kühlzeit

1. Zum Vorbereiten Kokosraspel in einer Pfanne ohne Fett hellbraun rösten und erkalten lassen. Schokolade reiben und Ananas in einem Sieb abtropfen lassen. 2 Scheiben Ananas in je 12 Stücke schneiden und zum Garnieren beiseite stellen. Die restlichen Ananasscheiben in kleine Stücke schneiden.

2. Für den Teig Butter oder Margarine mit Handrührgerät mit Rührbesen auf höchster Stufe geschmeidig rühren. Nach und nach Zucker und Vanillin-Zucker unterrühren und so lange rühren, bis eine gebundene Masse entstanden ist. Eier nach und nach unterrühren (jedes Ei etwa 1/2 Minute).

3. Mehl mit Backpulver mischen, sieben und portionsweise auf mittlerer Stufe unterrühren. Von den gerösteten Kokosraspeln 3 Esslöffel beiseite stellen. Die restlichen Kokosraspel mit der Schokolade unter den Teig rühren. Ananasstücke unterheben. Den Teig in eine Fettfangschale (30 x 40 cm, gefettet) geben und glatt streichen. Die Fettfangschale in den vorgeheizten Backofen schieben.

Ober-/Unterhitze: etwa 180 °C
Heißluft: etwa 160 °C
Backzeit: etwa 30 Minuten.

4. Die Fettfangschale auf einen Kuchenrost stellen und den Kuchen erkalten lassen.

5. Zum Garnieren Schokolade in einem kleinen Topf im Wasserbad bei schwacher Hitze zu einer geschmeidigen Masse verrühren. Öl unterrühren, damit die Schokolade streichfähiger wird. Die zurückgelassenen Ananasstücke jeweils zur Hälfte in die Schokolade tauchen, auf Backpapier legen und die Schokolade fest werden lassen.

6. Für den Guss Schokolade in Stücke brechen, mit der Sahne in einem kleinen Topf im Wasserbad bei schwacher Hitze zu einer geschmeidigen Masse verrühren und den erkalteten Kuchen damit bestreichen. Mit den zurückgelassenen Kokosraspeln bestreuen und mit den Schoko-Ananasstücken belegen. Den Guss fest werden lassen.

Schokoladen-Nuss-Kuchen I

Gut vorzubereiten

Insgesamt:
E: 104 g, F: 491 g, Kh: 514 g, kJ: 28836, kcal: 6900

Für den Rührteig:
250 g weiche Butter oder Margarine
225 g Zucker
1 Pck. Dr. Oetker Vanillin-Zucker
5 Eier (Größe M)
180 g Weizenmehl
1 Pck. Dr. Oetker Pudding-Pulver Schokolade
1 EL Kakaopulver
3 TL Dr. Oetker Backin
125 ml (1/8 l) Buttermilch
100 g grob gehackte Walnusskerne
100 g geraspelte Haselnusskerne
50 g Kokosraspel

Für den Guss:
150 g Halbbitter-Kuvertüre

Zum Garnieren:
4 EL Kokos-Chips

Zubereitungszeit: etwa 30 Min., ohne Abkühlzeit

1. Für den Teig Butter oder Margarine mit Handrührgerät mit Rührbesen auf höchster Stufe geschmeidig rühren. Nach und nach Zucker und Vanillin-Zucker unterrühren und so lange rühren, bis eine gebundene Masse entstanden ist. Eier nach und nach unterrühren (jedes Ei etwa 1/2 Minute).

2. Mehl mit Pudding-Pulver, Kakaopulver und Backpulver mischen, sieben und abwechselnd portionsweise mit Buttermilch auf mittlerer Stufe unterrühren. Beide Nusssorten und Kokosraspel locker unterheben. Den Teig in eine Kastenform (30 x 11 cm, gefettet, bemehlt) füllen und glatt streichen. Die Form auf dem Rost in den vorgeheizten Backofen schieben.

Ober-/Unterhitze: etwa 180 °C
Heißluft: etwa 160 °C
Backzeit: etwa 50 Minuten.

3. Den Kuchen 10 Minuten in der Form stehen lassen, dann vorsichtig aus der Form lösen und auf einem Kuchenrost einige Zeit abkühlen lassen.

4. Für den Guss Kuvertüre grob zerkleinern und in einem kleinen Topf im Wasserbad bei schwacher Hitze zu einer geschmeidigen Masse verrühren. Den noch leicht warmen Kuchen damit bestreichen und von allen Seiten mit Kokos-Chips bestreuen. Den Kuchen auf dem Kuchenrost vollständig erkalten lassen.

Abwandlung: Anstelle der Kokosraspel können Sie auch dieselbe Menge grob gehackte Pekannuss-, Paranuss-, Cashew- oder Macadamianusskerne (ungesalzen) verwenden.

Landfrauen-Tipp: Der Kuchen schmeckt besonders fein, wenn Sie ihn zusätzlich sofort nach dem Backen mit 75 ml Weinbrand oder Rum tränken. Gut verpackt ist der Kuchen etwa 1 Woche haltbar.

Schokoladen-Tiramisu | Raffiniert

6 Portionen

Pro Portion:
E: 12 g, F: 48 g, Kh: 45 g, kJ: 2849, kcal: 681

200 g Zartbitterschokolade
250 g Schlagsahne
1 kleine
Dose Aprikosen (Abtropfgewicht 240 g)
100–125 g Löffelbiskuits
250 g Mascarpone
250 g Speisequark
150 g Naturjoghurt
1 Pck. Dr. Oetker Vanillin-Zucker
30 g Zucker

Zubereitungszeit: etwa 25 Min., ohne Durchziehzeit

1. Schokolade in Stücke brechen, mit der Sahne in einen kleinen Topf geben und unter Rühren erhitzen, bis die Schokolade aufgelöst ist, abkühlen lassen.

2. Aprikosen auf einem Sieb abtropfen lassen, dabei den Saft auffangen. Löffelbiskuits in eine flache Form geben und mit etwas Aprikosensaft beträufeln.

3. Mascarpone, Quark, Joghurt, Vanillin-Zucker und Zucker mit der Schokosahne verrühren und auf den Löffelbiskuits verteilen. Aprikosen evtl. halbieren und darauf verteilen. Das Tiramisu einige Zeit durchziehen lassen.

Landfrauen-Tipp: Nach Belieben die Aprikosen in Spalten schneiden und einen Teil davon mit einschichten.

Schollenfilets, gebratene I

Fruchtig – für Gäste

Pro Portion:
E: 50 g, F: 26 g, Kh: 9 g, kJ: 2133, kcal: 510

12 Schollenfilets (je 50 g, TK oder frisch)
Salz
frisch gemahlener Pfeffer
etwas Weizenmehl
2 Äpfel, z. B. Granny Smith (180 g)
200 g weiße Champignons
1 Bund Frühlingszwiebeln (etwa 200 g)
2 EL Speiseöl
1 kleines Bund Estragon
80 g Butter oder Margarine

Zubereitungszeit: etwa 55 Min., ohne evtl. Auftauzeit

1. TK-Schollenfilets auftauen lassen. Filets unter fließendem kalten Wasser abspülen, trockentupfen, salzen, pfeffern und in Mehl wenden (dabei das überschüssige Mehl abschütteln).

2. Äpfel waschen, trockenreiben, vierteln, entkernen und in kleine Stücke schneiden. Champignons putzen, mit Küchenpapier abreiben, evtl. abspülen, trockentupfen und je nach Größe halbieren oder vierteln.

3. Frühlingszwiebeln putzen, waschen, trockentupfen und den weißen Teil in etwa 2 cm lange Stücke schneiden.

4. Öl in einer beschichteten Pfanne erhitzen und die Schollenfilets darin kurz von beiden Seiten braten. Die Schollenfilets anschließend auf einer vorgewärmten Platte warm stellen.

5. Estragon kalt abspülen, trockentupfen, die Blättchen von den Stängeln zupfen und grob zerkleinern.

6. Butter oder Margarine erhitzen. Zunächst Frühlingszwiebelstücke, dann Champignons und zum Schluss die Apfelstücke darin schmoren. Mit Salz, Pfeffer und Estragon würzen und die Gemüse-Apfel-Mischung mit den Schollenfilets anrichten.

Landfrauen-Tipp: Gut schmeckt das Gericht auch, wenn das Gemüse mit 1–2 Teelöffeln Currypulver bestäubt wird und so kurz geschmort wird. Statt der Champignons können auch 300 g geputzte, in Stücke geschnittene frische Austernpilze verwendet werden.

Beilage: Butterkartoffeln.

Schweinerücken in Altbiersauce

Klassisch

6 Portionen

Pro Portion:

E: 36 g, F: 32 g, Kh: 11 g, kJ: 2168, kcal: 519

1,3 kg Kotelettstrang (mit Knochen)
Salz
frisch gemahlener Pfeffer
1 TL gemahlener Kümmel
3 Zwiebeln
1 Knoblauchzehe
4 Möhren
50 g Knollensellerie
250 ml (1/4 l) Altbier
250 ml (1/4 l) Malzbier
150 g kalte Butter

Zubereitungszeit: etwa 100 Min.

1. Die Knochen vom Fleisch lösen und klein hacken. Fleisch unter fließendem kalten Wasser abspülen, trockentupfen, mit Salz, Pfeffer und Kümmel würzen und in einen Bräter legen.

2. Zwiebeln und Knoblauch abziehen und würfeln. Möhren und Sellerie putzen, schälen, waschen und klein schneiden. Das vorbereitete Gemüse und die Knochen zu dem Fleisch geben. Den Bräter auf dem Rost in den vorgeheizten Backofen schieben.

Ober-/Unterhitze: etwa 200 °C
Heißluft: etwa 180 °C
Garzeit: etwa 80 Minuten.

3. Während der Garzeit nach und nach beide Biersorten hinzufügen und das Fleisch damit begießen. Das gare Fleisch herausnehmen und warm stellen.

4. Für die Sauce Knochen, Gemüse und Bratensaft durch ein Sieb geben, die Flüssigkeit wieder in den Bräter geben und evtl. etwas einkochen lassen. Butter nach und nach in Stückchen unterschlagen, bis die Sauce sämig ist und evtl. nochmals mit Pfeffer und Salz abschmecken.

5. Das Fleisch in Scheiben schneiden und mit der Sauce servieren.

Beilage: Majorankartoffeln, Semmelknödel, Rotkohl oder Bayerisch Kraut.

Schweineschnitzel „Bäuerliche Art" | Raffiniert

Pro Portion:
E: 37 g, F: 22 g, Kh: 12 g, kJ: 1626, kcal: 389

4 Schweineschnitzel aus der Keule (je etwa 120 g)
Salz
frisch gemahlener Pfeffer
2–3 EL Speiseöl

Für das Ragout:
250 g kleine weiße Champignons
100 g magerer Speck
600 g fest kochende Kartoffeln
Salzwasser
300 g TK-Brechbohnen
$^{1}/_{2}$ Bund Schnittlauch
3–4 EL Speiseöl

Zubereitungszeit: etwa 45 Min.

1. Schweineschnitzel unter fließendem kalten Wasser abspülen und trockentupfen. Mit Salz und Pfeffer bestreuen.

2. Speiseöl in einer großen Pfanne erhitzen und die Schnitzel von beiden Seiten darin anbraten, herausnehmen, auf eine feuerfeste Platte legen und auf dem Rost in den vorgeheizten Backofen schieben.

Ober-/Unterhitze: etwa 140 °C
Heißluft: etwa 120 °C
Garzeit: etwa 20 Minuten.

3. Für das Ragout Champignons putzen, mit Küchenpapier abreiben, evtl. abspülen und abtropfen lassen. Große Champignons evtl. halbieren oder vierteln. Speck in kleine Würfel schneiden. Kartoffeln waschen, schälen, abspülen und in Würfel schneiden.

4. Salzwasser in einem Topf zum Kochen bringen, Kartoffelwürfel und Bohnen etwa 10 Minuten darin kochen. Kartoffelwürfel und Bohnen in ein Sieb geben und abtropfen lassen. Schnittlauch abspülen, trockentupfen und in Röllchen schneiden.

5. Speiseöl in einer großen Pfanne erhitzen. Speck-, Kartoffelwürfel, Bohnen und Champignons hinzugeben und unter Wenden kräftig anbraten. Mit Salz und Pfeffer würzen und evtl. einige Esslöffel Wasser hinzufügen.

6. Die Schnitzel mit dem Ragout anrichten und mit Schnittlauchröllchen bestreut servieren.

Landfrauen-Tipp: Die Schnitzel können auch in Weizenmehl und Ei gewendet und mit Semmelbröseln paniert werden. Die Schnitzel können anstatt aus der Keule auch aus dem Nacken geschnitten werden. Für das Ragout eignen sich auch gut Pellkartoffeln.

Schweizer Brot-Geflügel-Auflauf

Mit Alkohol

Pro Portion:
E: 48 g, F: 44 g, Kh: 24 g, kJ: 3048, kcal: 729

500 g Hähnchen- oder Putenbrustfilets
1 Gemüsezwiebel
3 EL Speiseöl
1 EL Weizenmehl
Salz
frisch gemahlener Pfeffer
125 g Schlagsahne
125 ml (1/8 l) Weißwein
4 Scheiben Weißbrot
4 große Scheiben Emmentaler
125 g Schlagsahne
125 ml (1/8 l) Milch
2 Eier (Größe M)
Paprikapulver edelsüß

Zubereitungszeit: etwa 25 Min.

1. Das Fleisch unter fließendem kalten Wasser abspülen, trockentupfen und in breite Streifen schneiden. Zwiebel abziehen, halbieren und in Scheiben schneiden.

2. Öl erhitzen und die Fleischstreifen darin unter Wenden kurz anbraten. Zwiebelscheiben hinzufügen und mit andünsten. Mit Mehl bestäuben und mit Salz und Pfeffer würzen.

3. Sahne und Weißwein hinzufügen, alles aufkochen lassen und in eine gefettete, flache Auflauf- oder Gratinform geben. Die Weißbrotscheiben darauf verteilen und die Käsescheiben darauf legen.

4. Sahne mit Milch und Eiern verschlagen, mit Salz, Pfeffer und Paprika abschmecken und auf die mit Käse belegten Brotscheiben geben. Die Form auf dem Rost in den vorgeheizten Backofen schieben.

Ober-/Unterhitze: etwa 180 °C
Heißluft: etwa 160 °C
Backzeit: etwa 30 Minuten.

Beilage: Blattsalat und Weißwein.

Landfrauen-Tipp: 1 Esslöffel gehackten Kerbel oder Estragon unter die Weißwein-Sahnesauce rühren.

Seelachs mit Kräuterkruste auf Kartoffelgratin | Für Gäste – raffiniert

Pro Portion:
E: 45 g, F: 15 g, Kh: 43 g, kJ: 2069, kcal: 493

Für das Gratin:

1 kg	*fest kochende Kartoffeln*
	Salz
	frisch gemahlener Pfeffer
250 ml (1/4 l)	*Gemüsebrühe*
300 ml	*Milch*
100 g	*Schlagsahne*

Für Fisch und Kruste:

750 g	*Seelachsfilets (frisch oder TK)*
	Saft und Schale von
1/2	*Bio-Zitrone (unbehandelt, ungewachst)*
	Salz
	frisch gemahlener Pfeffer
2 EL	*Semmelbrösel*
etwas	*getrockneter Rosmarin*
30 g	*geriebener Parmesan*
2	*Tomaten*

Zubereitungszeit: etwa 60 Min., ohne Auftauzeit

1. Für das Gratin Kartoffeln waschen, schälen und abspülen. Kartoffeln auf einer Küchenreibe in feine Scheiben hobeln, senkrecht in eine Auflaufform schichten und mit Salz und Pfeffer würzen.

2. Brühe mit Milch und Sahne mischen und über die Kartoffeln gießen. Die Form ohne Deckel auf den Rost in den vorgeheizten Backofen schieben.

Ober-/Unterhitze: etwa 200 °C
Heißluft: etwa 180 °C
Garzeit: etwa 30 Minuten.

3. In der Zwischenzeit Fischfilets evtl. auftauen lassen, unter fließendem kalten Wasser abspülen, trockentupfen und in Portionen teilen, mit Zitronensaft beträufeln und kurz ziehen lassen. Filets trockentupfen und mit Salz und Pfeffer würzen. Zitronenschale mit Semmelbröseln, Rosmarin und Parmesan mischen und mit etwas Salz und Pfeffer würzen.

4. Gratin aus dem Backofen nehmen und die Fischfilets darauf verteilen. Tomaten waschen, abtropfen lassen und Stängelansätze entfernen. Die Tomaten in Scheiben schneiden und auf den Fisch legen.

5. Die Parmesan-Semmelbrösel-Mischung auf den Fischfilets verteilen. Alles nochmals in den vorgeheizten Backofen schieben und **bei der oben angegebenen Backofeneinstellung in etwa 15 Minuten fertig** garen.

Landfrauen-Tipp: Mit etwas Gemüse und Käse wird aus einem Gratin, auch ohne Fisch oder Fleisch, eine vollwertige Mahlzeit. Schichten Sie dazu z. B. eine in Scheiben geschnittene Porreestange (Lauch), 400 g klein geschnittene Möhren oder 1 Packung (300 g) TK-Spinat mit den Kartoffeln in die Form. Mit 150 g geriebenem Käse bestreuen und etwa 40 Minuten backen.

Seelachsrouladen in Tomatensauce | Für Kinder

Pro Portion:
E: 33 g, F: 5 g, Kh: 3 g, kJ: 873, kcal: 208

700 Seelachsfilet
1 EL Zitronensaft
Salz, Selleriesalz
Paprikapulver edelsüß
1 EL mittelscharfer Senf

Für die Tomatensauce:
1 Zwiebel
15 g Butter oder Margarine
150 ml Gemüsebrühe
1 Dose (400 g) stückige Tomaten
2 geh. EL Tomatenmark
Tabasco
Zucker

Außerdem:
Holzstäbchen

Zubereitungszeit: etwa 30 Min.

1. Seelachsfilet unter fließendem kalten Wasser abspülen, trockentupfen und mit Zitronensaft beträufeln. Mit Salz, Selleriesalz und Paprika bestreuen und in 4–6 gleich große Scheiben schneiden. Seelachsscheiben mit Senf bestreichen und von der schmalen Seite her aufrollen. Mit Holzstäbchen feststecken.

2. Für die Sauce Zwiebel abziehen und in kleine Würfel schneiden.

3. Butter oder Margarine in einem Topf zerlassen und Zwiebelwürfel darin andünsten. Brühe und stückige Tomaten hinzufügen, unter Rühren zum Kochen bringen und unter Rühren etwas einkochen lassen. Mit Selleriesalz, Salz, Paprika, Tomatenmark, Tabasco und Zucker abschmecken.

4. Die Sauce nochmals zum Kochen bringen. Die Rouladen hinzugeben und zugedeckt bei schwacher Hitze 15–20 Minuten gar ziehen lassen. Vor dem Servieren Holzstäbchen entfernen.

Beilage: Bandnudeln oder Reis mit roten, grünen und gelben Paprikawürfeln gemischt.

Landfrauen-Tipp: Je eine kleine Gewürzgurke in die Rouladen einwickeln oder anstelle von Seelachsfilet Rotbarsch- oder Kabeljaufilet verwenden.

Spaghetti Siziliana | Etwas aufwändiger

Pro Portion:
E: 24 g, F: 25 g, Kh: 98 g, kJ: 3022, kcal: 720

Für die Sauce:

2 große gelbe oder rote Paprikaschoten
1 mittelgroße Aubergine
600 g Tomaten
3 Knoblauchzehen
6 EL Olivenöl
2 EL abgetropfte Kapern (aus dem Glas)
12 entsteinte schwarze Oliven
Salz
frisch gemahlener Pfeffer

4 l Wasser
4 TL Salz
500 g Spaghetti

40 g geriebener Parmesan
einige Basilikumblättchen

Zubereitungszeit: etwa 60 Min.

1. Für die Sauce Paprikaschoten halbieren, entstielen, entkernen und die weißen Scheidewände entfernen. Schoten waschen und abtropfen lassen. Paprikahälften mit der Hautseite nach oben auf ein gefettetes Backblech legen und das Backblech in den vorgeheizten Backofen schieben.

Ober-/Unterhitze: etwa 220 °C
Heißluft: etwa 200 °C
Backzeit: etwa 10 Minuten.

2. Paprika backen, bis die Haut Blasen wirft. Das Backblech aus dem Backofen nehmen, die Schoten mit einem feuchten Küchentuch zugedeckt 5 Minuten abkühlen lassen. Dann die Haut abziehen und das Fruchtfleisch in Würfel schneiden. Aubergine abspülen, putzen und fein würfeln. Tomaten waschen, abtropfen lassen, kreuzweise einschneiden und kurz in kochendes Wasser legen. Tomaten kalt abschrecken, enthäuten, Stängelansätze entfernen und das Fruchtfleisch würfeln.

3. Knoblauch abziehen und fein würfeln. Öl in einem Topf erhitzen und Knoblauch darin andünsten. Auberginen-, Paprika- und Tomatenwürfel dazugeben und die Zutaten etwa 10 Minuten bei schwacher Hitze unter Rühren dünsten. Kapern und Oliven klein schneiden, unterrühren und die Sauce mit Salz und Pfeffer abschmecken.

4. Wasser in einem großen Topf mit geschlossenem Deckel zum Kochen bringen. Salz und Spaghetti dazugeben und die Spaghetti im geöffneten Topf bei mittlerer Hitze nach Packungsanleitung kochen lassen, dabei gelegentlich umrühren. Anschließend die Spaghetti in ein Sieb geben, mit heißem Wasser abspülen und abtropfen lassen.

5. Spaghetti mit der Sauce vermischen, auf Tellern anrichten und mit Käse und Basilikumblättchen bestreuen.

Spaghetti-Pizza | Für Kinder

Pro Portion:
E: 38 g, F: 55 g, Kh: 63 g, kJ: 3941, kcal: 941

3 l	*Wasser*
3 TL	*Salz*
300 g	*Spaghetti*
1 EL	*Speiseöl*
1	*rote Paprikaschote*
40 g	*Butter*
15 g	*Weizenmehl*
250 g	*Schlagsahne*
250 ml (1/4 l)	*Milch*
1 Ecke (62,5 g)	*Schmelzkäse*
2	*Eier (Größe M)*
200 g	*gekochter Schinken*
	Salz
	frisch gemahlener Pfeffer
	Paprikapulver edelsüß
5	*mittelgroße Tomaten*
	gerebelter Oregano
80 g	*geraspelter Gratinkäse*
einige	*Basilikumblättchen*

Zubereitungszeit: 25–30 Min.

1. Wasser in einem großen Topf mit geschlossenem Deckel zum Kochen bringen. Salz hinzufügen. Nudeln einmal durchbrechen, mit Öl in das Wasser geben und nach Packungsanleitung bei mittlerer Hitze im geöffneten Topf bissfest kochen. Zwischendurch 4–5-mal durchrühren. Die garen Spaghetti auf ein Sieb geben, mit kaltem Wasser übergießen und gut abtropfen lassen.

2. Inzwischen die Paprikaschote halbieren, entstielen, entkernen und die weißen Scheidewände entfernen, die Schote waschen und in Streifen schneiden.

3. Butter in einem Topf zerlassen. Mehl unter Rühren mit einem Schneebesen hinzufügen, Sahne und Milch nach und nach hinzufügen und unter Rühren zum Kochen bringen. Paprikastreifen hinzufügen und alles etwa 5 Minuten kochen lassen.

4. Schmelzkäse unterrühren. Die abgetropften Spaghetti unterheben und Eier unterrühren.

5. Schinken in Streifen schneiden und unterheben. Die Masse mit Salz, Pfeffer und Paprika abschmecken und in eine Gratin- oder Pieform (Ø 30 cm) geben.

6. Tomaten waschen, Stängelansätze herausschneiden und Tomaten in Scheiben schneiden, darauf verteilen und mit Salz, Pfeffer und Oregano würzen. Den Käse darauf streuen. Die Form auf dem Rost in den vorgeheizten Backofen schieben.

Ober-/Unterhitze: etwa 200 °C
Heißluft: etwa 180 °C
Backzeit: 15–20 Minuten.

7. Die gare Spaghetti-Pizza mit Basilikumblättchen garnieren.

Abwandlung: Anstatt mit Schinken kann die Pizza auch mit geräucherter Putenbrust oder abgetropftem Thunfisch naturell zubereitet werden.

Landfrauen-Tipp: Sie können die Spaghetti-Pizza vorbereiten, zugedeckt im Kühlschrank aufbewahren und erst kurz vor dem Verzehr in den vorgeheizten Backofen schieben. Die Backzeit verlängert sich dann um etwa 5 Minuten.

Spargelsuppe | Klassisch

Pro Portion:
E: 4 g, F: 11 g, Kh: 8 g, kJ: 615, kcal:147

250 g	*weißer Spargel*
500 ml (1/2 l)	*Wasser*
1 TL	*Salz*
1/2 TL	*Zucker*
10 g	*Butter*
250 ml (1/4 l)	*Milch*
20 g	*Butter oder Margarine*
15 g	*Weizenmehl*
	Salz
	Zucker
1	*Eigelb (Größe M)*
2 EL	*Schlagsahne*

Zubereitungszeit: etwa 40 Min.

1. Den Spargel von oben nach unten schälen, darauf achten, dass die Schalen vollständig entfernt, die Köpfe aber nicht verletzt werden. Die unteren Enden abschneiden (holzige Stellen vollkommen entfernen). Spargel waschen, abtropfen lassen und in 3 cm lange Stücke schneiden.

2. Wasser mit Salz, Zucker und Butter in einem großen Topf zum Kochen bringen. Spargelschalen und -enden hinzufügen, zum Kochen bringen und zugedeckt etwa 20 Minuten leicht kochen lassen. Anschließend in ein Sieb geben und den Spargelfond dabei auffangen.

3. Spargelfond wieder in den Topf geben und mit Milch zum Kochen bringen. Spargelstücke hinzugeben, zum Kochen bringen und in 8–10 Minuten gar kochen. Spargelstücke zum Abtropfen in ein Sieb geben, den Spargelfond dabei auffangen und 500 ml (1/2 l) davon abmessen, evtl. mit Wasser auffüllen.

4. Butter oder Margarine in einem Topf zerlassen. Mehl unter Rühren so lange darin erhitzen, bis es hellgelb ist. Spargelfond nach und nach hinzugießen und mit einem Schneebesen durchschlagen. Darauf achten, dass keine Klümpchen entstehen. Die Suppe zum Kochen bringen und etwa 5 Minuten kochen lassen. Mit Salz und Zucker abschmecken.

5. Eigelb mit Sahne verschlagen und die Suppe damit abziehen (nicht mehr kochen lassen). Die Spargelstückchen in die Suppe geben.

Landfrauen-Tipp: Gekochten Schinken in Streifen schneiden und in die Suppe geben.

Spätzle-Hähnchen-Auflauf | Fruchtig

Pro Portion:
E: 54 g, F: 51 g, Kh: 84 g, kJ: 4397, kcal: 1051

2 ½ l Wasser
2 ½ TL Salz
250 g getrocknete Spätzle
600 g Hähnchenbrustfilets
1 EL Weizenmehl
4 EL Speiseöl
Salz
frisch gemahlener Pfeffer
1 Dose Pfirsichhälften (Abtropfgewicht 490 g)
1 EL Currypulver
200 g Schmand
200 g Schlagsahne
2 Bananen
100 g geriebener Gouda

Zubereitungszeit: etwa 25 Min.

1. Wasser in einem großen Topf mit geschlossenem Deckel zum Kochen bringen. Salz und Nudeln zugeben und die Nudeln nach Packungsanleitung im geöffneten Topf bei mittlerer Hitze bissfest kochen, zwischendurch 4–5-mal umrühren. Nudeln in ein Sieb geben, abtropfen lassen und in eine flache, gefettete Auflaufform geben.

2. Inzwischen Hähnchenbrustfilets unter fließendem kalten Wasser abspülen, trockentupfen, in Streifen schneiden und mit Mehl bestäuben.

3. Öl in einer Pfanne erhitzen und die Fleischstreifen darin von beiden Seiten etwa 5 Minuten braten. Dann mit Salz und Pfeffer würzen und auf die Spätzle in die Auflaufform geben.

4. Pfirsichhälften in ein Sieb geben und abtropfen lassen, dabei den Saft auffangen. Pfirsiche würfeln.

5. Currypulver zu dem Bratfett geben, mit dem Pfirsichsaft auffüllen, Schmand und Sahne hinzufügen und alles unter Rühren zum Kochen bringen.

6. Bananen schälen, in Scheiben schneiden und mit den Pfirsichwürfeln unterrühren. Die Mischung mit den Gewürzen abschmecken, über die Fleischstreifen geben und den Gouda darüber streuen. Die Form auf dem Rost in den vorgeheizten Backofen schieben.

Ober-/Unterhitze: etwa 200 °C
Heißluft: etwa 180 °C
Garzeit: 30–35 Minuten.

Abwandlung: Für einen Spätzle-Schnitzel-Auflauf die Spätzle wie oben beschrieben garen. 600 g Schweinefilet unter fließendem kalten Wasser abspülen, trockentupfen und in Streifen schneiden, mit Mehl bestäuben und in 4 Esslöffeln Speiseöl etwa 7 Minuten braten. Mit Salz, Pfeffer und Paprika edelsüß würzen und auf die Spätzle geben. 1 Bund Frühlingszwiebeln putzen, in Ringe schneiden und über das Fleisch geben. 1 kleine Dose Aprikosen (240 g) auf ein Sieb zum Abtropfen geben, Saft auffangen und Aprikosenhälften evtl. halbieren, auf den Zutaten verteilen. Die Sauce wie oben beschrieben, aber mit Aprikosensaft zubereiten, abschmecken und über die Zutaten gießen, mit Käse bestreuen und wie oben angegeben backen.

Landfrauen-Tipp: Den Auflauf mit Zitronenmelisse oder Petersilie garnieren.

Sprudelkuchen | Für Kinder

Insgesamt:
E: 111 g, F: 378 g, Kh: 648 g, kJ: 27683, kcal: 6610

Für den All-in-Teig:

200 g Weizenmehl
1 Pck. Dr. Oetker Backin
300 g Zucker
1 Pck. Dr. Oetker Vanillin-Zucker
1 Msp. gemahlener Zimt
300 g gemahlene Haselnusskerne
5 Eier (Größe M)
150 ml Speiseöl
150 ml Kakaotrunk
150 ml saurer Zitronensprudel

Für den hellen Guss:

125 g gesiebter Puderzucker
2–3 EL Zitronensprudel

Für den dunklen Guss:

1 TL Kakaopulver
½ TL Mineralwasser

Zubereitungszeit: etwa 20 Min., ohne Kühlzeit

1. Für den Teig Mehl mit Backpulver mischen und in eine Rührschüssel sieben. Zucker, Vanillin-Zucker, Zimt, Haselnusskerne, Eier, Öl, Kakaotrunk und Sprudel nach und nach hinzufügen und die Zutaten mit Handrührgerät mit Rührbesen in knapp 1 Minute zu einem glatten Teig verrühren.

2. Den Teig in eine Springform (Ø 26 cm, Boden gefettet, mit Backpapier belegt) geben und glatt streichen. Die Form auf dem Rost in den vorgeheizten Backofen schieben.

Ober-/Unterhitze: etwa 180 °C
Heißluft: etwa 160 °C
Backzeit: etwa 60 Minuten.

3. Den Kuchen aus der Form lösen, das Backpapier entfernen und den Kuchen auf einem Kuchenrost erkalten lassen.

4. Für den hellen Guss Puderzucker mit Sprudel verrühren. Für den dunklen Guss etwa 1 Esslöffel von dem hellen Guss mit Kakaopulver und Mineralwasser verrühren.

5. Den dunklen Guss in ein Papiertütchen füllen und gut verschließen. Den hellen Guss auf den Kuchen streichen. Von dem Papiertütchen eine kleine Ecke abschneiden, den dunklen Guss schnell als Ringe aufspritzen und mit einem Messer oder Holzstäbchen Muster ziehen. Den Guss fest werden lassen.

Stachelbeer-Grieß-Kuchen | Preiswert

Insgesamt:
E: 107 g, F: 251 g, Kh: 494 g, kJ: 20469, kcal: 4887

Für den Rührteig:
750 ml (3/4 l) Milch
150 g Weizengrieß
1 Glas Stachelbeeren (Abtropfgewicht 390 g)
150 g weiche Butter oder Margarine
200 g Zucker
1 Pck. Dr. Oetker Vanillin-Zucker
1 Pck. Dr. Oetker Finesse Geriebene Zitronenschale
1 Prise Salz
5 Eigelb (Größe M)
30 g Speisestärke
1 Msp. Dr. Oetker Backin
125 g abgezogene, gemahlene Mandeln
30 g fein gehacktes Zitronat
5 Eiweiß (Größe M)

Zum Bestäuben:
Puderzucker

Zubereitungszeit: etwa 30 Min., ohne Abkühlzeit

1. Für den Teig Milch in einem Topf zum Kochen bringen, von der Kochstelle nehmen und Grieß unter Rühren einstreuen, kurz aufkochen und abkühlen lassen. Stachelbeeren in einem Sieb gut abtropfen lassen.

2. Butter oder Margarine mit Handrührgerät mit Rührbesen auf höchster Stufe geschmeidig rühren. Nach und nach Zucker, Vanillin-Zucker, Zitronenschale und Salz unterrühren und so lange rühren, bis eine gebundene Masse entstanden ist. Eigelb nach und nach unterrühren (jedes Eigelb knapp 1/2 Minute). Die Grießmasse in kleinen Portionen hinzugeben und unterrühren.

3. Speisestärke und Backpulver mischen, sieben und zusammen mit Mandeln und Zitronat unterrühren. Eiweiß steif schlagen und unterheben. Die Stachelbeeren unterheben.

4. Den Teig in eine Springform (Ø 28 cm, Boden gefettet) füllen und glatt streichen. Die Form auf dem Rost in den vorgeheizten Backofen schieben.

Ober-/Unterhitze: etwa 180 °C
Heißluft: etwa 160 °C
Backzeit: 60–70 Minuten.

5. Den Kuchen aus der Form lösen und auf einem Kuchenrost erkalten lassen. Den Kuchen kurz vor dem Servieren mit Puderzucker bestäuben.

Stallhas | Für Gäste

Pro Portion:
E: 42 g, F: 42 g, Kh: 9 g, kJ: 2792, kcal: 666

1	*küchenfertiges Kaninchen*
	Salz
4 EL	*Speiseöl*
1 EL	*körniger Senf*
4	*rote Zwiebeln*
250 ml (1/4 l)	*Rotwein*
200 g	*Schlagsahne*
1 TL	*Senf*
1 EL	*Tomatenmark*
1 EL	*Johannisbeergelee*
evtl. etwas	*Saucenbinder*

Zubereitungszeit: etwa 30 Min.

1. Von dem Kaninchen die Vorder- und Hinterläufe abschneiden, alle Kaninchenteile unter fließendem kalten Wasser abspülen, trockentupfen und mit Salz einreiben.

2. Öl in einem Bräter erhitzen und die Kaninchenteile darin rundherum anbraten. Die Teile mit Senf bestreichen. Den Rücken herausnehmen und beiseite legen.

3. Zwiebeln abziehen, in Spalten schneiden und in den Bräter geben. Rotwein hinzugießen. Den Bräter mit dem Deckel verschließen und auf dem Rost in den Backofen schieben.

Ober-/Unterhitze: etwa 200 °C
Heißluft: etwa 180 °C
Garzeit: etwa 40 Minuten.

4. Den Rücken hinzufügen, den Bräter wieder in den vorgeheizten Backofen schieben und alles noch weitere 15 Minuten schmoren lassen.

5. Die Fleischteile herausnehmen und warm stellen. Sahne, Senf, Tomatenmark und Johannisbeergelee unter den Bratenfond rühren. Die Sauce etwas einkochen lassen, nach Belieben mit Saucenbinder binden und mit den Gewürzen abschmecken.

Beilage: Salzkartoffeln.

Steckrübeneintopf | Preiswert

Pro Portion:
E: 31 g, F: 11 g, Kh: 29 g, kJ: 1408, kcal: 336

500 g Rindfleisch (aus der Hüfte)
750 g Steckrüben
500 g Kartoffeln
2 mittelgroße Zwiebeln
40 g Butter oder Margarine
Salz
weißer Pfeffer
375–500 ml ($^3/_8$–$^1/_2$ l) Gemüsebrühe
1 EL gehackte, glatte Petersilie

Zubereitungszeit: etwa 70 Min.

1. Rindfleisch unter fließendem kalten Wasser abspülen, trockentupfen und in Würfel schneiden.

2. Steckrüben putzen, schälen und waschen. Kartoffeln waschen, schälen und abspülen. Beide Zutaten in Stifte schneiden. Zwiebeln abziehen und würfeln.

3. Butter oder Margarine in einem Topf zerlassen und die Fleischwürfel unter Wenden darin andünsten.

4. Zwiebelwürfel hinzufügen und kurz mitdünsten. Mit Salz und Pfeffer würzen, einen Teil der Brühe hinzufügen, alles zum Kochen bringen und etwa 30 Minuten garen lassen.

5. Steckrüben- und Kartoffelstifte und die restliche Brühe dazugeben. Den Eintopf mit Salz und Pfeffer würzen und noch etwa 20 Minuten weitergaren.

6. Den Eintopf nochmals mit den Gewürzen abschmecken und mit Petersilie bestreut servieren.

Stracciatella-Joghurt-Bällchen mit Erdbeeren | Für Kinder

Pro Portion:
E: 9 g, F: 28 g, Kh: 43 g, kJ: 1994, kcal: 477

Für die Erdbeeren:
500 g Erdbeeren
30 g Zucker
3–4 EL Orangensaft

Für die Stracciatella-Joghurt-Bällchen:
5 Blatt weiße Gelatine
1 Glas
(500 g) Vanillejoghurt
250 g Schlagsahne
50 g Raspelschokolade

Zubereitungszeit: etwa 25 Min., ohne Kühlzeit

1. Die Erdbeeren waschen, gut abtropfen lassen, entstielen und halbieren oder vierteln. Die Erdbeeren vorsichtig mit Zucker und Orangensaft vermischen und bis zur weiteren Verwendung durchziehen lassen.

2. Für die Stracciatella-Joghurt-Bällchen Gelatine nach Packungsanleitung in kaltem Wasser einweichen. Gelatine leicht ausdrücken und in einem kleinen Topf unter Rühren erwärmen (nicht kochen lassen), bis sie völlig gelöst ist. Gelatine etwas abkühlen lassen und mit etwas von dem Joghurt verrühren, dann unter den restlichen Joghurt rühren.

3. Sahne steif schlagen und mit der Raspelschokolade unterrühren. Die Creme kalt stellen, bis sie fest geworden ist.

4. Die Creme mit einem Eisportionierer zu Kugeln formen und mit den Erdbeeren auf Desserttellern oder -schälchen anrichten.

Abwandlung: Anstelle der Erdbeeren können Sie auch 1 Dose Cocktailfrüchte (Abtropfgewicht 250 g) verwenden.

Landfrauen-Tipp: Wenn Sie die Creme nicht zu Bällchen formen möchten, reichen zur Festigung 3 Blatt Gelatine aus. Geben Sie dann die Früchte in eine Schüssel und verteilen Sie die Creme darauf. Das Dessert kalt stellen, bis die Creme fest geworden ist.

Streuselröschen | Einfach

Insgesamt:
E: 82 g, F: 165 g, Kh: 741 g, kJ: 20698, kcal: 4944

Für den Hefeteig:

375 g Weizenmehl
1 Pck. Dr. Oetker Trockenbackhefe
50 g Zucker
1 Pck. Dr. Oetker Vanillin-Zucker
1 Prise Salz
1 Ei (Größe M)
200 ml lauwarme Milch
50 g zerlassene, abgekühlte Butter oder Margarine

Für die Streusel:

200 g Weizenmehl
100 g Zucker
1 Pck. Dr. Oetker Vanillin-Zucker
125 g weiche Butter

Zum Bestreichen:

2 EL Milch

Für den Belag:

200 g Kirschkonfitüre

Zubereitungszeit: etwa 40 Min., ohne Teiggehzeit

1. Für den Teig Mehl in eine Rührschüssel sieben und mit der Hefe sorgfältig vermischen. Zucker, Vanillin-Zucker, Salz, Ei, Milch und Butter oder Margarine hinzufügen.

2. Die Zutaten mit Handrührgerät mit Knethaken zunächst auf niedrigster, dann auf höchster Stufe in etwa 5 Minuten zu einem Teig verarbeiten. Den Teig zugedeckt so lange an einem warmen Ort gehen lassen, bis er sich sichtbar vergrößert hat (etwa 20 Minuten).

3. Für die Streusel Mehl in eine Schüssel sieben. Zucker, Vanillin-Zucker und Butter hinzufügen und die Zutaten mit Handrührgerät mit Knethaken zu Streuseln von gewünschter Größe verarbeiten und bis zur weiteren Verwendung kalt stellen.

4. Den Hefeteig leicht mit Mehl bestäuben, aus der Schüssel nehmen und auf der Arbeitsfläche nochmals kurz durchkneten. Den Teig dünn ausrollen und runde Platten (Ø 10–12 cm) ausstechen.

5. Die Platten nicht zu dicht auf Backbleche (mit Backpapier belegt) legen und mit Milch bestreichen. Jeweils etwas Konfitüre auf die Teigmitte geben. Die Streusel üppig darum und darüber streuen.

6. Die Teigröschen nochmals zugedeckt so lange an einem warmen Ort gehen lassen, bis sie sich sichtbar vergrößert haben. Die Backbleche dann nacheinander (bei Heißluft zusammen) in den vorgeheizten Backofen schieben.

Ober-/Unterhitze: etwa 200 °C
Heißluft: etwa 180 °C
Backzeit: etwa 15 Minuten je Backblech.

7. Das Gebäck auf Kuchenroste legen und erkalten lassen.

Abwandlung: Die Streuselröschen schmecken auch sehr lecker, wenn Sie anstelle von Kirschkonfitüre Pflaumenmus verwenden. Dann etwas gemahlenen Zimt unter die Streusel mischen.

Landfrauen-Tipp: Die Streuselröschen nach Belieben vor dem Servieren mit Puderzucker bestäuben oder das Gebäck direkt nach dem Backen zusätzlich mit Puderzuckerglasur überziehen.

Suppentopf, Rheinischer | Für Gäste

Pro Portion:
E: 38 g, F: 28 g, Kh: 16 g, kJ: 2101, kcal: 502

500 g Rindfleisch
3 EL Speiseöl
1 l Fleischbrühe
etwa 250 g Knollensellerie
300 g frische grüne Bohnen
250 g Kartoffeln
1 Stange Porree (Lauch)
Salz
frisch gemahlener Pfeffer
fein gehackte Petersilie

Zubereitungszeit: etwa 80 Min.

1. Rindfleisch unter fließendem kalten Wasser abspülen, trockentupfen und in Würfel schneiden.

2. Öl in einem Topf erhitzen und die Fleischwürfel darin rundherum anbraten. Fleischbrühe hinzugießen, alles zum Kochen bringen und 45–50 Minuten garen lassen.

3. In der Zwischenzeit Sellerie putzen, schälen, waschen und in Würfel schneiden. Von den Bohnen die Enden abschneiden, die Bohnen evtl. abfädeln, waschen und in Stücke brechen oder schneiden. Kartoffeln schälen, abspülen und würfeln. Porree putzen, gründlich waschen und in Ringe schneiden.

4. Das vorbereitete Gemüse in die Fleischsuppe geben, alles wieder zum Kochen bringen und weitere 15–20 Minuten kochen lassen.

5. Die Suppe mit Salz und Pfeffer würzen und mit Petersilie bestreut servieren.

Landfrauen-Tipp: Sie können den Rheinischen Suppentopf auch auf Vorrat zubereiten und portionsweise einfrieren.

Tafelspitz mit Meerrettichsauce |

Dauert länger

Pro Portion:
E: 58 g, F: 22 g, Kh: 12 g, kJ: 2011, kcal: 480

1–1½ l Wasser
1 kg Rindfleisch (aus der Hüfte)
1–1½ TL Salz
1 Lorbeerblatt
1 EL Pfefferkörner
2 große Zwiebeln
150 g Möhren
150 g Kohlrabi
150 g Knollensellerie
200 g Porree (Lauch)

Für die Meerrettichsauce:
30 g Butter oder Margarine
25 g Weizenmehl
375 ml (3/8 l) Tafelspitzbrühe
125 g Schlagsahne
20 g frisch geriebener Meerrettich
Salz
etwas Zucker
etwa 1 TL Zitronensaft

1 EL gehackte Petersilie

Zubereitungszeit: etwa 40 Min.

1. Wasser in einem großen Topf zum Kochen bringen. Rindfleisch unter fließendem kalten Wasser abspülen, mit Salz, Lorbeerblatt und Pfefferkörnern in das kochende Wasser geben, zum Kochen bringen und etwa 2 Stunden mit Deckel gar ziehen lassen (nicht kochen, das Wasser soll sich nur leicht bewegen).

2. In der Zwischenzeit Zwiebeln abziehen und würfeln. Möhren schälen, Grün und Spitzen abschneiden. Kohlrabi und Knollensellerie schälen, schlechte Stellen herausschneiden. Die 3 Zutaten waschen, abtropfen lassen und in Scheiben schneiden. Von dem Porree die Außenblätter entfernen, Wurzelende und dunkles Grün abschneiden, die Stange längs halbieren, gründlich waschen, abtropfen lassen und in 2 cm lange Stücke schneiden.

3. Das vorbereitete Gemüse nach der Garzeit zu dem Fleisch geben und noch etwa 20 Minuten mit Deckel mitgaren.

4. Das gare Fleisch vor dem Schneiden etwa 10 Minuten zugedeckt ruhen lassen, damit sich der Fleischsaft setzt. Die Brühe mit dem Gemüse durch ein Sieb geben, dabei die Brühe auffangen und 375 ml (3/8 l) für die Sauce abmessen. Das Gemüse zugedeckt warm stellen.

5. Während das Fleisch ruht, für die Meerrettichsauce Butter oder Margarine in einem kleinen Topf zerlassen. Mehl unter Rühren so lange darin erhitzen, bis es hellgelb ist. Die abgemessene Tafelspitzbrühe und Sahne hinzugießen und mit einem Schneebesen gut durchschlagen, dabei darauf achten, dass keine Klümpchen entstehen. Die Sauce unter Rühren zum Kochen bringen und bei schwacher Hitze etwa 5 Minuten ohne Deckel kochen lassen, dabei gelegentlich umrühren.

6. Meerrettich unterrühren. Die Sauce mit Salz, Zucker und Zitronensaft abschmecken. Das Fleisch in Scheiben schneiden, auf einer vorgewärmten Platte anrichten, mit etwas heißer Brühe übergießen und mit Gemüse und Petersilie garnieren. Die Sauce zu dem Tafelspitz reichen.

Beilage: Petersilienkartoffeln und grüner Salat.

Landfrauen-Tipp: Anstelle von frischem Meerrettich können Sie auch Meerrettich aus dem Glas verwenden. Der Tafelspitz kann in der Brühe eingefroren werden.

Tagliatelle mit Lachs und Rucola

Raffiniert

Pro Portion:
E: 40 g, F: 33 g, Kh: 80 g, kJ: 3268, kcal: 781

4 l Wasser
4 TL Salz
400 g Tagliatelle

125 g Rucola (Rauke)
1–2 Knoblauchzehen
1 Zwiebel
400 g Lachsfilet
3 EL Rapsöl
25 g geröstete Pinienkerne
1½ EL Lachscreme (aus der Tube, Kühlregal)
Salz
frisch gemahlener Pfeffer
60 g fein geraspelter Parmesan

Zubereitungszeit: etwa 30 Min.

1. Wasser in einem großen Topf mit geschlossenem Deckel zum Kochen bringen. Salz und Tagliatelle zugeben und die Tagliatelle im geöffneten Topf bei mittlerer Hitze nach Packungsanleitung kochen lassen, dabei zwischendurch 4–5-mal umrühren.

2. Die Tagliatelle in ein Sieb geben, mit heißem Wasser abspülen, abtropfen lassen und warm stellen.

3. Inzwischen Rucola putzen, waschen, gut abtropfen lassen und grob zerkleinern. Knoblauch und Zwiebel abziehen und in kleine Würfel schneiden. Lachsfilet unter fließendem kalten Wasser abspülen, trockentupfen und in etwa 2 cm große Würfel schneiden.

4. Rapsöl in einer großen Pfanne erhitzen und Zwiebel- und Knoblauchwürfel darin andünsten Lachswürfel dazugeben und von allen Seiten darin anbraten. Pinienkerne und Rucola hinzugeben und kurz mit erhitzen. Lachscreme unterrühren und mit Salz und Pfeffer kräftig würzen.

5. Tagliatelle in eine große Schüssel geben, Lachs-Rucola-Masse hinzugeben und unterheben. Tagliatelle sofort servieren. Käse dazureichen.

Landfrauen-Tipp: Anstatt der Pinienkerne können auch Mandelstifte oder -blättchen verwendet werden.

Texanischer Auflauf | Vegetarisch

Pro Portion:
E: 22 g, F: 28 g, Kh: 47 g, kJ: 2316, kcal: 553

500 g	*TK-Kartoffelwedges (Kartoffelspalten)*
300 g	*TK-Brechbohnen*
1 Dose	*Kidneybohnen (Abtropfgewicht 230 g)*
1 Dose	*Gemüsemais (Abtropfgewicht 360 g)*
1	*rote Paprikaschote (etwa 200 g)*
300 ml	*Schlagsahne*
300 ml	*Milch*
6	*Eier (Größe M)*
	Salz
	frisch gemahlener Pfeffer
1/2–1 TL	*Paprikapulver edelsüß*

Zubereitungszeit: etwa 20 Min., ohne Auftauzeit

1. Kartoffelwedges und Bohnen nach Packungsanleitung auftauen lassen. Kidneybohnen und Gemüsemais getrennt in einem Sieb abtropfen lassen.

2. Paprikaschote halbieren, entstielen, entkernen und die weißen Scheidewände entfernen. Schote waschen und in Würfel schneiden. Paprikawürfel in kochendem Salzwasser 1–2 Minuten blanchieren. Paprikawürfel in ein Sieb geben, mit kaltem Wasser übergießen und gut abtropfen lassen.

3. Sahne, Milch und Eier gut verrühren und mit Salz, Pfeffer und Paprika würzen.

4. Kartoffelwedges, Brechbohnen, Kidneybohnen, Gemüsemais und Paprikawürfel mischen, in eine Auflaufform geben und mit der Eiersahne übergießen. Die Form auf dem Rost in den vorgeheizten Backofen schieben.

Ober-/Unterhitze: etwa 180 °C
Heißluft: etwa 160 °C
Garzeit: etwa 50 Minuten.

Beilage: Gemischter Blattsalat und Brot.

Landfrauen-Tipp: Wer es scharf liebt, mischt 1–2 rote Chilischoten, halbiert, entkernt, gewaschen und fein geschnitten, unter die Zutaten.

Thunfisch-Bohnen-Schichtsalat

Für Gäste

Pro Portion:
E: 36 g, F: 27 g, Kh: 55 g, kJ: 2702, kcal: 646

150 g TK-grüne-Bohnen
4 Eier (Größe M)
1 Dose Kidneybohnen (Abtropfgewicht 255 g)
1 Dose weiße Bohnen (Abtropfgewicht 250 g)
1 Dose Thunfisch in Öl (Abtropfgewicht 150 g)
2–3 gekochte Pellkartoffeln
2 mittelgroße, rote Zwiebeln

Für die Sauce:
150 g Naturjoghurt
1 geh. EL Salatmayonnaise
2 EL Tomatenketchup
2 EL Olivenöl
Salz
frisch gemahlener Pfeffer
etwas Zucker

Zubereitungszeit: etwa 45 Min., ohne Durchziehzeit

1. Grüne Bohnen nach Packungsanleitung bissfest garen, in ein Sieb geben, abtropfen und abkühlen lassen.

2. Eier hart kochen, pellen, vierteln und etwas abkühlen lassen.

3. Kidneybohnen und weiße Bohnen getrennt in ein Sieb geben, kalt abspülen und abtropfen lassen. Thunfisch ebenfalls abtropfen lassen.

4. Kartoffeln pellen und in Scheiben schneiden. Zwiebeln abziehen, halbieren und in feine Streifen schneiden.

5. Für die Sauce Joghurt, Mayonnaise, Tomatenketchup und Öl verrühren und mit Salz, Pfeffer und Zucker würzen.

6. Die Salatzutaten in ein hohes Glas schichten, dabei die Kartoffel- und Eierschicht jeweils mit etwas Salz bestreuen.

7. Nach jeder vierten Schicht etwas von der Sauce auf die Zutaten geben. Die restliche Sauce auf die Salatoberfläche geben. Den Salat etwa 1 Stunde durchziehen lassen.

Thunfisch-Nudel-Salat | Für Gäste

Pro Portion:
E: 21 g, F: 17 g, Kh: 62 g, kJ: 2046, kcal: 489

3 l Wasser
3 TL Salz
300 g Nudeln, z. B. Spirelli, Penne

Für die Sauce:
1 Knoblauchzehe
3 EL Weißweinessig
Salz
1 Prise Zucker
frisch gemahlener Pfeffer
1 TL milder Senf
2 EL Speiseöl
1 Dose Thunfisch in Öl (Abtropfgewicht 135 g)
1 Dose gemischtes Gemüse (Erbsen, Möhren, Mais, Abtropfgewicht 280 g)
1 rote Paprikaschote
2 Frühlingszwiebeln
200 g Naturjoghurt
evtl. 2–3 EL heiße Gemüsebrühe

Zubereitungszeit: etwa 30 Min., ohne Durchziehzeit

1. Wasser in einem großen Topf mit geschlossenem Deckel zum Kochen bringen. Salz und Nudeln zugeben und die Nudeln im geöffneten Topf bei mittlerer Hitze nach Packungsanleitung kochen lassen, dabei 4–5-mal umrühren.

2. Anschließend die Nudeln in ein Sieb geben, mit heißem Wasser abspülen und abtropfen lassen.

3. Für die Sauce Knoblauch abziehen und in kleine Würfel schneiden. Essig mit Salz, Zucker, Pfeffer und Senf verrühren. Speiseöl unterschlagen.

4. Die Nudeln in eine Schüssel geben, mit der Sauce vermengen und Nudeln gut durchziehen lassen.

5. Thunfisch gut abtropfen lassen und mit einer Gabel in Stücke zupfen. Gemüse in einem Sieb gut abtropfen lassen. Paprika halbieren, entstielen, entkernen und die weißen Scheidewände entfernen. Die Schote waschen, trockentupfen und in kleine Würfel schneiden. Frühlingszwiebeln putzen, waschen, abtropfen lassen und in dünne Scheiben schneiden.

6. Joghurt zu den Nudeln geben und unterrühren. Vorbereitetes Gemüse und Thunfisch mit den Nudeln vermengen. Salat nochmals etwa 20 Minuten durchziehen lassen.

7. Den Salat nochmals mit Salz und Pfeffer abschmecken. Sollte die Sauce zu fest geworden sein, etwas Gemüsebrühe unter den Salat rühren.

Landfrauen-Tipp: Lecker schmeckt der Salat auch mit feinen Kochschinkenstreifen anstelle von Thunfisch.

Thunfisch-Reis-Salat | Für Gäste

Pro Portion:
E: 20 g, F: 52 g, Kh: 36 g, kJ: 2983, kcal: 712

150 g Langkornreis
1 l Salzwasser
2 Zwiebeln
2 Knoblauchzehen
1 rote Paprikaschote
1 grüne Paprikaschote
1 Zucchini (250 g)
4 EL Olivenöl
Salz
frisch gemahlener Pfeffer
2 Dosen Thunfisch in Öl (je 180 g)

Für die Salatsauce:
3 EL Weißweinessig
1 TL Zucker
4 EL Wasser
4 EL Olivenöl

Zubereitungszeit: etwa 35 Min., ohne Abkühl- und Durchziehzeit

1. Den Reis in Salzwasser in etwa 20 Minuten gar kochen, kalt abschrecken, auf einem Sieb abtropfen und abkühlen lassen.

2. Inzwischen Zwiebeln und Knoblauch abziehen und fein hacken. Paprika halbieren, entstielen, entkernen und die weißen Scheidewände entfernen, die Schoten waschen und in kleine Würfel schneiden. Zucchini waschen, abtrocknen, die Enden abschneiden und Zucchini in Würfel schneiden.

3. Öl in einer Pfanne erhitzen und die Zucchiniwürfel darin andünsten. Knoblauch- und Zwiebelwürfel hinzufügen, kurz mitdünsten und abkühlen lassen.

4. Reis und Paprikawürfel mit der Zucchini-Zwiebel-Masse in einer Salatschüssel mischen und mit Salz und Pfeffer würzen. Thunfisch auf einem Sieb abtropfen lassen, zerpflücken und unter die Reis-Gemüse-Mischung heben.

5. Für die Salatsauce Essig mit Zucker, Salz und Pfeffer verrühren und Wasser und Öl unterrühren. Die Sauce mit den Salatzutaten mischen und etwas durchziehen lassen. Nach Bedarf nochmals mit den Gewürzen abschmecken.

Landfrauen-Tipp: Reis vom Vortag verwenden. Den Salat vor dem Servieren mit 1 Esslöffel gehacktem Dill bestreuen.

Thunfisch-Zucchini-Salat | Raffiniert

8 Portionen

Pro Portion:
E: 14 g, F: 21 g, Kh: 4 g, kJ: 1149, kcal: 275

Für den Salat:
500 g frischer Thunfisch
2–3 EL Olivenöl
Salz
frisch gemahlener Pfeffer
3 mittelgroße Zucchini
6 Tomaten
120 g gemischte Oliven (grün und schwarz, ohne Stein)

Für die Marinade:
1 Pck. (25 g) TK-Kräuter der Provence
Zucker
3–4 Knoblauchzehen
4–5 EL Balsamico-Essig
8–10 EL Olivenöl

Zubereitungszeit: etwa 45 Min.

1. Für den Salat Thunfisch unter fließendem kalten Wasser abspülen, trockentupfen und in kleine Stücke schneiden, dabei evtl. Gräten entfernen. Thunfisch-Stücke in erhitztem Olivenöl von allen Seiten anbraten und mit Salz und Pfeffer würzen.

2. Zucchini putzen, Enden abschneiden, Zucchini waschen, halbieren und in 2 mm dicke Scheiben schneiden. Tomaten waschen, Stängelansätze herausschneiden, Tomaten vierteln, entkernen und in grobe Würfel schneiden.

3. Die gemischten Oliven mit Tomaten, Zucchini und Thunfisch mischen.

4. Für die Marinade Kräuter, Salz, Pfeffer, Zucker, abgezogenen, durchgepressten Knoblauch und Essig verrühren, Öl unterschlagen. Salatzutaten damit vermengen und den Salat etwas durchziehen lassen.

Landfrauen-Tipp: Die Zucchini schmecken noch besser, wenn sie in 5 Esslöffeln Olivenöl kurz angebraten und lauwarm mit der Marinade vermischt werden. Den Salat nach Belieben mit Basilikumblättchen und Thymianzweigen garnieren.

Thüringer Gemüsesuppe | Preiswert

Pro Portion:
E: 7 g, F: 17 g, Kh: 11 g, kJ: 960, kcal: 229

500 g frisches oder TK-Hühnerklein (Rückenstücke, Hälse, Flügel)
1 Bund Suppengrün
$1^1/_4$ l Wasser
Salz
1 Lorbeerblatt
3 Pimentkörner
250 g Möhren
200 g Kohlrabi
150 g Zuckerschoten
150 g grüne Bohnen
1 Bund Kerbel
200 g Schlagsahne
frisch gemahlener Pfeffer

Zubereitungszeit: etwa 35 Min., ohne Auftauzeit

1. Frisches Hühnerklein unter fließendem kalten Wasser abspülen oder TK-Hühnerklein nach Packungsanleitung auftauen lassen. Suppengrün vorbereiten: Knollensellerie schälen, schlechte Stellen herausschneiden. Möhren schälen, Grün und Spitzen abschneiden. Sellerie und Möhren waschen und abtropfen lassen. Von dem Porree die Außenblätter entfernen und Wurzelende und dunkles Grün abschneiden, die Stange längs halbieren, gründlich waschen und abtropfen lassen. Die vorbereiteten Zutaten grob zerkleinern.

2. Suppengrün mit Hühnerklein, Wasser, 1 Teelöffel Salz, Lorbeerblatt und Pimentkörnern in einen Topf geben, zum Kochen bringen und etwa 40 Minuten mit Deckel bei mittlerer Hitze kochen.

3. In der Zwischenzeit Möhren schälen und Grün und Spitzen abschneiden. Kohlrabi schälen. Beide Zutaten waschen, abtropfen lassen und in Würfel oder kleine Scheiben schneiden. Von den Zuckerschoten die Enden abschneiden, die Zuckerschoten waschen und evtl. halbieren. Von den grünen Bohnen die Enden abschneiden, evtl. Fäden abziehen, die Bohnen waschen und in kleine Stücke schneiden oder brechen.

4. Nach Beendigung der Kochzeit die Brühe durch ein Sieb geben und 1 l davon abmessen. Die abgemessene Brühe zum Kochen bringen und das vorbereitete Gemüse nacheinander hineingeben: Zuerst die Bohnen, nach etwa 5 Minuten Möhren und Kohlrabi, nach weiteren 5 Minuten die Zuckerschoten und dann alles noch 5–10 Minuten mit Deckel kochen.

5. Kerbel abspülen, trockentupfen, die Blättchen von den Stängeln zupfen und fein schneiden. Sahne unter die Suppe rühren, die Suppe mit Salz und Pfeffer abschmecken und mit Kerbel bestreut servieren.

Landfrauen-Tipp: Mit kleinen Grießklößchen servieren. Die Suppe ist gefriergeeignet.

Tiramisu | Beliebt

6 Portionen

Pro Portion:
E: 9 g, F: 39 g, Kh: 45 g, kJ: 2466, kcal: 589

500 g	*Mascarpone (italienischer Frischkäse)*
150 ml	*Milch*
75 g	*Zucker*
1 Pck.	*Dr. Oetker Bourbon-Vanille-Zucker*
40 ml	*Amaretto (Mandellikör)*
250 ml (1/4 l)	*kalter Espresso oder starker Kaffee*
200 g	*Löffelbiskuits*
2 EL	*Kakaopulver*

Zubereitungszeit: etwa 30 Min., ohne Durchziehzeit

1. Mascarpone mit Milch, Zucker, Vanille-Zucker und der Hälfte des Amarettos in einer Schüssel glatt rühren.

2. Übrigen Amaretto mit Espresso oder Kaffee verrühren. Die Hälfte der Löffelbiskuits in eine flache eckige Auflaufform (etwa 30 x 18 cm) legen, mit der Hälfte der Kaffee-Amaretto-Mischung beträufeln und mit der Hälfte der Mascarponemasse bedecken. Die restlichen Zutaten in gleicher Reihenfolge darauf schichten.

3. Tiramisu in den Kühlschrank stellen und einige Stunden durchziehen lassen. Vor dem Servieren die Creme dick mit Kakao bestäuben.

Toast im Pfännchen | Für Gäste

Pro Portion:
E: 17 g, F: 29 g, Kh: 19 g, kJ: 1798, kcal: 430

Für die Käsesauce:
30 g Butter
20 g Weizenmehl
250 ml (1/4 l) Fleischbrühe
4 EL Schlagsahne
150 g mittelalter Gouda

Für den Toast:
4 Scheiben Toastbrot
500 g Crème Champignons
30 g Frühstücksspeck
1 Zwiebel
frisch gemahlener Pfeffer
250 g kleine Tomaten

Zum Garnieren:
Oreganoblättchen

Zubereitungszeit: etwa 35 Min.

1. Für die Sauce Butter zerlassen, Mehl einrühren und anschwitzen, mit Brühe und Sahne auffüllen und unter Rühren aufkochen lassen. Käse reiben, einrühren und dabei schmelzen, nicht kochen lassen.

2. Brotscheiben rösten und jeweils in ein Portions-Gratinförmchen legen.

3. Pilze putzen, evtl. waschen, trockentupfen und vierteln oder in Scheiben schneiden. Speck würfeln. Zwiebel abziehen und ebenfalls würfeln. Speck in einem Topf auslassen, Zwiebeln zugeben und glasig andünsten. Pilze zufügen, mit Pfeffer würzen und 5 Minuten dünsten.

4. Tomaten waschen, Stängelansätze entfernen und Tomaten vierteln oder achteln, zu den Pilzen geben und kurz durchschwenken. Gemüsemischung auf den Brotscheiben verteilen und mit Käsesauce bedecken. Die Formen auf dem Rost in den vorgeheizten Backofen schieben und überbacken.

Ober-/Unterhitze: etwa 220 °C
Heißluft: etwa 200 °C
Backzeit: etwa 10 Minuten.

5. Mit gewaschenen, trockengetupften Oreganoblättchen bestreut servieren.

Landfrauen-Tipp: Den Toast mit einem gemischten Salat als kleines Abendgericht servieren.

Toast Pikanto | Einfach

Pro Stück:
E: 17 g, F: 33 g, Kh: 20 g, kJ: 1841, kcal: 442

4 Scheiben	*Sonnenblumenkernbrot*
160 g	*Sour Cream (Sauerrahmzubereitung aus dem Kühlregal) oder Kartoffelcreme*
160 g	*eingelegte rote Paprika (gehäutet, aus dem Glas)*
1/2 Bund	*Frühlingszwiebeln*
180 g	*Cabanossi*
4 Scheiben	*Butter-Käse*
4	*grüne Oliven*
1/2–1 TL	*Mexikogewürzmischung*
4	*Holzspießchen*

Zubereitungszeit: etwa 30 Min.

1. Brotscheiben toasten, mit Sour Cream bestreichen und auf ein Backblech legen.

2. Paprika in einem Sieb abtropfen lassen und evtl. halbieren. Frühlingszwiebeln putzen, waschen, abtropfen lassen und in etwa 1 cm lange Stücke schneiden.

3. Cabanossi in dünne Scheiben schneiden und auf den Brotscheiben verteilen. Paprika und Frühlingszwiebelstücke darauf legen.

4. Käsescheiben halbieren, je zwei Hälften übereinander legen und auf die vorbereiteten Toasts geben.

5. Das Backblech in den vorgeheizten Backofen schieben.

Ober-/Unterhitze: etwa 200 °C
Heißluft: etwa 180 °C
Backzeit: 8–10 Minuten.

6. Jeweils eine Olive mit einem Holzstäbchen in die Mitte von einem Toast stecken und mit der Mexikogewürzmischung bestreuen.

Abwandlung: Für Toast mit selbst eingelegten Paprikaschoten 4 rote Paprikaschoten halbieren, entstielen, entkernen und Scheidewände entfernen. Schoten waschen und mit der Wölbung nach oben auf ein gefettetes Backblech legen. Das Backblech in den vorgeheizten Backofen schieben und bei Ober- Unterhitze: etwa 220 °C; Heißluft: etwa 200 °C; die Paprika etwa 10 Minuten garen, bis die Haut Blasen wirft und beginnt schwarz zu werden. Das Backblech aus dem Ofen nehmen, sofort mit einem feuchten Küchentuch abdecken und abkühlen lassen. Paprika enthäuten und mit einer Mischung aus etwa 2 Esslöffeln Olivenöl und 1 Esslöffel Balsamico-Essig, Salz und Pfeffer beträufeln. Etwas durchziehen lassen.

Landfrauen-Tipp: Anstatt Cabanossi kann auch Chorizo (spanische Paprikawurst) verwendet werden.

Tomatensuppe mit Bratwurstklößchen | Für Kinder

Pro Portion:
E: 26 g, F: 21 g, Kh: 13 g, kJ: 1548, kcal: 370

700 g	*Tomaten*
2	*kleine Gemüsezwiebeln*
2	*Knoblauchzehen*
2–3 EL	*Olivenöl*
1 Dose	*geschälte Tomaten (800 g)*
	Salz
	frisch gemahlener Pfeffer
1 TL	*gerebelter Oregano*
1 Stange	*Porree (Lauch)*
2	*frische Bratwürste*
einige Zweige	*glatte Petersilie*
50 g	*Crème fraîche oder Schmand*

Zubereitungszeit: etwa 45 Min.

1. Tomaten waschen, die Stängelansätze entfernen und Tomaten in grobe Stücke schneiden. Gemüsezwiebeln und Knoblauch abziehen und grob würfeln.

2. Öl in einem großen Topf erhitzen und Zwiebel- und Knoblauchwürfel darin andünsten. Tomatenstücke hinzufügen. Tomaten mit der Flüssigkeit dazugeben und alles zum Kochen bringen, mit Salz, Pfeffer und Oregano würzen und etwa 15 Minuten bei mittlerer Hitze kochen lassen.

3. In der Zwischenzeit Porree putzen, die Stange längs halbieren, gründlich waschen und in Streifen schneiden.

4. Die Bratwurstmasse aus der Haut drücken und kleine Klößchen formen. Die Suppe pürieren und Porree und Klößchen in die Suppe geben. Alles zusammen noch etwa 10 Minuten garen. Die Suppe kräftig mit den Gewürzen abschmecken.

5. Petersilie kalt abspülen, trockentupfen und die Blättchen von den Stängeln zupfen, in Streifen schneiden und in die Suppe geben.

6. Die Suppe in Suppentellern oder -tassen anrichten und mit je 1 Klecks Crème fraîche oder Schmand servieren.

Landfrauen-Tipp: Sie können die Suppe am Vortag soweit vorbereiten, dass vor dem Verzehr nur noch Porreestreifen und Bratwurstklößchen hineingegeben und gegart werden müssen. Schneller geht es, wenn Sie 200 g TK-Porree verwenden.

Tomaten-Thunfisch-Auflauf | Raffiniert

Pro Portion:
E: 38 g, F: 19 g, Kh: 39 g, kJ: 2091, kcal: 500

750 g	*Kartoffeln*
	Salz
	frisch gemahlener Pfeffer
2 Dosen	*Thunfisch*
	(naturell, Abtropfgewicht je 150 g)
225 g	*Zucchini*
1 kg	*kleine Tomaten*
3	*Eier (Größe M)*
150 ml	*Milch*
	geriebene Muskatnuss
150 g	*mittelalter Gouda*
1 geh. TL	*gehackte Rosmarinnadeln oder Petersilie*

Zubereitungszeit: etwa 45 Min.

1. Kartoffeln waschen, mit Salzwasser bedeckt in etwa 25 Minuten gar kochen, abgießen, pellen und abkühlen lassen.

2. Kartoffeln in Scheiben schneiden, in eine gefettete Auflaufform geben und mit Salz und Pfeffer bestreuen.

3. Thunfisch abtropfen lassen und auf den Kartoffeln verteilen. Zucchini waschen, die Enden abschneiden, Zucchini in dünne Scheiben hobeln und auf dem Thunfisch verteilen, mit Salz und Pfeffer würzen.

4. Tomaten kurze Zeit in kochendes Wasser legen (nicht kochen lassen), kalt abschrecken und enthäuten, Stängelansätze herausschneiden und größere Tomaten evtl. halbieren. Die Eier mit der Milch verquirlen und mit Salz, Pfeffer und Muskat würzen. Den Käse reiben und unterrühren.

5. Etwa $^{1}/_{3}$ der Käsemasse auf den Zucchini verteilen, dann die Tomaten darauf setzen und die restliche Käsemasse zwischen den Tomaten verteilen, mit Rosmarin oder Petersilie bestreuen. Die Form auf dem Rost in den vorgeheizten Backofen schieben.

Ober-/Unterhitze: etwa 180 °C
Heißluft: etwa 160 °C
Backzeit: etwa 45 Minuten.

Landfrauen-Tipp: Die Zucchini kann durch aufgetaute TK-Erbsen ersetzt werden. Anstatt Rosmarin eignet sich Thymian gut für diesen Auflauf.

Überbackener Sauerkraut-Schmortopf | Preiswert

Pro Portion:
E: 19 g, F: 32 g, Kh: 24 g, kJ: 1937, kcal: 462

300 g Kartoffeln
150 g Möhren
250 g Porree (Lauch)
4 EL Speiseöl
375 ml (3/8 l) Fleischbrühe
1 Dose Sauerkraut (Einwaage 810 g)
Salz
frisch gemahlener Pfeffer
Zucker
200 g Äpfel
200 g Mettenden
100 g geriebener mittelalter Gouda

Zubereitungszeit: etwa 25 Min.

1. Kartoffeln waschen, schälen, abspülen und in Würfel schneiden. Möhren putzen, schälen, waschen, abtropfen lassen und in Stifte schneiden. Von dem Porree die Außenblätter entfernen, Wurzelenden und dunkles Grün abschneiden und die Stangen seitlich einschneiden, gründlich waschen und abtropfen lassen. Porree schräg in etwa 2 cm lange Stücke schneiden.

2. Öl in einem Topf erhitzen. Kartoffelwürfel, Möhrenstifte und Porreestücke dazugeben und unter Rühren andünsten. Etwa zwei Drittel der Fleischbrühe hinzugießen und etwa 10 Minuten zugedeckt schmoren. Dann das Sauerkraut unterrühren und mit Salz, Pfeffer und Zucker würzen. Den Sauerkraut-Gemüse-Topf zugedeckt etwa 10 Minuten weiterschmoren lassen. Nach und nach die restliche Fleischbrühe zugeben und gelegentlich umrühren.

3. Äpfel waschen, abtrocknen und vierteln. Das Kerngehäuse entfernen und die Apfelviertel in mundgerechte Stücke schneiden. Mettenden in etwa 1 cm dicke Scheiben schneiden. Apfelstücke und Mettendenstücke ebenfalls in den Topf geben, unterrühren und mit Salz, Pfeffer und Zucker abschmecken.

4. Sauerkraut-Gemüse-Mischung in eine etwas höhere Auflaufform geben und mit Käse bestreuen. Die Form auf dem Rost in den vorgeheizten Backofen schieben.

Ober-/Unterhitze: etwa 200 °C (unteres Drittel)
Heißluft: etwa 180 °C
Garzeit: etwa 25 Minuten.

Ungarische Gulaschsuppe I

Gut vorzubereiten

Pro Portion:
E: 29 g, F: 30 g, Kh: 9 g, kJ: 1975, kcal: 472

400 g Rindergulasch
2 Zwiebeln
2–3 Knoblauchzehen
2 große, gelbe Paprikaschoten (je 250 g)
1 große, grüne Paprikaschote (250 g)
1 Peperoni
4 EL Speiseöl
Salz
frisch gemahlener Pfeffer
1 EL Paprikapulver edelsüß
2 EL Tomatenmark
750 ml (3/4 l) Fleisch- oder Gemüsebrühe
125 ml (1/8 l) Rotwein
Cayennepfeffer

Zubereitungszeit: etwa 30 Min.

1. Gulasch evtl. unter fließendem kalten Wasser abspülen und trockentupfen. Zwiebeln und Knoblauch abziehen und würfeln.

2. Paprikaschoten halbieren, entstielen, entkernen und die weißen Scheidewände entfernen, die Schoten waschen und in Würfel schneiden. Peperoni halbieren, entstielen und entkernen, Peperoni waschen und in Streifen schneiden.

3. Öl in einem Bräter oder einem großen Topf erhitzen und Gulasch von allen Seiten darin anbraten, mit Salz, Pfeffer und Paprikapulver würzen. Zwiebel-, Knoblauch- und Paprikawürfel und Peperonistreifen zu dem Gulasch geben und mit andünsten.

4. Tomatenmark unterrühren. Brühe und Rotwein hinzugießen und alles etwa 45 Minuten schmoren lassen.

5. Die Gulaschsuppe kräftig mit Salz, Pfeffer, Paprikapulver und Cayennepfeffer abschmecken.

Beilage: Baguette.

Vanille-Kirsch-Speise mit Eierlikör | Gut vorzubereiten

4–6 Portionen

Pro Portion:
E: 13 g, F: 5 g, Kh: 52 g, kJ: 1525, kcal: 363

1 Pck.	*Dr. Oetker Pudding-Pulver Vanille-Geschmack*
40 g	*Zucker*
500 ml (1/2 l)	*Milch*
1 Glas	*Sauerkirschen (Abtropfgewicht 370 g)*
375 g	*Magerquark*
30 g	*Zucker*
60 ml	*frisch gepresster Orangensaft*
etwa 175 ml	*Eierlikör*
25 g	*Vollmilch-Raspelschokolade*

Zubereitungszeit: etwa 20 Min., ohne Kühlzeit

1. Aus Pudding-Pulver, Zucker und Milch nach Packungsanleitung einen Pudding kochen und erkalten lassen. Dabei ab und zu umrühren, damit sich keine Haut bildet oder den Pudding mit Klarsichtfolie zudecken.

2. Sauerkirschen in einem Sieb gut abtropfen lassen. Quark mit Zucker und Orangensaft verrühren.

3. Die Hälfte der Sauerkirschen in eine große, breite Glasschüssel geben. Erst die Hälfte des Puddings darauf geben und glatt streichen, dann die Hälfte des Quarks. Danach die restlichen Kirschen, den restlichen Pudding und Quark einschichten.

4. Eierlikör vorsichtig auf die obere Quarkschicht gießen und mit Raspelschokolade bestreuen. Die Speise bis zum Verzehr kalt stellen.

Vegetarischer Eintopf | Kalorienarm

Pro Portion:
E: 8 g, F: 6 g, Kh: 22 g, kJ: 737, kcal: 175

400 g Möhren
400 g Kartoffeln
400 g grüne Bohnen
500 g Blumenkohl
1 große Zwiebel
400 g Tomaten
1,25 l Gemüsebrühe
25 g Butter
Salz
frisch gemahlener Pfeffer
1 EL vegetarische Paste mit Kräutern
1/2 Topf Basilikum
1 EL gehackte Petersilie

Zubereitungszeit: etwa 50 Min.

1. Möhren putzen, schälen, waschen, abtropfen lassen und in Würfel schneiden. Kartoffeln waschen, schälen, abspülen, abtropfen lassen und ebenfalls in Würfel schneiden. Von den Bohnen die Enden abschneiden, Bohnen evtl. abfädeln, waschen, abtropfen lassen und in Stücke brechen oder schneiden.

2. Von dem Blumenkohl die Blätter und schlechten Stellen entfernen. Den Strunk herausschneiden. Blumenkohl waschen, abtropfen lassen und in kleine Röschen teilen. Zwiebel abziehen und in kleine Würfel schneiden. Tomaten kreuzweise einschneiden, kurze Zeit in kochendes Wasser legen, in kaltem Wasser abschrecken, enthäuten und Stängelansätze herausschneiden. Tomaten in Achtel schneiden.

3. Brühe in einem großen Topf zum Kochen bringen. Möhren-, Kartoffelwürfel, Bohnenstücke und Blumenkohlröschen hinzugeben, zum Kochen bringen und zugedeckt etwa 20 Minuten garen. Tomatenachtel hinzufügen.

4. Butter in einem Topf zerlassen, Zwiebelwürfel darin andünsten und in den Eintopf geben. Mit Salz, Pfeffer und vegetarischer Paste würzen. Basilikum abspülen und trockentupfen. Die Blättchen von den Stängeln zupfen, in Streifen schneiden und unterrühren.

5. Den Eintopf mit Salz und Pfeffer abschmecken und mit Petersilie bestreut servieren.

Vegetarische Moussaka | Raffiniert

Pro Portion:
E: 7 g, F: 28 g, Kh: 16 g, kJ: 1504, kcal: 359

2 große Auberginen (etwa 700 g)
Salz
frisch gemahlener Pfeffer
60 g Weizenmehl
75 ml Olivenöl
1 Zwiebel
2 Knoblauchzehen
400 g Tomaten
3 EL Olivenöl
1/2 EL Thymianblättchen
1 EL Basilikumstreifen
1/2 EL Rosmarinnadeln
50 g geriebener Parmesan

Zubereitungszeit: etwa 40 Min., ohne Stehzeit

1. Auberginen waschen, abtrocknen und die Enden abschneiden, Auberginen in 1/2 cm dicke Scheiben schneiden, mit Salz bestreuen und etwa 20 Minuten stehen lassen. Auberginenscheiben dann trockentupfen, pfeffern und mit Mehl bestäuben.

2. Öl portionsweise in einer großen Pfanne erhitzen und die Auberginenscheiben darin portionsweise von beiden Seiten anbraten, auf Küchenpapier abtropfen lassen und in eine flache Auflaufform legen.

3. Zwiebel und Knoblauch abziehen und in Würfel schneiden. Tomaten waschen, abtropfen lassen und kreuzweise einschneiden, kurz in kochendes Wasser legen und in kaltem Wasser abschrecken. Tomaten enthäuten, die Stängelansätze herausschneiden und Tomaten würfeln.

4. Zwei Esslöffel Öl in einer Pfanne erhitzen. Zwiebelwürfel darin andünsten. Knoblauch, Tomatenwürfel, Thymian, Basilikum und Rosmarin dazugeben, salzen, pfeffern und noch einige Minuten dünsten lassen.

5. Die Tomaten-Zwiebel-Masse über die Auberginenscheiben gießen, mit Parmesan bestreuen und mit dem restlichen Öl beträufeln. Die Form auf dem Rost in den vorgeheizten Backofen schieben.

Ober-/Unterhitze: etwa 250 °C
Heißluft: etwa 230 °C
Überbackzeit: etwa 20 Minuten.

Beilage: Fladenbrot.

Landfrauen-Tipp: Die Moussaka schmeckt auch gut zu Lammkoteletts. Anstatt der frischen Tomaten können Sie 1 Dose (400 g) stückige Tomaten verwenden.

Versunkener Kirschkuchen |

Mit Alkohol

Insgesamt:
E: 50 g, F: 224 g, Kh: 358 g, kJ: 16015, kcal: 3826

Für den All-in-Teig:
100 g Weizenmehl
1 Pck. Dr. Oetker Pudding-Pulver Schokolade
3 TL Dr. Oetker Backin
150 g Zucker
1 Pck. Dr. Oetker Vanillin-Zucker
3 Eier (Größe M)
1 EL Wasser
125 g weiche Butter oder Margarine
50 g Zartbitter-Raspelschokolade

Für die Kirschfüllung:
4 Blatt weiße Gelatine
1 Becher (500 g) Kirschgrütze (aus dem Kühlregal)

Zum Beträufeln:
2–3 EL Kirschwasser

Zum Garnieren:
250 g Schlagsahne
1 Pck. Dr. Oetker Vanillin-Zucker
1–2 EL Zartbitter-Raspelschokolade

Zum Bestäuben:
1 EL Puderzucker

Zubereitungszeit: etwa 40 Min., ohne Kühlzeit

1. Für den Teig Mehl mit Pudding-Pulver und Backpulver mischen und in eine Rührschüssel sieben. Zucker, Vanillin-Zucker, Eier, Wasser und Butter oder Margarine hinzufügen.

2. Die Zutaten mit Handrührgerät mit Rührbesen auf höchster Stufe in etwa 2 Minuten zu einem Teig verarbeiten. Raspelschokolade kurz unterrühren. Den Teig in eine Springform (Ø 26 cm, Boden gefettet, mit Backpapier belegt) füllen und glatt streichen. Die Form auf dem Rost in den vorgeheizten Backofen schieben.

Ober-/Unterhitze: etwa 180 °C
Heißluft: etwa 160 °C
Backzeit: etwa 30 Minuten.

3. Den Boden nach dem Backen aus der Form lösen und auf einem Kuchenrost erkalten lassen. Das Backpapier abziehen.

4. Mit einem Löffel den Boden knapp 1 cm tief (nicht mehr!) aushöhlen, dabei seitlich einen Rand von 1 cm stehen lassen. Die Gebäckkrümel fein zerbröseln.

5. Für die Füllung Gelatine nach Packungsanleitung in kaltem Wasser einweichen, leicht ausdrücken und in einem kleinen Topf unter Rühren auflösen. Etwas von der Kirschgrütze unter die Gelatine rühren, dann die Masse unter die restliche Grütze rühren und kurze Zeit stehen lassen, bis die Masse fast schnittfest ist.

6. Die Grütze gleichmäßig in den Boden füllen und mit den Gebäckbröseln bestreuen. Kirschwasser über die Brösel träufeln. Den Kuchen etwa 1 Stunde kalt stellen.

7. Sahne mit Vanillin-Zucker steif schlagen. Raspelschokolade unterheben und mit 2 Teelöffeln kleine Häufchen der Sahnemasse auf den Kuchen setzen. Kurz vor dem Servieren mit Puderzucker bestäuben.

Viktoriabarsch, gekräutert | Raffiniert

Pro Portion:
E: 29 g, F: 21 g, Kh: 2 g, kJ: 1417, kcal: 338

600 g	*Viktoriabarschfilet*
	Salz
	frisch gemahlener Pfeffer
einige Spritzer	*Worcestersauce*
1–1 1/4 EL	*Zitronensaft*
1 Bund	*Kerbel*
1 Bund	*Petersilie*
1 Bund	*Dill*
250 g	*Kirschtomaten*
2 EL	*Pflanzenöl*
75 ml	*Gemüsebrühe oder Fischfond*
65 g	*Knoblauchbutter*

Zubereitungszeit: etwa 25 Min.

1. Fischfilets unter fließendem kalten Wasser abspülen, trockentupfen und in Würfel schneiden. Mit Salz, Pfeffer, Worcestersauce und Zitronensaft würzen.

2. Kerbel, Petersilie und Dill abspülen, trockentupfen und fein hacken. Kirschtomaten waschen, abtropfen lassen und die Stängelansätze herausschneiden.

3. Pflanzenöl in einer beschichteten Pfanne erhitzen. Fischfiletstücke portionsweise von beiden Seiten kross darin anbraten und in einen Bräter legen. Kirschtomaten in dem Bratfett andünsten und mit in den Bräter geben. Kräuter darauf verteilen und Brühe oder Fischfond hinzugießen. Knoblauchbutter zerlassen und darüber träufeln.

4. Den Bräter auf dem Rost in den vorgeheizten Backofen schieben.

Ober-/Unterhitze: etwa 200 °C
Heißluft: etwa 180 °C
Garzeit: etwa 25 Minuten.

5. Das Fischgericht sofort servieren.

Beilage: Ofenwarmes Baguette und frische Salate oder Bandnudeln.

LandfrauenTipp: Anstatt frischer Kräuter je 1 Päckchen (25 g) TK-Dill und 8-Kräutermischung verwenden.

Viktoriabarschwürfel, gebraten

Für Gäste

Pro Portion:
E: 25 g, F: 6 g, Kh: 75 g, kJ: 1907, kcal: 455

2 l Wasser
2 TL Salz
300 g Reisnudeln

400 g Viktoriabarschfilet
2 Bund Frühlingszwiebeln
je 2 rote und grüne milde Peperoni
2 EL Speiseöl
Salz
frisch gemahlener Pfeffer
Sojasauce
1 Bund Koriander

Zubereitungszeit: etwa 50 Min.

1. Wasser mit Salz in einem großen Topf zum Kochen bringen, die Reisnudeln darin nach Packungsanleitung kochen, zwischendurch 4–5-mal umrühren. Dann die Reisnudeln in ein Sieb geben, mit heißem Wasser abspülen und abtropfen lassen.

2. Inzwischen Fischfilet unter fließendem kalten Wasser abspülen, trockentupfen und in etwa 2 cm große Würfel schneiden.

3. Frühlingszwiebeln putzen, waschen und in 1 cm lange Stücke schneiden. Peperoni halbieren, entstielen, entkernen und die weißen Scheidewände entfernen. Peperoni waschen, trockentupfen und in kleine Würfel schneiden.

4. Öl in einer großen Pfanne oder einem Wok erhitzen und Fischfiletwürfel, Frühlingszwiebelstücke und Peperoni darin braten. Nudeln unterrühren und mit Salz, Pfeffer und Sojasauce würzen.

5. Koriander abspülen, trockentupfen und die Blättchen von den Stängeln zupfen. Viktoriabarschwürfel mit Korianderblättchen bestreut servieren.

Waffeln | Schnell

Insgesamt:
E: 54 g, F: 202 g, Kh: 372 g,
kJ: 15255, kcal: 3643

Für den Rührteig:

175 g Kokosfett
175 g feinkörniger Zucker
1 Pck. Dr. Oetker Vanillin-Zucker
1 Prise Salz
1/4 Fläschchen Rum-Aroma
4 Eier (Größe M)
200 g Weizenmehl
50 g Speisestärke
1/2 TL Dr. Oetker Backin

Zum Bestäuben:

gesiebter Puderzucker

Zubereitungszeit: etwa 30 Min., ohne Kühlzeit

1. Für den Teig Kokosfett zerlassen, in eine Rührschüssel geben, kalt stellen und wieder etwas fest werden lassen. Das Fett dann mit Handrührgerät mit Rührbesen auf höchster Stufe geschmeidig rühren.

2. Nach und nach Zucker, Vanillin-Zucker, Salz und Aroma unterrühren und so lange rühren, bis eine gebundene Masse entstanden ist. Eier nach und nach unterrühren (jedes Ei etwa 1/2 Minute).

3. Mehl mit Speisestärke und Backpulver mischen, sieben und portionsweise auf mittlerer Stufe unterrühren.

4. Ein Waffeleisen gut erhitzen und einfetten. Den Teig in nicht zu großen Portionen in das Waffeleisen füllen und leicht verstreichen. Die Waffeln goldbraun backen und einzeln auf einem Kuchenrost erkalten lassen.

5. Die Waffeln mit Puderzucker bestäuben.

Abwandlung: Für Schokowaffeln die Speisestärke gegen 2 Päckchen Dessertsauce Schokolade (zum Kochen) austauschen und zusätzlich 4–5 Esslöffel Milch oder Schlagsahne abwechselnd mit dem Mehlgemisch unterrühren.

Landfrauen-Tipp: Diese Waffeln werden besonders knusprig, da sie mit Kokosfett zubereitet werden. Die Waffeln können mit Sahne, Früchten der Saison, Eis oder Kompott serviert werden. Die Waffeln schmecken am besten frisch. Anstelle des Rum-Aromas können Sie auch Butter-Vanille-Aroma oder etwas abgeriebene Schale einer Bio-Zitrone (unbehandelt, ungewachst) verwenden.

Waldorfsalat | Klassisch

4–6 Portionen

Pro Portion:
E: 4 g, F: 39 g, Kh: 13 g, kJ: 1753, kcal: 419

500 g Äpfel
250 g Knollensellerie
100 g Walnusskerne

Für die Mayonnaise:
1 Eigelb (Größe M)
1 EL Weißweinessig
1 TL mittelscharfer Senf
Salz
frisch gemahlener Pfeffer
1 TL Zucker
125 ml (1/8 l) Speiseöl, z. B. Sonnenblumenöl

Zubereitungszeit: etwa 25 Min., ohne Durchziehzeit

1. Äpfel waschen, schälen, vierteln und entkernen. Sellerie schälen, schlechte Stellen herausschneiden, Sellerie waschen und abtropfen lassen. Beide Zutaten auf der Haushaltsreibe grob raspeln. Walnusskerne fein hacken.

2. Für die Mayonnaise Eigelb mit Essig, Senf, Salz, Pfeffer und Zucker in einer Rührschüssel mit einem Schneebesen oder Handrührgerät mit Rührbesen zu einer dicklichen Masse aufschlagen. Öl in Mengen von 1–2 Esslöffeln nach und nach darunter schlagen.

3. Die Salatzutaten mit der Mayonnaise vermengen und den Salat mindestens 30 Minuten durchziehen lassen.

Landfrauen-Tipp 1: Für Waldorfsalat mit Hähnchenbrust zusätzlich 250 g Hähnchenbrustfilet kalt abspülen, trockentupfen, in 1 Esslöffel erhitztem Speiseöl 10–15 Minuten unter Wenden braten. Hähnchenbrust salzen, pfeffern, abkühlen lassen, in Streifen schneiden und unter den Salat mischen.

Landfrauen-Tipp 2: Für Waldorfsalat mit Orangenfilets oder Ananas zusätzlich 1 Orange filetieren und die Filets einmal durchschneiden. Oder 3 Scheiben Ananas (aus der Dose) in kleine Stücke schneiden. Orangenfilets oder Ananasstücke unter den Salat heben.

Hinweis: Für die Mayonnaise nur ganz frisches Eigelb verwenden, das nicht älter als 5 Tage ist (Legedatum beachten!). Den fertigen Salat im Kühlschrank aufbewahren und innerhalb von 24 Stunden verzehren.

Weiße Rüben, gefüllte | Raffiniert

Pro Portion:
E: 18 g, F: 31 g, Kh: 30 g, kJ: 1960, kcal: 468

8 dicke, runde weiße Rüben (250 g)
1 Bund Suppengrün (etwa 450 g), z. B. Möhren, Sellerie und Porree (Lauch)
300 g fest kochende Kartoffeln
Salzwasser (auf 1 l Wasser 1 TL Salz)
1 Bund Majoran
400 g Bratwurstbrät
Salz
frisch gemahlener Pfeffer
2 Zwiebeln
2 EL Speiseöl
200 ml Gemüsebrühe

etwas Wasser oder Gemüsebrühe

Zubereitungszeit: etwa 65 Min.

1. Weiße Rüben, Möhren und Sellerie putzen, schälen, waschen und abtropfen lassen. Porree putzen, waschen, abtropfen lassen und in kleine Stücke schneiden. Kartoffeln waschen, schälen, abspülen und abtropfen lassen. Möhren, Sellerie und Kartoffeln in Würfel schneiden.

2. Von den Rüben einen etwa 1 cm dicken Deckel abschneiden. Die Rüben mit einem Kugelausstecher oder mit einem Teelöffel aushöhlen, dabei einen etwa $^1/_2$ cm breiten Rand stehen lassen. Salzwasser in einem Topf zum Kochen bringen, die ausgehöhlten Rüben hinzugeben und etwa 5 Minuten blanchieren. Rüben herausnehmen, mit kaltem Wasser übergießen und abtropfen lassen.

3. Majoran abspülen und trockentupfen. Die Blättchen von den Stängeln zupfen und fein hacken. Bratwurstbrät in eine Schüssel geben und mit Majoran vermischen, evtl. mit Salz und Pfeffer nachwürzen. Zwiebeln abziehen und in kleine Würfel schneiden. Speiseöl in einem Bräter erhitzen und Zwiebel-, Gemüse- und Kartoffelwürfel darin andünsten. Brühe hinzugießen.

4. Bratwurstbrät in einen Spritzbeutel mit Lochtülle geben. Die ausgehöhlten Rüben damit füllen und auf das Gemüse setzen. Den Bräter auf dem Rost in den vorgeheizten Backofen schieben.

Ober-/Unterhitze: etwa 180 °C
Heißluft: etwa 160 °C
Garzeit: etwa 30 Minuten.

5. Während der Garzeit evtl. nach und nach etwas Wasser oder Gemüsebrühe hinzugießen.

Weißkohleintopf, bunter | Preiswert

Pro Portion:
E: 28 g, F: 51 g, Kh: 37 g, kJ: 3014, kcal: 719

1 Kopf Weißkohl (etwa 750 g)
2 Möhren
1/2 Sellerieknolle
1 Stange Porree (Lauch)
750 g mehlig kochende Kartoffeln
100 g geräucherter Speck
1 große Zwiebel
1 EL Butter oder Margarine
1 l heiße Gemüsebrühe
Salz
frisch gemahlener Pfeffer
gerebelter Majoran
4 Kohlwürstchen, geräuchert
frische Petersilie

Zubereitungszeit: etwa 60 Min.

1. Den Weißkohl putzen, vierteln und den Strunk herausschneiden, den Kohl waschen und in dünne Streifen schneiden oder hobeln. Möhren putzen, schälen, waschen und würfeln. Sellerie schälen, waschen und in feine Würfel schneiden. Porree putzen, längs halbieren, gründlich waschen und in Streifen schneiden. Kartoffeln waschen, schälen, abspülen und in Würfel schneiden.

2. Speck in Würfel schneiden. Die Zwiebel abziehen und fein würfeln. Speck in einem großen Topf mit Butter oder Margarine auslassen, die Zwiebelwürfel darin anbraten, das Gemüse hinzugeben und andünsten. Gemüsebrühe dazugießen und alles mit Salz, Pfeffer und Majoran würzen.

3. Die Kohlwürstchen mehrmals einstechen und auf das Gemüse legen. Den Eintopf zugedeckt bei mittlerer Hitze etwa 35 Minuten köcheln lassen, dabei gelegentlich umrühren. Den Eintopf vor dem Servieren nochmals mit Salz und Pfeffer abschmecken und mit gehackter Petersilie garniert servieren.

Landfrauen-Tipp: Statt mit Kohlwürstchen können Sie diesen herzhaften Eintopf auch mit einem Stück Kasseler Nacken garen.

Welfenspeise | Mit Alkohol

Pro Portion:
E: 9 g, F: 9 g, Kh: 48 g, kJ: 1491, kcal: 356

Für die Creme:
2 Eiweiß (Größe M)
35 g Speisestärke
40 g Zucker
1 Pck. Dr. Oetker Vanillin-Zucker
500 ml (1/2 l) Milch

Für den Weinschaum:
3 Eigelb (Größe M)
80 g Zucker
10 g Speisestärke
250 ml (1/4 l) Weißwein

Zubereitungszeit: etwa 30 Min., ohne Kühlzeit

1. Für die Creme Eiweiß so steif schlagen, dass ein Messerschnitt sichtbar bleibt. Speisestärke mit Zucker und Vanillin-Zucker mischen und mit 6 Esslöffeln von der Milch anrühren.

2. Die restliche Milch in einem Topf zum Kochen bringen, von der Kochstelle nehmen, die angerührte Speisestärke mit einem Schneebesen unter Rühren hineingeben und kurz aufkochen.

3. Den Eischnee unter die kochend heiße Speise rühren und nochmals kurz aufkochen. Die Speise in eine Glasschale oder in Dessertgläser füllen (Schale oder Gläser nur zur Hälfte füllen) und kalt stellen.

4. Für den Weinschaum Eigelb mit Zucker, Speisestärke und Weißwein in einen Edelstahltopf oder eine Edelstahlschüssel geben und mit Handrührgerät mit Rührbesen auf niedrigster Stufe im heißen Wasserbad so lange schlagen, bis die Masse durch und durch schaumig ist (das Volumen muss sich etwa verdoppeln – Wasser und Weinschaum nicht kochen lassen, da die Sauce sonst gerinnt). Topf oder Schüssel aus dem Wasserbad nehmen, die Masse am Rand lösen und nochmals kurz verrühren.

5. Den Weinschaum erkalten lassen und vorsichtig auf die Creme füllen.

Abwandlung: Für eine alkoholfreie Variante können Sie den Weinschaum auch mit 250 ml (1/4 l) Apfelsaft und 3 Esslöffeln Zitronensaft anstelle des Weißweins zubereiten.

Landfrauen-Tipp: Die Welfenspeise mit Waldmeister- oder Zitronenmelisseblättchen garniert servieren. Zum Steifschlagen von Eiweiß müssen Schüssel und Rührbesen absolut fettfrei sein, und es darf keine Spur von Eigelb im Eiweiß sein.

Hinweis: Nur ganz frische Eier verwenden, die nicht älter als 5 Tage sind (Legedatum beachten!).

Westernauflauf | Für Gäste

Pro Portion:
E: 48 g, F: 58 g, Kh: 37 g, kJ: 3811, kcal: 911

500 g Rindergulasch
100 g durchwachsener Speck
1 Gemüsezwiebel
1 grüne Paprikaschote
1 Dose Gemüsemais (Abtropfgewicht 240 g)
1 Dose Kidneybohnen (Abtropfgewicht 250 g)
1 Dose Champignonscheiben (Abtropfgewicht 215 g)
3 EL Speiseöl
Salz
frisch gemahlener Pfeffer
Paprikapulver edelsüß
Cayennepfeffer
2 EL Tomatenmark
1 Dose stückige Tomaten (Einwaage 400 g)
125 ml (1/8 l) Fleischbrühe
75 g geraspelter Käse

Zubereitungszeit: etwa 35 Min.

1. Das Gulasch evtl. unter fließendem kalten Wasser abspülen, trockentupfen und etwas kleiner schneiden. Speck in Würfel schneiden.

2. Gemüsezwiebel abziehen, halbieren und in feine Streifen schneiden. Paprikaschote halbieren, entstielen, entkernen und die weißen Scheidewände entfernen, Schote waschen und in feine Streifen schneiden. Mais, Kidneybohnen und Champignonscheiben auf einem Sieb abtropfen lassen.

3. Öl in einer großen Pfanne oder einem großen Topf erhitzen und den Speck darin auslassen. Das Gulasch darin kurz rundherum anbraten. Zwiebel- und Paprikastreifen hinzufügen und unter Rühren darin andünsten.

4. Mit Salz, Pfeffer, Paprika und Cayennepfeffer bestreuen. Tomatenmark unterrühren. Mais, Kidneybohnen, Champignonscheiben, Tomaten und Brühe unterrühren und erhitzen.

5. Alles in eine große, flache, gefettete Auflaufform geben und mit einem Deckel oder Alufolie abdecken. Die Form auf dem Rost in den vorgeheizten Backofen schieben.

Ober-/Unterhitze: etwa 180 °C
Heißluft: etwa 160 °C
Backzeit: etwa 40 Minuten.

6. Den Deckel oder Alufolie entfernen, den Auflauf mit dem Käse bestreuen und weitere 20 Minuten garen.

Beilage: Spätzle.

Landfrauen-Tipp: Das Gericht schmeckt auch sehr gut mit Rinderschulter oder Rinderkamm anstelle von Rindergulasch. Der Auflauf wird dadurch sämiger. Das Gericht kann auch auf der Kochstelle zubereitet werden, es dann bei schwacher Hitze etwa 1 Stunde garen. Zwischendurch umrühren.

Westfälische Schnitzel | Raffiniert

Pro Portion:
E: 36 g, F: 18 g, Kh: 23 g, kJ: 1683, kcal: 400

1 mittelgroße Gemüsezwiebel (etwa 200 g)
4 Scheiben Schwarzbrot (etwa 250 g)
125 g westfälischer roher Schinken
1/2 Bund Schnittlauch
1–2 Fleischtomaten
4 Schweineschnitzel (je etwa 120 g)
Salz
frisch gemahlener Pfeffer
4 EL Speiseöl
25 g Butter oder Margarine

Zubereitungszeit: etwa 35 Min.

1. Zwiebel abziehen, halbieren und in kleine Würfel schneiden. Schwarzbrot fein zerbröseln. Schinken ebenfalls in kleine Würfel schneiden.

2. Schnittlauch abspülen, trockentupfen und in Röllchen schneiden. Tomaten waschen, abtropfen lassen, kreuzweise einschneiden und einige Sekunden in kochendes Wasser legen. Tomaten kurz in kaltes Wasser legen, enthäuten und halbieren, Stängelansätze herausschneiden. Fruchtfleisch in Würfel schneiden, dabei die Kerne entfernen.

3. Schnitzel unter fließendem kalten Wasser abspülen und trockentupfen. Mit Salz und Pfeffer bestreuen.

4. Etwas von dem Speiseöl in einer großen Pfanne erhitzen. Die Schnitzel portionsweise von beiden Seiten insgesamt 10–12 Minuten darin braten, herausnehmen, auf eine vorgewärmte Platte legen und warm stellen.

5. Butter oder Margarine in dem verbliebenen Bratfett zerlassen und Schinken- und Zwiebelwürfel darin andünsten. Brot- und Tomatenwürfel hinzugeben, mit Salz und Pfeffer würzen und kurz mit andünsten.

6. Schinken-Brot-Masse auf den Schnitzeln verteilen und mit Schnittlauchröllchen bestreut servieren.

Wildbraten | Klassisch – dauert länger

Pro Portion:
E: 26 g, F: 44 g, Kh: 19 g, kJ: 3047, kcal: 728

150 g fetter Speck in dünnen Scheiben
750 g Wildfleisch (ohne Knochen), z. B. Wildschwein- oder Rehbraten
Salz
frisch gemahlener Pfeffer
Paprikapulver edelsüß
1 Zwiebel
5 Nelken
5 Wacholderbeeren

500 ml (1/2 l) Rotwein
5 EL Wacholderschnaps oder Gin
1 EL Weizenmehl
75 g saure Sahne
1 EL Preiselbeerkonfitüre

Zubereitungszeit: etwa 30 Min.

1. Einen Bratentopf mit der Hälfte der Speckscheiben auslegen. Fleisch unter fließendem kalten Wasser abspülen, trockentupfen und mit Salz, Pfeffer und Paprika würzen, auf die Speckscheiben legen.

2. Zwiebel abziehen, mit Nelken spicken und mit zerdrückten Wacholderbeeren zum Fleisch geben.

3. Mit den restlichen Speckscheiben das Fleisch bedecken. Den Topf auf dem Rost in den vorgeheizten Backofen schieben.

Ober-/Unterhitze: etwa 200 °C
Heißluft: etwa 180 °C
Garzeit: 1–1 1/2 Stunden.

4. Nach und nach Rotwein und Schnaps hinzugießen.

5. Das Fleisch herausnehmen und etwa 10 Minuten ruhen lassen, damit der Fleischsaft sich setzt.

6. Die Garflüssigkeit durch ein Sieb gießen und etwas einkochen lassen. Mehl mit 1 Esslöffel kaltem Wasser anrühren und saure Sahne unterrühren.

7. Die Masse in den Bratensaft geben und etwa 5 Minuten kochen lassen, Preiselbeerkonfitüre einrühren und abschmecken. Das Fleisch in Scheiben schneiden und die Sauce dazu servieren.

Beilage: Rosenkohl, Birnen, Kartoffelklöße.

Wintergemüse im Kartoffelpüreekranz | Einfach

Pro Portion:
E: 22 g, F: 40 g, Kh: 20 g, kJ: 2214, kcal: 529

750 g Rosenkohl
300 g Möhren
1 Zwiebel
50 g Butter
250 ml ($^1/_4$ l) Gemüsebrühe
Salz
geriebene Muskatnuss
100 g grobe Mettwurst im Stück (z. B. Bauernmettwurst)
1 Pck. Kartoffelpüree mit Milch (für 3 Portionen)
500 ml ($^1/_2$ l) Wasser
150 g Gouda

Zubereitungszeit: etwa 60 Min.

1. Rosenkohl von den schlechten äußeren Blättchen befreien, etwas vom Strunk abschneiden und Röschen am Strunk kreuzförmig einschneiden, waschen und abtropfen lassen. Möhren putzen, schälen, waschen und in schräge Scheiben schneiden.

2. Zwiebel abziehen, würfeln und in 30 g von der Butter glasig dünsten. Rosenkohl und Gemüsebrühe hinzugeben und zugedeckt etwa 10 Minuten garen lassen. Möhrenscheiben dazugeben und noch etwa 5 Minuten mitgaren lassen. Gemüse mit Salz und Muskat würzen.

3. Mettwurst enthäuten und erst in etwa $^1/_2$ cm dicke Scheiben, dann in Streifen schneiden und unter das Gemüse mischen.

4. Kartoffelpüreepulver nach Packungsanleitung mit Wasser zubereiten und kurz stehen lassen. Restliche Butter unterrühren und das Püree mit Muskat würzen. Püree in einen Spritzbeutel mit großer Sterntülle füllen und als Kranz in eine leicht gefettete, flache Auflaufform spritzen.

5. Käse würfeln, mit dem Gemüse mischen, in die Mitte des Kartoffelpüreekranzes füllen und die Form auf dem Rost in den vorgeheizten Backofen schieben.

Ober-/Unterhitze: etwa 220 °C
Heißluft: etwa 200 °C
Backzeit: 10–12 Minuten.

Landfrauen-Tipp: Dieses herzhafte Gericht schmeckt auch ohne Wurst sehr lecker. Je nach Saison können Sie beim Gemüse variieren. Verwenden Sie statt Rosenkohl und Möhren auch einmal Brokkoli, Porree, Blumenkohl, Bohnen, Kohlrabi oder Paprika und mischen Sie ganz nach Geschmack.

Wirsingauflauf Schweizer Art I

Preiswert

Pro Portion:
E: 19 g, F: 35 g, Kh: 9 g, kJ: 1864, kcal: 445

750 g	*Wirsing*
2	*mittelgroße Zwiebeln*
80 g	*durchwachsener Speck*
20 g	*Butter*
	Salz
	frisch gemahlener Pfeffer
125 ml (1/8 l)	*Gemüsebrühe*

Für den Guss:

3	*Eier (Größe M)*
150 ml	*Milch*
100 g	*Schlagsahne*
	geriebene Muskatnuss
100 g	*geriebener Emmentaler*

Zubereitungszeit: etwa 30 Min.

1. Von dem Wirsing die groben äußeren Blätter lösen, den Wirsing vierteln und den Strunk herausschneiden, den Wirsing abspülen und abtropfen lassen. Zwiebeln abziehen. Wirsing, Zwiebeln und Speck in Streifen schneiden.

2. Butter in einem großen Topf zerlassen und die Speckstreifen darin auslassen. Zwiebel- und Wirsingstreifen hinzufügen, andünsten und mit Salz und Pfeffer würzen. Gemüsebrühe hinzugießen, alles zum Kochen bringen und etwa 10 Minuten garen lassen.

3. Für den Guss Eier mit Milch und Sahne verschlagen und mit Salz, Pfeffer und Muskatnuss würzen. Emmentaler untermischen.

4. Die Wirsingmischung mit der Garflüssigkeit in eine flache Auflaufform füllen und den Guss darüber gießen. Die Form auf dem Rost in den vorgeheizten Backofen schieben.

Ober-/Unterhitze: etwa 180 °C
Heißluft: etwa 160 °C
Garzeit: etwa 45 Minuten.

Beilage: Bratkartoffeln.

Landfrauen-Tipp: Den Wirsing mit Kümmelsamen würzen.

Wirsing-Kürbis-Auflauf mit Schweinefilet | Für Gäste

Pro Portion:
E: 55 g, F: 33 g, Kh: 10 g, kJ: 2388, kcal: 570

1 Glas	*eingelegter Kürbis (Abtropfgewicht 315 g)*
1/2 Kopf	*Wirsing (etwa 700 g)*
2	*Zwiebeln*
800 g	*Schweinefilet (etwa 2 Stück)*
	Salz
	frisch gemahlener Pfeffer
4 EL	*Speiseöl*
250 ml (1/4 l)	*Gemüsebrühe*
1 Becher (125 g)	*Crème fraîche Kräuter*
100 g	*mittelalter Gouda*

Zubereitungszeit: etwa 35 Min.

1. Kürbis in einem Sieb abtropfen lassen, dabei die Flüssigkeit auffangen.

2. Vom Wirsing die groben äußeren Blätter lösen, den Wirsing halbieren und den Strunk herausschneiden. Den Wirsing abspülen, abtropfen lassen und in Streifen schneiden. Zwiebeln abziehen und würfeln.

3. Schweinefilet unter fließendem kalten Wasser abspülen, trockentupfen und mit Salz und Pfeffer einreiben.

4. Öl in einer großen Pfanne erhitzen, die Filets darin rundherum kräftig anbraten, aus der Pfanne nehmen und in Alufolie wickeln.

5. Wirsingstreifen und Zwiebelwürfel in dem Bratfett unter Rühren anbraten. Gemüsebrühe und Kürbisflüssigkeit angießen, mit Salz und Pfeffer würzen und zugedeckt etwa 20 Minuten schmoren lassen.

6. Den Wirsing mit der Garflüssigkeit und dem Kürbis in eine flache Auflaufform geben. Schweinefilet in Scheiben schneiden und darauf verteilen.

7. Crème fraîche als Kleckse darüber geben. Käse fein reiben und darüber streuen. Die Auflaufform auf dem Rost in den vorgeheizten Backofen schieben.

Ober-/Unterhitze: etwa 200 °C
Heißluft: etwa 180 °C
Garzeit: etwa 25 Minuten.

Beilage: Reis oder Baguette.

Wirsingröllchen | Für Gäste

Pro Portion:
E: 12 g, F: 47 g, Kh: 10 g, kJ: 2127, kcal: 511

Wasser
Salz (auf 1 l Wasser 1 TL Salz)
1 Kopf Wirsing (etwa 1,2 kg)

Für die Füllung:
250 g feines Kalbsbrät
1 Becher (150 g) Crème fraîche
1 TL Dr. Oetker Finesse Geriebene Zitronenschale
1 EL mittelscharfer Senf
1 TL geriebener Meerrettich
Salz
frisch gemahlener Pfeffer
geriebene Muskatnuss
2 Bund glatte Petersilie
1 Zwiebel
1 EL Butter
2 EL Speiseöl
250 ml (1/4 l) Gemüsebrühe

Für die Sauce:
3 EL heller Saucenbinder
1 Becher (150 g) Crème fraîche
Kräuter der Provence

Zubereitungszeit: etwa 45 Min.

1. In einem großen Topf reichlich Wasser zum Kochen bringen und Salz hinzufügen. Inzwischen von dem Wirsing die äußeren welken Blätter entfernen. Den Wirsing abspülen, den Strunk unten keilförmig herausschneiden und den Wirsing so lange in das kochende Wasser legen, bis sich die äußeren Blätter lösen. Diesen Vorgang wiederholen, bis 8 Blätter sich lösen lassen und etwas weich sind. Die Blätter abtropfen lassen und mit Küchenpapier trockentupfen. Die dicken Blattrippen flach schneiden.

2. Für die Füllung Kalbsbrät mit Crème fraîche, Zitronenschale, Senf und Meerrettich gut verrühren. Mit Salz, Pfeffer und Muskat würzen. Petersilie abspülen, trockentupfen, die Blättchen von den Stängeln zupfen und klein hacken. 2 Esslöffel von der Petersilie unterrühren. Restliche Petersilie beiseite legen.

3. Jeweils 2 Wirsingblätter übereinander legen und die Kalbsbrät-Masse darauf verteilen. Die Blätter seitlich einschlagen und aufrollen.

4. Zwiebel abziehen und in kleine Würfel schneiden. Butter in einem Topf zerlassen, Speiseöl hinzufügen, mit erhitzen und Zwiebelwürfel darin andünsten. Wirsingröllchen mit der Nahtseite nach unten hinzugeben und kurz andünsten. Brühe hinzugießen und zugedeckt etwa 30 Minuten garen. Die Wirsingröllchen herausnehmen und warm stellen.

5. Für die Sauce Saucenbinder in die Schmorflüssigkeit rühren. Crème fraîche und Kräuter der Provence unterrühren und mit Salz, Pfeffer und Muskat abschmecken. Wirsingröllchen mit der Sauce auf einer großen Platte anrichten und mit der beiseite gelegten Petersilie bestreut servieren.

Beilage: Reis.

Würstchenauflauf | Preiswert

Pro Portion:
E: 65 g, F: 56 g, Kh: 35 g, kJ: 4021, kcal: 961

500 g gekochte Pellkartoffeln
2 lange Wiener Würstchen (je 125 g)
1 Glas Champignonscheiben (Abtropfgewicht 185 g)
2–3 grobe, ungebrühte Bratwürste
150 g TK-Erbsen
3 Eier (Größe M)
125 ml (1/8 l) Milch
125 g Schlagsahne
Salz
frisch gemahlener Pfeffer
geriebene Muskatnuss
100 g geriebener Gouda
2 EL Semmelbrösel
2 EL Butter

Zubereitungszeit: etwa 25 Min.

1. Kartoffeln pellen. Kartoffeln und Würstchen in Scheiben schneiden und abwechselnd in eine gefettete, flache Auflauf- oder Gratinform schichten.

2. Champignonscheiben auf einem Sieb abtropfen lassen. Aus der Bratwurstmasse Klößchen formen und mit Champignons und Erbsen in den Zwischenräumen und auf den Kartoffel- und Würstchenscheiben verteilen.

3. Eier mit Milch und Sahne verschlagen, mit Salz, Pfeffer und Muskat würzen und über den Auflauf gießen. Den Auflauf mit Gouda und Semmelbröseln bestreuen und die Butter in Flöckchen darauf verteilen. Die Form auf dem Rost in den vorgeheizten Backofen schieben.

Ober-/Unterhitze: etwa 180 °C
Heißluft: etwa 160 °C
Backzeit: etwa 45 Minuten.

Beilage: Kopf- oder Tomatensalat.

Landfrauen-Tipp: Anstatt Champignonscheiben aus dem Glas frische Champignons verwenden. Dafür 200 g Champignons putzen, mit Küchenpapier abreiben, evtl. waschen und trockentupfen. Die Champignons in Scheiben schneiden und in 1 Esslöffel Butter 5 Minuten dünsten.

Würstchenspieße auf Pusztagemüse | Für Kinder

8 Spieße

Pro Portion:
E: 52 g, F: 65 g, Kh: 15 g, kJ: 3775, kcal: 902

Für das Pusztagemüse:

400 g Zwiebeln
1 rote Paprikaschote (etwa 250 g)
1 grüne Paprikaschote (etwa 250 g)
2 mittelgroße Tomaten
4 Gewürzgurken
4 EL Speiseöl
Salz
frisch gemahlener Pfeffer
1 TL Paprikapulver rosenscharf
1 EL Paprikapulver edelsüß
2 EL Tomatenmark
evtl. etwas Wasser

Für die Würstchenspieße:

1 kleine Gemüsezwiebel
4 verschiedene, vorgebrühte Bratwürste, z. B. Geflügelwürstchen, Kräuterwürstchen
4 Scheiben durchwachsener Speck (etwa 1/2 cm dick)
2–3 Gewürzgurken
2–3 EL Speiseöl
1 TL Paprikapulver edelsüß

Außerdem:

Holzspieße

Zubereitungszeit: etwa 40 Min.

1. Für das Pusztagemüse Zwiebeln abziehen, halbieren und in Scheiben schneiden. Paprikaschoten halbieren, entstielen, entkernen und die weißen Scheidewände entfernen, die Schoten waschen und in Streifen schneiden.

2. Tomaten kurze Zeit in kochendes Wasser legen (nicht kochen lassen), in kaltem Wasser abschrecken, enthäuten, die Stängelansätze herausschneiden und Tomaten in dünne Spalten schneiden. Gewürzgurken in Streifen schneiden.

3. Öl erhitzen und Zwiebelscheiben und Paprikastreifen darin andünsten. Salz, Pfeffer, beide Paprikapulversorten und Tomatenmark kurz mit andünsten. Tomatenspalten und Gurkenstreifen unterrühren, evtl. etwas Wasser hinzufügen und alles etwa 5 Minuten kochen lassen.

4. Für die Würstchenspieße Gemüsezwiebel abziehen, vierteln und in Segmente teilen. Bratwürste, Speck und Gewürzgurken in 2 cm lange Stücke schneiden. Die vorbereiteten Zutaten abwechselnd auf 8 Spieße stecken.

5. Öl und Paprika verrühren, die Spieße damit bestreichen und auf ein mit Alufolie belegtes Backblech legen, das Backblech unter den vorgeheizten Grill schieben und die Spieße etwa 10 Minuten grillen. Zwischendurch wenden und nochmals mit dem Paprikaöl bestreichen.

6. Die Spieße mit dem Gemüse anrichten.

Wurstspieße mit Maiskrusteln

Für Kinder

4 Spieße

Pro Portion:

E: 37 g, F: 48 g, Kh: 24 g, kJ: 2988, kcal: 715

Für die Wurstspieße:

2 Tomaten
2 Zwiebeln
2 Gewürzgurken
4 Wiener Würstchen
2 EL Speiseöl

Für die Maiskrusteln:

1 Dose Gemüsemais (Abtropfgewicht 285 g)
50 g Weizenvollkornmehl
2 Eier (Größe M)
Salz
frisch gemahlener Pfeffer
4 EL Speiseöl

Außerdem:

Holzspieße

Zubereitungszeit: etwa 30 Min.

1. Für die Wurstspieße Tomaten waschen, achteln, Stängelansätze herausschneiden und Tomaten entkernen. Zwiebeln abziehen und achteln. Gewürzgurken und Würstchen in dicke Scheiben schneiden.

2. Die Zutaten abwechselnd auf Spieße stecken und mit Öl bestreichen. Die Spieße auf ein mit Alufolie belegtes Backblech legen, das Backblech unter den vorgeheizten Grill schieben und die Spieße 5–10 Minuten grillen. Die Spieße zwischendurch einmal wenden.

3. Inzwischen für die Maiskrusteln Mais auf einem Sieb gut abtropfen lassen. Mehl und Eier verrühren, Mais untermischen und mit Salz und Pfeffer würzen.

4. Öl in einer Pfanne erhitzen und darin portionsweise bei mittlerer Hitze etwa 12 puffergroße Plätzchen von beiden Seiten goldbraun braten. Die fertigen Maiskrusteln warm stellen.

5. Die Maiskrusteln zu den Wurstspießen servieren.

Zebrarolle mit Erdbeeren | Für Kinder

Insgesamt:
E: 63 g, F: 227 g, Kh: 396 g, kJ: 16283, kcal: 3888

Für den Biskuitteig:
3 Eier (Größe M)
1 Eigelb (Größe M)
150 g Zucker
1 Pck. Dr. Oetker Vanillin-Zucker
100 g Weizenmehl
25 g Speisestärke
1 TL Dr. Oetker Backin
20 g Kakaopulver
1 EL Wasser

Für die Füllung:
250 g Erdbeeren
200 g Erdbeerjoghurt
600 g Schlagsahne
50 g Zucker
2 Pck. Dr. Oetker Sahnesteif

Zum Garnieren:
einige frische Erdbeeren
Zitronenmelisse

Zubereitungszeit: etwa 40 Min., ohne Kühlzeit

1. Für den Teig Eier und Eigelb in eine Rührschüssel geben und mit Handrührgerät mit Rührbesen auf höchster Stufe in 1 Minute schaumig schlagen. Zucker und Vanillin-Zucker mischen, in 1 Minute einstreuen und noch 2 Minuten weiterschlagen. Mehl mit Speisestärke und Backpulver mischen, die Hälfte auf die Eiercreme sieben und auf mittlerer Stufe kurz unterrühren. Den Rest des Mehlgemisches auf die gleiche Weise unterarbeiten.

2. Gut zwei Drittel des Teiges auf ein Backblech (30 x 40 cm, gefettet, mit Backpapier belegt) streichen, Papier an der offenen Seite des Backbleches unmittelbar vor dem Teig zur Falte knicken, so dass ein Rand entsteht. Unter den restlichen Teig gesiebtes Kakaopulver und Wasser kurz unterrühren, in einen Gefrierbeutel geben, eine nicht zu kleine Ecke abschneiden und „Zebrastreifen" auf den hellen Teig spritzen. Das Backblech in den vorgeheizten Backofen schieben.

Ober-/Unterhitze: etwa 220 °C
Heißluft: etwa 200 °C
Backzeit: etwa 10 Minuten.

3. Die Biskuitplatte sofort nach dem Backen auf ein mit Zucker bestreutes Geschirrtuch stürzen und mit dem Backpapier erkalten lassen.

4. Für die Füllung Erdbeeren waschen, abtropfen lassen, putzen und in Stücke schneiden. Mitgebackenes Backpapier von der Biskuitplatte abziehen und Erdbeerjoghurt darauf streichen. Sahne mit Zucker und Sahnesteif steif schlagen, etwas davon zum Garnieren in einen Spritzbeutel geben und kalt stellen. Erdbeerstücke unter die restliche Sahne heben und die Creme auf der Biskuitplatte verstreichen. Die Biskuitplatte von der längeren Seite aus aufrollen. Die Rolle mindestens 2 Stunden kalt stellen.

5. Kurz vor dem Servieren die Rolle mit der Sahne aus dem Spritzbeutel verzieren und mit Erdbeeren und Zitronenmelisse garnieren.

Landfrauen-Tipp: Die Rolle schmeckt auch mit Himbeeren oder Brombeeren, dann auch die entsprechende Joghurtsorte verwenden. Sie kann am Vortag zubereitet werden.

Zigeuner-Hackklößchen |

Preiswert – für Kinder

Pro Portion:
E: 37 g, F: 35 g, Kh: 32 g, kJ: 2473, kcal: 590

Für die Hackklößchen:

600 g Gehacktes (halb Rind-, halb Schweinefleisch)
1 Zwiebel
1 Ei (Größe M)
80 g Semmelbrösel
Salz
frisch gemahlener Pfeffer
Paprikapulver edelsüß
750 ml (3/4 l) Fleischbrühe

Für das Gemüse:

1/2 Gemüsezwiebel
1 rote Paprikaschote
2 gelbe Paprikaschoten
3 EL Speiseöl
150 g TK-Erbsen
125 ml (1/8 l) Gemüsebrühe
1 EL Tomatenmark
3 EL Tomatenketchup
etwas Wasser
1 TL Speisestärke

Zubereitungszeit: etwa 40 Min.

1. Für die Klößchen Gehacktes in eine Schüssel geben. Zwiebel abziehen und in kleine Würfel schneiden. Zwiebelwürfel, Ei und Semmelbrösel zum Gehackten geben und gut vermengen. Mit Salz, Pfeffer und Paprika würzen. Aus der Gehacktesmasse mit angefeuchteten Händen 8 Klößchen formen.

2. Brühe in einem Topf zum Kochen bringen, Klößchen hinzugeben und 10–15 Minuten darin gar ziehen lassen.

3. Für das Gemüse Zwiebelhälfte abziehen und in Streifen schneiden. Paprika halbieren, entkernen und die weißen Scheidewände entfernen. Schoten waschen, abtropfen lassen und ebenfalls in Streifen schneiden.

4. Speiseöl in einem Topf erhitzen und Zwiebel- und Paprikastreifen darin andünsten. Die gefrorenen Erbsen hinzufügen. Brühe hinzugießen, die Zutaten zum Kochen bringen und etwa 10 Minuten kochen lassen. Tomatenmark und -ketchup unterrühren und mit Salz und Pfeffer würzen.

5. Wasser mit Speisestärke anrühren, mit einem Kochlöffel unter das Gemüse rühren und unter vorsichtigem Rühren nochmals kurz aufkochen lassen. Mit Salz und Pfeffer abschmecken. Die Klößchen mit dem Gemüse servieren.

Beilage: Reis.

Landfrauen-Tipp: Die Hackklößchen können auch in einer Pfanne mit etwas Speiseöl unter mehrmaligem Wenden gebraten werden.

Zigeunersalat | Schnell

4–6 Portionen

Pro Portion:
E: 12 g, F: 18 g, Kh: 7 g, kJ: 1070, kcal: 256

etwa 350 g Fleischwurst (am Stück)
2 kleine Zwiebeln
4 mittelgroße Gewürzgurken
1 kleines
Glas Perlzwiebeln
(Abtropfgewicht 185 g)
3 mittelgroße Tomaten
1 EL Kapern
3 geh. EL Zigeunersauce
etwas Gurkenwasser
etwas Tabasco
Salz
frisch gemahlener Pfeffer
Paprikapulver edelsüß

Zubereitungszeit: etwa 35 Min., ohne Durchziehzeit

1. Für den Salat Fleischwurst enthäuten und erst in Scheiben, dann in Streifen schneiden. Zwiebeln abziehen und würfeln. Gewürzgurken der Länge nach erst in Scheiben, dann in Streifen schneiden.

2. Perlzwiebeln in einem Sieb abtropfen lassen. Tomaten waschen, abtrocknen, vierteln, die Stängelansätze herausschneiden und Tomaten in Stücke schneiden.

3. Die vorbereiteten Zutaten mit Kapern in einer Schüssel mischen. Zigeunersauce vorsichtig unterheben. Den Salat mit Gurkenwasser, Tabasco, Salz, Pfeffer und Paprikapulver würzen und etwas durchziehen lassen.

4. Den Salat vor dem Servieren evtl. nochmals mit den Gewürzen abschmecken.

Zitronenkuchen | Für Kinder

Insgesamt:
E: 55 g, F: 234 g, Kh: 714 g, kJ: 22177, kcal: 5298

Für den Rührteig:
250 g weiche Butter oder Margarine
250 g Zucker
2 Pck. Dr. Oetker Finesse Geriebene Zitronenschale
4 Eier (Größe M)
200 g Weizenmehl
75 g Speisestärke
1 TL Dr. Oetker Backin

Für den Guss:
250 g Puderzucker
4–5 EL Zitronensaft

Zubereitungszeit: etwa 35 Min.

1. Für den Teig Butter oder Margarine in einer Rührschüssel mit Handrührgerät mit Rührbesen geschmeidig rühren. Nach und nach Zucker und Zitronenschale unter Rühren hinzufügen und so lange rühren, bis eine gebundene Masse entstanden ist. Eier nach und nach auf höchster Stufe unterrühren (jedes Ei etwa ½ Minute).

2. Mehl mit Speisestärke und Backpulver mischen, sieben und auf mittlerer Stufe in 2 Portionen kurz unterrühren. Den Teig auf ein Backblech (30 x 40 cm, gefettet) geben und glatt streichen.

3. Einen mehrfach geknickten Streifen Alufolie vor den Teig legen und das Backblech in den vorgeheizten Backofen schieben.

Ober-/Unterhitze: etwa 180 °C
Heißluft: etwa 160 °C
Backzeit: 20–25 Minuten.

4. Für den Guss Puderzucker sieben und mit so viel Zitronensaft glatt rühren, dass ein dickflüssiger Guss entsteht. Das Backblech auf einen Kuchenrost stellen und den Kuchen noch heiß mit dem Guss bestreichen (je heißer der Kuchen, desto stärker zieht der Guss ein). Den Kuchen auf dem Backblech auf dem Kuchenrost erkalten lassen.

Landfrauen-Tipp: Für einen Orangenkuchen können Sie für den Teig Finesse Geriebene Zitronenschale gegen Finesse Orangenfrucht austauschen und für den Guss den Puderzucker mit Orangensaft anrühren.

Zucchini, gefüllte | Vegetarisch

Pro Portion:
E: 23 g, F: 18 g, Kh: 52 g, kJ: 1955, kcal: 463

2 Zwiebeln
2 Knoblauchzehen
3 EL Olivenöl
2 Dosen stückige Tomaten (je 400 g)
1 Bund Majoran
3 Fleischtomaten
4 mittelgroße Zucchini (je etwa 250 g)
Salz
frisch gemahlener Pfeffer
300 ml Gemüsebrühe (Instant)
250 g Instant-Couscous (Feinkostregal)
Cayennepfeffer
100 g geriebener Manchego-Käse oder Emmentaler

Zubereitungszeit: etwa 45 Min.

1. Zwiebeln und Knoblauch abziehen und in kleine Würfel schneiden. Olivenöl in einem Topf erhitzen und Zwiebel- und Knoblauchwürfel darin andünsten. Tomatenstücke hinzufügen und unter gelegentlichem Rühren etwa 10 Minuten leicht kochen lassen.

2. Majoran abspülen und trockentupfen. Die Blättchen von den Stängeln zupfen und fein hacken. Tomaten waschen, abtropfen lassen, kreuzweise einschneiden und einige Sekunden in kochendes Wasser legen. Tomaten kurz in kaltes Wasser legen, enthäuten, halbieren, entkernen und Stängelansätze herausschneiden. Fruchtfleisch in Spalten schneiden. Zucchini waschen, abtrocknen und die Enden abschneiden. Zucchini halbieren. Zucchinihälften leicht aushöhlen und Fruchtfleisch in Würfel schneiden.

3. Majoran unter die Tomatensauce rühren, mit Salz und Pfeffer würzen und Sauce halbieren. Eine Hälfte beiseite stellen. Zu der zweiten Saucenhälfte die Gemüsebrühe gießen, zum Kochen bringen und Couscous, Zucchiniwürfel und Tomatenspalten hinzufügen. Mit Salz und Cayennepfeffer würzen. Die Sauce von der Kochstelle nehmen.

4. Die ausgehöhlten Zucchinihälften auf ein Backblech (mit Backpapier belegt) legen und mit Salz und Pfeffer bestreuen. Die Zucchinihälften mit der Couscous-Zucchini-Tomaten-Masse füllen und mit Käse bestreuen. Das Backblech in den vorgeheizten Backofen schieben.

Ober-/Unterhitze: etwa 200 °C
Heißluft: etwa 180 °C
Backzeit: 15–20 Minuten.

5. Die beiseite gestellte Tomatensauce erhitzen und die gefüllten Zucchini mit der Sauce servieren.

Zucchini-Kartoffel-Suppe | Einfach

4–6 Portionen

Pro Portion:
E: 4 g, F: 10 g, Kh: 10 g, kJ: 615, kcal: 147

600 g	*Zucchini*
200 g	*fest kochende Kartoffeln*
1	*mittelgroße Zwiebel*
2 EL	*Speiseöl*
	Currypulver
	Salz
	frisch gemahlener Pfeffer
750 ml (3/4 l)	*Gemüsebrühe*
2 EL	*Pinienkerne*
1 Bund	*Dill*
4–6 TL	*Crème fraîche*

Zubereitungszeit: etwa 35 Min.

1. Zucchini waschen, abtrocknen und die Enden abschneiden. Die grüne Schale von einer Zucchini grob abraspeln und beiseite stellen, alle Zucchini in grobe Würfel schneiden. Kartoffeln waschen, schälen, abspülen und in Würfel schneiden. Zwiebel abziehen und würfeln.

2. Öl in einem Topf erhitzen und die Zucchini-, Kartoffel- und Zwiebelwürfel darin andünsten. Dann mit Curry, Salz und Pfeffer bestreuen, mit Brühe auffüllen und 15–20 Minuten kochen lassen.

3. Pinienkerne in einer Pfanne ohne Fett etwas anbräunen und abkühlen lassen. Dill abspülen, trockentupfen und klein schneiden.

4. Die Suppe pürieren, Zucchiniraspel (nach Belieben einige zum Garnieren zurücklassen) und Dill unterrühren und mit den Gewürzen abschmecken.

5. Die Suppe auf Tellern verteilen, je einen Teelöffel Crème fraîche auf jeden Teller geben und die Suppe mit Pinienkernen und den zurückgelassenen Zucchiniraspeln bestreuen.

Zwiebelkoteletts mit Senfcreme |

Raffiniert

Pro Portion:
E: 35 g, F: 20 g, Kh: 6 g, kJ: 1434, kcal: 343

4 Schweinekoteletts (je etwa 150 g)
Salz
frisch gemahlener Pfeffer
4 EL Speiseöl
1 EL mittelscharfer Senf
4–6 Zwiebeln
1 Knoblauchzehe
1 rote Paprikaschote

Für die Senfcreme:
1 Becher (150 g) Crème fraîche
1 1/2 TL scharfer Senf
Salz
frisch gemahlener Pfeffer

Außerdem:
1/2 Bund Petersilie

Zubereitungszeit: etwa 45 Min.

1. Fleisch unter fließendem kalten Wasser abspülen, trockentupfen und mit Salz und Pfeffer bestreuen. 2 Esslöffel von dem Öl in einer beschichteten Pfanne erhitzen und Koteletts darin von beiden Seiten etwa 2 Minuten gut anbraten.

2. Koteletts herausnehmen, dünn mit Senf bestreichen und in einen Bräter oder eine Auflaufform geben. Zwiebeln und Knoblauchzehe abziehen und in Ringe oder Scheiben schneiden. Übriges Öl ins Bratfett geben, Zwiebeln und Knoblauch darin glasig dünsten und mit Salz und Pfeffer würzen.

3. Paprikaschote halbieren, entstielen, entkernen und die weißen Scheidewände entfernen. Schote abspülen, in Streifen schneiden und auf dem Fleisch verteilen. Zwiebeln darauf schichten. Den Bräter oder die Form ohne Deckel auf dem Rost in den vorgeheizten Backofen schieben.

Ober-/Unterhitze: etwa 200 °C
Heißluft: etwa 180 °C
Bratzeit: 25–30 Minuten.

4. Für die Senfcreme Crème fraîche mit Senf verrühren und mit Salz und Pfeffer abschmecken. Petersilie abspülen, trockentupfen, Blättchen von den Stängeln zupfen und fein hacken.

5. Petersilie vor dem Servieren über die Zwiebeln streuen und die Senfcreme zu den Koteletts reichen.

Zwiebelkuchen | Klassisch – für Gäste

4–6 Portionen

Pro Portion:
E: 12 g, F: 24 g, Kh: 38 g, kJ: 1771, kcal: 423

Für den Hefeteig:
250 g Weizenmehl
1 Pck. Dr. Oetker Trockenbackhefe
1 Prise Zucker
1 Prise Salz
50 g zerlassene, abgekühlte Butter oder Margarine
125 ml (1/8 l) lauwarme Milch

Für den Belag:
500 g Zwiebeln
2 EL Butter oder Margarine
1 EL Weizenmehl
3 Eier (Größe M)
300 g saure Sahne
einige Kümmelsamen
Salz
50 g durchwachsener Speck

Zubereitungszeit: etwa 70 Min., ohne Teiggehzeit

1. Für den Teig Mehl in eine Rührschüssel sieben und mit Hefe sorgfältig vermischen. Zucker, Salz, Butter oder Margarine und Milch hinzufügen und die Zutaten mit Handrührgerät mit Knethaken zunächst auf niedrigster, dann auf höchster Stufe in etwa 5 Minuten zu einem glatten Teig verarbeiten. Den Teig zugedeckt so lange an einem warmen Ort gehen lassen, bis er sich sichtbar vergrößert hat.

2. Inzwischen für den Belag Zwiebeln abziehen, halbieren und würfeln. Butter oder Margarine zerlassen und die Zwiebeln darin glasig dünsten. Mehl mit Eiern, saurer Sahne, Kümmel und Salz verrühren und mit den Zwiebeln mischen.

3. Den Teig nochmals kurz auf der Arbeitsfläche durchkneten und zwei Drittel davon auf dem Boden einer Springform (Ø 26 cm, Boden gefettet) ausrollen. Den Springformrand darumlegen. Restlichen Teig zu einer Rolle formen, innen an den Formrand legen und zu einem 2–3 cm hohen Rand drücken. Die Zwiebelmasse gleichmäßig auf dem Teigboden verteilen.

4. Speck in feine Würfel schneiden und auf der Zwiebelmasse verteilen. Den Teig nochmals so lange an einem warmen Ort gehen lassen, bis er sich sichtbar vergrößert hat. Die Form auf dem Rost in den vorgeheizten Backofen schieben.

Ober-/Unterhitze: etwa 200 °C
Heißluft: etwa 180 °C
Backzeit: etwa 40 Minuten.

5. Den Kuchen aus der Form lösen und auf einem Kuchenrost etwas abkühlen lassen. Kuchen lauwarm servieren.

Landfrauen-Tipp: Schmeckt statt mit Zwiebeln auch mit 750 g Porree (Lauch) zubereitet ganz köstlich und ist eine preiswerte Idee für ein zünftiges Party-Büffet.

Aufläufe und Gratins

Brot und Pikant Backen

Desserts

Eierspeisen

Fisch

Fleisch

Geflügel

Gemüse

Kartoffeln

Kuchen

Nudeln

Pfannkuchen

Kleingebäck

Salate

Snacks

Suppen und Eintöpfe

Torten

Vorspeisen

Wild

Umwelthinweis Dieses Buch wurde auf chlorfrei gebleichtem Papier gedruckt. Die Einschrumpffolie – zum Schutz vor Verschmutzung – ist aus umweltfreundlichem und recyclingfähigem PE-Material.

Bitte beachten Sie bei Gasherden die Gebrauchsanweisung des Herstellers. Wenn Sie Anregungen, Vorschläge oder Fragen zu unseren Büchern haben, rufen Sie uns unter folgender Telefonnummer an (0521) 155-2580 oder 52 06 58 oder schreiben Sie uns: Dr. Oetker Verlag KG, Am Bach 11, 33602 Bielefeld oder besuchen Sie uns im Internet unter: www.oetker.de

Redaktion Jasmin Gromzik, Miriam Krampitz

Innenfotos Thomas Diercks, Hamburg (S. 10, 11, 12, 14, 21, 26, 28, 29, 31, 32, 36, 38, 40, 50, 54, 63, 68, 70, 74, 79, 82, 86, 88–93, 101, 103, 104, 109, 113, 115–118, 120, 122, 123, 131, 133, 135–137, 141, 143, 148, 155, 160, 163, 164, 168, 170, 176, 179, 182, 186, 189, 193, 203, 211, 215, 217, 220, 223, 224, 235, 238, 239, 256, 260, 273, 278, 289, 299, 302)
Ulli Hartmann, Halle/Westf. (S. 6, 7, 9, 13, 15, 17, 18, 24, 25, 30, 33–35, 37, 42, 43, 45, 46, 48, 49, 52, 55, 58, 61, 62, 65, 71–73, 76, 78, 80, 83–85, 87, 95, 97–100, 107, 108, 110, 119, 121, 125, 128–130, 132, 139, 142, 144, 145, 149, 150, 152, 153, 156, 159, 161, 165, 166, 171–173, 181, 184, 187, 192, 194, 196, 199, 201, 202, 205–209, 212, 216, 219, 221, 226, 229, 230, 236, 237, 241–249, 251–254, 257, 258, 262, 264–267, 269. 274, 275, 283, 290–292, 295, 298, 303, 305, 306, 309, 310, 312, 313)
Hailight, Düsseldorf (S. 233)
Ulrich Kopp, Füssen (S. 20, 96, 124, 126, 175, 177, 178, 183, 190, 191, 210, 214, 231, 259, 276, 287, 296, 301, 314, 315)
Kramp & Gölling, Hamburg (S. 198)
Bernd Lippert (S. 8, 19, 23, 47, 57, 75, 102, 106, 111, 154, 185, 200, 218, 272)
Christiane Pries, Borgholzhausen (S. 146, 234)
Hans Joachim Schmidt, Hamburg (S. 16, 41, 59, 81, 134, 138, 147, 169, 174, 232)
Axel Struwe, Bielefeld (S. 282, 308)
Winkler Studios, Bremen (S. 51, 77)
Norbert Toelle, Bielefeld (S. 67, 94, 105, 127, 158, 162, 222, 225, 228, 277, 280, 286, 293, 307)
Brigitte Wegner, Bielefeld (S. 27, 44, 53, 56, 64, 66, 69, 140, 151, 157, 180, 188, 204, 240, 261, 279, 284, 288, 294, 297, 300, 304, 311)

Rezeptberatung Annette Elges, Bielefeld

Titelgestaltung kontur:design GmbH, Bielefeld
Grafisches Konzept MDH Haselhorst, Bielefeld

Satz MDH Haselhorst, Bielefeld

Druck und Bindung Mohn media Mohndruck GmbH, Gütersloh

ISBN: 978-3-7670-0507-5